中国城市服务一体化报告

REPORT ON INTEGRATED GOVERNANCE OF THE URBAN SERVICES IN CHINA

孟延春　赵　力　王碧玥／著

社会科学文献出版社
SOCIAL SCIENCES ACADEMIC PRESS (CHINA)

目 录 ↘

图目录 ⟆

表目录 ⟨⟩

绪 论

一 我国城市服务存在的主要问题

（一）公共部门

1. 城市公共服务供给压力大

随着城市人口与城市空间规模的不断扩大，城市经济活动的承载密度不断提升，城市基础设施和公共服务供给越来越不能满足城市需求，当前城市面临巨大的基础设施和公共服务供给压力。

在巨大的公共服务供给压力下，出现了政府对城市服务外包的资金投入不足的普遍现象。以城市环卫服务为例，经过多年的发展，城市区域面积大幅增加，人口大量流入，市区人口数量也在逐年攀升，市区需要清扫的道路面积越来越大，每年所需处理的生活垃圾也大幅度增加，而相对的财政投入却涨幅不足，相对市区的清扫面积，城市环卫服务的总投入水平一直不高。政府财政投入中，既包括环卫工人的权益保障，如工人的工资福利待遇等，还包括环卫设施改善、环卫作业工具更换和补充等。在具体实践中，政府对环卫服务市场化重发展轻管理，资金投入明显不足，环卫工人的工资福利待遇不理想，工资水平维持在居民最低工资标准上下，导致近年来没有新生力量的加入，出现环卫队伍严重老化等问题。

2. 城市综合服务能力不足

城市服务属于后勤服务的范畴，并不直接产生经济效益，因此政府对于城市服务的预算投入相对严格。传统城市管理由于条块分割，各个业务分散式下放，体量不成规模，且合同期限不稳定，管理主体通常不愿意对单个项目进行大额资本和人才投入。这导致城市服务缺乏必要的资金、人才和技术，管理模式难以升级。更为重要的是，城市服务精细化是自上而下行政动员的体现，而非自下而上居民利益诉求、偏好表达的反映，这导致政府行政管理和公共服务供给与居民的现实和自治需求之间的有机衔接难以实现。部分地方政府缺乏城市运营的经验，城市治理缺乏足够的人力资本支持，社会治理的专业化、职业化水平不高。目前，我国许多城市在物流基础设施、立体交通体系、金融结算和保险等服务设施、数字化建设方面仍然比较落后，不能很好地为生产性服务业发挥辐射带动功能提供支撑。在人力资本方面，随着经济的快速发展和经济结构的迅速调整，许多城市尤其是二线城市出现服务业专业人才匮乏的现象。

城市服务中的技术化手段不足也是影响城市综合服务能力的重要原因。公共服务是智慧城市建设的本质特征，同时也印证了城市的基础和功能，强化大数据、信息技术与公共服务的融合、协同发展是智慧城市公共服务的本质特点，现阶段城市公共服务的精准性、时效性还不足。技术化手段运用不充分导致城市服务中的信息交流频次和决策精准性大打折扣，不利于实现信息平等与对称，不利于政府更好地制定政策、履行监督职能、提升治理能力与治理水平。

3. 城市服务管理模式尚未完善

城市服务具有系统性、协同性等本质特征，目前，城市服务还尚未形成整体性的管理框架和统一的管理模式，存在碎片化治理、被动管理等问题。建立完善的城市服务系统，创新城市服务机制，能够促进城市治理体系和治理能力的现代化。城市管理是一项复杂的系统工程，既涉及"条线"分割，比如环卫局负责城市环境卫生、园林局负责园林绿化、公路管理局负责道路养护、城管局负责城市秩序维护等，又涉及"区块"分割，城市内部的不同区域由不同团队负责。传统城市服务更多以"不出错"为工作目标，各个条线"自扫门前雪"，以应急性、被动式管理为主，缺少主动进行问题溯源和源头治理的动力，因为这往往要整合多个"条线"甚至"区块"的资源。在应急性、被动式管理模式下，治理效果容易缺乏可持续性。

（二）市场部门

1. 难以寻求入局渠道

城市服务项目主要由政府进行招标，项目大多委托给国企。在新经济时代，虽然城市服务项目逐渐市场化，但即使是实力强劲的物业企业，介入的难度仍然很大。物业企业需要有足够的经验与资质才能登记纳入"政府采购供应商库"，后续还需经历严格的筛选，对传统企业尤其是中小企业而言难度更大。2020 年 1 月至 2021 年 8 月，嘉和家业监测的 130 余家物业企业里仅有 27 家物业企业有城市服务相关的企业动作，占比仅 19.85%，可见入局渠道不足依旧是企业的一大难点。

2. 企业获利情况不理想

目前，多数城市服务项目投入高、产出低，对处于探索阶段的物业企业来说，仅开展基础服务极有可能面临盈利低甚至亏损的情况，尤其对于上市物业企业来说，"拖后腿"的财务表现必然会降低投资者对企业的信心。

碧桂园自 2017 年以来其城市服务业务盈利情况一直处于较低水平，直至 2020 年先后收购满国康洁、福建东飞等，城市服务业务盈利逐渐取得较大幅度的增长。时代邻里城市服务项目取得的收入占总营收的比重较低，在成本方面，时代邻里花费大量资金收并购专业化公司以获得相应资质。保利物业由于公共类物业中单价和毛利率较低的城镇公共服务物业扩展过快，企业盈利增长处于行业较低水平。通过以上案例可以看出，物业企业开展城市服务的直接盈利能力并不理想。

虽然城市服务在发展初期投入成本较大，面临一定的盈利问题，但是城市服务看中的是未来的升值空间和扩展余地，在运营模式相对成熟后，城市服务带来的资源会拓展业务深度和广度，对应的营收也会增加。同时，由于公建领域的物业收费方式与住宅、商业有所不同，公建领域物业面积较大，无法单一地以单位面积收入及短期收入来衡量。

3. 综合性项目难度大

从城市服务开展来看，就环卫保洁、路灯养护、物业管理、市政道路管养等服务内容来说，单项服务的难度并不大，但是打包成综合性项目后，由单家环卫企业或物业公司负责，专业要求度、项目统筹能力及执行难度陡然增大。

城市服务市场空间大，同时也存在很多细分领域，且不同领域之间需求差异较大。物业公司借助外包公司成熟的服务体系，能更好地发挥天然优势，提高甲方满意度而进一步实现空间的扩展。就产业园、医院、学校、公共场馆等部分非住宅领域而言，根据国家统计局数据，2000~2019年，全国文化、体育和娱乐用房，科学及教育用房，医疗用房的累计竣工面积分别为4.32亿、17.69亿、4.64亿平方米，产业园区已超1.5万个，市场容量巨大。① 就单项业务来说，以目前物业公司尝试最多的市政环卫为例，根据华泰证券数据，2019年我国市政环卫市场规模达3171亿元，预计2024年可达到4352亿元，仅考虑市政环卫规模便可为物业管理行业带来10%~20%的营收增量。②

这要求城市服务的提供者应具备提供综合服务的能力，因此会更考验服务提供方的管理实力和整合资源的能力。为满足城市服务业务更复杂的需求，企业将积极寻求向精细化、智能化管理转变的有效手段。对于整个行业来说，这也是一个创新发展的良好机遇。在整合资源方面，需要尽快建设统一的服务平台，既能够满足多种运营场景的联动需求，从而实现对整个公共区域的实时管理，也更有利于企业进行资源整合。

二 城市服务问题的解决之道——全域化、市场化和一体化

万科、保利、招商积余、碧桂园等房地产企业的探索为城市服务问题的解决提供了可行的路径。万科集团提出的"物业城市"模式，保利集团提出的"大物业"模式，招商积余提出的"智慧物业平台"模式，碧桂园服务提出

---

① https://www.163.com/dy/article/FFIF13N205159A0N.html.

② http://finance.sina.com.cn/stock/relnews/cn/2021-01-29/doc-ikftpnny2703177.shtml.

的"城市共生计划"，都是以物业企业为载体，将城市服务的方方面面融入城市大物业的综合治理过程中，实现城市服务的全域化、市场化和一体化。

（一）城市服务全域化扩展

"城市服务"是指将公共空间和公共资源当作一个整体，由物业企业进行统筹管理，具体涉及城镇景区、市容环卫、政府大楼、口岸、产业园、学校、医院、高速公路等。由简单的社区管理转向全域范围的服务管理，是城市服务竞争市场逐渐由住宅转向非住宅的一个具体表现。

引入一体化城市服务破除积弊，响应"后勤服务社会化"号召。将此前在住宅区域进行物业管理积累的经验进一步延伸到非住宅区域的城市服务，从社区、商办和公共建筑拓展到城市全域，既能够保证专业化服务能力，又能够拓宽城市服务范围和城市服务空间。

（二）城市服务市场化探索

随着中国大规模城市化基本完成，发展只求规模不求质量的"城市病"问题也逐渐突出，人地矛盾尖锐、城市负担过重，探索城市治理急需开拓新思路。当前城市治理公共服务市场不断开放，在全国范围内，已经开始进行城市服务市场化探索，已经发展了较多项目的城市主要集中在广东省、天津市、武汉市、青岛市等地。

城市服务数量排名位于前列的广州、深圳、佛山、东莞等城市均在广东省，有代表性的城市服务如最初入局城市服务的万物云横琴项目、城市服务项目集中在大湾区的时代邻里、与东莞东实集团签订战略合作协议的碧桂园服务。从中可以看出，广东省为发展城市服务提供了优渥土壤。另一个表现突出的城市是天津市，例如融创服务与天津市南开区开展区域城市服务战略合作，并且即将大幅度升级；世茂服务深耕天津近 9 年，项目业态涵盖住宅、政府、银行、公建等多领域；鹏翔安泰物业中标东丽区人民检察院项目；碧桂园服务携手天津军粮城，创新城市大物业运营模式；天津市有"一个中心区，二个新市镇、两个组团"的城市发展规划，天津市政府也高度重视城市服务的建设发展，积极探索加快城市化进程的新方法和新途径。武汉城市服务市场化程度超过部分一线城市，当地政府支持力度不逊色于其他城市。例如2020年7月，武汉市江汉区人民政府与万科物业就老旧社区改造、社区综合治理、物业城市等项目签署战略合作协议，共同探索城市管理以及社区综合治理的"江汉模式"。青岛城市服务市场化程度也较高。早在2015年，山东首个"城市服务"项目在青岛上线，建立了智慧青岛城市服务一体化平台，例如青岛国信上实城市物业发展有限公司，其业务涉及城市发展与民生的重要公建类建筑，包括胶州湾海底隧道、青岛国信体育中心、汇泉湾广场及第一海水浴场、青岛国际会展中心、青岛海洋科学与技术国家实验室、青岛国信海创基地等大型城市综合体、公建场馆等。

（三）城市服务管理一体化

1. 城市服务管理一体化促进各类资源有效整合

传统的物管服务与城市服务在服务内容上高度重合。保洁对应市政环卫，安保对应城市秩序，绿化对应城市园林绿化养护，设施管理对应城市公共设施管理，而近年来兴起的智慧物业也可为智慧城市的建设升值赋能。因此，在基础业务上，物业公司深入城市服务具有天然优势，对比擅长单项服务的公用事业单位，物业公司的业务延伸会更为顺畅。将管理物、服务人的经验和理念注入城市治理，物业公司与政府共同打造新的合作模式，打造标杆城市，可催生巨大的服务需求，这将给物业公司的市场规模、资源统筹能力带来明显提升。

智慧科技的进步，也为行业的创新变革提供了可能。智慧科技手段带来的不仅仅是精细化的服务升级，更能有效地解决城市服务的管理难题，从而推动整个利益空间的加速占据。智慧化的管理、人性化的服务，对提升城市品位、优化人居环境的作用将越来越重要，随着科学技术的不断进步和政府对城市服务的支持鼓励，城市服务会深入城市每个角落。将5G、移动互联网、物联网、大数据等新科技引入智慧城市建设当中，有利于促进科技一体化建设，实现城市公共资源的进一步优化运营。

2. 城市服务管理一体化促进多元主体有效参与

不同于以往"投资造城""投资基建"的粗放式城镇化，新型城镇化更加注重城市的公共服务获取、社会保障供给等内容，单靠地方政府进行城市治理已难以满足这种治理需求。在这种情况下，推进精细化、一体化的城市服务管理能够促进地方政府、物业企业、城镇居民多元主体的有效参与。

从地方政府角度看，一是响应国家"放管服"政策，简政放权，降低市场准入门槛；创新监管，促进公平竞争；高效服务，营造便利环境。二是城市基础运营服务的市场化可以提升城市治理水平、管理档次、服务质量，更精细化、专业化地治理城市，提升管理效率。三是降低人力资源投入，盘活公共资源，减少财政资金投入。四是疫情使地方治理压力暴增，政府需要寻求更有效的服务与管理办法。

从物业企业角度看，一是由于物业行业目前服务高度同质化，传统住宅及商办物业存量市场竞争激烈，城市服务项目可以开拓物业企业新的增长点，创造新的市场和价值空间，有利于扩大服务规模之后再结合自身条件开展增值服务。二是资源整合，广泛开展合作，拓宽自身发展渠道；与政府紧密合作，更精确地落实政策指导，获得更广阔的项目承接空间，反向促进自身发展。三是承担社会责任，做好服务，建设更美好宜居的城市，进而强化品牌建设，树立良好品牌形象和品牌口碑。四是城市服务一体化项目涉及金额大，服务内容多，还包含额外服务内容，例如"打包"政府付费的县委及县政府大院、学校、医院等公共办公场所清扫保洁服务，以及广告、智慧停车、场馆经营等。

从城镇居民角度看，城市服务一体化发展将会成为一个增值服务的生态圈，将通过数据信息和科技创新技术建设一个可视化、智能化、信息化的未来社区生态圈，主要从圈层互动、邻居互助、共享互利三个方面体现。圈层互动文化体系是针对不同行业形成不同的行业圈层，在行业圈层里可以进行资源共享、信息传递，最大限度地对社区周围的资源进行整合，提供一个信息集合的平台，增加居民用户的附加价值。邻居互助文化体系是在社区里成立相对应的社团，如公益社团、志愿社团、敬老社团等，在社区内做社团活动服务，开展公益活动、志愿者服务活动、慰问老人等活动，凝聚街坊邻里的向心力，提供温暖的服务与帮助。共享互利文化体系是集合事业、生活、金融、医疗、餐饮等广告资源的共享互利，借助物业管理服务企业的增值服务，为居民带来更多资源和利益。未来的城市智慧社区物业管理发展将会呈现"五大更好"的趋势，即成长更好、居家更好、健康更好、便利更好、邻里更好，为未来的社区创造更高的价值。

三　城市服务的含义及一体化框架的提出

城市服务是一个全新的概念，业务范围没有公认的明确定义，具有相当大的延伸空间。现阶段我国城市服务尚处于发展初期，市场集中度及竞争程度较低。

本书将城市服务类型定义为以下三类：一是城市居民服务，主要指物业服务、社区范围内的服务；二是城市产业服务，服务范围在特定产业园区内，例如为机场、主题园区提供餐饮与旅游服务等，也包括为相关企业提供审计、法律等中介服务；三是城市发展服务，主要聚焦于城市社区范围之外的空间，例如市政服务、道路养护、环卫项目等，其目的是维持城市正常运转。

基于万科、碧桂园等地产物业公司的实践，本书提出了城市服务一体化框架，具体分为空间一体化、要素集成化、技术标准化和资源整合化。

空间一体化，包括社区一体化、园区一体化、高校后勤服务一体化和文旅景区服务一体化等，其中社区一体化和园区一体化是重点内容。这四个部分是城市服务一体化的空间层。城市居民的生产和生活问题既是城市治理的核心问题，也是城市居民关心的核心问题。社区一体化主要解决城市居民的生活便利化问题，园区一体化主要解决城市居民的生产便利化问题。

要素集成化是在促进生产便利化和生活便利化的过程中，将一系列提供服务和支持的要素进行集成化处理，实现要素功能的整合和汇聚，包括智慧停车管理、环卫一体化服务和交通站场一体化运营等。

技术标准化在整个城市服务一体化的框架体系中起到基础性支撑作用。技术标准化是城市服务一体化的支撑层，包括方法标准化、数据标准化和硬件设备标准化。技术标准化让与城市服务一体化相关的各个部门得以正常运转，各个要素资源之间实现快速流动，从而发挥出远远大于各个部分作用的整体性作用。

资源整合化是指将城市治理相关的资源信息整合到一个统一的平台上，最终目标是实现资源优化利用，提升资源利用效率。资源整合化可以分为城市空间资源整合化、公共服务资源整合化和公众参与资源整合化。通过这三个方面的整合化，可以更好地整合城市资源，提高管理效率，促进公众参与，提高城市治理能力。

四 研究意义

（一）理论意义

就现有的学术研究而言，城市服务议题没有得到城市研究、政治学、公共管理等相关领域学者的深入研究。对于城市服务的概念和范围、城市服务的理论视角、城市服务的功能及特点等，都缺乏系统性的研究。有少数学者提到城市服务及其多样性，将所有在城市区域内提供的各种衣食住行的服务都视为城市服务的内容，包括婚纱摄影、维修保养、酒吧、文印广告、外语培训、洗浴汗蒸、儿童摄影、蛋糕甜点、美容美体、儿童乐园、洗涤护理、烧烤、幼儿教育、居家维修、健身中心、餐饮、美发、家政服务等各个方面，[①] 但这些与政府行为关联不大，更多是经济学意义上的第三产业——服务业的内容。因此，这个定义和划分的方法没有得到广泛的采纳和认同。

碧桂园服务通过扎根于城市服务的多年实践与积累，于 2021 年率先提

[①] 张文武、余泳泽：《城市服务多样性与劳动力流动——基于"美团网"大数据和流动人口微观调查的分析》，《金融研究》2021 年第 9 期。

出了城市服务的定义，即"城市服务是以政府采购、公私合营、混合改制为交易形式，以公共服务为载体，以城市空间运营、产业支持发展、社区民生服务为主要领域，通过数字化赋能、智慧化手段，实现规模化、一体化运营，面向城市属地政府、企业、居民提供综合服务的集合总称"。①

这个定义强调了城市服务的公共服务特征，将政府作为提供城市服务的重要主体，融合政府、企业和居民等多方的利益诉求，更加符合城市服务的现实情况，是碧桂园服务在城市服务理论研究领域的重大创新。

（二）实践意义

碧桂园服务在长期实践中积累了大量城市服务的成功经验，并通过总结、提升，形成了具有碧桂园鲜明特色的城市服务一体化模式，为全国各地乃至世界范围内的城市服务实践提供了可参考的城市服务典型范式，其实践意义不可估量，将引领城市服务领域发展模式的又一次转型。

2015年，碧桂园服务与陕西省韩城市市政府达成战略合作，共同出资成立韩城碧桂园城市服务有限公司，启动城市服务新模式。随后，碧桂园服务接管韩城市党家村旅游景区项目、市政道路景观护栏项目等。2018年11月，碧桂园服务与辽宁省开原市市政府签订《战略合作框架协议》，双方以开原市市政环卫服务、绿化养护、城市基础设施维护等为切入点，引入碧桂园城市服务一体化解决方案改善和提升开原城市环境，并计划依托各自的资源和优势，逐步开展市政公共服务、数字城管建设、公建设施运维等领域的深化合作，为开原市提供全面的城市公共服务数字化解决方案。2018年12月，碧桂园服务发布《碧桂园智慧产城运营服务蓝皮书》，推出基于城市公共空间的三大服务模块——AI城市公共服务、DC数字城市综管服务、IS产业协同运营服务，共12个细分领域39个应用场景，以城市公共空间数字化场景运营为切入点，通过协同专业资源提供一体化公众服务解决方案。其

---

① 《首次定义城市服务，碧桂园服务领航行业蓝海》，2021年4月28日，中国网，http：//house. china. com. cn/1715132. htm。

中，AI 城市公共服务涵盖市政保洁、垃圾处理等城市 AI 环卫一体化作业，园林绿化、河道治理等城市公共环境运维，智能路灯、公园景区等城市设施及空间运维，城市赛事支持、会务接待、民俗文化活动策划等城市品牌文创支持服务。DC 数字城市综管服务主要针对城市公共环境、设施空间、交通出行等提供智能化管理与资源调配。IS 产业协同运营服务的目标客群则是政府型客户。碧桂园服务将借助集团自有全产业链优势，推动当地上下游产业链的发展，通过特色农产品营销供应链合作，助推品质农业发展，实施"引进来走出去"战略，支持城市旅游产业发展，合作开展商业项目专业化运营。

碧桂园服务坚持新型城镇化战略，顺应改革发展的新要求，2018 年正式成立了碧城城市服务集团，并率先提出了"城市共生计划"，以城市公共空间数字化场景运营为切入点，通过高效的资源整合和优质的公共服务，提升城市的生活品质，促进城市资产增值，推动城市社会人文环境进步，助力城市高质量发展。碧桂园服务的发展愿景为成为中国领先的城市服务科技运营集成商。2023 年 5 月，碧桂园举办了第三届城市服务开发者大会。

碧城城市服务集团秉持"服务，让城市更美好"的核心理念，以市场需求和核心技术为驱动，以生态伙伴和资源平台为共享基础，以经济效益、社会效益、环境效益均衡最优化为目标，提供公共服务数字融合、城市治理精细高效、营商环境持续优化、生态环境共享共生、城市公共资产保值增值的全场景数字解决方案。

综上所述，碧桂园服务走在城市服务创新的前列，开启了全国城市服务一体化的全方位实践，树立了城市服务的行业标杆，引领全国城市服务向多元化、智能化、精准化、一体化转型。除了碧桂园之外，万科提出了"物业城市"模式，保利集团提出了"大物业"模式，招商积余提出了"智慧物业平台"模式，都是与此相关的探索。但从系统性、全面性、影响力来看，碧桂园服务的"城市共生计划"及其形成的城市服务一体化模式无疑处于领先地位。

第一章 城市服务一体化运营管理模式

一 城市服务一体化运营管理模式的含义

随着政府职能的进一步转变及城市管理执法体制改革的深入推进，城市市政业务出现综合化趋势，城市空间的传统边界被打破，小区内外、市政以及公共服务出现融合趋势，城市管理综合服务需求不断增加。物业企业介入城市服务领域具有三大优势。一是物联科技应用提升城市运营效率。物业企业基于空间设施环境管理的核心能力，特别是数字化、机械化的科技工具应用能够大幅度提升城市公共空间管理的智慧化运营效率，快速改善人居环境。二是优质社区服务加速基层治理现代化。物业管理的社区公共服务属性在参与城市治理过程中更有利于引导市民参与，形成"政府主导、企业协同、公众参与、多方联动"的共建共治共享的基层治理新格局。三是高性价比服务有利于政府"减负"。基于政府机构整合精简改革及公共服务市场化的推进，物业企业充分参与，可提供更具有性价比优势的城市公共服务，有利于减轻政府投资压力，兼顾效率与公平，惠及民生。

城市服务一体化运营管理模式，从理念的角度来说，就是"以地方政府为主导，以物业企业为行动主体，吸引各类社会资本、社会组织、社会公众等多元主体积极参与的协同运营管理模式"。政府的职能是政府回归、侧重服务监评、强化执法保障。企业的职能是企业供给、专业服务赋能、引导市民参与（见图1-1）。

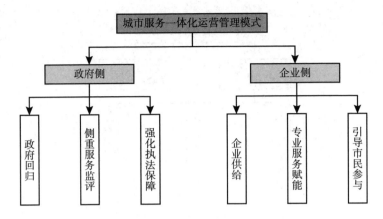

图 1-1　城市服务一体化运营管理模式

资料来源：笔者自制。

二　城市服务一体化运营管理模式的类型

（一）政企合作运营管理模式类型

城市服务一体化的核心是政府与物业企业合作，以数字化城市服务管控+数字化社区治理服务平台为切入点，承担市政公共服务、城市空间运营和数字化社区治理等一揽子综合服务（见图 1-2）。在数字化平台下，社区进行网格化管理，提升了集约化水平。碧桂园服务按照城市级别设立集中的"城市大物业数字运营指挥中心"，将全市的多业态多项目进行统一管理，不再单独设立社区物业服务中心，而从整体布局只设置片区服务驿站（兼营增值业务），重新定义管家职能，凤凰管家与网格管理员融为一体，在数字指挥平台的统一协调下整合社会公共资源，实施网格化巡检和提供便民服务，同时代替政府部门相关工作，提供规模化、集约化、标准化的专业服务，构建社区长效管理机制。

党的十八大以来，政府职能向服务型转变，政企合作关系有了新解读。一方面，政府通过整合配置资源，改进监管方式，以突出服务型职能；另一

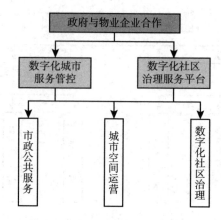

图1-2 政企合作运营管理模式

资料来源：笔者自制。

方面，新时代新型政商关系，强调"亲"和"清"，即亲近和清白。在政府与企业的互动中，中国经济实现快速增长，综合国力得到提升，人民的生活得到显著改善。

政企合作关系经过多年的发展，已经相对完善。其特点有：第一，实现公共产品和公共服务的提供者和服务者的职能分离；第二，在合作过程中实现政府公共部门与企业私人部门的优势互补；第三，合作模式的多样性可以实现因地制宜。政企合作模式在合作项目执行进度、建设和运营成本、服务质量和服务水平、公共管理质量等方面都有积极的推进作用。

政企合作模式根据项目回报的来源不同，可分为政府付费模式和使用者付费模式。政府付费模式大多指城市基础设施建设，如城市道路和桥梁项目，企业在完成建设后，政府部门按照一定标准进行付费；使用者付费模式指投资的资金通过使用者的消费进行资金回收，政府在未来一段时间内将收入按一定比例返还投资者，如高速公路建设。

根据项目的风险差异，政企合作模式可以分为外包模式、私有化模式和特许经营模式。外包模式风险最低，以政府为主导，先将部分项目内容交给企业建设，建设完成后政府回收，随后按一定标准对企业进行补贴。私有化模式的风险主要由企业进行承担，政府主要负责监督和管理，企业几乎主导全部项目的投资、建设、运营等工作。在特许经营模式中风险均担，企业提供支撑项目部分或全部的资金，与政府进行合作。在项目实施过程中由双方共同决策，共同进行项目管理和风险分担，并建立合理的收益共享机制，项目完成后政府将项目的经营权交给企业，并依据投入和产出进行收入收取或补贴，以实现项目的共同管理（见表1-1、图1-3）。

现有政企合作模式适用于复杂的有投资回报需求的长期项目，融资难度、融资成本、风险考虑均为普通水平，是当前城市基础设施建设领域主导的合作模式。

表1-1　现有政企合作模式及其特点

分类依据	政企合作模式	特点
按项目回报的来源分	政府付费模式	以城市基础设施建设为主
	使用者付费模式	通过使用者消费回收资金，并需要一段时间
按风险差异分	外包模式	政府主导，由政府承担主要风险，企业承担的风险较小
	私有化模式	企业主导，由企业承担主要风险，政府负责监督管理
	特许经营模式	风险均担，项目实施过程由双方共同决策

资料来源：笔者自制。

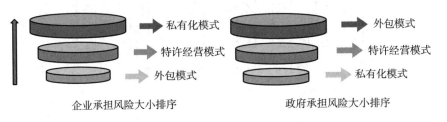

企业承担风险大小排序　　　　政府承担风险大小排序

图1-3　政企合作运营管理模式风险承担

注：面积越大表示承担的风险越大。
资料来源：笔者自制。

政企合作模式具有四个特征，分别是伙伴关系、利益共享、风险分担和提高效率。伙伴关系强调各主体之间平等的合作关系，在法律允许的范围内相互平等；利益共享指公共部门和私营部门之间的利润分配形式，分为政府主导的公共项目和非政府主导的融合项目；风险分担的基本原则是通过合理分配项目中的风险，最小化项目的整体风险；提高效率是政企合作模式的重要特征，起到降低成本、提高公共服务效率的作用。

政企合作模式的作用主要体现在扩大融资功能、缓解地方财政压力及提高管理水平这三方面。首先，企业及社会资本的加入，有利于扩大融资。其次，由于公共服务项目的周期长等因素，地方政府资金回收压力大，政企合作模式能很好地解决资金问题，同时保障公共基础设施的服务品质。最后，政府在基础设施建设、信息技术等专业领域缺乏经验，社会资源参与其中能使技术更先进、资源更丰富、管理更规范，对风险的防控和利益的分配也会更专业（见图1-4）。

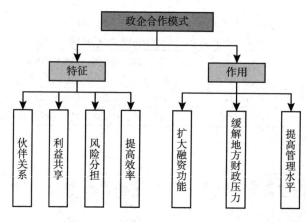

图1-4　政企合作模式特征与作用

资料来源：笔者自制。

（二）融资模式类型

融资模式是运营管理模式的重要组成部分。城市服务一体化的融资模式很多，根据出资模式和出资多少可以分为专项基金融资模式、轻资产模式和重资产模式。

1. 专项基金融资模式

专项基金融资模式是指采用成立专门运营基金的模式独立参与项目投资与项目运营管理。房地产基金作为新城市更新和城市服务一体化的早期参与者，根据专业判断力寻找项目，引入资金方整体购入有增值空间的物业后，引入跨界资源对其再定位、改造，以提高租金回报率、提升物业估值；部分物业运营成熟后，将通过资产证券化或出售方式退出，获取资产增值收益。

案例之一是万丈资本，瞄准核心一线城市存量物业增值型投资。目前已收购两个上海项目，其中企业天地 3 号项目是万丈小股操盘的首个落地项目，由万丈资本设立基金获取项目、负责操盘，并联合万科物业共同进行运营管理（见图 1-5）。

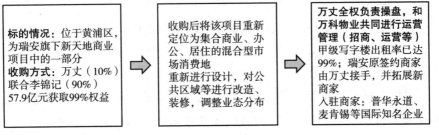

图 1-5　万丈基金小股操盘收购企业天地 3 号项目

资料来源：芒点研究。

案例之二是高和资本参与投资的上海静安高和大厦。高和资本联合国开金融以成立私募基金的方式于 2012 年 10 月收购了上海市南京西路中华企业大厦（现名静安高和大厦），建筑面积约 2.6 万平方米，交易金额 7.9 亿元，由于写字楼年代较早，交易价格相对较低，项目改造后带租约散售，平均租金涨幅约达 70%，售价每平方米上涨 100%，两年内完成退出。该项目的买方为高和资本，卖方为中华企业股份有限公司，标的为中华企业大厦（静安区），写字楼年代较早，大部分租约即将到期。高和资本对该项目进行改造升级，通过抓取市场机会、重新进行产品定位和硬件改造等方式进行升级改造（见图 1-6）。

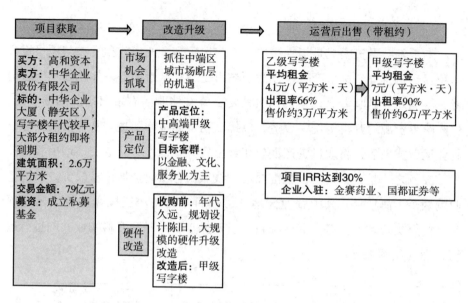

图1-6　高和资本参与投资上海静安高和大厦

资料来源：芒点研究。

案例之三是高和资本参与投资的北京高和蓝峰大厦。高和资本通过成立私募基金的方式于2013年11月收购了北京市东三环丹阳大厦（现名高和蓝峰大厦），2014年12月完成整体工程改造及物业运营调整。高和资本引入不同行业的资源将项目整体再定位为文化创意写字楼（共享办公雏形），改造后再运营，租金涨幅高达75%，部分采取带资管协议出售，为2015年北京高端写字楼销售冠军（成交8.5亿元）（见图1-7）。

从共同点来看，这三个案例都是通过专项基金管理的模式参与到原有商业地产的升级改造之中，通过重新进行产品定位，重新寻找市场机会，重新进行硬件改造的方式，将旧的商业地产盘活成更具有盈利能力的新商业地产，使项目的投资回报率上升、资产价值提升，其盈利模式都是收取写字楼租金，实现资产增值后通过出售商业地产退出运营。

从差异来看，案例一中收购的标的较新，硬件改造的成本较低，入驻的企业较为优质，最后主要通过资产证券化的方式退出商业地产的持有；案例二中收购的标的较旧，通过大规模硬件改造，提升写字楼的档次，通过提高

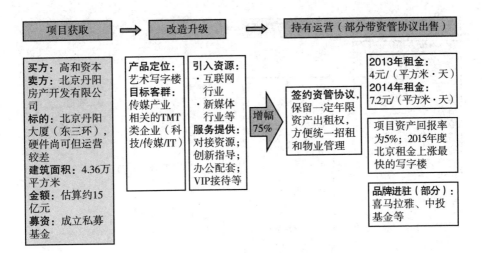

图 1-7 高和资本参与投资北京高和蓝峰大厦

资料来源：芒点研究。

租金实现盈利，出售商业资产的方式是通过带租约的方式实现所有权的让渡；案例三收购的标的硬件尚可，主要是经营不善，进行重新定位和小规模的硬件改造，改造后参与到新资产的招租和物业管理，一方面收取管理费持续经营，另一方面也通过提高租金盈利，带资管协议出售实现资产所有权转让。

2. 轻资产模式

轻资产模式是指采用少量资金投入的方式，如长期租赁等节省投入资本的方式取得项目标的的经营管理权，通过对项目标的的改造升级、良性经营获得投资回报。

案例之一是上海万科的哥伦比亚公园项目。上海万科通过与原业主签订20年整租协议的轻资产方式获取项目，对项目局部更新改造后，重新定位为商办综合体，由上海万科产城发展·星商汇负责运营管理，目前仍在招租（见图1-8）。

案例之二是世联行以租赁、合作的方式获取投入较小、改造难度较低的项目。资金来源包括自身资金或通过发行基金寻求外部资金方，通过专业力

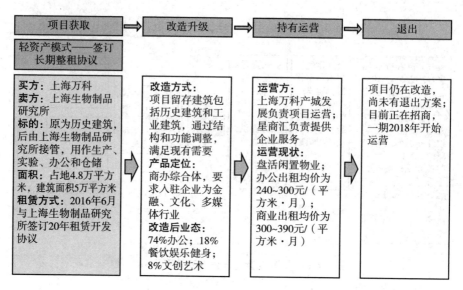

图1-8 上海万科的哥伦比亚公园项目

资料来源：芒点研究。

量对项目进行策划、定位及装修改造，并在持有环节输出资管服务和自身品牌，最终实现物业租金增值。相关品牌包括：创业办公小样社区、商业物业世联领客和联合办公世联空间（见图1-9）。

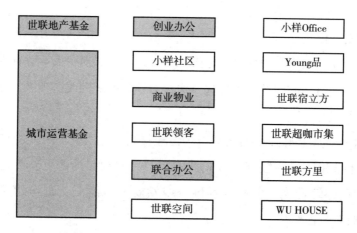

图1-9 世联行城市更新品牌打造及对外输出

资料来源：芒点研究。

案例之三是世联行的上海长宁、苏城项目。世联行通过发行腾赋城市运营基金，引入启动资金租赁并改造了上海长宁、苏城两个项目。其中，上海长宁通过30%的基金+70%的世联模式购买了20余栋独栋建筑的10年租期和15年经营权。改造阶段，由基金支付改造装修费用，由世联操盘进行统一策划定位、装修。运营阶段，由世联负责招租、运营并叠加多样的物业服务。租金溢价高达100%。最后通过银行贷款、资产证券化和固定收益基金的方式实现退出。苏城项目是城市运营基金买下了10年的租期，同样通过世联的改造和运营，实现了75%的租金溢价，通过10年还本付息的方式实现退出（见图1-10）。

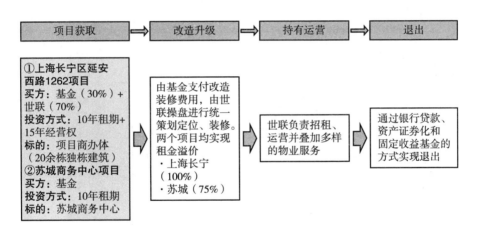

图 1-10　世联行的上海长宁、苏城项目

资料来源：芒点研究。

从共同点来看，这三个案例都是投入少量资金，取得项目标的的经营管理权，进行改造升级，通过策划进行重新定位，通过装修进行改造升级，形成新业态，然后持有运营，获得回报。

从差异来看，案例一为老建筑的改造项目，改造后的业态以金融、文化产业为主；案例二主要为世联行自己的资管服务和自身品牌打造；案例三改造的上海长宁、苏城两个项目已经有一定的基础，改造难度较小，后期增值空间较大。

3. 重资产模式

重资产模式是采用大量资金投入的方式，如股权收购等方式获得项目标的的所有权，通过改造升级并进行良性经营，获得投资回报。如上海万科在2015年通过收购张江集团旗下子公司张江文控的液晶显示器厂房，主楼和辅楼建筑面积共计约10万平方米，取得50%的股权，保留原有结构、敲掉外墙和顶棚，历经8个月对内外部进行改造，依托周边高校与科研机构，定位为科技创新中心，进驻公司必须为"新金融、智能装备、人工智能和文化创意"公司，将原有厂房改造成新型创新产业园，配套商业、公寓（泊寓）等（见图1-11）。

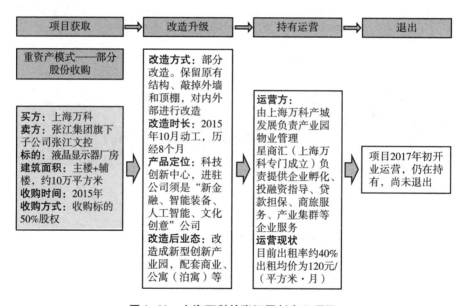

图1-11 上海万科的张江国创中心项目

资料来源：芒点研究。

三 城市服务一体化运营管理模式的典型案例

万科、保利、碧桂园、招商积余等物业企业都主要采用了私有化模式的政企合作，也有部分特许经营模式，较少采用外包模式。在融资方面，万科以专项基金融资模式为主，也有部分轻资产模式和重资产模式。各大物业集团都大力推动政企合作和融资，实现城市服务一体化运营。万科主要提出"物业城市"概念，保利主要提出"大物业"概念，招商积余主要提出"智慧物业平台"概念，接下来将介绍这三家物业公司的运营模式。

（一）"物业城市"模式

万科物业发展股份有限公司（简称"万科物业"）致力于让更多用户体验物业服务之美好，围绕业主不动产保值增值提供全生命周期服务。万科物业提出了"物业城市"的概念。"物业城市"模式是指将城市整体作为一个"大物业"，在城市治理现代化创新探索过程中，创新性地引入市场化和社会化机制，通过"专业服务+智慧平台+行政力量"相融合的方式，以专业化的服务总包、模块化的服务划分、社会化的治理结构、精细化的治理手段，将城市公共服务整体外包，对城市公共空间与公共资源、公共项目进行全流程"管理+服务+运营"的政府、市场、社会多元主体协同治理模式。

万科"物业城市"的运营模式为，在市政基础设施管养、环卫清洁、城市秩序管理等领域，将参照万科物业在住宅小区精细化管理的经验和做法，像"绣花一样管理城市"，从传统城市管理向公司化、服务化转型。政府、合作双方以及城市居民通过智慧手段打造"共建共治共享"城市管理模式，是一个三赢的局面。通过有效的管理和运营，城市的公共资源项目可以产生合理收益，以支持和反哺公共空间管理维护的成本支出，最终实现政府主导、企业运作、社会广泛参与的新型城市生态圈。"物业城市"模式开创了科学化、精细化、智能化的城市治理新局面，实现了政府主导、社会参与、源头治理、执法保障的城市治理"新生态圈"，形成了行政主体、市场主体、社会主体三位一体，责任清晰、伙伴关系、竞合共生的城市治理共同体。

例如，万科珠海横琴"物业城市"模式可以理解为：将整个新区"打包"作为一个物业进行统筹管理，部分可通过社会各大专业团队实现的事务，将全面交由社会力量进行服务运营。

"大横琴城资公司"是珠海市 TOP3 国有企业珠海大横琴集团有限公司（简称"大横琴集团"）与世界 500 强企业万科企业股份有限公司控股子公司万科物业的合资公司，其前身为珠海市横琴岛实业发展有限公司，成立于 1987 年。2009 年，随着横琴新区开发建设的需要，公司正式改制，成为珠海大横琴集团旗下一员。2018 年 9 月，由大横琴集团控股 60%、万科物业参股 40% 的混合所有制企业——珠海大横琴城市公共资源经营管理有限公司完成混改，成为"物业城市"治理模式的合作平台，标志着全国首个"物业城市"平台企业正式诞生。

作为横琴新区城市综合运营管理的平台型企业、城市管理的"大管家"，大横琴城资公司肩负起横琴新区全区市容环卫、城市照明、园林绿化、综合管廊、公共停车场等市政设施管养的重任，还先后承接了横琴总部大厦、横琴口岸等横琴重点项目的物业服务，为打造更加宜居宜业的横琴做出了突出贡献。混改后，公司业务进一步扩展，承接了全区垃圾分类、公共弃土场、隧道管养、城中村物业化管理、信访矛盾调解、国土巡查、城管巡查、流动摊贩集中疏导点管理等新兴业务。

"物业城市"模式采取"线下+线上"相结合的方式，着力构建城市治理工作的闭环，形成政府、城市运营商、服务提供商、普通商户、社会组织、市民多元主体共建共治共享的城市治理"新生态圈"。线下部分由作为城市总服务运营商的大横琴城资公司通过"管理+服务+运营"的方式，发挥其专业性强、管理标准高、量化程度高的优势，成为社会治理的中坚力量；由物业公司代替执法人员在一线服务，通过提高服务质量有效化解矛盾，利用大数据进行汇总分析，为政府实行大综合执法提供方向引导和服务保障。如此一来，把城市的公共资源按照市场化进行运营，盈利部分进行反哺，解决城市长期投入高、产出低的问题，不断提高社会治理水平。在线上，围绕物业管理，推动"物业"+"互联网"、"物业"+"大生态"、"物业"+"全民化"、"物业"+"法治化"、"物业"+"暖公益"的多元发展，充分利用大数据等科技力量，更加高效全面地实施管理与开展服务。

同时，将市民大众拉入生态圈，让每一个个体参与到城市治理中来，促进城市文明健康发展。

例如，有居民通过"12345"热线反映附近商家噪声扰民问题。按以前的办事流程，该事项需要层层交转，到城市执法者手中时可能已到第二天、第三天，噪声现象早已消失。同时，一些执法队员处理问题分寸难以拿捏，可能会与"违规"的市民、商家发生争执，造成消极社会影响。要解决前述问题，主要的方法有两个：其一，响应时间要更快；其二，在执法人员和"违规"市民之间形成缓冲。"互联网+"、大数据平台恰好提供了技术上的可能。像"滴滴出行"一样，系统自动分配任务、终端用户"抢单"，时间上比"人工"走流程要快。噪声扰民这样的小问题，一般15分钟内就能得到解决。而通过市民、志愿者进行的自治行为与"城管"队员的执法方式相比，其面对"违规"市民能较好地避免矛盾升级。

"物业城市"模式推行以来，横琴城市治理精细化水平、管理档次、服务质量、群众满意度等方面均得到了大幅提升。已有13个物业项目应用万科物业信息化系统，环卫、绿化、综合管廊3个管理系统正式上线，城市照明、垃圾清运、电缆沟运维、水利运维等4个系统建设正在推进，未来横琴的一草一木一花都将有自己的数字代码，大数据平台作用将进一步凸显。

（二）"大物业"模式

保利物业服务股份有限公司（简称"保利物业"）于1996年6月在广州成立，是保利发展控股集团旗下控股子公司。截至2021年6月30日，公司已进入全国29个省、自治区与直辖市的193个城市，在管面积超过4.28亿平方米，2020年度品牌价值逾135亿元，已成为物业行业规模和品质的领军者及标杆示范企业。致力于发展全业态管理的保利物业，管理的业态除了社区居住物业之外，还包括城市地标性写字楼、政府公建、城镇景区、特色产业、院校、医院等。服务内容包括物业服务、物业项目前期咨询服务、物业项目交付后评估分析服务，以及会所经营、资产管理、专业设备设施维护保养服务、家政服务、社区健康管理（社区家庭健康管理、社区居家健康养老服务、健康产品与服务销售）、社区教育、社区智慧平台建设与运维等。成立至今，保利物业已经建立了一整套有自己特色的管理制度和服务标准体系，坚持以严谨的工作作风，实行规范化管理和提供标准化服务。

2019年6月，保利物业首次提出"大物业"概念，并把"大物业"定义为全域物业、全业态物业、全民物业、全价值物业、全技术物业。对于行业当下的发展阶段和趋势，保利物业的观点是物业行业正在经历第二次大的突破和升位。第一次是物业行业走出了小区围墙的边界，从社区走向社会，覆盖更多的公共空间和细分业态。而这一次突破是空间上的，许多物业公司开启了多业态战略，即从传统的住宅社区，进入商办物业和公共物业。2018年，保利物业在业内第一次对行业的多业态进行了划分和定义，并确定了"住宅、商办、公共服务"三大赛道，打造了与之对应的服务品牌。第二次突破就是当下正在发生的，从硬基建走向软基建。按照保利物业的说法，软基建就是立足国家战略、紧贴国民生活、连接服务资源、实现数字驱动的近场服务体系。在保利物业看来，国家在建设成为社会主义现代化强国的过程中，需要两种基建：一种是以5G、特高压为代表的硬基建，这是国家经济发展的硬核支撑；另一种是以公共服务、公共配套、公共资源、公共环境为代表的软基建，它是国家发展中民生福祉的柔性保障。

在"大物业"发展战略的引领下，在国家"十四五"规划带来的全新发展机遇下，作为"大物业时代的国家力量"，保利物业将全方位践行"善治善成 服务民生"的企业使命，为国家经济与民生福祉的新发展提供物业服务的"软基建"价值。保利物业城市服务的起步是城镇公共服务管理。2016年以来，保利物业为嘉善西塘古镇、天凝镇及上海罗店镇等城镇提供公共管理等服务，并在2018年对外发布了"镇兴中国"公共服务品牌。

保利公共服务是指保利物业以自身专业、高效的管理体系与管理能力，提供政府或其他企事业单位采购的公共产品与服务，承接政府所剥离的部分公共服务管理职能，是以公共服务理论为基础，以政府为主导、以保利物业为主体、服务对象积极参与的"三位一体"的新型公共服务管理模式。新型公共服务管理模式是保利物业响应"乡村振兴战略"、助力乡镇社会治理的重要创新，以城镇公共服务管理与公共物业服务两大特色业务模块为支柱，打造不一样的保利物业公共服务。

与万科物业相比，保利物业是一种自下而上的模式，在城镇服务取得较好的成果之后，顺势打造"大物业"品牌。万科物业把服务的边界定义在了城市，而保利物业则更加下沉，突进到了乡镇。

（三）"智慧物业平台"模式

招商局积余产业运营服务股份有限公司（简称"招商积余"）是招商局集团旗下从事物业资产管理与服务的平台企业，控股股东为招商蛇口。公司总部位于深圳，发展历程如图1-12所示。

图1-12 招商积余的发展历程

资料来源：招商积余官网。

招商积余明确以建设"中国领先的物业资产管理运营商"为目标，发展物业管理及资产管理两项核心业务；在战略协同方面，致力于成为招商局集团资产保值增值平台，成为招商蛇口持有资产运营的承载平台，成为招商蛇口产业数字化的标兵；坚持轻型化、规模化、科技化、市场化的"四化"发展原则，通过七大战略举措，推动战略实施落地。

招商积余以构建为客户创造美好生活的物业资产生态平台为牵引，以打造产业数字化标兵为使命，通过管理赋能和业务赋能两大核心抓手，助力招商积余实现由人力密集型向科技、知识、技术密集型转型；基于"服务+产品+细分业态"解决方案的能力与技术沉淀，搭建开放式平台，提升客户极致体验，为行业合作伙伴进行产品赋能。

2021年1~9月，招商积余实现营业收入75.91亿元，较上年同期增长26.98%；归属于上市公司股东的净利润3.82亿元，较上年同期增长15.78%；截至报告期末总资产167.05亿元。截至2021年9月末，物业管理业务覆盖全国逾100个城市，管理项目合计1626个，管理面积2.15亿平方米。

招商通智慧服务平台是招商物业利用物联网、云计算、移动互联网、信息智能终端等新一代信息技术，通过对各类与居民生活密切相关信息的自动感知、及时传送、及时发布和信息资源的整合共享，倾力打造的智慧社区运营平台，由客户端到家汇、员工端慧到家、管理端招商通三部分组成，包括CRM系统、设备设施系统、收费系统、停车系统、门禁系统、租售系统、物联系统、主数据系统等八个业务系统（见图1-13），构建了智慧社区生态圈运营体系，让住户生活更智慧、更幸福、更安全、更和谐、更文明。招商通智慧服务平台坚持以提升客户服务满意度和运营效率为核心，通过试点应用，实现了对住区管理和服务的智慧化应用，创新了智慧生活、智慧服务现代住区运营模式。

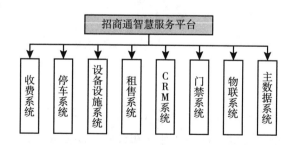

图1-13　招商通智慧服务平台的系统构成

资料来源：招商积余宣传资料。

第二章　城市服务一体化的理论建构

一　城市服务一体化框架

在城市服务一体化过程中，其核心部分是空间一体化，包括社区一体化、园区一体化、高校后勤服务一体化和文旅景区服务一体化等，其中社区一体化和园区一体化是重点内容。这四个部分是城市服务一体化的空间层。城市居民的生产和生活问题是城市治理的核心问题，也是城市居民关心的核心问题。社区一体化主要解决城市居民的生活便利化问题，园区一体化主要解决城市居民的生产便利化问题。

要素集成化是在促进生产便利化和生活便利化过程中，将一系列提供服务和支持的要素进行集成化处理，实现要素功能的整合和汇聚，包括智慧停车管理、环卫一体化服务和交通站场一体化运营等。

技术标准化在整个城市服务一体化的框架体系中起到基础性支撑作用。技术标准化是城市服务一体化的支撑层，包括方法标准化、数据标准化和硬件设备标准化。技术标准化让与城市服务一体化相关的各个部门得以正常运转，各个要素资源之间实现快速流动，从而发挥出远远大于各个部分作用的整体性作用。

资源整合化是指将城市治理相关的资源信息进行整合，以方便管理和协调，最终实现资源的优化利用，提升城市服务的效率，使城市服务从碎片化向整合化发展。

在城市服务一体化中，空间一体化、要素集成化、技术标准化和资源整合化四者之间是相互联系且协同作用的，并且最终服务于城市服务一体化（见图2-1）。空间一体化指的是将城市中的各个空间，如住宅、商业、工

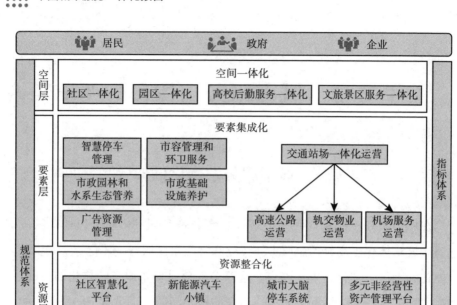

图 2-1 城市服务一体化整体框架

资料来源：笔者自制。

业、公共服务等统筹整合，使城市空间结构更加合理、优化。要素集成化指的是将城市中的各种要素，如交通、环境、安全等统筹整合，使城市功能更加完善、协调。技术标准化指的是在城市治理过程中统一使用的技术标准，以保证城市管理的效率与科学性。资源整合化指的是将城市治理相关的信息资源整合到一个统一的平台上，以方便管理和协调。这四者之间相互联系、共同作用，提高了城市治理的效率与科学性。

空间一体化和要素集成化是城市治理的核心目标，而技术标准化和资源整合化是实现这一目标的重要手段。空间一体化和要素集成化可以使城市空间更加有效率和协调，技术标准化和资源整合化则可以使城市治理更加科学和高效。四者的结合可以促进城市的整体发展，详见图2-2。

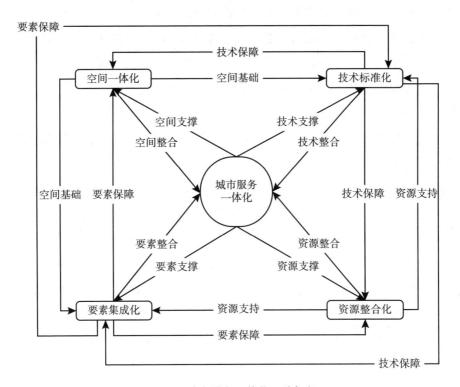

图2-2 城市服务一体化理论框架

资料来源：笔者自制。

空间一体化可以通过整合城市的空间结构，实现城市内部各个地区的协同发展。而技术标准化则可以通过规范技术应用和信息共享等方面，提高城市治理的效率和可持续性。空间一体化需要技术标准化来支持和保障，而技术标准化也需要空间一体化提供空间基础来实现。空间一体化和技术标准化的相互作用可以促进城市的数字化转型，通过实现城市内部各个区域的数字化互联，实现城市内部各个数据资源的整合和共享，促进城市数字经济的发展。而技术标准化的规范化可以促进城市数字化转型的高效进行，实现数字城市的全面升级。

　　要素集成化可以通过整合城市内部的各种要素，包括物质资源、人力资源、信息资源等，实现城市内部各个要素的优化配置和高效协同。空间一体化需要要素集成化来支持和保障，而要素集成化也需要空间一体化提供空间基础来实现。空间一体化和要素集成化的相互作用可以促进城市的综合性发展。通过空间一体化和要素集成化的结合，可以形成具有高度协同性和可持续性的城市运行模式，实现城市内部各个要素的有机结合，提高城市运行效率和效益。

　　技术标准化可以通过规范技术应用和信息共享等方面，提高城市治理的效率和可持续性。而资源整合化则可以通过整合城市内部各种资源，包括物质资源、人力资源、信息资源等，实现资源的高效利用和共享。技术标准化需要资源整合化来支持和保障，而资源整合化也需要技术标准化的规范化来实现。技术标准化和资源整合化的相互作用可以促进城市数字化转型。通过建设资源共享平台，实现城市内部各个数据资源的整合和共享，促进城市数字经济的发展。而技术标准化的规范化可以促进城市数字化转型的高效进行，实现数字城市的全面升级。

　　资源整合化则可以通过建设资源共享平台，实现城市内部各种资源的高效利用和共享。要素集成化需要资源整合化来支持，而资源整合化也需要要素集成化来保障。要素集成化和资源整合化相互协同，对城市治理的综合性发展有着积极的促进作用，形成了一种高度协同和可持续的城市运行模式，提升城市各类资源的利用效率和各类要素的运行效率。

二　城市服务空间一体化相关理论

　　社区一体化是城市服务一体化的重要形态。社区是基层的治理单位，社区一体化推动了城市的基层治理，也发展了城市服务一体化。社区一体化的理论基础主要是社区治理理论。空间一体化将产业与城市发展相结合，共同赋能企业高质量发展，主要运用区域一体化理论和产城融合理论，如图2-3所示。

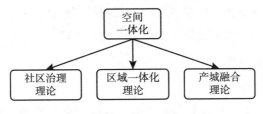

图 2-3　空间一体化的理论基础

资料来源：笔者自制。

（一）社区治理理论

社区治理理论是城市服务空间一体化的相关理论之一，因为社区治理理论强调了城市服务要素在社区层面的整合和协调。

在城市服务空间一体化的过程中，各种城市服务要素需要被整合和协调，以实现城市服务的高效运作。社区作为城市服务的基本单元，是城市服务要素集成的一个重要场所。社区治理理论提出了社区参与、社区自治和社区协作等概念，强调社区居民的参与和自治能力，同时鼓励不同社区之间的合作和交流。通过社区治理理论的实践，可以促进不同城市服务要素之间的融合和协调，进而实现城市服务空间的一体化。

例如，在社区治理实践中，社区管理者可以通过建立社区服务中心，将不同的城市服务要素集中在一个场所，方便居民就近享受服务。同时，社区居民也可以通过社区服务中心，了解到不同服务要素之间的联系，实现服务要素的整合和协调。这样就可以有效提高城市服务的质量和效率，进而实现城市服务空间的一体化。

国内外对中国社区治理的研究，可以归结为四个理论视角，分别是国家中心论视角、社会中心论视角、宏观结构—微观行动视角，以及介入式定性观察、干预与引导视角。

1. 国家中心论视角

这一研究视角强调公权力，政府以现代国家建设为目的，为创造一个可治理的社会，对社区进行渗透，从而成为社区治理最重要的行动者，并主导社区治理的大部分结构、机制与过程，实现社区居民、社会组织对公权力的合作与服从。这从本质上强化了国家对基层社会的控制，是国家原有城市治理模式的延续而非转型。

2. 社会中心论视角

从一定意义上讲，社会中心论视角是对国家中心论视角的一种"反动"，是市民社会研究在社区治理场域中的体现。社会中心论视角认为城市社区的生成与发展，改善了基层的社区治理，提高了中层的城市治理绩效，尤其是社区自治的发展促进了国家—社会权力结构的变化，为人民民主奠定了一定的基础；如果社会组织继续在社区治理中参与、成长，那么，这将会进一步促进市民社会的成长，从而发展出具有自身独立性，与公权力、市场良性互动的现代社区。但是，这种研究视角从一定程度上对现代国家建设过程中公权力对社会的渗透缺少清醒的认识，同时，也忽视了市民社会内部的复杂性。

3. 宏观结构—微观行动视角

宏观结构—微观行动视角强调调和的中间立场，既综合国家中心论、社会中心论视角的长处，又不拘泥于两者。这种视角既关注国家—社会二元结构限制，又关注在这种宏观结构限制下作为社区行动者的微观行动，以及其在社区治理体系中的合作、冲突与疏离。利用人类学的研究方法，多位学者深入社区进行嵌入式观察，发现国家、社会、市场等行为主体在社区场域的互动是十分复杂的，"依（以）法抗争""准公民社区""地方增长联盟""再造城民"等，都是此一视角的研究成果。宏观结构—微观行动视角看似综合了上述两种视角的长处，避免了二者的短处，却在一定程度上使研究隐没在零散的"观点海洋"中，造成零散观点替代整体理论的现象。

4. 介入式定性观察、干预与引导视角

在上述研究的基础上，一些学者或者社区行动者以介入式定性观察、干预与引导的方法，做出了类似凯文·林奇与威廉·怀特的"城市意象"与"街道生活"的研究。他们并没有先验地从既定理论开始，以"月映万川"的普遍规律推理出人们如何认知城市、社区（推理逻辑），用既定的理论框定居民的行为，用客观的规律去过滤行为者的情感；而是先采取介入式定性

观察、干预与引导的方式，深入社区了解居民的行为、习惯、生活方式与情感认同，研究社区工作者的工作方法、行政与志愿行为、政策规范实施、居民自治工作等，收集经验性信息，然后建构理论，解释中国社区治理的行为、逻辑与他们的发现（归纳逻辑）。

（二）区域一体化理论

区域一体化理论是城市服务空间一体化的相关理论之一，因为它探讨了城市服务要素在区域层面的整合和协调，从而实现城市服务空间的一体化。

城市服务要素在城市内部分布不均，存在一定的区域差异。这就需要对城市服务要素进行区域整合，实现城市服务空间的一体化。区域一体化理论提出了通过区域间合作和协调，加强城市服务要素整合的思路，进而实现城市服务空间的一体化。

例如，在区域一体化实践中，不同城市可以通过建立城市间联合体、制定统一的城市规划和城市管理标准，进行城市服务要素的整合和协调。同时，区域内部的城市也可以通过合作和协调，共同解决一些跨城市的城市服务问题，如区域交通、环境保护等问题，从而实现城市服务空间的一体化。

"区域"作为地理学的核心概念，最早被定义为地球表面某一特定的且与相邻地域存在差异的物理空间。对于区域一体化而言，区域的界定不仅直接关系区域组织或集团对会员身份的认同，还深刻影响到各种协商和争端解决机制的实施效果与贸易自由化等的实现。随着区域在整个世界图谱中的地位日益凸显，学者从经济、政治等不同领域视角就区域一体化中有关区域的定义给出了各自的解释。[①]

经济学家普遍认为，任何旨在减少国家间贸易壁垒的政策设计所涵盖的经济空间都可以称为区域，因此贸易协定或关税同盟所限定的范围决定了区

---

① 王珏、陈雯：《全球化视角的区域主义与区域一体化理论阐释》，《地理科学进展》2013年第7期。

域的边界；而在国际关系中，区域则被视为共同制度形成和经济联系增强的动态过程，更加强调规范、政府认同、民主团体及企业身份。① 由此可见，有关区域的阐释按照属性可大致分为三种：地理空间单元；交易和联系所构建的网络或结构；具有共同认知和身份认同感的群。② 随着区域一体化中对地理毗邻性约束条件的放宽，国外学者大多主张以区域的功能属性来判断区域一体化的边界，将区域视为某种经济空间的一部分。③ 因此，区域一体化也常常被等同于区域经济一体化。

最早提出区域经济一体化的是荷兰经济学家丁伯根（Tinbergen）。他认为区域经济一体化是资本主义剩余产品谋求倾销地的一种手段，包括"消极一体化"和"积极一体化"两个方面。其中，"消极一体化"是指单纯的物理边界的消除，而"积极一体化"更强调规章制度对纠正自由市场的错误信号、强化正确信号并加强自由市场的统一力量的作用。④ 在此基础上，1961 年，美国经济学家巴拉萨（Balassa）提出了区域经济一体化是"过程"与"状态"并存的定义，区域经济一体化既是指采取旨在消除各国之间差别待遇措施的过程，又是上述差别待遇消失的一种状态。⑤

20 世纪 90 年代，区域一体化的理论研究已经不再局限于国际贸易和政治关系的讨论，新区域主义、新经济地理学、新制度经济学等不同流派为区域一体化注入了新的活力。

---

① Herman van der Wusten, John O'Loughlin, "Political Geography of Panregions," *Geographical Review* 80 (1), 1990, pp. 1–20.

② Helge Hveem, "Explaining the Regional Phenomenon in an Era of Globalization," in S. Richard, R. D. Geoffrey, eds., *Political Economy and the Changing Global Order*, Oxford, UK: Oxford University Press, 2000, pp. 70–81; L. W. Martin, K. E. Wigen, *The Myth of Continents: A Critique of Metageography*, Berkeley, CA: University of California Press, 1997.

③ Shaun Breslin, Richard Higgott, "Studying Regions: Learning from the Old, Constructing the New," *New Political Economy* 5 (3), 2000, pp. 333–352; E. Mansfield, H. Milner, "The New Wave of Regionalism," *International Organization* 53 (3), 1999, pp. 589–627; Walter Isard, "Regional Science, the Concept of Region, and Regional Structure," *Papers in Regional Science* 2 (1), 1956, pp. 13–26.

④ Philippe De Lombaerde et al., *Assessment and Measurement of Regional Integration*, London: Routledge, 2006.

⑤ Bela Balassa, *The Theory of Economic Integration*, New York: Greenwood Press, 1969, pp. 2–3.

　　作为旧区域主义的改进，以经济一体化为基础的强调环境、社会保障、安全和民主等多元领域的新区域主义成为一种重要的研究范式。它通过对内调节国家和企业策略、对外提供国际体系变动的动力，[1] 鼓励各成员之间形成高度的相互依赖性（interdependence），积极主动地融入世界经济体系，尤其倡导发展中国家由进口替代性策略转变为出口和外资导向型政策。[2] 在这种强调自上而下和自下而上相结合的区域管制模式中，国家间、国际性机构组织以及非政府主体的作用得以凸显，区域组织形式和手段进一步多样化（如微观区域、廊道、国家、宏观区域、全球城市）。[3] 新区域主义成为国家寻求应对全球化的重要策略之一。

　　同时，随着西方主流经济学对空间要素的引入，以克鲁格曼和维纳布尔斯为代表的新经济地理学家将运输成本及其他贸易壁垒等地理因素纳入经济模型中，考察了贸易成本下降过程中的厂商区位选择和劳动力迁移问题，创建了区域一体化中重要的中心—边缘理论。[4] 该理论认为：在经济一体化初期，两个区域的福利水平保持同等幅度提高；但随着非对称均衡的出现，区域之间会产生差异并且差异持续扩大；当经济一体化达到某一临界值时，空间差异又开始缩小，核心区和边缘区的福利水平趋同。[5] 经济一体化的这种钟状曲线模型纠正了以往认为区域一体化是成员之间直线性趋同的错误认识，指出了区域之间空间差异存在的必然性和发展的非线性过程。

[1]　Mario Telò, "Globalization, New Regionalism and the Role of the European Union," *in* Mario Telò, ed., *European Union and New Regionalism: Regional Actors and Global Governance in a Post-hegemonic Era*, London: Ashgate Publishing, 2011, pp. 1-20.

[2]　R. Z. Lawrence, *Regionalism, Multilateralism, and Deeper Integration*, Washington, DC: Bookings Institution Press, 1996, p. 25.

[3]　Shaun Breslin, Richard Higgott, "Studying Regions: Learning from the Old, Constructing the New," *New Political Economy* 5 (3), 2000, pp. 333-352; Björn Hettne, *Globalization and the New Regionalism: The Second Great Transformation*, London: Macmillan Press, 1999, pp. 1-24.

[4]　P. R. Krugman, A. J. Venables, "Globalization and the Inequality of Nations," *Quarterly Journal of Economics* 110 (4), 1995, pp. 857-880.

[5]　〔美〕皮埃尔-菲利普·库姆斯、蒂里·迈耶、雅克-弗朗索瓦·蒂斯：《经济地理学：区域和国家一体化》，安虎森等译，中国人民大学出版社，2011。

（三）产城融合理论

产城融合理论是城市发展中的重要理论之一，它与城市服务空间一体化有密切的相关性，因此也是城市服务空间一体化的相关理论之一。

首先，产城融合理论强调产业和城市之间的融合和协同发展，促进了城市内部不同区域之间的经济联系和合作，从而推动了城市服务空间的一体化。

其次，产城融合理论的实践需要依赖于城市内部不同区域之间的协调和合作，这正是城市服务空间一体化所追求的目标。

最后，产城融合理论的实践需要建立起城市内部产业和城市服务空间之间的联系和协调机制，以实现城市内部产业资源和服务资源的合理配置和利用，从而为城市服务空间的一体化提供支持和保障。

因此，产城融合理论与城市服务空间一体化有着密切的联系和互动，两者之间相互依存、相互促进，共同推动城市的发展和城市服务空间的一体化。

产城融合理念最早由张道刚提出，他认为城市与产业需要双向融合，其实质就是"平衡"两字，产业活了，人的需求就活了，城市的内在活力也就激发起来，城市形态也就有了"魂"；反过来，城市功能的完善、品位的提高也会为发展产业提供条件、增强竞争力，这才是城市和产业的本义。[1]国外对工业化和城市化的协调发展有大量的研究成果，但并未有产城融合这一提法。因此，国内外对于产城融合还缺乏足够科学、系统的研究。随着经济全球化、市场化和信息化的深入发展，城市和产业发展跨入进一步完善功能、提升质量的发展阶段，对于产城融合的研究日益重要。

在产城融合中，要形成产业结构转型升级与城市功能优化提升之间的互促关系，既要以产业发展为城市功能优化提升提供经济支撑，更要以城市发展为产业结构转型升级创造优越的要素和市场环境，两者共同服务于人类文

---

[1] 张道刚：《"产城融合"的新理念》，《决策》2011年第1期。

明的进步。

关于产城融合的内涵，不同的学者有不同的理解，主要表现为以新城区产业促进新城发展、新城与老城的产城互促、城市与产业的协调发展、强调以人为本的产城需求匹配及系统性考量的产城功能性融合等。[①]

陈云提出产城融合主要是服务于集就业、居住和休闲于一体的相对独立的新城建设；[②] 杨芳等认为产城融合是在产业功能基础上的新区增强综合服务功能，在居住功能基础上的新区加强产业功能的产城一体化发展，以产业兴旺城市，以城市促进产业发展。[③] 这些都将目标定位于以新城产业区建设促进新城发展，虽有明确定位，但未免因只涉及新城建设而有狭义之嫌。随着城镇化进程的深入，产城融合的研究范围也在逐步扩大，不仅局限于新城，而且包括不同层级的城镇，呈现出产城融合的广义性理解。

周海波认为产城融合的发展实质就是形成以服务业集聚的新城和以制造业集聚的老城为中心—外围的功能互促、产城互动进而和谐发展的城市；[④] 刘荣增等认为产城融合中的"产"既是指产业，也是指产业聚集区，既强调产业的竞争力和社会服务功能，又强调产业自身与老城和城市新区的融合及其辐射带动作用。[⑤] 这些观点考虑了新城与老城的产城互促，研究范围有所扩大，趋向于产业空间结构协同发展，但缺乏产业和城市同步演进思路的内涵界定。

秦智等认为产城融合强调的是城市与产业相互促进、相互依托的发展状态，以产业的集聚带动人口的聚集，同时以城市的功能改进为产业发展和人口集中提供支持；[⑥] 苏林等认为产城融合是在一定区域范围内产业与城市功

① 刘欣英：《产城融合：文献综述》，《西安财经学院学报》2015年第6期。
② 陈云：《"产城融合"如何拯救大上海》，《决策》2011年第10期。
③ 杨芳、王宇：《产城融合的新区空间布局模式研究》，《山西建筑》2014年第2期。
④ 周海波：《产城融合视角下服务业与制造业集群协同发展模式研究——以盐城环保产业园为例》，载《第十二届产业集群与区域发展学术会议论文集》，2013。
⑤ 刘荣增、王淑华：《城市新区的产城融合》，《城市问题》2013年第6期。
⑥ 秦智、李敏：《产城融合推进柳东新区新型城镇化建设步伐》，《企业科技与发展》2013年第16期。

能协同发展、良性互促的状态，是城镇化与高科技产业化结合的理想形态。[①] 此类观点强调的是城市与产业的协调发展，为探索产城融合的协同演进提供了研究思路，但在实证方法上缺乏具体建议。

李学杰认为产城融合的本质就是一种城市协调与可持续发展的理念。其内在含义包括城市功能的有机协调、基本单元的相互联系、生产要素的有序流动；[②] 刘瑾等提出产城融合就是建设一种新型城市发展模式，体现其以生态环境为依托、以现代产业体系为动力、以生产性和生活性融合为功能关系的多元复合性；[③] 孙红军等基于系统视角认为产城融合具有一个动态变化的系统内涵，这一系统是在实体要素与虚拟要素的作用下，逐渐实现各要素之间及结构与系统之间各层次良性互动的过程。[④] 这些观点的共同点在于系统性考虑了产城功能性融合，全面形成了产业优化与城市功能发展之间的互促状态，但是，对于以产业优化为城市功能发展提供充足经济保障和以城市功能发展为产业升级创造条件的具体内涵还缺乏探讨。

综上所述，产城融合的内涵主要包括：布局与功能的统一、城市与产业的共生、居住和就业的融合、生产与服务的互动、经济与环境的协调。产城融合可以理解为产业、城镇、企业、人四者之间依靠土地和交通等基本要素而形成的相互作用、相互联系的区域创新网络系统，它是生产功能（产业性）、生活功能（宜居性）和生态功能（可持续性）高度协调的空间融合系统。

产城融合是在综合考虑城镇承载力和产业空间结构及可持续发展基础上，使产业发展定位于符合城镇整体功能扩展，通过城市、产业、人口的有序发展驱动城镇更新和提高城镇服务水平，形成城镇功能优化和产业发展协同共进与良性互动的科学动态过程。

---

① 苏林、郭兵、李雪：《高新园区产城融合的模糊层次综合评价研究——以上海张江高新园区为例》，《工业技术经济》2013 年第 7 期。
② 李学杰：《城市化进程中对产城融合发展的探析》，《经济师》2012 年第 10 期。
③ 刘瑾、耿谦、王艳：《产城融合型高新区发展模式及其规划策略——以济南高新区东区为例》，《规划师》2012 年第 4 期。
④ 孙红军、李红、马云鹏：《系统论视角下的"产城融合"理论拓展》，《绿色科技》2014 年第 2 期。

三 城市服务要素集成化相关理论

要素集成化是城市服务一体化的要素层，是城市服务一体化的重要辅助。基于要素集成化，城市服务才能实现系统发展，实现中心—外围的有效整合，从而发挥出结构化的城市功能。要素集成化的相关理论主要包括系统论、复杂系统理论和中心—外围理论，如图2-4所示。

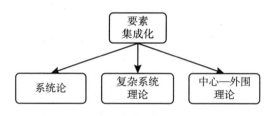

图2-4 要素集成化的理论基础

资料来源：笔者自制。

（一）系统论

系统论强调整体性和系统性思维，提供了城市服务要素集成化的相关理论支持，是城市服务要素集成化的相关理论之一。

首先，系统论强调整体性和系统性思维，促进了城市服务要素之间的联系和协调，从而推动了城市服务要素集成化的实现。

其次，系统论认为系统是由各个部分相互作用和联系构成的整体，城市服务要素也是如此，城市服务要素集成化需要建立起各个服务要素之间的联系和协调机制。

最后，系统论强调系统中的各个部分之间是相互依存、相互促进的。城市服务要素集成化也需要各个服务要素之间的相互依存、相互促进，以达到整体性和协同性的目标。

因此，系统论提供了城市服务要素集成化的相关理论支持，强调城市服务要素之间的联系和协调，促进了城市服务要素的整合和集成，从而推动了城市服务的发展和城市服务质量的提高。

系统论作为一门研究系统的学问，涉及系统一般模式的结构、功能以及客观规律，它的研究对象是系统自身和其运行机理；系统论作为一门新兴的科学，是以不同系统之间共同的特征为研究内容，为了找到一种适用于所有系统原理、原则的模型，采取数学方法和模型来定量表征系统的功能，体现了系统论的逻辑性与数学性。国内学者给出的系统论定义以钱学森为代表，他也认为系统是一个有机的统一整体，其由若干个部分组合而成，这些部分之间是相互关联、相互依存的，而且这个系统本身又是它所从属的一个更大系统的组成部分。[1]

系统论自 20 世纪 20 年代被提出后，经过了不同角度的研究论证。最为著名的是贝塔朗菲提出的有关一般系统论的研究，他提出系统作为一个统一的整体，是由多种相互有关系和彼此影响的元素组成，作为一个总体，是各组成部分在一定关系上彼此相互关联并与周围的环境发生关系的总和。[2] 他在 1932 年提出了一般系统论的原理，给这门科学奠定了理论的基础，[3] 而直到 1968 年其专著《一般系统理论：基础、发展和应用》出版，才真正确立了这门科学的学术地位。[4]

他将生物的总体及其环境作为一个系统来研究，把生物和生命现象的有序性和目的性结合该系统的结构稳定性，将该理论成功地运用到生态学、化学和物理学等诸多领域。一般系统论联合几乎同时代兴起的控制论和信息论，开辟了一条"对复杂系统进行整体性综合研究的崭新道路"；普利高津

---

[1] 转引自肖华茂《基于系统论的循环经济发展模式的研究》，《工业技术经济》2007 年第 7 期，第 37 页。

[2] 转引自肖华茂《基于系统论的循环经济发展模式的研究》，《工业技术经济》2007 年第 7 期，第 37 页。

[3] Ludwig von Bertalanffy, *The Organismic Conception of the World：An Introduction to the General Theory of Systems*, London：Allen & Unwin, 1932.

[4] Ludwig von Bertalanffy, *General System Theory：Foundations, Development, Applications*, New York：George Braziller, 1968.

等进一步论述了有关构成系统稳定结构的具体机制，并提出了耗散结构理论即自组织系统理论；[1] 后来，哈肯又进一步提出，在一定的条件下，系统内部的各个要素、层次和系统之间要相互作用和调节，自发组织成一个有共同的目的并能够产生宏观协同行为效应的协同系统，从而创立了协同学理论；[2] 同时，超循环理论、混沌理论、分形理论、突变论等新的系统理论也日益成熟；各学科领域之间掀起了一股"系统运动热潮"。系统论经过半个多世纪的发展，已逐步趋于完善，在各个学科领域内得到了广泛的应用。

我们现在所谓的系统，大多数是一个有机的统一体，由在结构上关联从而形成一定功能的诸多元素组成。我们定义的系统涵盖了四个层面——系统、要素、结构和功能，这些层面清楚地解释了要素和要素之间、要素和系统之间以及系统和环境之间的相互关系。

1. 系统论的内容

作为一门学科，系统论是关于研究一切综合系统或子系统的一般模式、原则及其规律的理论体系。它以研究各种不同系统之间的共同特征为基础，选择数学方法定量地描述其功能，寻找并确定一种数学模型，使之适用于所有系统，并找出相关的原理，因此，系统论是兼有逻辑性与数学性的。其包括普通系统论、控制论、自动化理论、管理理论、信息论、集合论、图论、网络理论、关系数学、对策论与判定论、计算数学、模拟法等。系统论大多以系统为研究对象，研究它的结构和功能，从而研究分析系统、要素和环境三者之间的相互关系以及变动的规律性，通过调整系统的结构，协调各要素之间的关系，达到系统优化的目标。系统论认为所有系统都具有目的性、整体性、差异协同性等基本特征。系统的目的性是指系统追求有序稳定结构的特性，研究系统的目的在于调整系统结构，使系统达到整体目标最优。整体性是系统论的核心，系统论认为每个系统都是一个有机整体，其内部的各要素相互关联，各要素有着特定的作用；且系统的整体功能是要实现各个要素

---

[1] I. Prigogine, I. Stengers, *Order Out of Chaos: Man's New Dialogue with Nature*, New York: Bantam Books, 1984.

[2] Hermann Haken, *Synergetics: An Introduction*, Berlin: Springer-Verlag, 1977.

在单独情况下所无法实现的新的特定功能，具有整体大于部分之和的综合效果。系统的差异协同性是系统得以发展演变的前提和基础，差异是系统或要素保持个性的状态和趋势，而协同是系统或要素之间保持合作性、集体性的状态和趋势。只有在差异与协同之间找到一个最佳的平衡点，系统才能朝着有序的方向演变。

2. 从系统论视角分析的意义

系统论的出现和广泛使用，推动人类的思维方式发生深刻的变化。在此之前，研究问题的方法是把一个事物分成若干部分，然后选择其中有代表性的部分进行分析，以部分的性质来代替整体，这种分析方法着眼于局部，不能反映事物整体的性质，单项因果决定论忽略了各部分之间的联系及相互作用和影响。而现代科学的发展越来越重视整体的功能与综合全面发展，传统的分析方法无法解决人类所面临的许多规模巨大、关系复杂、参数众多的问题。而系统论则能有效地考虑全局，为复杂的问题提供清晰的思路和解决方法。系统论为人们开拓思维提供了新的视角，为促进现代科学研究方法的开展做出了贡献。

（二）复杂系统理论

复杂系统理论强调系统的复杂性和非线性，提供了城市服务要素集成化的相关理论支持，是城市服务要素集成化的相关理论之一。

首先，复杂系统理论强调系统的复杂性和非线性，这与城市服务要素之间的相互作用和联系的复杂性和非线性相符合。因此，复杂系统理论可以为城市服务要素集成化提供理论支持。

其次，复杂系统理论强调系统的自组织性和自适应性，这与城市服务要素集成化所需要的自主调控和自适应能力相符合。因此，复杂系统理论可以为城市服务要素集成化提供调控和自适应的理论支持。

最后，复杂系统理论强调系统中部分之间的相互作用和联系对整个系统的影响，这与城市服务要素集成化所需要的服务要素之间的相互作用和联系对整个城市服务质量的影响相符合。复杂系统理论可以为城市服务要素集成化提供服务要素之间相互作用和联系的理论支持。

因此，复杂系统理论提供了城市服务要素集成化的相关理论支持，强调城市服务要素之间的相互作用和联系，促进了城市服务要素的整合和集成，从而推动了城市服务的发展和城市服务质量的提高。

复杂系统理论是系统科学中的一个前沿方向，它强调用整体论和还原论相结合的方法去分析复杂系统中各组成部分之间相互作用所涌现出的特性。19世纪初被认为是复杂系统理论的研究起始时期，当时系统科学是主要针对简单系统进行研究。20世纪三四十年代，贝塔朗菲一般系统理论的提出成为复杂系统理论出现的标志。而后，普利高津等提出的耗散结构概念、①哈肯提出的协同学理论②和艾根提出的超循环理论③丰富了贝塔朗菲的一般系统理论，并使系统理论提升了一个台阶。后来，许多学者在此基础上展开研究，产生了运筹学以及霍兰提出的复杂适应系统理论，④ 非线性科学也成为国际学术的研究热点。复杂系统理论的逐渐成熟和不断深化，对类似产业集群这种自组织的研究产生了很大的推动作用。

复杂系统理论经历了萌芽、形成到快速发展三个阶段。

1. 萌芽与形成阶段

第一阶段，复杂系统理论的萌芽阶段。20世纪30年代前后形成了一般系统论、控制论、信息论等理论，在这些理论的发展过程中，众学者从结构特征角度逐渐形成了复杂系统理论的基础观点：不同因素之间的相互作用所造成的影响不等于因素本身作用相加。虽然该阶段对于复杂性的方法研究处于初始阶段，没有实质进展，但这些研究都为复杂系统理论的进一步发展提供了基础。

---

① I. Prigogine, I. Stengers, *Order Out of Chaos: Man's New Dialogue with Nature*, New York: Bantam Books, 1984.

② Hermann Haken, *Synergetics: An Introduction*, Berlin: Springer-Verlag, 1977.

③ Manfred Eigen, "Self-organization of Matter and the Evolution of Biological Macromolecules," *Naturwissenschaften* 58, 1971, pp. 465–523.

④ John H. Holland, *Adaptation in Natural and Artificial Systems*, Massachusetts Cambridge: The MIT Press, 1992.

第二阶段，复杂系统理论的形成阶段。经过第一阶段长达 20 年的理论积累，到了 20 世纪 60~70 年代，学者从系统行为、结构的特征演进角度，探讨了环境、动力机制、途径等因素对复杂性的影响，认为复杂系统内会通过各个要素的相互影响，自发和自主地从无序形成有序，从混乱中产生规则，从简单因素中产生复杂性，并在研究中提出了混沌理论、耗散结构理论、突变论以及协同学理论等理论及其方法。后三个理论将系统的形成、结构和发展在无序向有序转化的层面上联系起来，成为 60~70 年代推动系统科学理论发展的重要成果，也为下一阶段相关复杂系统理论的成熟奠定了重要的基础。

在该阶段中，耗散结构理论和协同学理论对后期复杂系统理论的发展具有极其重要的影响。其中，耗散结构理论研究的是系统自身能够在环境影响下自我发展和演变，形成新的时空和功能结构。该理论认为，一个非线性开放系统，在远离平衡态和没有外力驱使下，通过不断交换物质能量，系统内部构件能够协同工作，最终使系统达到有序。这种有序基于不断与外界交换物质和能量才能维持。耗散结构理论将宏观系统分为三种——孤立、封闭和开放系统，开放系统与外界有物质和能量的交换，封闭系统与外界只有能量交换而没有物质交换，孤立系统与外界既没有物质交换也没有能量交换。耗散结构理论认为，系统的有序化离不开外界的物质和能量。

协同学理论是在耗散结构理论基础上发展形成的，该理论认为，各个系统在环境中存在互相竞争以及合作的关系，简称竞合关系。系统内部子系统的有效协同被认为是系统自组织、有序化的根源。开放系统中，除了物质和能量外，信息流的输入也会刺激子系统的调整，不断发生相互作用，推动系统达到最佳协同状态。协同学理论进一步指出，系统内部子系统在外界条件下的相互耦合是系统自组织的关键之处，也是最终造成协同现象的原因。其核心是支配原理，即变量之间的支配由快慢来决定，慢变量支配快变量，在系统中起主要作用。支配原理同样表明，系统内部只有在少数趋势、力量等起核心作用的情况下，才能促使系统内子系统协同运作，最终达到有序。

2. 快速发展阶段

第三阶段，复杂系统理论的快速发展阶段。在 20 世纪 70~90 年代，学者基于结构、行为特征的构造角度发展出复杂系统理论，认为复杂系统理论思想进化的主要动力之一就是极复杂的行为表现。该阶段的理论成果主要有分形理论、超循环理论和复杂适应系统理论，其中，复杂适应系统理论发展最为完善，且在应用上最为广泛。作为复杂性科学的一个分支，复杂适应系统理论从进化角度认识复杂系统，并形成了完整的理论体系。此理论将系统单元作为具有自主能力和明确目标的个体。同时，系统内个体间的主动、反复的交互和环境变化对主体的影响是整个系统发展的动因。整体的变化根源都可以归结为个体行为规律的变化，这种个体与环境间主动交互所带来的变化可以用"适应"来概括。这也就是其基本思想——"复杂性源于适应性"，可由以下四个方面来说明。

第一，系统中的主体具有主动性和适应能力。主动性，即能与环境和其他个体交互，并在不断交互中"改变""适应""积累"从而达到"学习"的作用，在不断的"学习"中，主体自身结构、行为方式也会发生改变。

第二，个体与环境之间以及个体与个体之间的相互影响和作用是系统进化的主要动力。个体作为整体的基础，并非孤立存在，个体间相互作用将带来整个系统的"增值"，使整体大于个体之和，也正是这种增值带来了系统的进化和多变。所谓相互作用，即个体间的交互。这里的交互有两方面的意义。一是整体的作用通过个体来实现和表现。个体间在保持相对独立的情况下又有关联，一个个体相对另一个个体的影响也等同于"环境"影响，个体与整体是辩证统一的关系。二是在个体的交互过程中，也存在个体关系的分化过程。比如系统初期，个体潜力相同，在相互作用和各种因素作用下，个体的发展方向产生了变化，不同发展方向作用下的个体相互联系，产生了结构。在不断动态发生的相互作用下，整个系统便演变得比较复杂，这便是简单系统到复杂系统的演变。在个体的演变过程中，个体间的交互以个体的变化来"记忆"在个体中。每个个体的变化（结构和行为）的不同，也体现了不同的交互作用在个体内部的"存储"之不同。

第三，在宏观、微观层面做了很好的有机统一。在宏观层面上，复杂系统需要考察主体、个体以及环境的相互作用。在微观层面上，复杂系统需要考察个体之间的交互所产生的层面上、结构上的改变。在宏观和微观层面上，整个系统包括主体、个体，都是"活"的，具有主动性和适应性。所谓主动性，表现在个体根据外部交互发生主动改变，而适应性来自主动性所造成的个体表现乃至系统的改变，这种改变是随着环境变化而产生的。

第四，随机因素的引进增强了复杂系统的表述能力。比如从生物界获得有益启示的遗传算法，这种算法的基本思想在于：随机因素不仅影响系统状态，也影响组织结构以及行为方式。具有主动性的个体会"记住"这些影响其组织结构的经验，并固化在自己的行为方式里，在今后的交互中体现。这点正类似于生物和生态系统乃至社会这个复杂系统的机理或者其蕴含的潜力，超越了以往的随机方法。

随后，计算智能、人工生命、复杂系统理论等的创立，同样从众多系统的结构、行为特征的演变角度，为学者提供了模拟、认识和应用复杂性理论的有效途径。

（三）中心—外围理论

中心—外围理论强调城市内部各个地区之间的关系和差异，提供了城市服务要素集成化的相关理论支持，是城市服务要素集成化的相关理论之一。

首先，中心—外围理论认为城市内部的地区存在不同的中心和外围地区，这些地区之间的差异和联系影响了城市的发展。因此，对于城市服务要素集成化来说，需要对不同地区的服务要素进行差异性分析，以实现整合和集成。

其次，中心—外围理论强调中心地区与外围地区之间的相互依存关系，城市服务要素集成化也需要建立起中心地区和外围地区之间的联系和协调机制，以实现城市服务的整合和服务质量的提高。

最后，中心—外围理论认为城市内部的地区发展具有相互关联和相互作用的性质，这与城市服务要素集成化所需要的不同服务要素之间的相互关联和相互作用相符合。因此，中心—外围理论可以为城市服务要素集成化提供服务要素之间相互关联和相互作用的理论支持。

因此，中心—外围理论提供了城市服务要素集成化的相关理论支持，强调城市服务要素之间的相互作用和联系，促进了城市服务要素的整合和集成，从而推动了城市服务的发展和城市服务质量的提高。

1. 中心—外围理论的基本特征

1949 年，阿根廷经济学家劳尔·普雷维什提出中心—外围理论（Core and Periphery Theory），他将资本主义世界划分成两个部分：一个是生产结构同质性和多样化的"中心"，一个是生产结构异质性和专业化的"外围"。"中心"与"外围"作为相互联系、互为条件的两极，构成了一个统一的、动态的全球经济体系。普雷维什见证了拉美经济在国际贸易体系中成长和衰败的过程。中心—外围思想，是他在痛定思痛中提出的分析框架和批判工具，为理解国际经济关系提出了新的视角。其核心特征是：整体性、差异性和不平等性。其中，不平等性是中心—外围理论的最终落脚点，这是由中心—外围理论的起源、运转和发展趋势所决定的。[①]

中心—外围理论最初用于揭示贸易层面的不平等关系。中心—外围理论的起源和运转的动力，是工业技术进步，它主导了 19 世纪以来的国际分工。实现技术进步的国家成为世界经济体系的"中心"，而处于落后地位的国家则沦落为"外围"。"中心"和"外围"的形成是技术进步带来的生产力和生产关系变革的必然结果，天然地具有不平等性。不平等的持续和加深主要通过两个途径。第一，经济周期的作用。拉美经济曾属于出口导向的外向型经济，一度为拉美经济带来繁荣景象。但是 20 世纪 30 年代出现的经济危机，则表明出口导向的外向型经济在全球贸易中有明显的脆弱性和深度的依附性，主要因为此时的拉美经济在贸易渠道上受到少数工业化国家对少数初级产品的订单的左右。既然 19 世纪末的经济增长能为拉美注入经济增长动力，那么 20 世纪 30 年代的发达国家经济危机自然也可以波及拉美，并且在

---

① 转引自董国辉《经济全球化与"中心—外围"理论》，《拉丁美洲研究》2003 年第 2 期。

经济的下行通道中，出口依附于少数国家和少数初级产品的外围国家，贸易条件的恶化要严重得多，经济周期的负面冲击主要由外围国家承受。第二，利益分配的失衡。即使在经济上行通道中，"中心"与"外围"的利益分配也不均等。由于"中心"与"外围"之间的国际分工是不平等的，中心国家出口工业制成品并进口初级产品，而外围国家出口初级产品并进口工业制成品，在利润分配上出现了我们所熟知的"剪刀差"现象，全球贸易的果实被中心国家攫取。事实上，外围国家在全球经济体系中，无从选择最优的参与方式，与其说外围国家"参与到"国际经济体系中，不如说是"被卷入"国际经济体系。

中心—外围框架与"发达—发展中"的国家分类并不等同，其解释力要大于"发达—发展中"的视角。主要差别在于：中心国家不仅是经济发展水平较高的国家，还是能通过某种机制向外围持续施加影响的国家。这使得中心国家对国际经济体系的特征和运行规则起到决定性作用。因此，并非所有的发达国家都是中心国家。普雷维什指出，早期，中心—外围框架运转的动力中心主要在英国。英国所主导的经济体系相对温和，通过较高的进口规模和较低的贸易壁垒，使外围国家也有发展的空间。二战后，动力中心转移至美国，外围国家则处于更为不利的地位，中心国家的低进口规模及贸易保护主义使外围国家的贸易条件持续恶化。因此，对国际经济体系起决定作用的中心从英国转移至美国，进一步加深了"中心"与"外围"的不平等性。[①]

2. 中心—外围理论的发展

尽管提出已经近 70 年，但中心—外围框架的存在基础没有发生过质变，中心—外围框架依然具有解释力。只要参与全球经济体系的国家仍然存在整体性、差异性和不平等性三个特征，我们就可以认为中心—外围理论仍是一个可以解释全球经济关系的视角。进入 21 世纪以来，经济全球化飞速发展并没有触动上述三个特征。首先，经济全球化的开始早于普雷维什提出中心—外围理论的时间，本身就是融合在中心—外围整体性特征中的概念。并

---

① 转引自董国辉《经济全球化与"中心—外围"理论》，《拉丁美洲研究》2003 年第 2 期。

且，随着第三次技术革命带来互联网技术革新，这种整体性特征被进一步强化。其次，"中心"与"外围"之间在经济结构和生产结构上的差异性仍将继续存在，甚至会随着经济全球化的加速发展而扩大，两者之间的差异不再仅由工业技术决定，而是受到资金、人才、信息技术、制度管理等多方面因素的影响。最后，随着经济全球化的深入，中心国家要对外围国家进行技术隔离是不可能的，转而利用生产过程中的技术梯度差距，把过时的技术和产品向外围国家转移，加深外围国家的技术依附。这种技术上的差距使外围国家的脆弱性和依附性仍然存在，并通过进口高技术附加值的产品以及出口初级产品和劳动密集型产品，持续被贸易"剪刀差"剥削。

四　城市服务技术标准化相关理论

技术标准化是城市服务一体化的基础。基于技术的标准化整合，才能实现城市服务的高效运行。社区一体化、园区一体化、要素集成化的发展都离不开技术标准化的支撑和赋能。技术标准化的理论基础主要包含智慧城市理论、人工智能治理理论和数字治理理论，如图 2-5 所示。智慧城市理论从大城市的角度出发，探讨了基于智能化技术的城市发展。人工智能治理理论从人工智能技术的角度，探讨了它的治理效应。数字治理理论主要从政府管理的角度，探讨了数字技术基础上的整体主义公共管理。

在城市服务中，智慧城市是重要载体，人工智能技术为城市服务的发展提供技术赋能，数字治理是城市服务的重要议题。

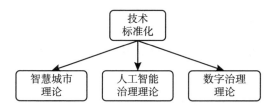

图 2-5　技术标准化的理论基础

资料来源：笔者自制。

（一）智慧城市理论

智慧城市理论是指运用信息通信技术（ICT）和物联网（IoT）技术等先进技术，对城市进行全面的智能化升级和优化的理论和实践。智慧城市的建设和发展需要依托各种技术和标准，因此智慧城市理论是城市服务技术标准化的相关理论之一。

首先，智慧城市理论提出了基于 ICT 技术和 IoT 技术的城市智能化升级和优化，这需要依托一系列技术和标准。例如，智慧城市需要依托物联网技术实现城市各种设施和设备的联网和数据共享，需要依托云计算技术实现城市数据的存储和处理，需要依托大数据技术实现城市数据的分析和挖掘等，这些都需要依据相关的技术和标准来实施。

其次，智慧城市的建设和发展需要各种技术和标准之间的协同和融合，以实现城市各种系统的整合和优化，这也适用于城市服务技术标准化。城市服务各种标准和技术之间的协同和融合，有助于提高城市运行效率、提供更好的用户体验、优化城市资源利用、推动城市智能化和可持续性发展、提升城市的紧急响应能力，有助于建设更加先进、宜居和可持续的城市。

最后，智慧城市理论提出了某些城市服务领域的技术和标准，如智慧交通、智慧医疗、智慧环保等领域，这为城市服务技术标准化提供了参考和借鉴。城市服务可以参考智慧城市领域的技术和标准，来制定和推广适用于城市服务的技术和标准，以实现城市服务的协同和提高城市服务质量。

智慧城市理论为城市服务技术标准化提供了相关的理论支持，强调综合性、协同性、数据驱动的决策、可持续性和创新，以及社区参与和合作。这些理论原则可以指导标准制定组织和城市政府制定适用于智慧城市的技术标准，以促进城市服务的创新和改善。

1. 智慧城市的概念

智慧城市的概念最早源于 20 世纪 90 年代晚期的"新城市主义"（New

Urbanism）和"精明增长"（Smart Growth）运动，目的在于解决"城市蔓延"（Urban Sprawl）带来的诸多问题，倡导为城市与区域规划创造新的成功案例。2005 年以后，智慧城市被一些技术服务公司采用，借助信息通信技术整合包括建筑、交通、电力、教育、水资源分配及公共安全等方面在内的城市基础设施建设和运营服务，成为"智慧地球"的延伸。智慧城市理念是看待城市发展的一种新视角和新思维。这种理念转化为现实则是 2008 年 IBM 公司提出"智慧地球"战略。[①] 智慧城市成为"智慧生活"的代名词，关注智慧人类、智慧环境、智慧治理和智慧流动。在此基础上，依托 IT 技术和远程通信技术的推动力量，逐渐提出智能走廊（intelligent corridors）、智慧区域（smart region）、智慧社区（smart community）等概念。[②]

对于智慧城市的定义，社会各界没有形成共识，许多组织和学者对智慧城市的含义都进行过诠释。王广斌等总结了已有的诸多含义，提出可以将其归纳为三个方面：一是智慧城市以计算机、IT、互联网等信息通信技术为支撑；二是智慧城市是城市发展的高层次阶段，是一种参与式的治理；三是智慧城市建设是一个复杂的系统，其复杂性主要体现在城市运行系统和参与主体系统等两个方面。[③]

尹丽英和张超则将智慧城市的含义总结为：人、数据和信息、数字技术（信息通信技术）及物理系统共同构成智慧城市系统概念，智慧城市以利用信息技术对城市管理与服务领域进行智慧化提升为出发点，以智慧基础设施、公共服务、产业体系、资源整合、安全保障、人文建设等方面为主要内容，以实现城市科学发展、高效管理与市民生活更美好为落脚点。[④]

---

① 辜胜阻、王敏：《智慧城市建设的理论思考与战略选择》，《中国人口·资源与环境》2012 年第 5 期。
② 王广斌、张雷、刘洪磊：《国内外智慧城市理论研究与实践思考》，《科技进步与对策》2013 年第 19 期。
③ 王广斌、张雷、刘洪磊：《国内外智慧城市理论研究与实践思考》，《科技进步与对策》2013 年第 19 期。
④ 尹丽英、张超：《中国智慧城市理论研究综述与实践进展》，《电子政务》2019 年第 1 期。

智慧城市治理的相关理论主要包括基础理论、过程理论和工具理论。基础理论是城市治理的基本指导思想，过程理论关注城市治理中权力的集中或分散程度，工具理论为治理工具选择提供支撑。其中，基础理论涉及专业化城市管理理论[1]、企业化城市管理理论[2]、城市治理理论[3]、城市竞争理论[4]等；过程理论包括城市多元理论[5]、城市机制理论[6]等；工具理论涵盖城市规划理论[7]、公民参与理论[8]、PPP 公私合作关系理论[9]等。

从智慧城市理论的实践看，全球许多城市已经开始智慧城市建设，主要包括美国、瑞典、西班牙、德国、法国、新加坡、日本、韩国和中国，大部分国家的智慧城市建设都处于有限规模、小范围探索阶段。[10]

2. 智慧城市的特征

关于智慧城市的特征，不同的组织和学者也有不同的观点。李德仁认为其特征是物联网、面向应用和服务、与物理城市融为一体、能实现自主组网

---

[1] 〔英〕诺南·帕迪森编《城市研究手册》，郭爱军、王贻志译，格致出版社，2009。

[2] 〔美〕E. S. 萨瓦斯：《民营化与公私部门的伙伴关系》，周志忍译，中国人民大学出版社，2002；〔荷兰〕曼纳·彼得·范戴克：《新兴经济中的城市管理》，姚永玲译，中国人民大学出版社，2006。

[3] 〔英〕约翰·R. 肖特：《城市秩序：城市、文化与权力导论》，郑娟、梁捷译，上海人民出版社，2015。

[4] Paul Cheshire, Gianni Carbonaro and Dennis Hayl, "Problems of Urban Decline and Growth in EEC Countries: Or Measuring Degrees of Elephantness," *Urban Studies* 23 (2), 1998, pp. 131-149.

[5] N. Polsby, *Community Power and Political Theory* (Second ed.), New Haven, CT: Yale University Press, 1980.

[6] 〔英〕戴维·贾奇等编《城市政治学理论》，刘晔译，上海人民出版社，2009。

[7] 〔美〕布赖恩·贝利：《比较城市化——20 世纪的不同道路》，顾朝林等译，商务印书馆，2008。

[8] S. R. Amstein, "A Ladder of Citizen Participation," *Journal of the American Institute of Planners* 359, 1969, pp. 216-224；〔美〕约翰·克莱顿·托马斯：《公共决策中的公民参与：公共管理者的新技能与新策略》，孙柏瑛等译，中国人民大学出版社，2005。

[9] A. Harding, "The Rise of Urban Growth Coalitions, UK-style?," *Environment and Planning C: Government and Policy* 9 (3), 1990, pp. 295-317; S. A. Ahmed and M. Ali, "Partnerships for Solid Waste Management in Developing Countries: Linking Theories to Realities," *Habitat International* 28, 2004, pp. 467-469.

[10] 王广斌、张雷、刘洪磊：《国内外智慧城市理论研究与实践思考》，《科技进步与对策》2013 年第 19 期。

和自维护;① 上海智慧城市发展研究院认为其特征是数字化、智能化、网络化、互动化、协同化、融合化;② 宋刚和邬伦认为其特征是全面透彻的感知、宽带泛在的互联、智能融合的应用、以人为本的可持续创新;③ 中国电子技术标准化研究院认为其特征是深层的感知、广泛的互联、高度的共享、智慧的应用;④ 中兴通讯认为其特征是信息（information）、智能（intelligent）、创新（innovation）、市民与城市互动（I with city）;⑤ 陈柳钦、姜德峰、李海俊等认为其特征是智慧技术高度集成、智慧产业高端发展、智慧服务高效便民。⑥ 尹丽英和张超则认为其特征可以归纳为物联感知、集成整合、互动协作。⑦

3. 智慧城市的框架

智慧城市作为一个复杂系统，研究机构和学者们从不同的层次构建其框架体系。中国电子技术标准化研究院从城市信息化整体建设视角认为，智慧城市的框架一般包括四个层次要素和三个支撑体系。⑧ 四个层次要素分别是：物联感知层、网络通信层、数据及服务支撑层、智慧应用层；三个支撑体系分别是：标准规范体系、安全保障体系、建设管理体系。张振刚、张小娟构建了包括理念层、活动层、物理层三个层次，发展战略维度、经济活动维度、社会活动维度、基础支撑维度、城市空间维度五个维度在内的五维模

---

① 李德仁：《数字城市+物联网+云计算＝智慧城市》，《中国测绘》2011 年第 6 期。

② 《上海发布智慧城市评价指标体系 2.0 版》，2012 年 12 月 14 日，东方网，http：//imedia. eastday. com/node2/node612/node623/node631/node634/u8513300. html。

③ 宋刚、邬伦：《创新 2.0 视野下的智慧城市》，《北京邮电大学学报》（社会科学版）2012年第 4 期。

④ 中国电子技术标准化研究院：《中国智慧城市标准化白皮书》，2013。

⑤ 《智慧城市 3.0 时代要来了》，2014 年 3 月 31 日，广州欧科，http：//www. okaygis. com/zhcs/index. php？c＝news&id＝113。

⑥ 陈柳钦：《智慧城市：全球城市发展新热点》，《青岛科技大学学报》（社会科学版）2011年第 1 期；姜德峰：《顶层设计关乎中国智慧城市建设成败》，2011 年 6 月 9 日，RFID 世界网，http：//news. rfidworld. com. cn/2011_ 06/ef02bd5ee24e49ac. html；李海俊、芦效峰、程大章：《智慧城市的理念探索》，《智能建筑与城市信息》2012 年第 6 期。

⑦ 尹丽英、张超：《中国智慧城市理论研究综述与实践进展》，《电子政务》2019 年第 1 期。

⑧ 中国电子技术标准化研究院：《中国智慧城市标准化白皮书》，2013。

型，并以广州市为例分析了智慧广州的五维模型。[①] 陆小敏等基于城市主体需求，设计了由城市基础要素、运行管理、公共服务、技术支撑、法律保障、评估等六大体系构成的智慧城市总体框架。[②] 甄峰、秦萧提出了一个更加综合的智慧城市顶层设计框架，即包含数据平台层、业务应用层、空间规划层、实施保障层的四层次框架体系。[③] 此外，朱亚杰等从大数据技术应用角度提出智慧城市的框架，包括四个层次：数据获取层、数据存储层、数据分析层、应用层。[④]

4. 智慧城市发展的评价指标

智慧城市发展的评价指标很多元，国内外机构和学者目前还没有形成共识。国内智慧城市评价指标体系研究成果在充分借鉴国外城市信息化水平评价指标体系及国内智慧城市评价指标体系的基础上，针对中国城市发展的规律以及国内智慧城市建设的特点，提出了较为全面的智慧城市发展评价指标体系。尹丽英和张超将国内主要机构和学者所建构的评价指标体系进行梳理汇总，详见表2-1。

表2-1 智慧城市发展评价指标汇总

来源	一级指标	评价体系指标数量
邓贤峰	城市网络互联、智慧产业、智慧人文、智慧服务	21项评价指标
李贤毅和邓晓宇	泛在网络、智慧应用、公共支撑平台、价值实现	4个一级指标、19个二级指标、57个三级指标
周骥	采用DPSIR模型、ANNs工具和模糊集思想	3个层次,5个维度,37个指标
王静	战略、经济、空间、社会、支撑五个层面	5个一级指标、16个二级指标和35个三级指标

[①] 张振刚、张小娟：《智慧城市的五维度模型研究》，《中国科技论坛》2014年第11期。
[②] 陆小敏、陈杰、袁伟：《关于智慧城市顶层设计的思考》，《电子政务》2014年第1期。
[③] 甄峰、秦萧：《智慧城市顶层设计总体框架研究》，《现代城市研究》2014年第10期。
[④] 朱亚杰、李琦、冯道：《基于大数据的智慧城市技术体系架构研究》，《测绘科学》2014年第8期。

来源	一级指标	评价体系指标数量
上海智慧城市发展研究院	基础设施、公共管理和服务、信息服务经济发展、人文科学素养、市民主观感知、软环境建设	6 个维度,共设 18 个要素、37 个指标
中国通信学会	信息基础设施、智慧应用、支撑体系、价值实现	4 个维度,包括 19 个二级指标、57 个三级指标
国脉互联	智慧基础设施、智慧治理、智慧民生、智慧产业、智慧人群、智慧环境	6 个一级指标、19 个二级指标、39 个三级指标
中国电子信息产业发展研究院	智慧准备、智慧管理、智慧服务	3 个维度为一体的"SMART"评估软件模型
上海市经济和信息发展研究中心	网络就绪度指数、智慧应用指数和发展环境指数	3 个一级指标按 2∶5∶3 的权重比例,具体包括 10 个二级指标、39 个三级指标

注：表中部分"来源"参见邓贤峰《"智慧城市"评价指标体系研究》,《发展研究》2010 年第 12 期；李贤毅、邓晓宇《智慧城市评价指标体系研究》,《电信网技术》2011 年第 10 期；周骥《智慧城市评价体系研究》,博士学位论文,华中科技大学,2013；王静《基于集对分析的智慧城市发展评价体系研究》,硕士学位论文,华南理工大学,2013；上海智慧城市发展研究院《智慧城市评价指标体系 2.0》,2013 年 1 月 9 日,http://sscdi.cn/index.php？id=186；中国通信学会《智慧城市白皮书（2012）》,http://new.mayortraining.org/uploadfile/2017/0613/%E6%99%BA%E6%85%A7%E5%9F%8E%E5%B8%82%E7%99%BD%E7%9A%AE%E4%B9%A62012.pdf。

资料来源：尹丽英、张超《中国智慧城市理论研究综述与实践进展》,《电子政务》2019 年第 1 期。

（二）人工智能治理理论

人工智能（Artificial Intelligence，AI）治理理论是指通过模拟人类智能，让机器具备类似人类的感知、学习、推理、决策和自我适应能力的一种技术和理论。在城市服务领域,人工智能技术可以应用于城市交通、城市安防、城市环保、智慧医疗等方面,以提高城市服务质量和效率。

首先,城市服务需要实现对城市数据的智能化分析和挖掘,而人工智能技术可以帮助实现这一目标。通过使用人工智能技术,城市服务可以对城市各类数据进行智能化分析和挖掘,以更好地了解城市现状和趋势,并根据这些信息制定更有效的城市服务计划和政策。

其次,人工智能技术可以帮助实现城市服务的智能化升级和优化。例如，通过使用人工智能技术，可以实现城市交通智能化管理和优化，提高交通流畅度和减少拥堵；可以实现城市安防的智能化监控和预警，提高城市安全性和降低犯罪率；可以实现城市环保的智能化管理和监测，提高城市环保水平和减少污染。

最后，人工智能技术需要依托各种技术和标准，如机器学习、自然语言处理、计算机视觉等，这也适用于城市服务技术标准化。城市服务需要各种技术和标准之间的协同和融合，以实现城市服务的协同和提高城市服务质量，例如通过城市公共服务平台实现城市各类服务的统一管理和协调。

因此，人工智能治理理论为城市服务技术标准化提供了相关理论支持，强调了依托各种技术和标准来实现城市的智能化升级和优化，提出了各种城市服务领域的人工智能技术和标准，对城市服务的技术标准化有着重要的推动作用。

1. 人工智能治理的定义

目前，人工智能治理的定义方法有多种，尚未形成共识，但可以分为三大类。[①]

（1）能力观点：将 AI 治理视为一项核心能力，以 IBM 的定义方法为例，AI 治理可以被解释为组织机构在引导、管理和监控其 AI 活动方面的能力。这一能力主要包括一系列活动，如追踪、记录和审计等。[②] IBM 在其 AI 治理的定义中强调了一种基于模型跟踪和记录的能力，旨在实现人工智能的透明、可信和合规。

（2）过程观点：将 AI 治理视为一种流程，以 Basis AI 的定义方法为例，AI 治理可以被理解为一种框架和流程，以可解释、透明和符合伦理标准的

---

① 朝乐门、尹显龙：《人工智能治理理论及系统的现状与趋势》，《计算机科学》2021 年第 9 期。

② AI Governance，"Ensuring Your AI Is Transparent，Compliant，and Trustworthy，" 2021-05-15，https：//www. ibm. com/analytics/common/smartpapers/ai - governance - smartpaper /# ai - governance-delivers.

方式来引导 AI 的设计、发展和部署。这一流程主要包括行动原则和系统的执行步骤。[①] Basis AI 的 AI 治理目标是促进 AI 的广泛采用，并确保 AI 的使用是负责任的。不同于 IBM 的定义方法，Basis AI 的定义强调了 AI 治理的可解释性、透明性和伦理遵从。

（3）方法观点：将 AI 治理视为一种方法或途径。一般来说，人工智能政策文件（如 BIC、APPGAI2017a[②]等）通常提倡将 AI 治理作为一种方法，旨在突出人工智能的优势并减少 AI 可能带来的风险。[③]方法观点与能力观点和过程观点的不同之处在于，它更强调 AI 治理的手段和工具。

2. 人工智能治理的要素

目前，学术界对 AI 治理研究内容的描述差异较大。例如，达福认为 AI 治理至少涉及三类要素：（1）技术类，主要关注如何理解人工智能的技术输入、机会和限制，为政策类和愿景类治理提供基础；（2）政策类，主要关注企业、政府、公众、研究者和其他干系人之间的竞争与合作关系，进而满足他们各自的诉求；（3）愿景类，主要关注 AI 治理的理想状态、结构及布局，通过基础设施、法律和标准的建设，优化人工智能的治理。[④]

库齐姆斯基等认为，AI 治理的主要内容有三方面：（1）激励以合规为中心的人工智能创新；（2）AI 对社会赋能；（3）增强 AI 治理结构的互操作性。[⑤]

---

① AI Governance, "The Path to Responsible Adoption of Artificial Intelligence," 2021 - 05 - 15, https：//www. asianscientist. com/wp - content/uploads/2020/07/AI - Governance - Whitepaper - Basis - AI. pdf.

② Big Innovation Centre/All-Party Parliamentary Group on Artificial Intelligence（2017a）APPG AI Findings 2017.

③ I. Unicanei, W. Knight, T. Leach et al., "Framing Governance for Contested Emerging Technology：Insights from AI Policy," *Policy and Society* 40（2）, 2020, pp. 1-20.

④ Allan Dafoe, *AI Governance：A Research Agenda*, Centre for the Governance of AI Program, Future of Humanity Institute, University of Oxford, 2018, p. 1, http：//www. fhi. ox. ac. uk/wp-content/uploads/GovAI-Agenda. pdf.

⑤ Maciej Kuziemski, Przemyslaw Palka, "AI Governance Post-GDPR：Lessons Learned and the Road Ahead," *STG Policy Briefs* 7, 2019, https：//cadmus. eui. eu/bitstream/handle/1814/64146/STG_ PB_ 2019_ 07-EN. pdf.

3. 人工智能治理的框架

目前，AI 治理研究普遍采用分层分析方法，不同观点间的主要区别在于所分出的层次数量及命名方法不同。例如，沃茨等认为监管理论（regulation theory）是 AI 治理框架的基础，并采用分层分析方法提出了 AI 集成治理框架；[①] 加瑟等提出了 AI 治理的层次模型，该模型将 AI 治理分为三个主要层次，即技术层、伦理层、社会及法律层。[②]

（三）数字治理理论

数字治理理论是指利用数字技术对城市进行治理的理论。随着信息技术的快速发展，数字治理成为城市服务的重要手段之一。数字治理可以通过数字化的方式对城市的各个方面进行管理和监控，如交通管理、安全监控、环境保护等。数字治理理论提供了一种新的思路和方法，促进了城市服务技术的标准化和规范化。

在数字治理中，数据是关键要素之一。数字治理需要建立大数据平台，收集和处理各类城市数据，包括交通数据、环保数据、公共服务数据等。为了保证数据的有效性和规范性，数字治理需要建立相关的数据标准和数据管理规范。同时，数字治理还需要使用一些技术标准和规范，如通信标准、数据安全标准等。这些技术标准和规范是数字治理的基础，也是数字治理能够实现城市服务技术标准化的重要保障。因此，数字治理理论是城市服务技术标准化的相关理论之一。

数字治理，也叫电子治理，是产生于电子商务和电子政务之后的概念，是数字时代全新的先进治理模式。从广义上讲，数字治理不是信息通信技术在公共事务领域的简单应用，而是一种社会组织、政治组织及其活动的形

[①] B. W. Wirtz, J. C. Weyerer, B. J. Sturm, "The Dark Sides of Artificial Intelligence: An Integrated AI Governance Framework for Public Administration," *International Journal of Public Administration* 43 (9), 2020, pp. 818-829.

[②] U. Gasser, V. Almeida, "A Layered Model for AI Governance," *IEEE Internet Computing* 21 (6), 2017, pp. 58-62.

式，它包括对经济和社会资源的综合治理，涉及如何影响政府及其公共管理过程的一系列活动。

数字治理狭义上的定义为运用信息技术来简化政府行政和公共事务处理程序，促进政府与市民社会以及政府与经济社会（以企业为代表）之间的互动，同时提高治理过程的民主程度。这种治理模式适用于政府内部运作，旨在更高效地满足市民的需求。在大数据背景下，有学者认为，数据治理是对数据资产行使权力和控制的活动集合，并处于核心位置。① 也有学者认为，数据治理是指利用数据化网络平台，通过数据挖掘、统计分析等手段，把所收集整合的数据以可理解的、交互的方式展现给使用者，从而为用户的决策分析提供数据支持。②

数字治理理论是治理理论与互联网数字技术结合催生的新的公共管理理论准范式，它的代表人物是英国学者帕特里克·邓利维（Patrick Dunleavy）③，该理论主张信息技术和信息系统在公共部门改革中的重要作用，从而构建公共部门扁平化的管理机制，促进权力运行的共享，逐步实现还权于社会、还权于民的善治过程。④

数字治理理论不同于一般意义（电子政务）上的数字治理，但一定程度上说一般意义上的数字治理的发展从实践领域丰富了数字治理理论的核心内容，因为数字治理理论本身就存在多元主体、政府与社会之间边界与责任的模糊性等命题。

数字治理理论发展至今只有 20 余年历史，但其学说已经影响英国、美国、加拿大、新西兰、荷兰等国家。随着国内外学者对数字治理理论的研究由理论研究的成果颇丰到逐渐涉猎应用领域研究，目前数字治理理论越来越

---

① 施天行、张寅、王晓丽：《浦东新区区域卫生信息平台的数据治理现状》，《中国数字医学》2016 年第 9 期，第 103~105 页。
② 唐斯斯、刘叶婷：《以"数据治理"推动政府治理创新》，《中国发展观察》2014 年第 5 期，第 33 页。
③ Patrick Dunleavy et al., *Digital Era Governance：IT Corporations，the State，and E-Government*，Oxford：Oxford University Press，2006，pp. 227-229，234，237.
④ 韩兆柱、马文娟：《数字治理理论研究综述》，《甘肃行政学院学报》2016 年第 1 期。

多地受到国内外学者的关注与认同。

邓利维试图在韦伯的官僚制理论框架内找到一些线索，认为政府治理中政府内部文件的书面存档和文件系统整理是形成集体记忆的方式。然而，随着数字时代的到来以及信息技术和网络技术的发展，记录集体记忆的方式发生了重大变革。这一变革是指政府在数字化和电子化方面进行了重大改革，以简化政府办公流程，提高政府行政效率，成为集体记忆的工具型变革。①

这一变革的推动力主要来源于两个因素，第一是私营部门的信息技术实践，第二是公共部门的发展趋势。在这两个因素中，私营部门的信息技术实践扮演了关键的角色，因为信息技术的根本性变革将各个变革元素联系在一起。私营部门的商业运作受益于企业营利性和竞争性的特质，因此他们必须不断适应社会和技术的变化，以降低成本、提高生产经营效率。这一现实推动了信息技术的快速发展，也影响了公共部门的改革。

消费者和私人企业行为的数字化，产生了对政府信息的直接需求，同时也导致了交易方式的转变。政府的信息技术和组织变革塑造了政府信息系统和公民行为的演变，反之亦然，公民的行为变化也在推动政府改变其公共管理方式。在不断演进的信息技术背景下，政府、私营部门和公民相互适应和互动，共同推动了公共管理模式的演变和范式的迁移，这也催生了数字时代的治理模式。

在多个不同的层面上审视数字时代的治理，可以将其归纳为三个主题：重新整合、以需求为基础的整体主义和数字化变革。第一个主题主要是对新公共管理理论的回应以及利用数字时代的机遇，而另外两个主题虽然在某些方面与新公共管理理论有相似之处，但在观点上存在一些不同。

重新整合主要涵盖九个要素：逆向部门化和减少碎片化、政府间协作、政府重新承担职责、加强中央协调、降低行政成本、重塑功能支持的服务供应链、集中和专业化采购、基于"混合经济"模式的服务共享、网络简化

---

① 韩兆柱、单婷婷：《网络化治理、整体性治理和数字治理理论的比较研究》，《学习论坛》2015年第3期。

和小规模组织。重新整合的关键在于将新公共管理理论的原则从不同层级和企业中分离出来，并重新整合到政府行为的核心中。这种整合不同于传统的中央集权管理，而是对新公共管理理论的综合性回应。

以需求为基础的整体主义主要涵盖七个要素：互动式信息搜索和提供、以客户和功能为中心的组织重建、一站式服务、数据库、端到端服务重新塑造、灵活的政府流程、可持续性。邓利维认为，与狭隘的协同治理观点相比，在整体主义改革下，我们试图简化和彻底改变政府机构与其顾客之间的全局关系。他强调建立更加庞大和包容性的管理机构：通过端到端服务的全面改造，减少不必要的流程、控制成本、加强监管和规范，以打造一个更灵活、能够迅速应对外部社会环境变化的政府机构。[①]

数字化变革主要涵盖九个要素：电子服务交付、基于网络的公共事业评估、中央引导的信息技术采购、新型自动化流程、根本性的非居间化、积极的渠道分流和分割、减少受控渠道、自我管理的加速、迈向更开放的政府模式。生产力的进步越来越依赖于信息技术的发展和组织结构的变革，因此我们必须紧紧抓住向完全数字化运营的转变所带来的历史机遇。电子化渠道已不再是传统行政管理和商业流程的附加部分，它们已经经历了真正的变革，政府机构的网络化已成为常态，电子政府和网络化服务已经成为公共管理的关键形式，也是政府与公民以及社会组织进行联系和互动的主要途径和方式。[②]

五　城市服务资源整合化相关理论

资源整合化是城市服务一体化的资源层。资源整合化是城市服务一体化的重要支撑。基于资源整合化，公共资源才能得到有效利用，实现资源的高

---

① 韩兆柱、单婷婷：《网络化治理、整体性治理和数字治理理论的比较研究》，《学习论坛》2015 年第 3 期。

② 韩兆柱、单婷婷：《网络化治理、整体性治理和数字治理理论的比较研究》，《学习论坛》2015 年第 3 期。

效集成化开发，为城市服务一体化提供资源支持。资源整合化的理论基础主要包括结构功能主义理论、资源依赖理论和资源控制理论，如图2-6所示。

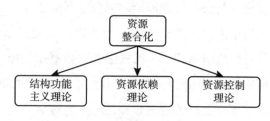

图2-6　资源整合化的理论基础

资料来源：笔者自制。

（一）结构功能主义理论

结构功能主义（structural functionalism）理论虽然是社会学的理论，但是在城市规划和管理领域也有一定的应用，它认为城市是由各种相互依存的组成部分构成的，这些部分之间形成了一个互相支持、互相协调的系统。结构功能主义理论是城市服务资源整合化的相关理论之一。

首先，结构功能主义理论认为城市的各种功能要素相互依存，缺一不可，这与城市服务资源整合化的思想相符合。城市服务资源的整合化需要考虑不同服务要素之间的关系和相互依存性，实现服务资源的整合和共享。

其次，结构功能主义理论提出了城市服务要素之间的相互协调和协作机制，强调城市内部不同服务要素之间的联系和互动，这为城市服务资源的整合化提供了理论支持。城市服务资源的整合化需要建立起不同服务要素之间的联系和协调机制，以实现资源的整合和共享。

最后，结构功能主义理论认为城市的不同部分之间存在相互依存和相互影响的关系，这与城市服务资源整合化所需要考虑的服务要素之间的相互影响和影响因素相符合。城市服务资源整合化需要考虑不同服务要素之间的相互影响和影响因素，以实现服务资源的整合和共享。

因此，结构功能主义理论为城市服务资源整合化提供了相关理论支持，强调城市内部不同服务要素之间的联系和协调机制，促进了服务资源的整合和共享，从而推动了城市服务的发展和城市服务质量的提高。

结构功能主义理论是现代西方社会学中的一个理论流派。它认为社会是具有一定结构或组织化手段的系统，社会的各组成部分以有序的方式相互关联，并对社会整体发挥着必要的功能。整体以平衡的状态存在着，任何部分的变化都会趋于新的平衡。结构功能主义，名为主义，从某种意义上说实为一种广义的方法，这种方法只不过是社会学早已存在的对社会所做的普遍的、明确的科学分析的同义语，而这种科学分析方法，可以从功能主义开始说起。

1. 早期理论渊源

功能主义的基本原则是从生物学占据统治地位的 19 世纪发展起来的，那时有关人体、微生物以及遍布全球的动植物的知识不断增长。孔德和斯宾塞提出了功能主义的最基本原则：社会与生物有机体在许多方面是相似的。这一观念中包含了以下三个要点。[①]

第一，社会与生物有机体一样都具有结构。一个动物由细胞、组织和器官构成；与其类似，一个社会由群体、阶级和社会构成。

第二，与生物有机体一样，一个社会要想得以延续就必须满足自身的基本需要。例如，一个社会必须要有能力从周围的环境中获得食物和自然资源，并且将它们分配给社会成员。

第三，与构成生物有机体的各个部分相似，社会系统中的各个部分也需要协调地发挥作用以维持社会的良性运行。受意大利社会学家帕累托的影响，斯宾塞和他的追随者们坚持任何系统都会自然地趋向均衡或稳定的观点，同时，社会中的各部分对社会的稳定都发挥了一定的功能。[②] 因此，从功能主义的视角来看，社会是由在功能上满足整体需要从而维持社会稳定的各部分所构成的一个复杂的系统。

---

① 〔法〕奥古斯特·孔德：《论实证精神》，黄建华译，商务印书馆，1996；Herbert Spencer, *The Study of Sociology*, New York and London：D. Appleton and Company，1929。

② 贾春增主编《外国社会学史》（增订本），中国人民大学出版社，2000，第 47~51 页。

后来的一些学者吸收了"社会与生物有机体相似"这一功能主义的基本思想，并且对其进行了提炼和补充。从不严格的意义上可以说，孔德、斯宾塞开创了结构功能主义的先河。

2. 传统功能主义

（1）杜尔克姆[①]

第一，杜尔克姆强调社会的整体性质，即通过揭示带有整体性的"社会事实"研究人的行为和社会现象，而且他还把社会组织和价值系统对应起来，研究社会组织与价值系统的内在联系。

第二，杜尔克姆社会学的一个重点是社会团结和社会整合问题，他对社会团结和社会秩序的强调被后来的结构功能主义继承。

第三，杜尔克姆是第一个将因果分析方法和功能分析方法严格加以区分的人。杜尔克姆指出了功能关系和因果关系的不同，用实际研究和统计分析证明功能分析的重要性。

杜尔克姆的功能主义又影响了社会人类学家马林诺夫斯基和拉德克利夫-布朗，他们二人为社会学提供了新的概念和分析方法，马林诺夫斯基和拉德克利夫-布朗在对土著部落社会的研究中创造性地运用了结构—功能分析方法，为后来帕森斯的结构功能主义的发展奠定了基础。

（2）马林诺夫斯基[②]

马林诺夫斯基提出系统层次观点以及各层次上需求多样性观点：系统存在三个不同层次——生物学层次、社会结构层次、符号性层次，如果各个层次上相应存在生理上的健康、结构上的完善和文化上的统一的问题的话，那么各个层次都存在一定要满足的需求或生存的必要条件，每一个层次俨然有不可替代的实存独特性，以及满足各自独特需求的独特过程。同时，系统层次又呈现出轻重高低的分级。他还提出了功能普遍性和功能不可缺少性的假

---

① 冯志明、周庆誉：《浅析杜尔克姆法社会学思想及其现实意义》，《大连理工大学学报》（社会科学版）2011 年第 4 期。

② 杨群：《民族学、人类学学科的历史转折点——重评马林诺夫斯基和他的功能主义学派》，《贵州民族研究》2003 年第 2 期。

设，即功能普遍地存在于任何文化现象之中，任何文化现象都发挥着不能被其他文化要素取代的、必不可少的功能。这两条假设成为传统功能主义的基本前提。

（3）拉德克利夫-布朗①

拉德克利夫-布朗建议用"生存的必要条件"一词代替"需求"一词，如此界定的功能分析或结构分析包括如下三个要点：

第一，社会存在和发展的必要条件之一是使其组成部分实现最低限度的整合；

第二，"功能"一词是指维持这种必要的整合或必要的团结的过程；

第三，可以用对维持社会必不可少的一致的作用来说明每一个社会的结构特征。

一个社会系统，即一个社会的整个社会结构同社会习惯的整体构成了一个"功能的统一体"，在这一功能的统一体中，各组成部分以一种充分和谐和内部一致的方式发挥作用。

3. 帕森斯的结构功能主义

美国社会学家帕森斯在 20 世纪 40 年代提出了结构功能主义这一概念，他在以后的许多论著中，为结构功能主义的系统性理论的形成做出了很大努力，并成为结构功能分析学派的领袖人物。帕森斯继承了传统的结构功能主义理论，他把结构功能主义理论扩展为一般社会系统理论，企图建立包罗万象的社会行动体系。1937 年，他出版了《社会行动的结构》一书，试图将杜尔克姆、帕累托、韦伯等关于社会经济秩序的思想来一次大综合，构造一个独一无二的社会理论体系。② 大约在 1945 年，帕森斯正式提出了结构功能主义的社会学分析方法。他认为，动态分析方法应当可以同时精确描述一组相互联系的现象，最理想的办法是把系统的所有变量的相互关系表达出来。

---

① 刘雪婷：《拉德克利夫-布朗在中国：1935—1936》，《社会学研究》2007 年第 1 期。

② Talcott Parsons, *The Structure of Social Action: A Study in Social Theory with Special Reference to a Group of Recent European Writers*, New York: Free Press, 1937.

帕森斯的理论体系大体包括三个层次。

第一，"社会行动论"。这是他对如何综合地研究当代复杂社会的一个基本假设。他接受了韦伯的"社会行动"概念，认为社会生活主要表现为社会行动。只有理解"社会行动者"的行动，才能解释各种社会现象和过程的意义。"社会行动者"既可以是个人，也可以是小群体或大组织，以至整个社会。因此，社会系统的每个层次都可以与"社会行动者"的概念互换，即把社会组织和群体都看作"人格化"的行动者。

第二，"宏观功能论"。如何判断一种社会行动是否能得到价值认同呢？这就涉及社会结构和社会功能问题。帕森斯接受了前人结构功能主义的思想，把系统引入社会学。1951年，他出版了《社会系统》一书，提出了社会系统是决定社会行动的三个子系统之一，另外两个是文化系统和人格系统。文化系统即价值系统，它规定人类行为；社会系统即人际关系系统，它通过社会角色再现文化；人格系统则是由个人组成的子系统。三个子系统的总和就是社会整体。帕森斯认为，既然社会系统是由相互依赖的"社会行动者"构成的，那么社会部分的变化必然引起整个系统的变化。由此，他提出了所谓的"均衡模式"，就是说在一般情况下，系统总是趋于稳定平衡状态。

第三，一般系统理论。帕森斯认为，社会是一个生命系统，而任何生命系统要维持生存必须满足两个条件：一是处理系统内部状态与应付外部环境；二是追求目的与选择手段。由此，他提出了系统存在的四个功能前提：一是潜在模式保持功能，指的是系统根据某种规范保持某种社会行动的延续，这项功能由文化系统实现；二是整合功能，指的是系统必须把各部分协调起来，成为一个功能的总体，这项功能由社会系统实现；三是目标实现功能，指的是系统总有一定目标，因此必须确定它并选择实现目标的手段，这项功能由人格系统实现；四是适应功能，指的是系统必须保持外部环境的交换，获得生存资源，并分配给整个系统，这项功能由行为有机体系统实现。

这套系统分析法即是著名的"AGIL图式"。其中，"A"（Adaptation）即适应功能，主要指社会系统由其外部环境获得足够的资源或能力，以及这些资源或能力在该系统中的配置；"G"（Goal attainment）即目标实现功能，主要指社会系统所具有的有助于确立其目标并为实现这些目标而激发和调动该系统中能力与能量的功能；"I"（Integration）即整合功能，主要指社会系统的连贯性或一体化的维持问题，包括控制手段的建立、保持子系统的协调、防止系统发生严重混乱等；"L"（Latency）即潜在模式保持功能，主要指能量储存并配置于系统的过程，包括相互联系的两个方面：一是模式维持，即符号、观念、趣味、评价等的文化供应；二是张力处置，即行动者内心紧张和张力的消除，由此维持社会的共同价值观模式，并使其在社会系统内制度化。在帕森斯看来，在社会系统中，执行这四种功能的子系统分别是经济系统、政治系统、社会共同体系统和文化意义上的模式托管系统。这四个子系统之间既相互区别又相互联系，它们共同构成了作为整体的、均衡的、自我调解和相互支持的社会系统。帕森斯认为，社会系统内的各构成部分在对系统整体发挥作用的同时，通过不断的分化与整合来维持系统整体的动态的均衡秩序。

帕森斯还认为，在构成行动系统的社会系统、行为有机体系统、人格系统和文化系统四者之间，在构成社会系统的经济系统、政治系统、社会共同体系统和文化意义上的模式托管系统四个子系统之间，存在着输入—输出的交换关系。正是由于这种交换关系，社会秩序才得以结构化。帕森斯强调，社会系统是趋于均衡的，"AGIL 图式"四种必要功能条件的满足，是社会系统得以保持其稳定性的基础。

帕森斯非常强调秩序、行动和共同价值体系在社会结构中的作用。他始终认为，研究社会结构就是研究秩序问题，并且必然涉及秩序中的人的行为，而研究社会秩序和人的行为显然离不开规范行动者思想情感的价值问题，价值是构成社会秩序的条件。由此出发，帕森斯把着眼点放在了社会互动的稳定模式上。为解释这一稳定模式，帕森斯提出了位置—角色概念，并将其作为社会系统结构的基本分析单位。所谓"位置"也就是行动者在社会系统中所处的结构性方位，而"角色"则意味着社会对这一位置所具有的行为期待。在他看来，社会互动实质上也就是一系列具有不同位置—角色规定性的行动者之间的关系表现形式，而不管互动中的个体怎样变化，角色归属及其互动作为一种模式化的社会关系，则是普遍的和相对稳定的。这就意味着，只要把角色预设为行动者对某一位置的行为期待，一定的角色必定在社会结构中发挥一定的功能；同时，角色行为的规范化、制度化，必然会相应地成为社会结构稳定或均衡秩序的核心问题。

帕森斯始终认为，社会系统中的四个子系统之所以能够充分发挥功能，关键在于社会拥有将其成员整合在一起的共同价值体系。所谓共同价值体系，主要是指由一系列价值模式组成并被社会成员广为认同的规范体系。它作为一种依据、标准和导向，通过规范行动者的行动准则或内化为行动者的人格结构而形成一种社会性的共识，从而约束行动者的行为，引导行动者的价值取向。[①]

4. 默顿对帕森斯理论的超越

美国社会学家默顿进一步发展了结构功能方法，这使他成为结构功能主义的又一位重要代表人物。默顿在功能分析理论上的突出特点，是对"显功能与潜功能""正功能与负功能"做了进一步的区分，同时提出了"功能选择"概念，并强调必须高度关注社会文化事项对行动者（包括个体和群体）的影响。[②]

所谓"显功能"是指那些有意造成并可认识到的作用后果，所谓"潜功能"是指那些并非有意造成和未被认识到的作用后果。功能有正、负之别，有助于某系统或群体的整合与内聚的是正功能，也就是积极功能；而对某系统或群体具有拆解与销蚀作用的则是负功能，即消极功能。默顿还指出，在进行功能分析时，不但要根据功能后果的正负来考察社会文化事项，还应注意辨别所分析的对象系统的性质与界限。因为对某个系统具有某种功能的事项，对另一系统则可能并不具有同样的功能。关于"功能选择"概念，默顿认为，就某一系统而言，如果它的某个功能项目被另外的功能项目

---

① 〔美〕塔尔科特·帕森斯：《社会行动的结构》，张明德、夏翼南、彭刚译，译林出版社，2003。

② 贾春增主编《外国社会学史》（第三版），中国人民大学出版社，2008。

替代，这个替代者有时同样可满足该系统的功能需要。这就意味着，在对某一系统的维持和延存上，功能事项并不完全是一成不变的，有时也是能够加以选择的。默顿十分重视社会制度或结构对行动者的行为的影响，其中特别强调应该注意分析社会文化事项对个人和群体所造成的客观后果。他认为社会价值观决定着社会追求的目标，社会规范规定着为达到目标可采用的手段，一旦文化结构与目标同社会结构或制度化手段之间发生抵触或脱节，就会导致社会失范甚至出现越轨行为等。

（二）资源依赖理论

资源依赖理论（Resource Dependence Theory）是组织管理学中的一个重要理论，主要研究企业或组织如何依赖外部资源，以获得稳定的发展和竞争优势。资源依赖理论是城市服务资源整合化的相关理论之一。

首先，资源依赖理论认为组织或企业需要从外部获取所需的资源来获得竞争优势，这与城市服务资源整合化的思想相符合。城市服务需要从外部资源获取支持，包括人力资源、物质资源、财务资源等，以实现城市服务的持续发展和提高城市服务质量的目标。

其次，资源依赖理论强调了资源的互补性和整合性，认为组织或企业需要整合各种资源来实现组织目标，这也适用于城市服务资源的整合化。城市服务需要整合各种资源来实现城市服务的目标和提高城市服务质量。

最后，资源依赖理论提出了减少资源依赖的策略和方法，例如多元化战略、建立合作伙伴关系等，这为城市服务资源整合化提供了参考和借鉴。城市服务可以通过建立合作伙伴关系、推进公共资源共享等方式，减少对某些特定资源的依赖，从而实现城市服务资源的整合化和提高城市服务质量的目标。

因此，资源依赖理论为城市服务资源整合化提供了相关理论支持，强调了资源的互补性和整合性，提出了减少资源依赖的策略和方法，这些对城市服务资源的整合化和提高城市服务质量具有重要的指导意义。

资源依赖理论是一种关注组织如何获取、利用和整合外部资源以实现目标的理论。该理论认为组织在实现目标时需要依赖外部资源，如财务、技术、市场等资源。如果组织无法获取所需的外部资源，就会对组织的目标实现产生影响。因此，组织需要积极寻求和整合外部资源以满足自身需求。[①]

资源依赖理论的核心观点包括以下四个要点。

第一，组织需要依赖外部资源。组织不能独立存在，需要依赖外部资源来实现自身的目标和使命。

第二，外部资源是有限的，而组织对外部资源的需求是不断增加的。因此，组织需要根据自身的需要和外部环境的变化，及时调整自身的资源整合策略。

第三，外部资源的获取和利用需要管理。组织需要管理外部资源的获取和利用，以确保资源的有效使用和效益最大化。

第四，组织之间存在相互依赖关系。在现代经济中，组织之间相互依赖，互相提供资源和服务，形成了复杂的生态系统。因此，组织需要与其他组织建立良好的关系，以获取更多的资源和信息。

根据资源依赖理论，组织需要进行资源整合以实现自身的目标和使命。资源整合包括从外部获取资源、管理资源、整合资源和保护资源。组织需要根据自身的需求和外部环境的变化，灵活地调整自身的资源整合策略，以实现最大化的效益。同时，组织需要建立和加强与其他组织的联系，形成稳定的资源依赖关系，以确保自身的发展和稳定。

研究组织对资源依赖的理论——"资源依赖理论"（Resource Dependency Theory，RDT）发轫于20世纪40年代，到70年代逐渐发展成为组织理论的重要分支，但由于其当时并未归纳出统一的均衡分析框架，因此逐渐让位于以交易成本经济学为中心的新制度经济学派企业理论。然而，近年来，特别是2005年以后，一是得益于资源依赖理论自身的理论发展，二是随着时代的进步，全球经济领域出现了越来越多靠企业理论无法自圆其说的现象，比

---

① Amy J. Hillman, Michael C. Withers, Brian J. Collins, "Resource Dependence Theory: A Review," *Journal of Management* 35（6），2009, pp. 1404-1427.

如跨组织关系、企业战略联盟、企业跨行业并购以及 PPP 模式等。因此，资源依赖理论又开始在组织研究领域复苏。资源依赖理论的主要代表著作是 1978 年出版的《组织的外部控制》①，代表人物有菲佛、萨兰基克、汤普森等。

资源依赖理论有四个重要的理论基石：第一，所有组织最为关心的是组织的存续；第二，组织的存续需要资源，但是，一般情况下组织并不能独自生产这些资源；第三，为获得存续所需资源，组织必须与环境（包括其他组织）互动；第四，组织的存续建立在它控制自身以及它与其他组织关系的能力上。基于上述假设，资源依赖理论认为，正是由于组织深深地嵌入环境之中，只有通过环境才能获取实现战略、保证成功的关键资源，因此组织就会对环境产生资源依赖。不过，由于环境在提供资源方面存在不确定性，组织为获得稳定的资源供应，会积极地采取策略和行动，比如游说、交换、联盟及合并等手段来设法减少对外部资源的依赖，并且改善身处其中的生存环境。在上述过程中，由于组织对外部环境要素产生了依赖，因此这些环境要素通常会对组织提出要求，力图从外部控制组织，从而拥有了对组织的权力。此种外部控制会影响组织的内部自治与权力安排，因此为维持自主权，组织会尽可能地削弱环境施加的外部控制。

（三）资源控制理论

资源控制理论是组织管理学中的一个理论，主要研究组织或企业如何控制资源来获得竞争优势。资源控制理论是城市服务资源整合化的相关理论之一。

首先，资源控制理论认为资源是稀缺的，组织或企业需要控制资源才能获得竞争优势，这与城市服务资源整合化的思想相符合。城市服务需要整合各种资源来实现城市服务的目标和提高城市服务质量，而这些资源在城市中

---

① 〔美〕杰弗里·菲佛、杰勒尔德·R. 萨兰基克：《组织的外部控制——对组织资源依赖的分析》，闫蕊译，东方出版社，2006。

也是稀缺的，因此需要进行资源控制。

其次，资源控制理论强调资源的管理和分配，认为组织或企业需要对资源进行有效的管理和分配来实现组织目标，这也适用于城市服务资源的整合化。城市服务需要对各种资源进行有效的管理和分配，以实现城市服务的目标和提高城市服务质量。

最后，资源控制理论提出了不同的资源控制策略和方法，如收购、联盟、垂直整合等，这为城市服务资源整合化提供了参考和借鉴。城市服务可以采用类似的策略和方法，如与相关企业建立联盟、进行垂直整合等方式，来整合各种资源，从而实现城市服务资源的整合化和提高城市服务质量的目标。

资源控制理论为城市服务资源整合化提供了相关理论支持，强调了资源的管理和分配，提出了不同的资源控制策略和方法，这些对城市服务资源的整合化和提高城市服务质量具有重要的指导意义。

资源控制理论是一种关注组织内部权力和资源分配的理论。该理论认为，组织中的权力和资源控制是影响组织绩效和行为的关键因素。

资源控制理论最早由杰弗里·菲佛提出，并于1997年在其所著的《组织理论的新思路》一书中得以阐述。① 该理论的核心观点是，组织内部的资源控制决定了组织的行为和绩效，因此权力和资源控制成为组织内部竞争的焦点。

具体来说，资源控制理论包含以下三个基本假设。

第一，组织内部存在冲突和竞争。组织内部存在各种利益冲突和竞争，如职位晋升、薪酬分配、资源分配等。

第二，组织中的资源分配决定了权力结构。组织中的资源分配，如经济、人力、信息、技术等，会影响组织内部权力结构的形成和变化。

第三，权力结构影响组织的绩效。组织内部权力结构的形成和变化会影

---

① Jeffrey Pfeffer, *New Directions for Organization Theory*：*Problems and Prospects*，New York：Oxford University Press，1997，pp. 3-32.

响组织的绩效。

　　基于上述假设，资源控制理论主要关注以下三个方面。

　　第一，组织内部的冲突和竞争。资源控制理论认为，组织内部的冲突和竞争是不可避免的，各个部门或个人会为获得更多的资源和权力而展开竞争。因此，组织需要通过建立合理的激励机制和资源分配机制来协调内部冲突和竞争，从而提高组织的绩效。

　　第二，权力结构的形成和变化。资源控制理论认为，组织中的资源分配会影响组织内部权力结构的形成和变化。例如，某些部门掌握了组织关键资源，就能够获得更多的权力和话语权，进而影响组织内部的决策和行为。

　　第三，组织绩效。资源控制理论认为，组织内部权力结构的形成和变化会影响组织的绩效。例如，如果组织内部某些部门或个人掌握了关键资源，就可能导致其他部门或个人的资源匮乏，进而影响组织的整体绩效。

第三章　城市服务多元主体治理生态

一　多元主体治理相关理论

（一）多中心治理理论

1. 多中心治理理论的来源和含义

"多中心性"认识最早来自经济领域，通过比较集中指挥的计划经济和自由竞争的市场经济，演绎出多中心任务，进而提出在政治、社会、文化领域也存在多中心性。现代治理是在全球化过程中形成的新的公共管理机制理论。多中心与治理的共同特征是分权和自治。前者的自治凸显为一种竞争性，后者的自治强调合作性。当两种理论结合时，多中心治理便形成了包含多个中心主体的竞争与合作的新公共管理范式。①

多中心治理（Polycentric Governance）理论代表了新公共管理理论中的一个重要流派，奥斯特罗姆夫妇（Vincent Ostrom and Elinor Ostrom）为其代表人物。多中心治理理论认为，在提供公益物品和服务方面，不仅可以通过扩大和改进官僚机构的结构来实现，还可以采用其他组织形式。特定的公益物品和服务可以超越特定政府管辖的范围，通过多个企业的协作行为来共同提供。② 多中心治理理论的发展是建立在市场理论和国家主权理论基础上

---

① 参见王志刚《多中心治理理论的起源、发展与演变》，《东南大学学报》（哲学社会科学版）2009 年第 S2 期；李平原：《浅析奥斯特罗姆多中心治理理论的适用性及其局限性——基于政府、市场与社会多元共治的视角》，《学习论坛》2014 年第 5 期；刘红、张洪雨、王娟：《多中心治理理论视角下的村改居社区治理研究》，《理论与改革》2018 年第 5 期。

② 〔美〕文森特·奥斯特罗姆：《美国公共行政的思想危机》，毛寿龙译，上海三联书店，1999，第 26 页。

的，它识别了市场秩序和国家主权秩序存在的不足，因此寻求在两者之外寻找新的公共事务治理方法。多中心治理理论认为，在公共事务治理中，市场和国家并不是唯一有效的解决方案。相反，其主张无须寻求一个唯一的权力中心来掌控所有事务。在没有一个唯一的权力中心的情况下，可以在潜在的否决位置范围内实现平衡，并在权力系统内维护法律秩序。只要将所有权力中心限制在一个可实施的宪法范围内操作，就可以维持一个多中心的秩序。①

多中心治理被认为是以自主治理为基础，允许多个权力中心或服务中心并存，通过相互合作给予公民更多的选择权和更好的服务，减少了"搭便车"行为，避免"公地的悲剧"和"集体行动的困境"，扩展了治理的公共性。②

2. 多中心治理理论的主要观点

刘红等总结了多中心治理理论的主要观点③，包括以下三个方面。首先，治理主体应具备多样性。这包括各级政府及其相关机构、私人组织、社会组织以及公民个人等。值得特别强调的是，多中心治理理论强调社会组织在治理公共事务和提供公共服务方面应扮演积极角色。相对于政府机构，社会组织不受官僚化结构的束缚，拥有多样性和灵活性的优势。与私人组织相比，社会组织更注重非营利性质，更具有公益性质。

其次，公共物品供应应具有多样性。多中心治理理论认为，如果公共产品仅由政府提供，将导致公共产品供给的单一性，无法满足人们多样化的需求，同时可能导致政府滥用权力和效率低下等不良后果。同样，如果完全依赖市场来提供公共产品，可能由于市场强调"成本效益"而忽视公共性需求，从而导致供给不足。

---

① 〔美〕迈克尔·麦金尼斯主编《多中心治道与发展》，王文章等译，上海三联书店，2000，第496页。

② 王志刚：《多中心治理理论的起源、发展与演变》，《东南大学学报》（哲学社会科学版）2009年第S2期。

③ 刘红、张洪雨、王娟：《多中心治理理论视角下的村改居社区治理研究》，《理论与改革》2018年第5期。

最后，政府应调整其治理模式。多中心治理理论反对政府成为公共事务和公共产品的唯一提供者，但并不主张政府完全退出。它主张政府应重新定义其角色和治理方式，以取得更好的治理效果。因此，政府的强制管理仍然具有必要性，但同时也应允许各个治理主体在公共事务和公共产品的参与、协商和谈判中有一定程度的差异。在遵守法律规定的同时，也应尊重获得广泛认可的非正式协议。

3. 多中心治理理论的框架

尽管多中心治理理论尚未完全成熟，但在实践和各种理论的交融中，其基本框架已经初步确立。王志刚提出多中心治理的主要架构可分为以下四个关键方面。[①]

首先，多中心治理的参与主体应具备多样性。这包括政府、企业、非营利组织、国际组织、社会组织等多元参与方。由于社会环境的多元性，不同的利益和需求在社会整合的推动下，将资源分配给不同的组织。这些组织不仅跨越了同质与异质的差异，还交织和融合了不同于自身组织的利益和意识，形成了多个治理中心的社会活动。

其次，多中心治理的结构呈现网络化。每个个体都嵌入在由各种关系编织而成的社会网络中，政府和企业也存在于这些网络中。然而，要实现真正的治理网络化，需要新闻媒体和信息技术（尤其是互联网）的支持，这使得人与人、人与组织、组织与组织之间的交流更加便捷。信息的广泛传播打破了官僚制度的封闭性，将每个人和组织都融入网络世界。网络本身没有单一中心，每个中心都是网络的一个节点，它们之间的交流呈循环往复之势，绕过了代理和层级，使各方能够直接表达自己的诉求。

再次，多中心治理的目标是实现公民利益的最大化和多元需求的满足。政府及其官员的绩效不仅仅应以权力的高效行使为标准，更重要的

---

① 王志刚：《多中心治理理论的起源、发展与演变》，《东南大学学报》（哲学社会科学版）2009 年第 S2 期。

是看其是否合理有效地运用公共资源来满足社会发展和公民需求。公民、社会团体和企业不仅能够有效表达其意愿，还能够积极参与公共事务的治理和绩效评估。这并不取决于政府官员的个人意愿，而是由多中心权力结构的设计、多样化治理结构的安排以及切实可行的民主参与机制的设计来实现的。

最后，多中心治理采用的方式是"协作—竞争—协作"。多中心治理旨在提供社会公共物品和服务，政府和公民个体都可以提供这些物品和服务，尽管其提供的成本有所不同。然而，公共物品的制造、使用和维护本身需要协作。由于各个治理中心都具有自治性，并且具有不同的需求，因此它们追求自身利益的最大化，从而参与了公共物品的竞争，竞争通过谈判、协商和签订合同来达成一致的行动策略，最终在具有一致意愿的复合体中展开合作。

（二）共生理论

1. 共生理论的概念和学科扩散

"共生"这一概念源自生物学领域，由真菌学奠基人德贝里于 1879 年首次提出并定义为不同生物种属基于某种利害关系密切地生活在一起。斯科特基本认同德贝里的定义，但未强调是否限于不同生物种属，指出"共生是两个及以上的生物在生理上相互依存达到平衡的一种状态"。[1] 林恩·马古利斯研究连续共生理论并赋予共生超越生物学领域的社会价值，提出"共生是不同生物种类成员在不同生活周期中重要组合部分的联合"，[2] 至此开启了社会学领域对共生的研究。[3] 刘润进、王琳总结了两个多世纪以来生物共生概念的提出及不断发展，认为共生可以划分为广义共生和狭义共生，其中广义共生概念应该包括：一是寄生共生（parasitic symbiosis），即参入共生的成员之一危害另一成员；二是互惠共生（mutual symbiosis），即参入

---

[1]　G. D. Scott, *Plant Symbiosis in Attitude of Biology*, London：Edward Arnold, 1969, p. 58.

[2]　L. Margulis, *Symbiosis in Cell Evolution*, New York：W. H. Freeman, 1981, p. 419.

[3]　胡守钧：《社会共生论》，复旦大学出版社，2006。

共生的双方均受益；三是共栖（commensalism），即参入共栖的一方受益，另一方既不受益也不受害。而狭义共生概念应该包括：一是生物学领域生物之间的组合状况和利害程度的关系，由于生存的需要，两种或多种生物之间必然按照一定模式相互作用、共同生活，形成共同生存、协同进化的共生关系；二是生物之间互惠共生和偏惠共生关系。[①]

共生是生物种类间普遍存在的一种现象，具有稳定、持久、密切等特质，是生命进化的主要方式。[②] 20 世纪中叶以来，共生理论逐步扩展到社会学、经济学、哲学、政治学、国际关系、公共管理学等多个学科。

各学科对共生的认知存在较大差异，总体而言可归为以下几种。首先，共生可以是一种自然状态，即不同主体相互依存的状态。其次，共生可以是一种自组织现象，即不同种属基于资源依赖或功能互补而结成协作关系。再次，共生可以是一种可塑形态，是人为建构的目标对象，理想的共生关系是事物之间处于相互依存而又不相害、共同成长而又不相悖的状态。最后，共生还可以是一种价值理念。正如美国芝加哥经验社会学派所提出的，共生并不是支配这个世界的唯一因素，还存在与共生相关联的另一个因素，即竞争。当主体间存在资源依赖或功能互补关系时，主体间可以选择结成协作关系，但也可以选择通过斗争、冲突的方式来获得自身所需的资源或功能。共生能引导人们从相互性的角度来思考问题，以相互依存、共同成长为理想追求。

2. 共生理论的多领域应用

首先，共生理论被广泛运用于经济学领域，其中，产业共生是关注的焦点。产业共生的实质是跨组织合作，通过资源共享实现经济效益或环境效益。产业共生的动机是提升企业的生存能力和盈利能力，保护环境与节约资源。唐强荣等从生态学种群 Logistic 生产方程视角提出了生产性服务业与制

---

① 刘润进、王琳：《生物共生学》，科学出版社，2018。

② M. Y. Cheng, D. Prayogo, "Symbiotic Organisms Search：A New Metaheuristic Optimization Algorithm," *Computer and Structures* 139, 2014, pp. 98-112; R. G. Burns, J. H. Slater., *Experimental Microbial Ecology*, Oxford：Blackwell Scientific Publications, 1982, p. 320.

造业的共生发展模型。① 沃尔斯和帕奎因从制度、网络、组织和个体四个方面分析了产业共生的动因，并指出经济动因是引发企业参与产业共生的核心因素，另外还有政策动因和个体动因。② 李涛在分析中国生产、供销、信用合作社共生关系时提出，"三社"共生动力机制为共享机制、担保机制、协同发展机制，阻尼机制则包括体制阻碍机制、合作社文化阻碍机制和市场替代阻碍机制。③ 除产业共生之外，旅游地可持续发展也是共生分析的热点话题。旅游地的共生引力源自共生单元自身的生存与发展需要。冯淑华认为古村落多元利益主体之间存在共生关系，且关系优化方向是一体化共生和对称互惠共生，而其实际的演化历程则可以分为三个阶段，初级阶段的主导性共生动力是自然演化力，中级阶段的主导性共生动力是政府干预力和市场经济推动力，高级阶段的主导性共生动力是政府调控力与和谐发展力。④ 张敏等从共生的条件、环境、单元、界面、模式等方面系统分析了乡村旅游地的景区与村庄的共生关系，并探讨了该共生系统发展的动力机制与阻尼机制，其中，动力机制包括共生三要素发展形成的内部助推力和共生关系发展中逐渐显现的"四共优势"两个方面，阻尼机制则主要源自路径依赖与锁定、多主体利益冲突等。⑤

其次，城市治理、城乡发展也是共生理论运用的重点领域。柯红波等人将胡守钧提出的社会共生论引入城市治理领域，提出了社会治理的"共生型治理模式"，并将"共生型治理模式"定义为"具有不同性质但又相互紧密联系的治理主体在一定环境中按某种共生模式或机制形成的关系网络。这些主体与机制彼此之间相互砥砺又相互补充，达成一种合作共治、协同发展

① 唐强荣、徐学军、何自力：《生产性服务业与制造业共生发展模型及实证研究》，《南开管理评论》2009年第3期。
② J. L. Walls, R. L. Paquin, "Organizational Perspectives of Industrial Symbiosis: A Review and Synthesis," *Organization and Environment* 28（1），2015, pp. 32–53.
③ 李涛：《我国生产、供销、信用合作社共生关系研究》，博士学位论文，山西财经大学，2019。
④ 冯淑华：《基于共生理论的古村落共生演化模式探讨》，《经济地理》2013年第11期。
⑤ 张敏、马远军、刘杨：《基于共生理论的景村共生发展研究》，《安徽农学通报》2021年第4期。

的状态"。① 欧阳晓基于共生理念分析了长株潭城市群的用地扩张问题，提出经济、社会和生态等发展要素共同影响着城市用地扩张，运用共生理论能平衡三者之间的相互关系，以实现城市开发与生态保护的协同共生。城市和乡村既相互依赖又彼此竞争，是区域经济系统的两个共生单元。② 刘荣增等以"城乡之间共生界面、共生关联度、共生协调"为一级指标分析了河南省的城乡统筹空间差异。③ 马航、刘琳重点关注了城市与城市边缘古村的共生关系，并从优化共生三要素的角度提出了古村的保护策略。④ 武小龙提出了"共生治理"这一概念，认为共生治理包括共生单元、环境、界面和模式四大要素，并从四个方面阐释了中国城乡治理 70 年的演进逻辑。⑤

（三）合作治理理论

1. 合作治理理论的起源

合作治理是近年来产生于西方的一种治理方式，旨在通过政府、市场与社会等多元主体的合作，来解决后工业社会所涌现的高度复杂的、跨界跨域的公共问题。20 世纪后期，人类社会逐步进入后工业化进程，表现出高度复杂性和不确定性的特征，产生了仅靠政府无法解决的公共问题，只能寄希望于合作，在这种情况下，政府不得不采用外包、委托、分权等方式使其他治理主体融入治理体系当中，呈现社会治理主体多元化的趋势。

合作治理理论的发展受到"再造政府"理论以及"新公共管理"运动

---

① 柯红波等：《共生型治理：基层社会治理创新的"凯旋模式"》，浙江工商大学出版社，2016。
② 欧阳晓：《基于共生理念的长株潭城市群城市用地扩张模拟及优化调控》，博士学位论文，湖南师范大学，2020。
③ 刘荣增、王淑华、齐建文：《基于共生理论的河南省城乡统筹空间差异研究》，《地域研究与开发》2012 年第 4 期。
④ 马航、刘琳：《基于共生理论的城市边缘古村的保护性更新策略研究——以深圳凤凰古村为例》，《现代城市研究》2016 年第 1 期。
⑤ 武小龙：《新中国城乡治理 70 年的演进逻辑》，《农业经济问题》2020 年第 2 期。

的影响，表现出与传统公共行政至少在两个方面的不同：一是合作治理的前提在于"政府的角色是掌舵而不是划桨"，二是合作治理要求政府与"第三部门"的划桨者分享权力，而不是利用命令和行政手段来控制其他组织。①合作治理所强调的是多元、平等、自由、互信、共生共在和差异互补的治理模式。合作治理的特征不只是治理的行动化、路径的多样化、治理网络的去中心化、组织的开放化和无界化，同时也伴随着大量的治理行动者参与到公共领域中。协同治理、参与治理以及网络治理均可视为与合作治理相似或相关的概念，但合作治理并不将政府视为"权威"或"主导者"②，而是将所有参与到治理之中的主体视为平等的"行动者"。

合作治理的发展可以分为三个阶段。第一阶段是"分工协作阶段"，在治理领域依然存在主体与客体之分且主、客体的权利是不平等的，政府实际上是社会治理权力的垄断者，市场与社会只能作为治理的参与者，这其实不算真正意义上的合作，只能算是"分工协作"。第二阶段是"初级合作治理阶段"，社会治理各主体共享治权和资源，各治理主体在治理网络中，基于共同目标在制度设计下进行平等协商、分担、联盟、共享以及共同行动。第三阶段是"合作治理阶段"，这一阶段的合作不仅仅是行为，也是存在的状态，治理主体之间基于"认同"而彼此信任，自觉进行合作行为，不依赖于制度和利益驱动。

2. 合作治理的主要观点

由于治理理论的模糊性，合作治理的概念厘定和实际构建都具有较大的弹性，学者对于合作治理的定义呈现多元化特征。崔泰贤认为，合作治理是指来自多个部门且相互依存的利益相关者，为了解决一个复杂的、涉及广泛的公共问题而协同工作并制定相关政策的过程和制度。③迪恩哈特和鲁德舍

---

① E. S. Savas, *Privatization*: *The Key to Better Government*, Chatham, New Jersey: Chatham House, 1987, p. 5.

② 田凯、黄金：《国外治理理论研究：进程与争鸣》，《政治学研究》2016年第6期。

③ T. Choi, "Information Sharing, Deliberation and Collective Decision-making: A Computational Model of Collaborative Governance," Disertations&Theses-Gradworks, 2011.

尔认为合作治理是通过共享裁量权将公共部门和私营部门的能力整合起来，并产生更大的效果。[1] 安塞尔和加什结合 127 个合作治理的案例研究，将合作治理界定为"一个或多个公共部门与非政府部门共同参与的、以共识为导向的、正式的、协商的、旨在制定或执行公共政策或管理公共事务或资产的治理安排"。[2] 张康之认为合作治理是治理需要在伦理精神或服务价值的指引下，以道德制度和合作组织的建构为依托去催化行动者的道德自主性，并通过多元行动者的平等讨论与协商来达成共识。[3] 敬义嘉提出了合作治理中政社合作的形态问题，并将合作治理定义为"以公私合作为基础提供公共服务与秩序的治理过程与形态";[4] 蔡岚则将合作治理定义为"为了实现一个公共目的，使人们有建设性地参与跨公共部门、跨不同层级政府，或跨公共、私人、公民团体的公共政策制定和管理的过程和结构";[5] 汪锦军认为合作治理是一种政府与社会的"正和博弈"，是一种建构过程而非自发的秩序;[6] 王峰认为，在国家、企业、非营利组织和个人的法律甚至政治地位走向平等的条件下，合作治理的重心在于权力分享而非合理分工。[7] 杨宏山以城市基层管理为例，分析了其从单位制、街居制走向社区制的制度变迁过程，明晰了政府、市场、社会力量三者之间的互动关系，指出只有依靠合作治理方能实现良好的社区服务。[8]

通过对上述定义的总结不难发现，合作治理的基本主张可归纳为以下几方面：第一，合作治理主张在道德规范的基础上构建社会的合作秩序；第

---

① J. W. Dienhart, J. C. Ludescher, "Sustainability, Collaboration and Governance: A Harbinger of Institutional Change," *Business and Society Review* 115, 2010, pp. 393-415.

② Chris Ansell, Alison Gash, "Collaborative Governance in Theory and Practice," *Journal of Public Administration Research and Theory* 18 (4), 2008, p. 544.

③ 张康之：《合作的社会及其治理》，上海人民出版社，2014。

④ 敬义嘉：《从购买服务到合作治理——政社合作的形态与发展》，《中国行政管理》2014 年第 7 期。

⑤ 蔡岚：《合作治理：现状和前景》，《武汉大学学报》（哲学社会科学版）2013 年第 3 期。

⑥ 汪锦军：《合作治理的构建：政府与社会良性互动的生成机制》，《政治学研究》2015 年第 4 期。

⑦ 王峰：《寻找平衡之美：评〈合作治理：再造公共服务的逻辑〉》，《公共行政评论》2010 年第 5 期。

⑧ 杨宏山：《合作治理与城市基层管理创新》，《南京社会科学》2011 年第 5 期。

二，合作治理主张在开放结构基础上的网络化、多元化与多中心化；第三，合作治理的主体是异质多元的；第四，合作治理以公共问题为关注点；第五，合作治理以达成共识为目标；第六，合作治理强调以平等协商的方式来解决问题。

3. 合作治理的应用领域

（1）社会治理中的合作治理

社会治理是合作治理的一个方面，现阶段的研究有三个方面：跨部门合作机制、政府与社会组织、政府与社会资本。孙涛认为要想实现跨部门合作，就要有明确的组织机制、共享机制、权责分配机制、规则制定机制、动力机制、行动机制、协商机制、调节机制、监督机制以及评估机制。[1] 石佑启、杨治坤指出，中国从政府管理向政府治理转变的过程中，也在采用合作的方法。比如政府的不同层级、同一区域内的不同部门、不同的社会组织以及政府与组织之间都需要合作，然后建立各种联系。[2] 普遍的观点认为应由政府提供公共服务，但是在合作治理的视域下，政府和社会资本进行合作是资源配置和国家治理的新模式。这有利于公共服务的提供更加有效率、更加灵活，使资源能够得到更加充分的利用，同时也可以避免政府治理的"碎片化"问题。

（2）社区治理中的合作治理

从近些年的文章来看，我国合作治理较多的实践是在微观层面的社区。马全中认为社区治理可以在一定程度上解读为治理理论在社区领域的运用。[3] 张桂蓉则对合作治理理论进行了深化，将企业和非营利组织的合作关系延伸到了社区的治理中，填补了企业参与社区治理的合作机制研究这一空白。[4] 朱懿、韩勇在合作治理的框架下基于实证数据来分析基层社会的治理问题并指出，合作主体的合作性目标以及上级公共部门的支持对于基层社会的治理创新尤为重要。[5]

---

[1]　孙涛：《当代中国社会治理体制改革的进路分析》，《领导之友》2016 年第 7 期。

[2]　石佑启、杨治坤：《中国政府治理的法治路径》，《社会科学文摘》2018 年第 7 期。

[3]　马全中：《中国社区治理研究：近期回顾与评析》，《新疆师范大学学报》（哲学社会科学版）2017 年第 2 期。

[4]　张桂蓉：《社区治理中企业与非营利组织的合作机制研究》，《行政论坛》2018 年第 1 期。

[5]　朱懿、韩勇：《基于信任中介效应的协作治理行为及影响因素》，《企业经济》2020 年第 2 期。

（3）环境治理中的合作治理

俞海山通过分析参与治理与合作治理的异同指出，我国环境保护与治理的模式迫切需要从参与治理转为合作治理。这是由我国环境的公共物品性质、复杂性和不确定性、环境行为的外部性等特征决定的。[1] 范永茂、殷玉敏基于雾霾和水流污染的现实问题提出以科层、契约和网络机制按照不同比例融合而形成科层主导型、契约主导型和网络主导型三种不同的合作治理模式。[2] 沈费伟、刘祖云应用合作治理理论来探讨我国生态环境治理失灵的原因，并在此基础上通过构建"政府—社会—市场"的合作治理模式来实现生态环境善治的价值目标。[3]

（4）经济治理中的合作治理

牛亮云从企业与政府的关系角度对我国政府的合作治理进行了研究，以食品安全风险社会共治为例，食品的安全要求社会各个方面的共同治理，因此从这一角度研究了政府与企业的关系应该实现从不对等的监督者和被监督者向对等的合作者和互惠者的转变，这样就实现了政府与企业的合作治理。[4] 黄蓝、黄建荣还从合作治理的角度对地方政府购买公共服务的现状进行分析，以期公共部门和私营部门以及社会组织建立良好的对话机制。[5]

（四）社会网络理论

1. 理论起源

社会网络理论起源于社会资本理论，社会资本分析是研究社会公共空间中主体关系的一种工具。布迪厄、科尔曼、布尔特、帕特南和林南都对

---

[1] 俞海山：《从参与治理到合作治理：我国环境治理模式的转型》，《江汉论坛》2017 年第 4 期。

[2] 范永茂、殷玉敏：《跨界环境问题的合作治理模式选择——理论讨论和三个案例》，《公共管理学报》2016 年第 2 期。

[3] 沈费伟、刘祖云：《合作治理：实现生态环境善治的路径选择》，《中州学刊》2016 年第 8 期。

[4] 牛亮云：《食品安全风险社会共治：一个理论框架》，《甘肃社会科学》2016 年第 1 期。

[5] 黄蓝、黄建荣：《合作治理视域下地方政府购买公共服务策略优化研究》，《学术论坛》2016 年第 5 期。

社会资本的概念进行了界定，他们指出社会资本是个人通过社会联系摄取稀缺资源并由此获益的能力。这里的稀缺资源包括权力、地位、财富、资金、学识、机会、信息等。布迪厄从场域角度对社会资本进行了界定，他区分了四种基本的资本形式，即经济资本、文化资本、社会资本与象征资本。社会资本通过对体制化关系网络的占有，获取实际或潜在的资源集合体。[①] 科尔曼从关系角度界定了社会资本，他强调了社会结构的封闭性对于促进某些形式的社会资本的重要意义。他认为，社会资本是个人所拥有的社会结构性的资源和资本财产，主要在人际关系和社会结构中，能够为结构内部的个人行动提供便利。社会资本根据其功能加以界定。与其他形式的资本一样，社会资本是生产性的。与其他形式的资本不同，社会资本内在于行动者之间的关系结构中，不会寄于行动者自身中，也不会寄于生产的物理工具中。[②] 布尔特强调社会资本中隐喻的能为个体或者群体创造在追逐自身目的过程中的某种竞争优势的社会结构。他提出结构开放性的结构洞，在结构洞的关系结构中，行动者的关系人之间没有强关系联结，其对彼此的信息获取是通过占据中间位置的行动者所获得的。[③] 帕特南认为，社会资本是一种组织特点，如信任、规范和网络等，社会资本是生产性的，且有垄断性。[④] 林南提出社会资源理论，他认为，社会资本是嵌入于社会网络的资源，植根于社会网络和社会关系中。他区分了资源强度、位置强度、关系强度以及背景属性等社会网络属性及其相互之间可能的关联性。[⑤]

　　社会网络理论认为公共空间由个体、群体、网络所构成，社会网络是多

① Pierre Bourdieu, "The Forms of Capital," in J. Richardson, ed., *Handbook of Theory and Research for the Sociology of Education*, Greenwood Press, 1986.

② James C. Coleman, "Social Capital in the Creation of Human Capital," *American Journal of Sociology* 94, 1988, pp. 95-120.

③ R. S. Burt, *Structural Holes: The Social Structure of Competition*, Harvard University Press, 1992.

④ Robert D. Putnam, "The Prosperous Community: Social Capital and Public Life," *The American Prospect* 13, 1993, pp. 35-42.

⑤ Nan Lin, "Social Networks and Status Attainment," *Annal Review of Sociology* 25, 1999, pp. 467-487.

个节点（社会行动者）和各节点之间的连线（行动者之间的关系）组成的集合。行动者之间的关系可以看作资源流动的管道，并利用关系数据而不是属性数据来分析复杂的资源流动网络。

2. 信息时代下的社会网络

随着工业文明的出现与社会生产力的飞速发展，现代政府、企业和社会组织规模不断扩大，以理性和效率为核心理念的官僚制、自由竞争市场经济、理性法律体系构成了现代社会结构的三大支柱。官僚制是一种具有严格边界和明确秩序的群体组织形式，是将职能分工和职位分层并加以规则化的组织体系。以官僚制组织为核心的社会组织可称为群体社会（Group-Centered Society）。在扁平化的信息时代，官僚制组织结构逐渐让位于社会网络（social network），社会网络不具有明确边界的强制秩序，而是基于节点间相互连接的信息网络，个体存在于密集联系的"集群"（cluster）之中，行动者既自主能动，又嵌入社会网络，受到社会网络约束。

以官僚制组织为核心的群体社会具有严格的边界、明确的秩序与上下级关系，网络信息时代主体不再将自身局限于有严格边界的群体社会，网民以自身为节点，嵌入社交网络平台，每个人既是信息的接收者，也是传递者。扁平灵活而不断变化的社会网络正逐步代替官僚制组织。

社会网络创造了平等而无中心的信息空间，网络主体能更从容地选择和传播公共信息与私人信息，公民以网络信息技术作为运作平台，通过各种信息工具能更直接地参与公共决策、民主听证、选举投票，使单向垂直权力转为扁平互动治理。网络虚拟公决已成为一种数字民主的公共议事方式，网络主体通过各种网络工具，针对特定公共议题进行意志表达，不断讨论博弈、分化、整合，通过高度互动与广度叠加而形成网络综合意志。自由开放、扁平的信息网络以低成本、高效率的方式，实现了网民广泛而充分的意志表达与公决。社会网络建构起的公共领域应是包容开放的交往场所，各种理性能通过社会网络交汇、沟通，进而达成理性共识。

网络空间是空间的网络化、系统化与结构化形式，是网络社会在空间形态上的表现，网络空间是一种不同于传统空间形态的新空间形式，是对网络社会的抽象化表达，它将网络社会里形形色色的生产、运动关系抽象为一种空间形态。网络社会消灭了地理空间的差距，塑造了网络空间。网络空间超越时空限制，是网络社会在空间方面的延伸，使传统意义上空间的范围扩大。因此，在网络空间中，人们的社会活动不再受狭小的空间限制，可以无条件地延伸扩展。网络社会是一种关系社会，而网络空间是一种包裹这种关系的框架。网络空间抽离了这种关系，使网络社会与网络空间紧密糅合在一起。

在《信息时代三部曲》中，曼纽尔·卡斯特尔形成了其关于"网络社会"的理论。该理论指出，网络社会由"网络和主体"双重动力型构。一方面，信息技术革命推动着人类社会在全球范围内的重构；另一方面，基于对全球化的抵制，民众围绕文化原则形成了各类认同运动，同样成为塑造全球化的力量。卡斯特尔的"网络社会"理论在研究中国改革开放的成果及都市生活的动力方面具有较强的解释力。[1]

社会网络理论从另一种视角解释公共社会的权力。在社会网络分析视角下，权力不再源于强制性权力，而是源于社会网络资本。网络传播中各行动主体构成网络节点，个体与个体间的关系构成了关系线段，从而建构起互联网空间的社会关系网络。社会网络中不同主体在网络中的位置、功能及其所具有的社会资本，决定了其所能拥有的社会网络权力。在社会网络权力观下，集权治理让位于网络主体反复、频繁的微协调。

二　政企互动

（一）政企关系

政府和企业之间的互动关系对于转型中的经济体、发展中国家和地区都至关重要。首先，经济转型本质上就是重新塑造政府和企业之间的关系。在

---

[1]　谢俊贵：《凝视网络社会——卡斯特尔信息社会理论述评》，《湖南师范大学社会科学学报》2001年第3期。

计划经济时代，企业实际上是政府的一部分，因此，要解决生产和经营问题必须依赖政府的指导；而在成熟的市场经济时代，企业是自负盈亏的市场主体，要解决问题只能依靠市场的力量。然而，在从计划经济向市场经济的转型过程中，市场经济体制尚不够完善，政府必然需要深度干预经济，甚至在很大程度上充当经济的主导者。在这种情况下，有效管理政企关系对于地区经济发展至关重要。例如，日本、韩国、新加坡等国家和地区在经济崛起阶段，政府通常扮演了经济发展的引领者角色，然后逐渐退出。很多学者认为，中国经济能够保持40年的高速增长与政府和企业之间的互动关系密切相关。

然而，要建立良好的政府和企业之间的关系，首先需要明确定义政企关系。政企关系（government-business relation），如聂辉华所述，是政府通过政策手段（如补贴、税收政策和监管）与辖区内企业之间的互动模式。优秀的政企关系可以使双方在协作中共同成长和进步，达到相对平衡的发展状态。随着中国政府职能的演变和企业的发展壮大，政府和企业之间的关系也发生了巨大的变化，形成了相互依赖和相互支持的关系。①

政企关系在现实中表现得非常复杂，不同地区会形成不同的政企关系，有些地区剥夺企业，有些地区扶持企业；有些地区政企之间会有良好的合作，有些地区政企之间却产生对抗行为。不同的政企关系是影响地区营商环境的重要因素，2017年以来，中央和各地区政府都将构建"亲""清"新型政商关系和优化营商环境作为重点工作之一。

在经济学领域，研究政府与企业之间的关系涉及三个主要领域，包括政治联系、政商合作以及产业政策研究。

首先，关于政治联系的研究关注企业与政府之间的紧密联系。这种联系通常指的是企业高层管理人员与政府官员之间的互动。一些来自中国市场的研究表明，政治联系可能有助于提高企业的价值，因为这些联系可能

---

① 聂辉华：《从政企合谋到政企合作——一个初步的动态政企关系分析框架》，《学术月刊》2020年第6期。

导致政府在市场准入、税收政策、融资、补贴以及并购等方面向企业提供优惠政策。① 然而，其他研究认为政治联系可能对企业的价值产生负面影响，因为这种联系可能导致资源的不当配置。② 需要注意的是，这些研究主要关注政府官员与企业高管之间的个人联系，而非更广泛的政府与企业之间的关系。③

其次，研究政商合作，特别关注中央政府和地方政府之间的信息不对称和政治权力下的 GDP 考核制度。在这种情况下，地方政府和企业可能会合谋，通过选择不合规的技术手段来追求经济增长。尽管政府与企业的合谋有助于实现经济高速增长，但也伴随着一系列问题，如矿难、环境污染、土地违法、逃税漏税以及假冒伪劣产品等。④

最后，产业政策研究聚焦于政府是否应该干预企业经济活动。一些学者认为，像日本这样的东亚"发展型国家"需要政府集中资源来支持企业实现经济增长，以实现政治目标。因此，他们主张制定适当的政府与企业关系的产业政策是合理的选择。而竞争战略理论的创始人波特认为政府干预不适合产业政策，但在特定发展阶段，政府可以发挥领导和推动作用。⑤ 总的来说，支持产业政策的学者认为政府与企业应该合作，但并未提出关于如何形成这种合作关系的具体路径。

（二）政企互动的原因及方式

1. 政企互动的原因

政府本质上是公共服务的提供者，但并不一定是公共物品的生产者，公

---

① Ramond Fisman, "Estimating the Value of Political Connections," *American Economic Review* 91 (4), 2001, pp. 1095-1102; Mara Faccio, "Politically Connected Firms," *American Economic Review* 96 (1), 2006, pp. 369-386.

② 潘红波、夏新平、余明桂：《政府干预、政治关联与地方国有企业并购》，《经济研究》2008 年第 4 期。

③ 张敏、张胜、王成方、申慧慧：《政治关联与信贷资源配置效率——来自我国民营上市公司的经验证据》，《管理世界》2010 年第 11 期。

④ 聂辉华：《从政企合谋到政企合作——一个初步的动态政企关系分析框架》，《学术月刊》2020 年第 6 期。

⑤ 聂辉华：《从政企合谋到政企合作——一个初步的动态政企关系分析框架》，《学术月刊》2020 年第 6 期。

平分配是政府的优势，有效竞争是企业的强项，因此二者可以在城市服务和治理中相互协作。企业所具备的优势对政府管理有着较强的吸引力，首先，尽管政府掌握较为庞大的资源，但资源的单方面迅速集中和配置往往存在一定的困难，广泛分布的企业可以快捷便利地为社会治理尤其是基层社会治理提供诸多资源。其次，社会公共需求呈现多样化、多元化、复杂化等特征，以政府为唯一主导的方式显得有些乏力，而企业比政府更能满足多样化、个性化的社会公共服务需求，政府完全可以通过购买服务、特许经营等方式与企业合作，将具体事务交由企业负责，政府只需要处理好政策扶持、财政保障、过程监管和效果评估等方面。最后，企业还具备资金相对充裕、创新力强、经济感知敏锐等优势。因此政企之间的合作是提供城市服务的重要支撑。

2. 政企互动的方式

城市服务是以政府采购、公私合营、混合改制为交易形式，以公共服务为载体，以城市空间运营、产业支持发展、社区民生服务为主要领域，通过数字化赋能、智慧化手段实现规模化、一体化运营，面向城市属地政府、企业、居民提供综合服务的总称。城市服务业务将企业、政府、公众利益统一起来，最终作用到城市发展、社会进步上，经济效益与社会价值并存。接下来主要介绍政府采购、特许经营、政府补助三种城市服务的运作模式。

第一，政府采购，是指各级政府为了开展日常政务活动或为公众提供服务，在财政的监督下，以法定的方式、方法和程序，通过公开招标、公平竞争，由财政部门以直接向供应商付款的方式，从市场上为政府部门或所属团体购买货物、工程和劳务的行为。政府采购经常采用竞标的方式，例如，山西省寿阳县政府通过公开招标购买公共服务的方式进行环卫市场化改革，于2020年8月正式将寿阳县环卫一体化业务委托至山西碧桂园芳景物业管理有限公司，把县城的环境卫生服务全部纳入一体化管理。[①] 日本根据公共服务的不同类型，采用民间委托制度、PFI制度、指定管理者制度等方式向社会采购公共服务。[②]

---

① "碧桂园生活服务集团股份有限公司"内部资料。
② 王天义、杨斌主编《日本政府和社会资本合作（PPP）研究》，清华大学出版社，2018。

第二，特许经营，即政府特许企业在特定领域提供服务，政府保留"价格率之核准权"，费用则由使用者承担；若申请企业超过一家可通过竞标由民众和政府来共同决定核准权。例如，政府特许企业在一定时间内投资、建设、经营有关城市基础设施，包括市政环卫、高速公路、供电供水、垃圾污水处理、停车场等。其特点和优点在于：授权主体的单一性分离；合同约束取代行政管理；公共产品生产主体多元化；政府与市场竞争的有机结合。特许经营可分为排他性特许和非排他性特许两种形式，其中排他性特许是指政府将垄断性特权授予某一私营企业，让它在特定领域里提供特定服务，通常是在政府机构的价格管制下进行；非排他性或混合式的特许形式也是存在的，如出租车行业。非排他性特许经营可以防止一家企业停摆之后，这项公共服务的提供就停摆的情况。

近年来，特许经营在我国公用事业的改革和发展中得到越来越多的应用，如天津市滨海新区的远年住房和老旧小区改造工程就采用了特许经营模式进行投资、设计、建设及运营，通过公开招引社会资本并授予其运营资源的特许经营权或运营权，由社会资本与政府方出资代表共同组建项目公司并承继特许经营权及运营权。①

滨海新区拟利用五年时间，完成全区剩余 345 个老旧小区改造。按照区内统筹、资源补偿，引入社会资本方完成基础类改造的整体思路，并通过匹配区内市政环卫一体化、园林绿化服务、道路停车位及公共停车场、房屋及底商和集贸市场等资源作为社会资本投入的平衡资源。通过转变传统思路，创新开发建设模式，统筹存量资源、市场化运营，形成老旧社区改造长效管理机制，不断提升新区城市建设和治理水平，做到"财政不兜底，预算不突破"。

区住建委是授权实施机构，负责公共服务的公开招标、组织和实施工作。公开招标的社会资本会与政府共同出资成立 SPV 项目公司，负责项目的投资、建设、运营和维护。其中社会资本包括负责融资的中信建投、负责建设的中铁十八局与负责运营的碧桂园服务，其中占股较大的为前两家国企，这也可以看出在城市公共服务领域，由于项目的特殊性，相较于私企，

---

① "碧桂园生活服务集团股份有限公司"内部资料。

政府还是会更加相信国企。虽然国企更受信任，但是在高效运营方面，私企的成本要远低于国企的成本。前期融资主要由 SPV 项目公司股东利用信用完成，政府不进行兜底。项目的后期运营收入主要通过两个渠道获取，分别是使用者付费与区财政局的财政预算支出，获取后续支付的相关费用需要经过区住建委、区城管委、区民政局、区财政局及相关街道办事处组成的考核小组的绩效考核（见图 3-1）。

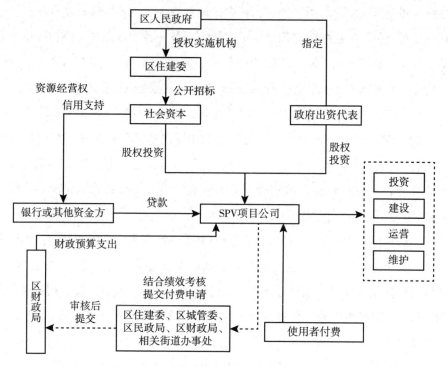

图 3-1　天津市滨海新区特许经营交易结构

资料来源：笔者自制。

在天津市滨海新区的项目中，政府不参与项目的具体建设、运营和维护，这三个方面全由企业负责，政府只负责相关规章制度的颁布、出台和实施，以及组织招标和监督管理；在资金方面，项目的融资由企业自行负担，政府不进行兜底。项目的后期收入主要有两部分，分别是使用者付费和区财政局的财政预算支出，前者主要是针对居民的服务，如社区物业管理、道路停车位及公共停车场运营、房屋及底商招商运营、集贸市场运营等；后者主要包括市政环卫一体化、园林绿化养护等方面。同时，政府和居民都具备监督的权利。

第三，政府补助，即政府通过免税、低息贷款、直接补助等形式，来吸引特定的生产者为特定的消费者提供服务，并使该生产者企业可以就其提供的服务向公民收取最低费用，例如政府补贴医疗、基础教育、房地产商，以使价格更接近民众的期待。在美国，政府补助方式被用于公共交通、为低收入者提供住房、远洋运输等方面。与政府采购不同，政府补助通常只涉及一般化的要求（如提供公共交通服务、建造住宅并以低于市场的价格出租、开展某一研究等），而政府采购通常会对某一服务提出具体要求。

佛山市顺德区政府就通过政府补助的方式，支持碧桂园在顺德港澳城重要发展片区南方智谷启动区成立顺德新能源汽车小镇。政府以折扣价（最高降低30%）将土地交付给碧桂园，由碧桂园建设好汽车小镇后进行招商，政府要求碧桂园在规定时间内完成招到数量够多、规模够大的企业入驻汽车小镇的绩效考核。在此过程中，政府只需负责过程和结果的考核，小镇项目的建设、招商、运营都是企业的市场行为。

3. 政企边界

处理好政府和企业的关系是充分利用市场力量提高社会治理效果的核心问题。在政府的刚性行政边界内，依据提供城市服务的市场化水平和政府主导程度，市场与政府的权力边界可分为以下三类（见图3-2）。

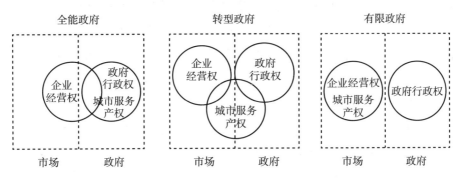

图3-2 不同政府主导程度下的政企权力边界

资料来源：笔者自制。

（1）全能政府下的政企边界

政府大包大揽时期，城市服务企业往往是国有企业或者隶属于政府公用事业局或类似机构的事业单位，政府不仅拥有行政权和城市服务产权，同时还拥有企业的部分经营权。城市服务的投资是由政府财政拨款，亏损也是由政府财政进行补贴，政府的全面管理导致企业服务水平提升的积极性不高，管理效率相对较低，行业亏损较为严重。

（2）转型政府下的政企边界

政府保留了行政权，将部分城市服务产权让渡给市场，城市服务企业通常是国有企业与民营企业或其他组织合资或进行混合所有制改革形成的市场主体。由于城市服务通常提供的是公共服务，因此政府通过制度设计，将城市服务的经营权和产权解绑，使企业的经营权与城市服务产权部分重叠。这种方式既能充分利用市场化机制进行企业运作，又能兼顾政府对社会效益的要求。现有"物业城市"的实践均采用此种方式，区别是城市服务运营商资产结构中国有资产与社会资产的比重不同，如天津滨海模式、珠海横琴模式和河北雄安模式。

（3）有限政府下的政企边界

在部分市场化的基础上，国有资本在可退出的领域完全退出，实现城市服务产权的完全市场化，从而最大限度地利用市场化能力提高服务水平。这种方式下政府的行政权边界与企业的经营权边界、城市服务产权边界完全不重合，政府恪守弹性行政边界，不会跨越边界去干预企业的自主经营，政企交往能保持适度的距离，政府负责规划决策和执法兜底，为企业营造良好的经营环境，进而保障城市服务的供给，企业则能自由地开展经营活动。其缺点是企业容易过度追逐利益，导致城市服务的费用提高或质量下降。

"城市管家"运营商正是在政府由全能政府向有限政府转型的过程中出现的。无论是通过国企混改还是市场独资，"城市管家"运营商都可以通过市场化运营方式引入市场机制，整体性承接政府委托授权的公共服务业务。

三　政社互融

（一）政社关系

党的十七大报告提出要实现政府行政管理与基层群众自治有效衔接和良性互动。2012 年第十三次全国民政会议指出要构建政府管理与社会自治相结合、政府主导与社会参与相结合的社会管理和公共服务体制。党的十九大报告再次提出要打造共建共治共享的社会治理格局，加强社会治理制度建设，完善党委领导、政府负责、社会协同、公众参与、法治保障的社会治理体制，强调政府治理和社会调节、居民自治良性互动。"十四五"规划也提出要积极引导社会力量参与基层治理，发挥群团组织和社会组织在社会治理中的作用，畅通和规范社会工作者和志愿者等参与社会治理的途径，全面激发基层社会治理活力。

上述政策方针及会议要求阐明了和谐政社关系在社区治理中的重要性，社区治理能否得到健康可持续的发展，很大程度上取决于政府与社会的关系是否符合社会发展的要求。只有正确处理好政府和社会之间的关系，使二者实现良性互动和顺畅沟通，才能真正实现国家治理现代化。

社区治理是指政府、社区组织、居民及辖区单位、营利组织、非营利组织等基于市场原则、公共利益和社区认同，根据正式的法律、法规、公约、约定等，通过协商谈判、协调互动、协同行动等对涉及社区共同利益的公共事务进行有效管理，从而增强社区凝聚力，有效供给社区公共物品和服务，满足社区居民的需求，增进社区成员社会福利，优化社区秩序的过程与机制，推进社区发展进步的过程。这就意味着社区治理中政府不是唯一的治理主体，其治理主体也涵盖了政府以外的公共机构和私人机构，包括非正式组织、人民团体、社会组织等。

目前，我国社区治理主体多元化，社会资源权力分散在不同的参与主体中，社区治理的基础就是协调参与者之间的权力关系，共同解决社会问题。

从长远来看，推动我国社区治理发展的主要是政府和社会，因而，政府和社会的互动沟通关系便是影响社区治理工作效果的关键因素。政府与社会之间的关系决定着社区发展是否符合社会发展的要求，也决定着社区是否能够真正推进民生保障建设。在社区治理的实践中政府和社区是两大核心主体，而社区主要是指基层社区自治组织、物业及社会组织。社区治理的实践表明，明确政府与社区之间的责任界定、理顺政府与社区之间的关系是提升社区治理水平的基础。社区的建设和发展需要政府与社区之间能够形成共生共长、相辅相成的良性互动关系。

（二）政社参与的方式

1.国外社区治理的实践

各国社区治理模式针对自身的发展特色，都具有独特之处，而社区治理模式的差异大多体现在政府与社区之间的关系上。政府与社区之间的沟通协调关系成为社区治理模式的划分线，目前最为典型的有政府主导模式、社区自治模式和混合治理模式。

（1）新加坡的政府主导模式

新加坡社区治理的特点是政府行为与社区行为紧密结合，政府对社区的干预较为直接和具体，并在社区设立专门的社区治理管理部门，政府行政力量对社区治理有较强的影响和控制力。政府强有力地主导社区建设，整合不同的社会资源，统一规划和指导社区的发展，为社区发展提供经费和设备支持，着力解决居民社会保障问题，设立高水平的社会福利标准，从而实现对社区的有效治理。

（2）美国的社区自治模式

美国社区治理模式的特点是政府行为与社区行为相对分离，政府对社区的干预主要以间接方式进行，其主要职能是通过制定各种法律法规去规范社区内不同集团、组织、家庭和个人的行为，协调社区内各种利益关系并为社区成员的民主参与提供制度保障，而社区内的具体事务则完全实行自主与自治。

美国格林贝尔特（Greenbelt）位于华盛顿特区东北部，面积约 15.6 平方公里，是一个在社区自治、社区福利方面运转良好的合作性社区，是美国社区发展的典型。格林贝尔特居民自愿组成的社区组织非常发达，以各种完全非营利和志愿组织为载体，普通居民广泛参与社区事务。格林贝尔特有一个规模很小的行政机构，仅包含一个 5 人制市议会和市政经理，但却能较好地处理社区各方面的事务，这主要有赖于该地区的 13 个咨询委员会发挥的巨大作用。普通居民可以加入各种咨询委员会，承担大量咨询工作并提出专业性建议，这不仅节省了行政人事费用，还使社区管理更加民主和透明。委员的遴选是公开进行的，市政府会在电视和报纸中公布空缺职位，有意向的居民可向市政府申请，经面试和审查后，可以当选委员，任期 3 年，可申请连任。各委员会的会议都是公开进行的，普通居民也可出席和发表建议，会议记录需向市议会提供备份。除委员会外，居民还可通过社区义工的方式参与社区治理，市议会很重视社区义务工作，每年都会表彰长期参加社区治理的义务工作者，每年在社区活动中心也会举办一次纪念会，向义工致谢。

（3）日本的混合治理模式

日本社区治理模式的特点是政府部门人员与地方其他社团代表共同组成社区治理机构，或由政府有关部门对社区工作和社区治理加以规划、指导，并拨付给社区一定的经费，但政府对社区的干预相对宽松和间接，社区组织和治理以自治为主。混合治理模式中政府与社区关系的界定较为宽松，社区和政府形成共同体共同致力于社区治理。

日本实行三级行政管理体制，三个层级分别是中央政府、地方政府和基层政府。日本町内会作为由社区居民选举产生的最基层的社区自治组织，具有社区居民自治组织和政府协助组织的双重组织特征。町内会不同于中国的社区居委会，中国社区居委会的行政色彩较浓，町内会日常运作中的平等协商色彩较浓，其自治能力、互助能力和组织能力相对高于中国社区居委会。

在组织结构上，町内会设有总会，为最高的决策机关。町内会下设

"班""小组"等细分组织，并相应设置"班长""组长"等职务，每个班有 20 户左右，每个小组大约有 10 人。町内会设会长 1 名，副会长若干名，会计、审计各 1 名，文体委员、消防委员、环境委员、妇幼老人委员等若干名。町内会会长任期 2 年，可连选连任。新会长的产生一般先由前任町内会干部推荐出候选人，再通过居民投票选举，町内会干部一般由本地区的退休人员和家庭主妇担任，也有在职人员兼任的，无薪酬。

为了提高町内会之间的协作能力，町内会与邻近的其他町内会共同组成"町内会联合会"，自下而上地成立市联合会、县联合会直至全国联合会。

町内会与各级联合会是整合与协作的关系；町内会联合会与地方政府是互助和协作的关系；基层政府对町内会进行业务指导和监督；企事业单位、第三部门对町内会进行财政和技术支持；社区其他组织协助、支援町内会的自治活动；町内会代表并领导社区居民治理社区公共事务；社区居民可以以加入社区志愿组织或成为町内会干部成员的方式参与自治。总而言之，町内会与政府行政组织、社区内组织、社区外组织、社区居民合作共治。

2. 我国社区治理的实践

过去政府管理社会主要基于"单位制"和"地区管理"（街居制），随着市场经济改革的深化，政府管理逐渐出现失灵局面，政府与社区之间存在体制和机制不畅的情况，政府参与社区建设存在"越位""缺位"的现象，出现社区自身发展薄弱、社会组织介入杂乱无规章、社区居民参与意识差等一系列问题，过去的管理体制难以满足现代社会发展的需求，我国社区治理正在开展新型治理模式的探索，较为突出的有成都温江区光华社区商贩自治会模式、成都水井坊街道引入社会组织参与治理模式。

（1）成都温江区光华社区商贩自治会

光华社区总人口 3 万余人，户籍人口 5241 人，流动人口 28281 人。在社区内居住的主要是白领人群，较高的房租与日常开支使他们会选择价格低廉的路边摊服务，这为流动商贩的经营提供了市场。流动商贩随地摆摊影响市容，且城管部门多次治理无效。为了更好地治理这一现象，光华社区城管执法中队于 2017 年 11 月 3 日组织了小型座谈会，征求商贩意见，成立了商贩自治会，其管理模式如图 3-3。

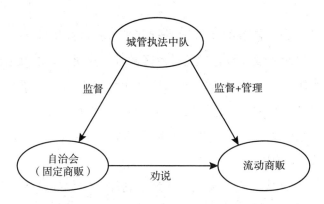

图 3-3　光华社区商贩自治会管理模式

资料来源：笔者自制。

商贩自治会由城管执法中队牵头，组织辖区内长期摆摊的商贩成立民间自发组织。加入商贩自治会成为在光华社区摆摊的"准入证"，只有加入该组织，才能在区域内摆摊。商贩自治会采取的是自我管理、自我服务的方式，城管执法中队只监督、不干预，内部事务均由商贩自行解决。

城管执法队伍与商贩自治会根据实际情况，结合社区居民的需求制定商贩自治会的管理标准，包括摆摊区域、摆摊时间、自治会进入和退出标准等内容。

（2）成都水井坊街道引入社会组织参与治理

水井坊街道管辖水井坊社区、交子社区、锦官驿社区和点将台社区四个社区，辖区面积 1.06 平方公里，共 11231 户 30750 人，常住人口与流动人口的比例为 3∶2。街道面临社区人口结构复杂、社区内人际关系疏离、社区公共空间萎缩、居民参与社区公共事务态度冷漠、民主意识薄弱等问题，导致社区自治工作困难。

为解决社区问题，自 2010 年开始，街道引进社会组织"爱有戏"助力社区自治工作的开展。短短数年间，爱有戏从由 3 个志愿者组成的小团队发展成拥有 170 名全职员工的社会组织。目前爱有戏社区项目有 60 多个，包括参与式互助、参与环境治理、社区文化、社区营造、个案管理、儿童福利等方面。

2011 年 4 月，在街道的支持下，爱有戏入驻水井坊辖区，开始协助进行社区自治工作的探索。爱有戏通过社区调研，发现社区的社会问题主要体现在贫富差距较大、互助网络缺乏、社区人际关系冷漠三方面。针对这些问题，爱有戏帮助水井坊街道进行辖区内参与式互助体系的构建，以及"义"文化的搭建。最终以义仓、义集、义坊为基础，构建起以"义仓文化"为核心的参与式互助体系。

义仓是一个由爱有戏发起成立的爱心仓库。它倡导社区居民持续、定期将小额生活物资（油、盐、酱、醋、面条、被褥等）捐到义仓，再由社区居民组成的邻里互助中心（爱有戏培育的社区组织）志愿者将物资送到困难家庭中。此外，贫困家庭也可以通过时间捐赠成为义仓的志愿者。由于义仓既接受物资捐赠也接受时间捐赠，所以爱心家庭和受助家庭是没有绝对界限的。无论贫富，只要有一颗友爱之心，就能成为义仓的捐赠者。

义集是在社区里的定期集市，居民可以定期在政府提供的场地中申请公益摊位售卖二手物资，所得收益可以部分或全部捐赠给困难人群。

义坊是为了帮助贫困居民建立的生计支持平台，在政府的支持下，爱有戏在街边公共场所搭建一些格子铺，格子铺的启动资金由爱心企业或个人捐赠，除资金外，爱有戏还会在技术和项目方面提供支持，解决困难人群的生计问题。其中的利润需要按照 10%～20% 的比例捐赠给义仓。

（三）政社边界

改革开放以来，我国政府与社会合作的经历是政社合一——行政依附——逐步分离的过程（见图 3-4），目前正处于依附性与独立性交错的发展阶段。构建中国特色的新型政社关系应当选择社会组织与政府在"分离中合作、合作中共赢"的跨越式发展。具体来说，以政社分离为切入点，以政府职能转变为重点，以政府购买服务为抓手，实现政府与社会组织在"分离中合作、合作中共赢"。

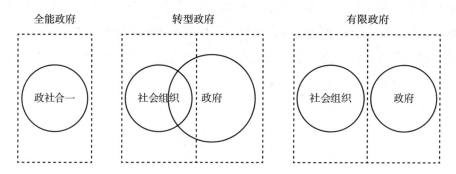

图 3-4　全能政府、转型政府和有限政府的政社边界

资料来源：笔者自制。

1. 全能政府下的政社边界

新中国成立伊始，新生的国家政权亟须巩固，为了更好地推动社会的发展和进步，我国政府主要依托广大人民群众的力量进行社会治理，形成了政社合一的治理体制，主要体现在人民公社化时期，农民由国家统一管理、统一部署。在政社合一的阶段，政府对社会实现了高度集权的治理体制，社会及社会组织完全由政府进行管理。

2. 转型政府下的政社边界

随着社会公共事务管理呈现多主体态势，我国开始推行政社分离，但是由于社会组织发育水平不高，社会组织对政府的依附性较高。社会组织通常挂靠于一个党政机关，负责人由机关现职或退休人员兼任，经济上靠政府部门资助或补贴，"官办"色彩浓厚。且由于双重管理体制赋予业务主管单位很大的政治责任，业务主管单位对社会组织的日常活动干预较多。

3. 有限政府下的政社边界

独立是合作的前提，未来要采取有效措施，推进政社分离，实现社会组织从政府的附属、助手到平等的、独立的主体的转变，明确以满足社会的需求为己任，获得社会的认可和支持。政社合作的基本目标是构建新型政社关系，这种关系既不能是传统的行政依附关系，也不能各行其是，而应是在党的领导下，建立一种"相互独立、优势互补、分工协作、良性互动"的关系。政府与社会组织相互合作，为居民提供更好更优质的公共服务，政府提供经费与资源，负责公共政策的制定、服务效果的评价和监督，社会组织负责提供社会服务。

四 企社互联

（一）企社关系

在城市服务领域中，企业与社会的关系主要体现在社区治理范围内的企业与社会组织或居民的关系。在城市化快速推进的过程中，物业供给与居民需求之间存在严重的不对称问题，不少地区的社区居民与物业存在矛盾，主要体现在居民对物业的满意度较低，对物业服务人员的工作态度及服务质量不满意，从而不愿意交纳物业费。长期下来，居民和物业之间产生隔阂，矛盾逐渐加深。造成这种困境的原因主要有：部分物业公司的服务不到位、居民对物业服务的定位不清以及居民缺乏有偿物业服务的消费意识等。在对天津军粮城社区进行调研时，其物业管理人员就提到："我们刚接手这个社区的时候，社区环境是非常差的，（社区）出入口没有任何的管控，小区里商贩林立，杂草丛生，不少地方还有业主自己种的黄瓜、大葱等蔬菜，小区的照明设施很多地方都是瘫痪的，地下车库堆满了垃圾，有一万多吨，我们当时清理出去 2000 多车的垃圾，设备间里铁锈腐蚀非常严重，管养不到位，水没过脚脖子，有臭水沟味道……我们全年的物业费只能收到 10% 左右。"

物业企业的服务与社区居民的参与，对提升社区居民的生活质量以及推动社区治理现代化有着重要作用，因此，探索物业企业与居民之间的关系及互动是十分必要的。通常来说，物业企业与居民之间的互动联系主要有两种方式，一是通过业委会与物业公司联动，二是居民直接参与。

1.职责与权力来源

在讨论企社关系之前，首先需要厘清业委会和物业公司的职责与权力来源。

（1）业委会

业委会是业主大会的常设机构，主要职责是调节业主的财产权，因此侧重于"物权"方面，权力来源于业主。其对社区的公共资源和公共秩序拥有决定权，对物业管理区域内公用设施资源的使用规则具有制定权和修改权。

（2）物业公司

物业公司是业委会聘请的专业管理组织，负责执行业主大会制定的规则，为社区居民提供服务，因此侧重于"事权"。其权力来源于业主大会。根据以上分析可知，物业公司实际上与居委会之间并不直接建立联系，而是专门对业委会进而对业主负责。物业公司只负责对社区公共资源进行维护和管理，不具备资源使用的决定权，只有业委会才具备这方面的权力。

业委会是业主大会选举出来的执行业主意愿的组织，属于自治组织，也是非营利组织。物业公司是业委会选聘的营利组织。从二者关系来看，物业公司处于被协调和被选聘的地位（见图3-5）。通常在社区层面，二者除直接的选聘和监督协调关系外，在存在权力交叉和利益冲突时，由社区居委会进行协调。二者在行为过程中遵循的原则也存在差别，业委会由业主组成，所以遵循社区认同原则，物业公司追求经济利益，所以遵循市场交换原则。

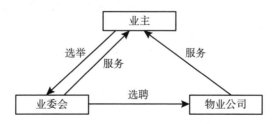

图3-5　业委会、业主和物业公司三者关系

资料来源：笔者自制。

2. 物业公司与业委会的关系

前文论及，物业公司是受聘于业委会对业主负责的专业化组织，与业委会之间形成了"被委托—委托"关系。物业公司按照与业委会的合同履行职责，为社区业主提供专业化服务，因此物业公司只具有业委会授意的执行权。物业公司在本质上不是对业主进行管理的公司，而是为业主提供服务的公司。这里存在的问题是，业委会代表业主大会成为物业公司的委托人，而委托人却要听命于物业公司的管理。实际上"管理"就是"服务"，但物业公司为业主提供服务时会遇到阻力。小区内会因为各种违章行为而扰乱业主的生活秩序。在出现这种状况时，小区内遵规守纪的业主会质疑物业公司的服务承诺，物业公司也会面临两难处境。

除了业主对物业公司的质疑外，物业公司对于由业主选举成立的业委会也存在质疑，物业公司管理人员认为许多业委会在社区治理方面不太专业，甚至对社区治理有负面影响，同时有些业委会被少数业主控制，不能代表大多数社区居民。

（二）企社关系的实践

1. 以党建为核心的军粮城社区治理模式

军粮城新市镇是由碧桂园服务与东丽区政府合作的社区管理与物业管理双提升的项目，位于天津市东部东丽开发区与滨海新区之间，是具有千年历史文化的古镇，也是天津生态绿廊罕有的未限制开发区域，其规划面积 19 平方公里，规划人口 20 万人。其社区服务体系主要是以社区党建（红色大物业）为核心创建和谐社区善治格局，如图 3-6 所示。

碧桂园服务以社区党建为核心，建立党建总基地，用于党员的学习以及与业主和居委会的联动，每个月都会与居民代表共同商讨如何更好地整治社区。同时，企业的党支部与街道的党工委进行联动，夯实党的基层治理基础，充分发挥社区内党员的先锋模范作用。

碧桂园服务响应天津市政策建立了红色大物业模式，并依托非民办企业组织建立了社区志愿服务中心，通过这两个支撑推动社区事业发展。小区成

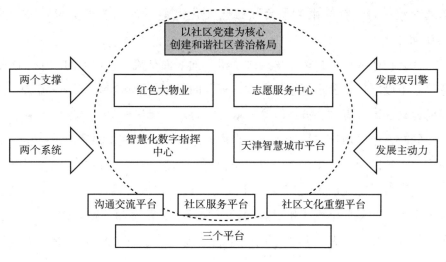

图 3-6　军粮城社区治理模式

资料来源：笔者自制。

立了自己的党支部，同时，小区跟街道的党工委进行联动，与多方党支部以及党代表进行沟通。

碧桂园服务在天津军粮城建设和运营了"森林指挥中心"智慧化数字指挥中心，与天津智慧城市平台合作，运用信息技术服务社区发展。在数字化社区管理系统中，通过完善智慧社区管控系统，实现社区问题的主动发现、快速反应和高位监督等，实现社区事务的动态管理和应急处置，提升社区管理效率。在疫情防控期间，还通过远程部署使无人车配送的整个过程实现全自动化和无接触配送，保障居民的安全。同时，物业公司还为特殊人群提供嵌入式居家养老服务，以及手环与报警器的专项服务，[①]建立养老健康档案，与智慧化数字指挥中心连接，实现了社区事务的精细化管理。

由于军粮城社区还没有建立业主委员会，碧桂园服务主要通过建立

---

① 在实地调查中，军粮城社区碧桂园物业服务的工作人员说："社区里有一户人家只有一个老人，他家儿女在外地不在身边，我们公司的人通过他的手环发现老人可能出现了状况，然后我们派人过去了，最后也是得到及时的抢救。"

沟通交流平台、社区服务平台和社区文化重塑平台，来实现与居民的直接互动。

社区物业人员与社区居民通过手机、面对面交流、在社区的八个小区服务中心中设立信息公示区域等方式，第一时间了解社区状况、居民需求，共同商讨社区治理方式和方法。

同时，小区通过在社区形成一个内部组织——红色志愿者组织，从社区残疾户、贫困户和业主代表中寻找志愿者，服务于群众，拓展居民参与社区治理的平台，也让居民能感受到社区的管理，有参与感与代入感。[①] 同时，基于志愿者的服务会生成相对应的积分和补贴，积分和补贴同样反哺社区，积分可以兑换物业费，到未来的老年食堂就餐，到康养小屋去参加体检活动，形成一个良性的循环。

碧桂园服务还计划开设技能实训基地，结合企业自身的需求，为社区失业、灵活就业居民提供免费技能培训，打造"工匠计划"。通过线上理论课程培训、线下室内理论课程培训、线下实操场地课程培训、项目现场实操培训等多种形式相结合的方式，建设一支知识型、技能型、创新型的劳动者大军，从而以区养区，创造就业岗位，提升个人就业能力。

碧桂园服务也通过在社区举办各式活动，重塑社区文化。首先，基于居民需求，物业与社区居民商讨共同建造了风车与月季花园[②]。其次，物业还举办了一些老年社团，让老年人一起唱红歌、下棋，丰富了社区老年人的文

[①] 在深度访谈中，军粮城社区碧桂园物业服务的工作人员说："我们在社区里面形成了一个我们自己内部的组织——红色志愿者组织，志愿者是从我们自己的残疾户、贫困户以及我们的业主代表当中去找的，志愿者产生于我们的群众当中，服务于我们的群众。为什么要用到我们的残疾户跟贫困户，是因为我们想要把这些业主都利用起来，我们去给他们补贴。平时他们其实也是在园区里面捡废品的一些贫困户，我们找他们做志愿者，一方面能解决他们的需求，另一方面我们也想让这些人参与到社区治理当中，让他们能够有参与感和代入感，觉得自己的家园由自己去建设。"

[②] 军粮城社区碧桂园物业服务的工作人员说："这个小花园是我们跟业主共同去建造的一个景观，这在我们的社区是常见的，过去大家都圈地种菜、种花、种草，包括夏天的黄瓜、冬天的月季等，然后我们与业主共同打理，圈出一块地，业主在里面自己出钱种月季，我们物业给他们做围栏、灯、风车等，打造成一个共建共治共享的小景观，夏天非常漂亮，很多人到这打卡拍照、发抖音。"

化娱乐生活。最后，每月还会举办生活服务（空调清洗服务、洗衣机清洗服务等）节，与业主零距离互动。

除此之外，碧桂园服务还通过先服务、后收费的方式，改变社区居民对物业公司的印象，从而改善与居民的关系。①

2. 社会企业驱动企社伙伴关系的构建

（1）社会企业

20世纪80年代以来，社会发展领域出现了一种新的动向，即社会和市场经济之间发生了非凡的联系，产生了社会企业。社会企业最早在西方国家兴起，部分国家在解决社会问题的过程中更崇尚采用商业手段，社会企业由此产生。我国社会企业发展起步较晚，近年来，我国也涌现出大量优质社会企业，它们被认为是解决社会问题的有力工具。政府和市场在解决社会矛盾过程中存在很多不足，而社会企业在这方面具有优势，它能够弥补市场和政府调节的不足，在社会经济发展中占据重要地位。社会企业主要帮助社会上的弱势群体，例如为他们提供庇护性就业、平等的金融服务、人性化的健康照顾等。

社会企业是一个新兴的研究领域，关于社会企业的概念，学术界尚未形成一致的意见。但概括起来主要有以下几种观点：第一，社会企业作为商业企业履行社会责任的新形式，是一种企业组织；第二，社会企业作为非营利组织运用市场化策略的新机制，是一种非营利组织；第三，社会企业是介于非营利组织和商业企业之间的一种混合组织。

社会企业有一个重要特征，那就是它与地方特别是落后乡村或困难社区有着天然的亲近关系，它的领域大部分依赖于地方或社区，如乡村振兴与发

---

① 军粮城社区碧桂园物业服务的工作人员说："我们刚进社区的时候，整个社区环境非常差，所以原来的物业费收取率并不高，全年只有10%左右。然后我们刚来的时候并没有直接向业主收费，而是用了三个多月的时间去进行整体的品质提升和改造，让大家看到了我们的成绩，看到了我们的服务之后，我们到10月份才开始收费。目前我们能收到60%多的物业费。有一个大妈，也是贫困户，每天出来捡瓶子，但是她看到我们的服务之后，主动来我们物业交物业费了，当时拿出来的是很多的零钱，让我们非常感动。现在我们也经常去看她。"

展、社区复苏与重建、地方生态环境保护、社区照顾等，社会企业现在已经成为地方重建和发展战略中的重要推动力量。当社会企业嵌入邻里社区时，获得组织化动力的邻里居民通过社区参与、合作、提供服务以及邻里之间互惠互利的行动，能够自下而上地重新培养凝聚力，承担起重建社区邻里关系、构建一个有凝聚力的社会的责任。

（2）金鸿新诚：物业社会企业驱动社区长效治理

A. 金鸿新诚基本状况

金鸿新诚（北京）物业管理有限公司（简称金鸿新诚）在 2017 年就被北京市社会建设工作领导小组办公室评为北京市首批社会企业试点单位，在 2018 年认证了全国首家物业社会企业，① 2019 年被北京社会发展促进会评为二星社会企业，2021 年荣获北京社会发展促进会颁发的"杰出社会企业奖""社会企业抗疫奖"。

金鸿新诚以"解决社会问题优先"为原则，注重发挥党建引领在物业管理过程中的重要作用，通过以老旧小区为样本的社会治理模式，解决社区人员就业问题，共创梦想，不断创新，开拓市场。金鸿新诚将自己定位为"第二居委会"，每进入一个小区，都会通过调研把居民的诉求整理出来，予以解决，除物业需要提供的基础服务外，其他服务能提供的也都提供，还将公司利润的 30% 作为社会公益金用于社区服务。

B. 项目情况

公司所负责的 C 项目建筑建于 1997 年，小区建筑面积 27537.05 平方米；共有业主 208 户，其中空巢老人 22 户，独居老人 9 户；共计 841 人，常住人口 707 人，暂住人口 134 人，其中党员 95 人；出租房占小区总房屋数量的 14.89%。

2013 年，前物业公司由于物业费收取率连年偏低而申请撤出。同年 8 月，金鸿新诚物业以应急接管方式进驻小区开展物业服务。入驻小区后，金鸿新诚物业以先行垫付的方式，按照居民反映问题的强烈程度先后进行了水

---

① 王勇：《金鸿新诚：北京物业服务行业中的第一家社会企业》，《公益时报》2022 年 1 月 21 日。

泵设备改造、规划停车位、楼顶防水、安装监控等基础环境与设施改造，赢得了居民的信任与好感，运营一年后物业费收取率提升了20%。2014年，物业协助居民成立首届业委会，就小区优化运营方案进行协商共治，重点围绕增加社区就业，智能化改造降低物业人员成本，小区闲置公共空间的盘活开发、利用、运营与利润分成等事项进行协商。

物业公司通过与居民合伙经营社区合作社、中医理疗站、健身馆，形成了自我造血、自我服务的互利互赢的社区微循环经济，为老旧小区更新提质、持续发展提供了动力。在调动更广泛的居民合作共赢方面，公司通过党建引领，成立功能型党支部，联合社区资源、社会资源开展多种社会公益活动；研发"幸福积分"小程序，鼓励居民通过参加公益活动积分、按时交物业费积分、垃圾分类积分、社区消费积分等多种线下线上的模式，以积分抵充物业费、换取合作社购物券等灵活方式，破解老旧小区居民欠缺物业交费意识的难题，使物业费交纳率达到96%；按需定制宠物看护等增值服务，培养居民"花钱买服务"的物业消费意识和习惯，实现老旧小区服务不断提质升级。通过创新运营模式，物业公司自2016年以来连年实现盈利。公司将不低于利润的1/3又投入小区进行再建设，反哺社区发展，持续对小区路面、监控等硬件环境建设升级，加强对孤寡老人及困难户的慰问，实现了在社会目标与经济目标的双重驱动下营造共建共治共享的可持续发展社区生态。

C. 具体运营

a. 建设停车棚，与居民共享收益

如图3-7所示的停车棚是由金鸿新诚物业建设，并向业主承诺，80%的收入归居民，5%归服务中心，15%是公共资金。

b. 链接各类商家，提供增值服务

金鸿新诚研发了一格智慧社区管理云服务系统，打造一格社区服务平台，面向社区居委会、业主委员会、物业公司、居民、市场服务企业等多元主体，涵盖社会治理、物业管理、公共服务、便民服务及主题社区等多个领域，逐步打造邻里、服务、教育、交通、建筑、健康、创业、低碳、治理等

图 3-7　金鸿新诚建设的某小区停车棚

资料来源：笔者拍摄。

九大场景，实现社区服务闭环及数据归集。

c. 推动社区公益发展，提供积分兑换服务

为了推动社区公益的发展，社区服务平台上还设置了积分兑换服务的功能。居民按要求进行垃圾分类、参加公益活动都可以获得积分，积分可以兑换物业费、兑换服务。

以垃圾分类为例，居民通过小区的智能垃圾桶分类投放垃圾，相关数据会被记录汇总，产生积分，100 个积分相当于 1 块钱，可以兑换等值的服务。服务由平台链接的商家提供，所需费用由金鸿新诚从利润中拿出资金予以补贴，此外，积分还可以用来兑换物业费。

d. 帮助弱势群体，提供就业服务

针对社区没有收入来源的弱势群体，或无法融入社会的刑满释放人员，金鸿新诚与居委会共同以提供薪资的方式，吸引这些人报名提供修水管等服务。

（3）共益型社会企业管理模式

与传统的市场型、保障型和自治型社会企业管理模式相比（见表 3-1），共益型社会企业管理模式具备物业费交纳率高、服务丰富、供给精准、满意度高、社区居民参与度高等优势，对构建和谐的企社关系有着积极的作用。

表3-1 社会企业管理模式的类型

类别	市场型	保障型	自治型	共益型
经营目标	经济利益	政治、社会利益为主,难兼顾经济利益	公益形式,无经济利益支撑	社会利益为主,经济利益做长期支撑
运营模式	以侵占公共收益形式补贴物业费	依赖政府、企业自身补贴	政府补贴、居民自筹	盘活资源,按需定制增值商业项目,与业主分成
交费情况	业主交费率低	业主交费率低	收费的法律地位受业主质疑	以就业、消费积分等形式抵扣,交费率高
服务内容	以收定支的基础服务	有限基础服务	有限基础服务	服务丰富,供给精准,满意度高
业主关系	契约关系矛盾突出	契约关系形式化	人际关系型契约,缺乏保障	合作共赢的伙伴关系
参与共治	低	低	中	高
利润分享	无	无	无	约1/3反哺社区建设发展

资料来源:笔者自制。

（4）社会企业及利益相关者的角色与关系

社会企业的"共益"动机,使其在关系自身的同时也关系其他利益相关者,主要涉及社区居民、物业公司、社区居委会、其他自治组织（自管会、业委会等）、社区非营利组织及志愿者团体。各利益相关者处在网状关系结构中,由于利益诉求、权力地位、行为逻辑不同,社会企业在整体动态互动过程中扮演着组织者、协调者、服务者、经营者、合伙人等多重角色。社会企业的性质改变了传统物业服务的供给机制,通过对社区资源的挖掘、整合与重新分配,形成了新的且长期稳定的微利可持续运营模式,最后基于这种"共益"的动机,引导和协助社区居民参与社区治理,重塑了社会企业及利益相关者的角色及关系,如图3-8所示。

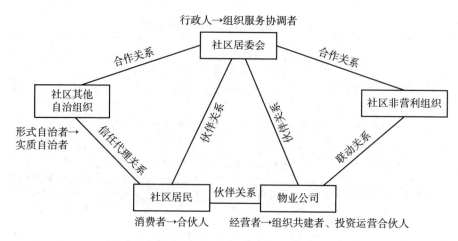

图3-8 社会企业及利益相关者角色变化及关系

资料来源：笔者自制。

物业从经营者向社区共建者转变。"共益"动机下，社会企业突破传统"零和博弈"的短期利益回报经营模式，转变为社区资源的投资者、开发者和经营者，与居民建立长期信任关系，投资盘活社区闲置资源和空间，实现社区的可持续运营维护。

居民从消费者向社区雇员、合伙人转变。社会企业通过主动吸纳社区富余劳动力充实到物业服务队伍中，不但降低了物业付薪成本，同时增强了社区志愿服务的可持续性，发挥了熟人社会治理的社会资本效应，使社区居民的参与性和治理效果得以提高。主动发掘社区人才资源，通过出让场地、合伙经营、利润分成开办社区便民商业，进一步与居民深度合作，使社区居民与物业的关系从对立监督走向合作共赢。

业委会从形式自治者向实质自治者转变。在"共益"关系下，业委会作为社区各项事务号召人、代理人和议价人的作用凸显，主人翁意识不断强化，有利于落实代表与维护社区成员利益的责任，与物业共商共治，监督公共空间的经营使用和利润分配，真正激发老旧小区社区居民参与社区治理的意愿，赋予老旧小区自治组织议事能力和协商共治力。

居委会在居民与物业关系捋顺的基础上，更好地承担社区居民"代言人"、"协调人"、"监督人"和社区服务"提供人"的角色。居委会、业委会、物业的关系得以优化,居委会"泛物业化"的"错位"现象得以纠正,更好地发挥了其桥梁纽带作用,组织社区非营利组织及志愿团体开展丰富的公益活动,专职开展群众工作。

社区非营利组织及志愿团体与社区各方的关系由孤立向联动转变。物业、居委会搭建平台与非营利组织及志愿团体进行协作,组织活动,实现持续性社区参与,共同塑造社区公共价值和文化。

(三)企社边界

过去,在社会治理中,企业与社会的边界明晰,处于互不干扰的状态。通常是企业或城市服务供应商提供什么样的产品,居民就享受什么样的服务。

现在,随着技术的进步以及国家共建共治共享的社会治理制度的逐步形成,企业与居民、社会组织在城市服务领域的合作日益增加,企业需要打破自身组织边界,与居民和社会组织构建一个合作共生的系统(见图3-9),进行协同治理,企业需要基于居民需求提供多样的服务,居民也需要通过城市服务企业提供的平台参与社会治理。这种合作打破了原先各自的边界,逐渐形成融合。

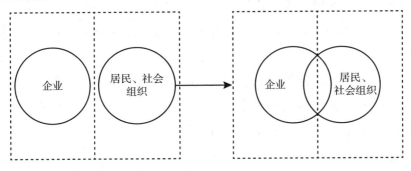

图3-9　企社边界变化过程

资料来源:笔者自制。

五 多主体参与的责任

当前，我国城市服务供给的核心主体包括引导各供给主体的政府，还有其他参与供给的主体即市场主体与社会主体，通常社会主体包括社会组织和城市居民等。政府与其他组织之间彼此存在强弱互济、优势互补的关系，明确各自的责任，能够使各主体更好地协调与配合，达到维护公共利益最大化，使城市居民能够享受到更优质、更全面的城市公共服务的目的。

（一）行政主体

政府作为城市公共服务供给的主要力量，既是城市公共服务的统筹方，也是生产者兼直接提供者。政府的责任主要包括以下几点。

第一，城市公共服务的供给责任。因政府本身固有的职能和性质，政府理应承担城市公共服务供给主体的责任。我国正处于服务型政府建设的关键时期，提供城市公共服务、解决人民群众迫切的公共利益问题是政府的首要职能。

第二，制定城市公共服务发展规划、政策措施等。政府具有最大约束力和最高权威性。城市公共服务本身是浩大且长期持续的工程，涉及范围广，更是关联到每一个城市居民的生活，需要政府以公共权威的身份研究制定城市公共服务供给的发展规划、政策措施，为满足公共需求创造条件和制度空间。

第三，强行推进公益性公共服务。在具有非排他性和非竞争性的城市公共服务供给中，市场组织因获利少而较少参与。政府作为权力中心，因其职能和性质具有先天优势，能够强行推进公益性城市公共服务，确保弱势群体的需求得到满足。

第四，契约责任。政府作为公共服务的购买主体，无论采用何种购买方式，都需要与社会组织等承购主体拟订合同、签订契约，根据国务院办公厅《关于政府向社会力量购买服务的指导意见》（国办发〔2013〕96号），购买主体必须与承购主体在契约中明确规定购买公共服务的范围、数量、质量、期限、资金支付方式、权利义务和违约责任等。要明确政府财政支出及补贴责任，明确政府政策支持责任，明确企业与社会组织生产公共服务的责任。

第五，管理和协调各主体的参与。政府是其他供给主体即市场主体和社会主体在城市公共服务领域中发展完善的资金投入者、政策支持者，在其他主体发展过程中起着重要的作用。政府在管理城市公共服务供给主体的同时，还需要引导和调节各供给主体之间的关系，企业、社会组织与城市居民分别作为城市公共服务的供给方与需求方，对城市公共服务提供的过程与成果有着不同的利益需求，都希望各自的利益最大化，这种矛盾如果没有政府的调节与引导，往往会导致其中一方利益受损，从而不能实现公共利益最大化。

第六，监督各主体城市公共服务的生产过程与服务结果。政府购买公共服务的监督责任包含三个层面。一是政府对企业、社会组织承购、生产、提供公共服务全过程的监督。政府购买公共服务的理想状态是利益市场机制，解决政府提供低效率的情况，但市场机制并非万能，在市场竞争机制发育不完全，公平竞争还未形成一般原则的情况下，监督责任可以促使政府对公共服务生产过程中的进入、价格、质量、退出等进行监管，生产出符合公众需求的产品与服务。二是政府对自身购买行为的监督。在公共服务生产、供给领域，购买方与承购方的自利动机可能造成社会公众利益被边缘化，滋生腐败问题，损害公众权益，因此，加强政府的监管责任势在必行。三是社会公众与第三方评价机构的监督。履行监督责任要求政府除内部监督外，还要保证第三方评估主体等外部监督参与，例如，专家学者和专业的评估机构对公共服务提供的效果进行独立评价。引入社会监督，为社会公众有序参与监督提供畅通的途径。

（二）市场主体

市场主体在城市公共服务供给中也发挥着不可忽视的作用，作为城市公共服务的供给主体，其责任主要有以下几点。

第一，在城市服务领域中引入市场化手段与机制。市场组织作为以营利为首要目的的供给主体，把市场管理手段和激励机制引入城市公共服务领域中，有利于提高服务效率和服务质量。

第二，提供多样化城市服务。市场主体对城市居民的需求具有较高的敏锐度，能够进一步扩展城市居民的选择范围，相比政府而言，更能提供多样化的城市公共服务，更具灵活性，更能满足居民对美好生活的多样化需求。同时，市场主体相比于政府，其管理成本更低，供给效率更高，有利于防止政府垄断带来的低效率、低质量现象。但凡市场能够供给的城市公共服务，都可以交由市场去实现。

第三，确保公共服务的稳定和持续提供。市场主体参与城市公共服务供给的方式包括特许经营、公私合营等方式。特许经营是指政府以合同约定的形式将通常应由其负责的全部或部分城市公共服务的管理职能委托给第三方，公私合营也被称为 PPP（Public-Private-Partnership），政府及公共部门与市场主体缔结合作伙伴关系，通过签订协议书的形式确定各主体的权利和义务，对城市公共服务或者设施同时具有投资权、建设运营权。城市公共服务的稳定提供与民生、社会稳定有着极大关联，市场主体的参与不能一味地追求自身利益的最大化，需要提供优质的公共服务，确保城市公共服务的稳定和持续。

第四，培育企业的社会责任意识。虽然企业是以营利为目的，通过各种生产要素向社会提供服务的社会经济组织，但作为社会的一个组成单元，其同样利用并消耗着社会公共资源，因此在追逐经济效益之外，应当树立一定的社会责任意识，担负起相应的责任。

第五，自我监管与接受其他主体监督的责任。企业承包政府服务项目的进程应当被纳入监管体系中，定期进行管理查验，而企业也应当积极配合查验，主动公开项目开展的相关进程，公开接受社会的监督。政府向企业购买服务还有很多亟待解决的问题，其中最应当关注的就是信息透明工作的开展，政府公开招标的项目一般都是与群众利益息息相关的公共服务项目，因此企业有责任也有义务向全社会公开项目进程，对投资金额、产出进度等关键数据和重要活动进行信息公开，通过加强内部监管和接受外部监督的方式，敦促企业切实履行职责，完成招标项目。

（三）社会主体

1. 社会组织

社会组织是政府和市场主体之外的第三主体的总称，又被称作"第三部门"或"非营利组织"。它主要包括社会团体、基金会、部分中介组织以及社区活动团队等，是由居民自愿组成，为实现共同意愿，以非营利性或志愿的方式提供城市公共服务的组织。其责任主要有以下几点。

第一，补足政府与市场主体无法介入的城市公共服务领域。社会组织具有提供公共服务的使命，是在政府备案并接受相关法令规章的约束的非营利组织或慈善机构，具有明显的公益性和互助性，对弱势群体的权益保障与维护起到重要的作用。

第二，为志愿人员提供专业化培训及指导。社会组织在城市公共服务领域具有较强的专业性，应充分利用其专业性，为志愿人员提供专业化培训及指导，提高志愿队伍的整体素质。

第三，动员相关资源，筹集和吸引人、财、物等进入城市公共服务领域。相较于政府和企业，社会组织的优势在于其在公共服务领域的专一性、宣传网络的丰富性、志愿服务活动的号召力、募集形式的灵活性、资源投入的针对性。

第四，开展公民教育。社会组织通过宣传教育等方式对城市居民进行知识、能力和素养上的提升。居民既是城市公共服务的需求方，也是供给者，但他们对如何参与公共服务并不一定清楚，因此需对其进行相关宣传教育。

2. 城市居民

城市居民作为城市公共服务的供给主体之一，既是公共服务需求方，也可以成为城市公共服务供给方。其责任主要如下。

第一，参与城市公共服务的供给。城市居民供给志愿性城市公共服务是对供给机制的有效补充，是优化社会资源配置的路径之一，有利于使城市居民在供给过程中产生自豪感和社会归属感，提高城市公共服务参与意识，是城市居民自治的一种实现形式。

第二，监督责任。居民是城市公共服务的主要需求方，对于城市服务的效果，使用者的体验是非常好的衡量标准。

第四章　城市服务空间一体化

一　城市社区一体化

（一）老旧小区建设运营模式

1. 研究背景

2020 年 7 月，国务院办公厅发布了《关于全面推进城镇老旧小区改造工作的指导意见》（以下简称《意见》），要求按照党中央和国务院的决策部署，全面推动城镇老旧小区改造工作，以满足人民群众的美好生活需求，促进惠民生、扩大内需、推动城市更新和开发建设方式转型，以推动经济高质量发展。

为贯彻执行《意见》，天津市人民政府办公厅于 2021 年 6 月 24 日发布了《天津市老旧房屋老旧小区改造提升和城市更新实施方案》。该方案明确了主要任务，即改造城市范围内建成年代较早、维护状况较差、市政设施不完善、社区服务不健全以及居民强烈希望改善的住宅小区（包括单栋住宅楼），以提升居民的居住条件。改造提升内容分为基础改造、设施完善和整体提升三个类别。计划在"十四五"期末前，努力完成 2000 年底前建成的老旧城镇小区改造任务。市场化运作方式将被采用，以充分激发社会资本的参与，支持专业机构等社会力量投资各种更新和改造项目。同时，滨海新区根据其特定情况，制定了《滨海新区城镇老旧小区改造指导意见》，鼓励社会资本采用特许经营模式参与改造工作，力争在 2025 年前完成新区范围内2000 年前建成、维护不善、市政设施不完善、社区服务不健全以及居民渴望改造的住宅小区（包括单栋住宅楼）的改造任务。

滨海新区计划在五年内完成其剩余 345 个老旧小区的改造工作。该区将采用统筹规划和资源补偿的方法，引入社会资本来完成基础改造，并通过提供平衡资源，如市政环卫、园林绿化、道路停车位和公共停车场、房屋底商以及集贸市场等，来吸引社会资本的投资。社会资本将通过高效经营来实现回报，覆盖成本，完成改造计划，确保不依赖财政支持和不超出预算。通过改变传统思维，创新开发建设模式，统筹现有资源，市场化运作，初步建立起老旧社区改造的长效管理机制，从而不断提升滨海新区的城市建设和治理水平。

老旧小区长效物业管理范围暂定为项目基础类改造范围内 345 个老旧小区的楼内外清扫保洁、门岗值勤、巡视管理、车辆停放秩序管理以及小区内绿化养护管理等物业运营工作，其运营管理标准参照《天津市旧楼区提升改造后管理服务考核验收标准》。项目基础类改造范围内 345 个老旧小区涉及的建筑面积共计 1641 万平方米，① 根据各年度老旧小区改造计划依建设进度及实际情况进行接收并运营。市政环卫一体化运营范围为滨海新区行政区划范围内的道路扫保、公厕运维及垃圾清运，具体以政府实际匹配到位的规模为准。道路扫保总面积约 3027.87 万平方米。② 园林绿化养护范围为滨海新区行政区划范围内的一、二、三级绿地、林地、边坡空地、芦苇、水体、广场园道、道路扫保和行道树养护，具体以政府实际匹配到位的规模为准。道路停车位及公共停车场运营范围为滨海新区行政区划范围内的道路停车位及公共停车场。根据目前实地勘探结果，该范围内预计可实行智能化升级改造并投入运营的停车位数量为 42137 个。一二三类区域划分及停车位位置设置、数量以滨海新区停车可行性研究报告、滨海新区出台的停车相关管理办法以及政府有关机构最终划线数量为准。房屋及底商建筑面积预计共 17790.98 平方米，其中底商建筑面积约为 6367.67 平方米，房屋建筑面积约为 11423.31 平方米，均为区住建委名下企业产权。③ 该项目所运营集贸市场权属属于新

---

① 《天津滨海新区 101 个改造项目全面开工》，中华人民共和国住房和城乡建设部官网，https：//www.mohurd.gov.cn/xinwen/dfxx/202304/20230411_ 771082.html。

② 《碧桂园服务联合体预中标 43.7 亿元"旧改"特许经营项目，含环卫一体化》，全联环境服务业商会，http：//www.cecc-china.org/index/other/detail.html？id=26331。

③ 《天津市滨海新区人民政府办公室关于印发滨海新区停车综合运营服务提质增效实施方案的通知》，天津市滨海新区人民政府官网，https：//www.tjbh.gov.cn/zfb/contents/11061/270783.html。

河街道办事处，集贸市场预计为桂江里菜市场。为改善集贸市场卫生环境，项目运营范围内的集贸市场将在进行闭环垃圾处理系统、体感温控设备、电能节约设备及系统智能化监控与管理系统等提升改造工程后投入运营。

2. 完整居住社区建设

党的十八大以来，以习近平同志为核心的党中央提出，要坚持以人民为中心，把人民群众的获得感、幸福感和满意度作为检验工作成效的第一标准。习近平总书记多次强调，要不断完善城市管理和服务，让人民群众在城市生活得更方便、更舒心、更美好；要打造共建共治共享的社会治理格局，加强社区治理体系建设，推动社会治理重心向基层下移，实现政府治理和社会调节、居民自治良性互动。居住社区是城市居民生活和城市治理的基本单元。据研究，我国城市居民平均约75%的时间在居住社区中度过，到2035年，我国有约70%的人口生活在居住社区。[①] 居住社区也越来越成为提供社会基本公共服务、开展社会治理的基本单元。当前，居住社区存在规模不合理、设施不完善、公共活动空间不足、物业管理覆盖程度不高、管理机制不健全等突出问题和短板，与人民日益增长的美好生活需要还有较大差距。

（1）完整居住社区的含义

根据住房和城乡建设部发布的《完整居住社区建设指南》，建设完整居住社区就是对城市空间进行重构，保障居民在步行范围内具有完整的设施环境、完备的生活服务、完善的管理机制，满足居住社区生活的基本需求；对社会进行重组，修复社会关系，形成共同的社区文化，营造良好的社会氛围。同时，建设完整居住社区，倡导社区管理由政府主导向社会多方参与转变。既要发挥政府在设施建设、基本服务中的兜底保障作用，也强调发挥居民和社会组织的主体作用，构建共建共治共享的社区治理体系，通过"美好环境与幸福生活共同缔造"，建设美丽家园，凝聚社会共识，塑造共同

---

① 《完整居住社区建设指南》，中国政府网，https://www.gov.cn/zhengce/zhengceku/2022-01/12/5667815/files/a84ca3d812e54074a43e332f3cc18eca.pdf。

精神。

居住社区是城市居民生活和城市治理的基本单元，是党和政府联系、服务人民群众的"最后一公里"。完整居住社区是指在居民适宜步行范围内有完善的基本公共服务设施、健全的便民商业服务设施、完备的市政配套基础设施、充足的公共活动空间、全覆盖的物业管理和健全的社区管理机制，且居民归属感、认同感较强的居住社区。

（2）居住社区15分钟生活圈

建立社区步行和骑行网络，推进社区绿道建设，串联若干个居住社区，构建15分钟生活圈（见图4-1），统筹中小学、养老院、社区医院、运动场馆和公园等配套设施。15分钟生活圈一般由城市干路或用地边界线所围合，居住人口规模为5万～10万人，服务半径为800～1000米，与街区、街道的管理和服务范围相衔接（见图4-2）。

图4-1 居住社区15分钟生活圈设施配置

资料来源：《完整居住社区建设指南》。

图 4-2　军祥园社区 15 分钟生活圈指示图

资料来源：笔者拍摄。

（3）军粮城项目军祥园社区改造

A. 军粮城新市镇与军祥园社区情况介绍

军粮城新市镇位于天津市东部东丽开发区与滨海新区之间，是具有千年历史文化的古镇，也是天津生态绿廊罕有的未限制开发区域，其规划面积为19 平方公里，规划人口 20 万人。军粮城镇地理位置得天独厚，东距天津新港、经济技术开发区 20 公里，西距市区 23.5 公里，南临海河，北靠北环铁路，与东丽湖旅游开发区相邻。境内京津塘高速公路、津滨高速公路、津塘公路、津北公路、津汉公路、杨北公路等纵横交错，京山铁路、津秦客运专线、北环铁路穿镇而过，交通十分便利。天津富士达集团、天津建城地基基础工程公司、天津三和管桩有限公司、天津丽兴贸易有限公司等多家著名企业均在此落户。作为天津市"一个中心区，二个新市镇、两个组团"城市发展规划的重点发展区域，东丽区政府高度重视军粮城新市镇的建设发展，积极探索快速城市化进程的新方法和新途径。碧桂园服务通过前期充分调研，站在"全域天津"的视角审视"津滨双城轴心"新兴板块的区位价值，提出"产融协同、职住平衡、整体运营、可续发展"的建成区一体化公共服务创新理念，完善新市镇建成区居民小区的管理服务，打造生态宜居、功能完备的高端服务业集聚区。

军粮城项目划定为物业服务的民心工程计划，实现社区管理跟物业管理的双提升，在整个项目推进的过程中受到了东丽区政府和社区街道的关注与重视。碧桂园服务于2020年5月18日正式开始接管军粮城项目改造工作，军粮城项目的住宅规划用地面积是124万平方米，加上商业街和公厕，项目一期的代管范围达到136万平方米，项目二期目前管理9个社区，项目三期管理范围将达到11个社区。项目三期代管范围超过了300万平方米，社区范围内皆为还迁房。军粮城项目区域共有居民15050户，其中军祥园社区内共有居民2600多户。

B. 军祥园社区具体改造措施与经验

军祥园社区作为一个回迁小区，此前由于没有专业的物业公司对社区进行管理，存在社区基础设施老旧、公共服务供给缺失、生活环境有待整治、居民观念较为落后、公共活动空间不足、物业管理覆盖程度不高、管理机制不健全等突出问题。

军祥园社区存在以下7个方面的问题：

（1）未设立专门接待业主的服务中心，管理制度缺失。

（2）小区内人车混行，车辆管理混乱，门岗值勤流于形式。

（3）中控室无固定值守人员，值岗人员无上岗证件；监控室设备线路杂乱无序，办公环境生活化。

（4）设施设备疏于管养，电梯损坏严重，部分消防设施瘫痪；设备间脏乱差，无规范标识、无制度、无巡视。

（5）绿化管养缺失，缺乏修剪，杂草丛生；景观设施破损老化严重。

（6）小区卫生脏乱差，装修垃圾堆放严重，院落、楼道、地库杂物长期堆放，无人清理；垃圾桶配置不到位。

（7）局部道路塌陷，下雨易积水，车辆经过后，道路泥泞不堪。

按照东丽区政府、军粮城街道党委对军粮城新市镇的物业管理工作要求，碧桂园服务针对园区物业管理存在的弊端，积极探索，积累治理经验（见表4-1、图4-3），制订改造铺排计划，从园区智能化改造、园区品质、园区设施设备房、物业服务中心等四大方向多维推进园区品质提升。针对小区存在的问题，制定出以下7项具体解决措施：

（1）完善服务中心建设，建立8个小区服务中心，公开服务事项。

（2）智能化改造，重新安装车辆识别系统33套，增设人脸识别系统9套。

（3）园区设施提升，增设标识牌2876个；粉刷园区路灯杆1127个，修缮信报箱164个；粉刷自行车地笼164个；增设休闲长椅15处。

（4）设备间提升，对消防泵房、二次供水泵房、红号站等设备间进行环境提升和设施管养。

（5）绿化整治，铺设草皮面积共计约10万平方米。

（6）环境卫生治理，清理楼道、园区、地库杂物1500余车；清洗地库路面及玻璃顶棚约189934.17平方米；清理63台僵尸车，拆除地锁约2600个；增设垃圾桶约275套。

（7）消防通道标识施划，完成8个小区所有道路侧石禁停标识的粉刷工作；施划消防通道网格线约75处约2625米。

表4-1　碧桂园服务的治理经验

具体困境	解决方式	经验总结
碧桂园刚接管该社区时，整个社区情况不容乐观，具体体现在社区门口没有任何管控，出入口没有人员进行管理，且整个社区商贩林立	一是在社区的入口安装道闸。同时依托政府、居委会的大力支持。结合街道和综合执法团队，对整个社区进行了规范，对摆摊设点进行了清理。把整个主干道做了单进单出的管控。同时做了人行和车行的管控。人行实行的是人脸测温，车行连接到指挥大屏进行车辆的管控实施（第一道防线的管控） 二是关于商贩林立的问题，在召集业主并与政府协商之后，在社区之外设立了一个专门的集市用于摆摊	进行规范化管理，解决社区出入口缺乏管理、商贩林立、道路交通不畅等问题

具体困境	解决方式	经验总结
社区内路灯等设备大部分瘫痪,社区照明设施瘫痪超过50%	对社区路灯等照明设施进行修理,增添相应区域必备设施	保障社区基础设施完备
社区内出现居民擅自圈地种菜、种花、种草、建房等现象	与业主共同建造和打理景观。碧桂园圈出来一片土地与业主共同打理,实现园区的共管、共建和共治。(业主自己出钱种的月季,碧桂园做了围挡处理)用灯和风车与居民一起制造了一个小景观。之后也会在其他社区全力推广该模式	将私人圈地转变为公共景观建设
物业费收取率过低,据原先老物业提供的数据,此前物业费收取率在10%左右。	碧桂园于2020年5月18日接管该社区的业务管理服务工作之后,并没有一开始就对业主收取物业费,先是用了三个多月的时间(100天左右)进行整体的品质提升和改造,让业主看到成绩和服务 目前物业费收取率超过60%。感受到服务之后,有些业主会主动交物业费。目前盈亏平衡比例是70%左右,还在亏损,需要一个过程	改善社区环境,提升物业服务的品质。通过先服务后收费的方式,逐步提高物业费收取率
社区地库原先垃圾堆放严重,无法作为停车场使用	一是清理垃圾。一共在地库、楼道、园区中清除垃圾杂物1万多吨,其中地库中清理出1000多车的垃圾。二是用高压枪将车库全部冲刷一遍,深度清洁。三是车位重新画线和编号,并纳入系统 原先车位使用率不高,但是现在供不应求。车库每月收取业主60元的管理费	将社区公共资源有效利用起来,并以此盈利
小区设备间状况糟糕。具体体现在原先设备间铁锈腐蚀非常严重,管养不到位,积水没过脚脖子,有臭水沟味道,为未翻新的水泥地	对8个小区的设备房进行了全面的品质提升。把设备标识上标,设备除锈和刷漆。水泵房水箱清理、清洗,补齐证件。每天都有人巡视检查,及时发现设备的一些异常情况并将其链接到信息平台,增加智能化管控后,节省了许多人工成本和时间成本 针对村改居的现实情况,社区居民此前并不了解物业费的具体用途。通过设立设备间每月开放日,请居民参观物业的工作,如设备是如何运行、保养和维护的,从而提升居民的认知,进一步提高物业费的交纳率	通过智能化设备节约人力成本。组织居民开放参观,提升居民对物业服务的接受度与认可度

资料来源：笔者自制。

图 4-3　物业与居民共建社区长廊

资料来源：笔者拍摄。

3. 社会资本参与的运营模式

国内的老旧小区改造基本可分为三大类：基础类改造、完善类改造、提升类改造。基础类改造作为老旧小区改造的重点内容，由政府财政资金及引入社会资本进行投资建设，其内容包含：建筑物屋面防水、外墙、楼内、楼梯等公共部位维修；小区道路、甬路、广场，以及雨污水、供热、消防、生活垃圾分类等基础设施改造建设；供电、弱电等架空线规整（入地）；小区绿化、美化和无障碍设施及阳台加固等安全类设施的改造；等等。完善类改造由社会资本方在合作期内以部分物业费补贴进行投入改造，其内容包含：小区常态化整治；小区及周边适老设施改造（含小区健身设施）；智能快件箱引入；机动车停车位优化；非机动车车棚修缮；电动自行车及汽车充电设施安装；照明节能改造；社区内现有设施及物业用房修缮；小区安防系统改造；等等。提升类改造则是在项目合作期内由社会资本方根据合作范围内的小区实际情况自筹资金实施，其内容包含：公共服务配套设施建设及智慧化改造，丰富社区服务供给，推动建设安全健康、设施完善、管理有序的智慧化社区。

在北京、上海等财政条件较好的城市，老旧小区的改造资金大部分采用政府直投的方式，或是有专项资金、专项债务。基础类改造项目很难实现收支平衡，完善类改造项目收益也比较有限，愿景集团在北京位置和条件比较好的老旧小区开展借租模式，通过在老旧社区周边建停车楼的方式，实现了完善类改造项目的收益平衡。对于提升类改造项目来说，由于项目本身包含一些经营性的资源，其是可以实现收支平衡的。愿景集团在北京劲松北社区开展"先尝后买"的物业管理服务，小区改善投入以社会资本为主，通过对闲置设施进行功能优化，转化为老百姓需要的功能，围绕公共空间、智能化、服务业态、社区文化实施改造，初步探索了一套存量资源挖潜、物业运营的综合运营模式。

（1）资金来源

在天津滨海新区远年住房和老旧小区改造工程项目中，老旧小区基础类改造资金由项目资本金及银行贷款构成。项目资本金占总投资的40%，其中政府出资及社会资本出资比例为总投资的10%，中央财政补贴资金比例暂定为总投资的30%（根据中央财政补贴到位情况确定）。银行贷款比例为60%。项目资本金中政府出资代表及社会资本均以自有资金出资，出资方式为货币。完善类改造和提升类改造均由社会资本自行投资并自负盈亏。市政及经营性资源的智慧化及提升改造由社会资本自行投资。

（2）特许交易

该项目采用特许经营模式进行投资、设计、建设及运营，通过公开招引社会资本并授予其运营资源的特许经营权或运营权，由社会资本与政府出资代表共同组建项目公司并承继特许经营权及运营权，以平衡项目公司基础类改造投入。

项目特许经营期为 25 年。老旧小区基础类改造根据改造计划，不同社区分片分期实施，计划分 5 期建设，每期建设期一年。计划建设期为 2021～2025 年。运营资源自项目融资交割完成之次日起，根据资源实际情况在建设期内分期匹配到位。该项目特许经营权包括 345 个老旧小区基础类改造建设以及匹配资源范围内的市政环卫一体化、园林绿化养护、道路停车位及公共停车场运营（不含老旧小区内部停车位）。

4. 大物业管理模式

（1）老旧小区长效管理机制

老旧小区进行三类改造之后，仍然面临如何长效管理的问题。此前由天津滨海新区民政局直接管理运营的老旧小区存在服务标准相对较低、日常监管不到位等问题。天津滨海新区远年住房和老旧小区改造工程项目通过建立老旧小区长效管理机制提升物业管理水平，将老旧小区后续运营维护工作外包给专业化运营团队碧桂园服务进行管理，从社区环卫服务等基础物业管理向运营一体化逐步过渡，使老旧小区长效管理向专业化物业管理过渡。

（2）集约化管理优势

碧桂园服务在社区管理中的最大优势是成本较低。碧桂园服务的大物业服务模式能够将多个社区看成一个社区管理，进而最大限度地压缩成本，例如在一个社区内使用一整套管理模式，配备相同的管理人员，使用共享互通的智能化设备等，通过以上方式能够节省管理成本与人力资源，将企业在单个社区的管理运营成本分摊到背景相似的多个社区，从而在降低运营成本的同时提高服务效率。

由单一的社区管理向大物业服务管理模式的转变是一个集约化的过程，需要企业在管理水平、服务种类、实施效率等多方面着力，将相关管理机制由运营团队通过邻里中心推广，使滨海新区的物业管理公共服务水平通过老旧小区改造方案的实施得到整体提升。未来将以输出平台（数字指挥中心）

和技术（智慧社区系统）外加少量核心团队（分区网格专家），通过平台下员工的社会化合作，整合社会资源，形成用社区居民服务社区、以本区资源养本区的可持续发展的老旧小区长效管理机制，并取得城市级别规模的社区流量。

（3）服务盈利模式

碧桂园服务在老旧小区改造中的盈利模式主要是双管齐下，在提供基础业务服务的同时，刺激社区内业主的消费意识，提高延伸业务服务质量，从而增加资产经营性盈利收入。具体分为：第一，基础业务保本，基础业务包括低价众包服务、社区停车收费和政策补贴、公共资源类服务，如早餐车类、水站类等，注重社区内公共资源类服务品质的提升；第二，延伸业务盈利，延伸业务包括资产经营中的业主消费意识带动类，如衣物洗护、家电清洗、家政保洁、生鲜团购、社区增值/市政服务、公建物业等。

（二）智慧社区技术赋能

天津军粮城新市镇规划面积 19 平方千米，规划人口 20 万人，位于天津市东部东丽开发区与滨海新区之间。碧桂园服务以军粮城新市镇一期项目为试点，引入"智慧红色城市大物业服务"运营模式，实现服务赋能牵引区域住宅、商业以及相关配套设施的发展，助推新市镇的高质量发展，将数字治理应用于城市社区多元服务场景，提升城市治理水平，让城市社区治理更加高效、精细，驱动城市社区更加科学、智慧地发展。

碧桂园服务运用多种技术手段打造智慧社区，在天津军粮城项目中通过引入大数据平台和社区智能化设备进行社区网格化管理与提供精细管家服务。

1.智能化元素融入社区生活

随着互联网时代的到来，居民的生活方式发生了变化，智能化以及集成化的生活方式更加普及。智慧社区将现代的集成化、智能化技术应用到小区环境营造建设中。在智慧社区中不难发现，智能化元素已经融入社区的不同方面，对居民的日常生活产生诸多影响。智慧社区的应用和建设都是为社区民众的生活服务，目前已经延伸到居民的家电、娱乐、照明、安保、电水表等方面。利用各项智能硬件如智能安防、智能门禁等，确保社区的安全运行。此外，智慧社区对智慧医疗、智慧城市的建设具有推动作用，促进了社区向更加智能化的方向发展。

目前智慧社区建设过程中推出的相关产品主要包括如下几类。

（1）智能物业管理

智能物业管理针对智慧化社区的特点，集成物业管理的相关系统，例如，停车场管理、闭路监控管理、门禁系统、智能消费、电梯管理、保安巡逻、远程抄表、自动喷淋等相关社区物业的智能化管理，实现社区各独立应用子系统的融合，进行集中运营管理，在一定情况下能够节省更多的人力资源成本。在不断摸索智慧化社区的过程中，相关企业越来越意识到，智慧化难的不是技术本身，而是在实践中如何通过科技手段将用户需求、空间属性、设备功能、服务内容等对接起来，并在社区管理、人居生活等场景中实现有效应用。

碧桂园智慧社区服务已经融入业主生活的方方面面，智能门禁、数字物管等技术在碧桂园小区随处可见。人脸识别进出小区门，三秒即可刷脸通过；下雨不能赶回家，能通过 App 迅速联系物业管家帮忙收衣服；智慧家居安防系统与物管联网，业主不在家时可开启外出模式，一旦家里出现陌生人的活动轨迹，会自动触发警报，通知保安迅速上门查看，诸如此类的几十项先进技术在碧桂园小区集成应用，让居民生活更加便利。

①智能视频监控系统：对社区的公共区域、电梯轿厢、停车场主要车道实现实时的视频采集，对车辆出入进行登记与识别，使开车出入更加便捷。

②门禁出入管理系统：人脸识别门禁结合人脸识别、人脸比对、物联网等技术完成身份验证，输入社区居民人员信息，通过人脸识别进出门禁，系统自动存储人员访问记录，提供事后查询服务，支持按时间段、设备名称、快照位置等方式查询。人脸识别门禁能有效防止陌生人随意进出社区，大大增强社区安全性，强化社区安全体系。

③智慧车牌识别系统：碧桂园小区引入的车牌识别技术结合ETC电子系统识别车辆，过往车辆通过道口时无须停车即能够实现车辆身份自动识别。在小区物业管理中，车牌识别只针对小区业主，外来车辆严禁放行。开车入场时，高清摄像机通过地感线圈触发抓取车牌图像。通过车牌提取、图像预处理、特征提取、车牌字符识别等技术，将图像信息转化为计算机语言，再将信息传输给服务器。服务器保存信息开始计费，同时向道闸发送信号，道闸同步抬杆放行，省去了人工取卡、收卡的步骤，提高了进出效率。

④智能周界防范系统：采用电子围栏或红外对射，防止不良人员通过非正常渠道进入社区。碧桂园小区内部还设置了电子脉冲围墙和主动红外线对射探测器，对周围进行合理的分段警戒并录像，当有人翻越围墙时便会自动报警。

⑤可视对讲及门禁系统：访客可通过门禁主机对相应的住户分机进行呼叫。碧桂园小区还配备了云可视对讲系统，以物业管理机房为主，实现业主、物业和单元门口主机三方对话，大大提高了日常的便利性。业主可以通过视频和通话双重安全识别鉴定访客的身份，不需要开门就能和访客交流，操作简单便捷，方便老人和孩子使用。

⑥智能照明系统：园区及地库灯光由编程控制，节能减排。

⑦无线覆盖系统：园区内实现无线覆盖，能够让住户随时随地享受互联网带来的乐趣。

⑧社区云监控系统：老人或者小孩手上戴一个腕表，当有紧急情况发生的时候，比如摔倒、中风等突发事件，可按下腕表上的求助按钮，社区监控会自动将现场影像、位置传送给老人、小孩的家人。碧桂园社区安装了社区云监控，业主可以通过手机下载安心家App，实现实时监控小区的功能，通过安心家App，无论在哪里都能清楚地看到小区休闲场地的人多不多，小孩放学了是不是在小区里玩耍。

（2）智能家居升级

智能家居以社区住宅为平台，利用网络通信技术、自动控制技术以及音频识别技术将与社区家庭家居生活有关的设施集成化系统，构建高效的住宅设施日常事务管理系统。智能家居兼具建筑、网络通信、信息家电、设备自动化等功能，营造集系统、结构、服务、管理于一体的高效、舒适、安全、便利、环保的居住环境，让人们的生活更加智能化、更加便利以及更加环保（见图4-4）。

例如，家庭中的玄关智能情景能够实现如下五大功能。

①智能开锁：通过指纹、密码、感应卡、App远程、钥匙五种方法开锁。

②智能安防：让你丢掉钥匙、丢掉烦琐，轻松开启家门，智能门锁搭配智能猫眼，还可实现远程开锁功能。当有人非法开门时，智能门磁会自动发出强烈的报警声音，以此来威慑盗贼。

③防挟持报警：当有人被挟持时，通过特殊指纹或密码解锁，系统会自动推送消息到家人的手机预警。

④进门抓拍：进门后，摄像头自动抓拍进入者照片发送至家人的手机。进门后，玄关灯自动开启，一分钟后自动关闭。

⑤一键场景：离家后只需一键，就能自动关闭灯光、窗帘、电器等设备。

（3）智慧社区养老服务

现代城市中老龄群体可以选择两种养老方式，一是专业的养老服务中心养老，二是居家养老，智慧养老服务针对这两种情况分别提出智慧养老的方案，其最终目标是使老人有安全保障，子女可以放心工作，政府方便管理。其中居家养老中的家庭智慧养老实际上就是利用物联网技术，通过各类传感器使老人的日常生活处于远程监控状态。

随着我国社区规划逐渐成熟，社区商业综合体、邻里中心、社区商业内街的规划、建设并投入使用，资源整合会进一步深化，服务品质将不断提升。与此同时，我国老年人口不断增多和两孩政策的放开趋势将进一步带动老年人、儿童及特殊人群的服务需求；加上上班族生活节奏快，对于便利生活的需求也不断提升，智慧社区未来将会在购物方式、商品展示、售后服务、支付手段等智能化方面体现不同人群服务需求的特殊性。智能社区未

萤石云架构

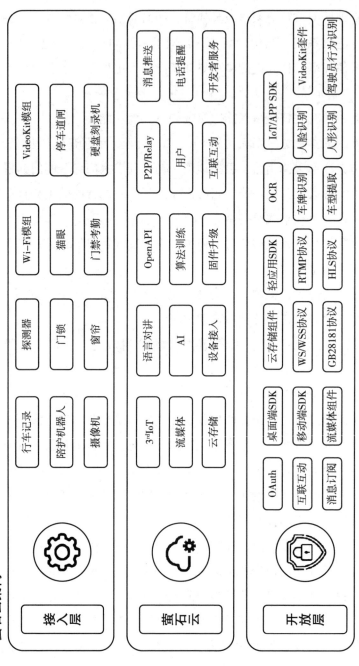

图 4-4 智能家居生态格局解读

资料来源：《2020中国智能家居生态发展白皮书》。

136

来只会随着人们多样化、多层次的需求而分出更详细的功能模块，有利于保障特殊人群正常生活。由于疾病或者年龄等诸多原因，社区中的部分居民生活难以自理。融入新技术如综合一站式服务、远程遥控等模式可以降低特殊人群生活的危险性，确保特殊人群的安全。

（4）智慧社区电子商务

智慧社区电子商务系统，就是在社区的商业活动中利用网上交易和在线电子支付进行交易，让社区居民不用出门也能完成日常生活用品的购买。

未来，商业的智能化将是构建智慧社区不可或缺的一部分，在智慧社区的多元化、多层次、多样化的需求下，商业社区的发展前景是非常广阔的。商业社区在借助互联网、物联网技术得以发展的情况下，实现与智慧社区紧密结合，达到辅助智慧社区的目的。比如，拓展社区商业的电子商务形式、连锁经营功能、物流配送功能以及衔接社区智能化的建设，使商业社区的服务功能在智慧社区这个大分支下得以显现，实现实时更新、体验丰富、方便快捷的服务，满足社区居民对于物质与精神文化的需求。

碧优选是碧桂园集团旗下全资子公司。作为碧桂园四大新业务之一，碧优选围绕集团"为全世界创造美好生活产品的高科技综合性企业"的定位，打造优质优品的社区新零售平台。碧优选采用生产销售一体化的业务模式，通过社区生鲜店、生活超市、线上商城、商贸公司等立体业态组合，为消费者提供特色生鲜食品、日用品和健康生活服务。碧优选商城是一个全渠道的线上商城，可支持全国送、即时送及预售业务，让消费者足不出户就能买到低价好物。

除了社区碧优选商城之外，为方便业主线上生活，碧桂园服务也依托社区服务平台"凤凰会"，利用社区商城小程序"碧乐淘"等成熟的电商服务平台，搭建线上便捷成交场景，线上下单、线下1小时内送货上门，业主足不出户就可尽享便利生活。

2. 精细物业服务

网格化管理已经成为社会基层治理的基本依托，网格化管理依托统一的城市管理及数字化平台，将城市和有条件的乡村管理辖区按照一定的标准划分为单元网格。通过对单元网格内社会主题的服务与管理，实现对社会基层流动闭环式的有效治理。

碧桂园服务为业主提供数字化平台的网格化管理，与一般物业的网格化有不一样的定义，碧桂园将自己的网格员与社区的网格员融为一体，结合社区的网格员协同办公，同步进行管理，为业主提供规模化、集约化和标准化的物业服务。同时也代替政府相关的职能工作，解决老百姓所面临的民生问题。以碧桂园打造的红色大物业模式为例，其中的网格化覆盖两类特殊人群。一是1226名特殊人群（贫困户、残疾户和独居老人），为他们提供专项服务。二是287名党员代表。碧桂园的党支部联动社区的业主党员，开展社区工作需要党员带头，发挥先锋作用，包括物业费收取，园区举办的红色志愿者活动、共管共建共治活动。

在智慧社区建设中，碧桂园通过打造多项服务产品进行精细化服务。智能化工具几乎应用在居民生活的方方面面。"凤凰管家服务平台""基于互联网管理社区管控服务""智慧社区数字管理系统""社区居民大数据采集应用系统"等充分运用大数据和互联网平台做到宏观层面的数据共享与治理。而智慧社区服务微信平台、节能垃圾处理系统、停车场停车引导系统、碧桂园社区电子商城平台、智慧社区金融服务平台、社区一站式公共服务平台、无人值守停车场智能管理系统、社区物料快速存取系统、开放式社区人脸识别安保系统、租赁服务管理系统、维修调度系统、智能访客管理系统等则是从社交平台、环卫、停车、线上购物、金融服务、快递服务、安全服务、租赁服务、维修服务、访客服务等多方面进行细化管理。由此既实现了十分精细的网格化管理，又能使社区公共服务通过智能平台实现高度一体化。

（三）社区共同体营造

共同体的建构具有现实的局限，社区发展仍遵循自发逻辑。纵观近年来中国社区的发展现实，在自上而下地积极塑造共同体的同时，社区自身也呈现出与建构逻辑形成极大张力的发展现实。比如，就社区关系形态而言，社会的开放与人口的流动使居住空间和社会空间之间表现出张力和多元关联。

伴随着新技术的运用和人口流动的加剧，基于地域形成的身份认同被不断打破，对已有的共同体关系构成了极大挑战；就社区共同体的现实发展而言，社区生活的地理封闭性被不断打破，社区发展中形成外部力量涉入下的秩序再造。社区冲突而非秩序成为社区发展中的重要现实。尽管社区建设不断促进新的治理关系形成，然而在地方社会的需求回应和社会组织效能上仍然面临诸多结构性难点。

本部分将社区共同体分为三个层次：利益共同体、情感共同体和治理共同体。利益共同体是在社区居民维护自身权益过程中形成的更具内在冲突的复杂共同体，它来源于居民因维护产权或居住权相关利益而发生的集体行动，集体行动塑造居民个人对社区的责任感，推动社区公共精神的养成。情感共同体是在日常生活中形成的社区初级共同体，它来源于社区居民通过互助互惠积累起来的友爱，使居民在心理上产生对于共同体的情感归属。治理共同体则扩展了社区共同体的主体构成和机制跨度，因而具有更大的内在冲突性和复杂性。它通过党政组织的引导与协调，整合社会组织、市场主体、社区组织和居民个人等多种力量，合作完成国家或社区的治理目标，达成更广泛的秩序共识。

1. 社区利益共同体

社区利益共同体主要是指居民能够平等地享有多项社区增值服务，也可以提出意见从而有效参与社区资源的分配整合。在社区利益共同体的构建中，企业需要通过提供社区商业服务而盈利，但同时也需要不断改进服务质量，提供居民可接受的性价比高的服务。而居民作为服务的享有者，在付费消费的同时也需要反馈消费需求，促进社区利益共同体的稳定和发展。

碧桂园服务围绕业主的生活所需提供了多项专业增值服务，比如义务洗护、家电清洗、家政保洁、二手房买卖等。每个月会举办社区众包服务节，给业主提供一些生活上的便利。提供养老服务如老年食堂、居家养老等，其中居家养老能提供一些专项服务，例如为社区老龄群体等特殊人群提供志愿服务。

碧桂园服务懒人社区建设中的服务内容包含衣、食、住、行、医、教、娱、养八个方面的具体内容，其中还包括志愿性质的无偿服务和营利性质的有偿服务（见表4-2）。

表4-2　碧桂园服务懒人社区建设中的服务内容

类别	无偿服务	有偿服务
衣	园区内免费的晾晒场地	衣物家纺清洗养护上门服务
食	碧幸福美食联名卡 碧桂园物业联名商户,业主尊享"实惠"美食(打折)。服务内容:美食代买、超市代买、蔬菜代买	团购特惠 为业主提供特惠抢购平台。服务内容:凤凰会商城每周三业主特惠秒杀,便民社群美食特惠抢购
住	(1)夜间陪护服务 22:00后针对女性、儿童步行进入园区陪护入户 (2)儿童守护服务 1.2米以下儿童,防范单独出入社区 (3)中央共享会客区 业主可使用中央共享会客区,接待外来访者 (4)公区疫情防控 硬核防疫+园区增频消杀消毒+严防严控+进出测温消毒+疫情实时宣传+联动政府	房屋租售、金融理财服务、保险服务、拎包入住、家政服务
行	(1)放置车辆代管服务 每周汽油盖打开放气及全车巡查并将操作视频发送给业主,超过一个月以上长期停放车辆每周进行打火测试,给长期停放车辆配置专用防护罩 (2)车辆紧急救援 服务内容:搭电打火、换轮胎、打气、测胎压	汽车保养服务 服务内容:汽车美容、清洗、维修保养、自助充电等
医	社区义诊 口腔、眼科、慢性疾病每年两次义诊	医疗服务 为业主提供专业医疗配套服务。服务内容:社区诊所、健康体检、健康档案、直升机救援等
教	(1)小小体验师 角色体验,可以体验园区内园丁、秩序维护、保洁清扫等工作 (2)儿童跳蚤市场 心系公益,培养儿童低碳环保意识,杜绝浪费 (3)安全知识讲座 电梯、消防逃生自救教育,环保垃圾分类知识	儿童教育 与知名教育品牌合作,为业主提供专属优惠课程。服务内容:夏令营、军训、少年兴趣课程、培训体验

续表

类别	无偿服务	有偿服务
娱	(1)碧享生活 为业主提供出行定制服务和住宿娱乐优惠 (2)露天电影节 夏日丰富业主文娱生活,举办露天电影活动,增进业主邻里情	(1)优质旅游路线服务 (2)园区节日庆典布置 为新婚业主提供婚礼现场布置及礼宾、车场指引,节日、生日庆典现场布置等服务
养	(1)养生课堂 茶道、花艺、厨艺讲座 (2)健康小屋 建立健康管理室。服务内容:测身高、血压血糖、心电图,建立健康档案	医疗养老 提供专业医疗、养老等配套服务,构建老有所依、老有所乐、老有所养的幸福社区

资料来源:笔者自制。

2. 社区情感共同体

社区情感共同体主要是指通过提供幸福生活服务、举办邻里互融共享活动,增强居民对社区的归属感。情感认同是社区建设的重要维度,通过提供便捷的养老服务,社区为居民分担一部分养老负担,同时通过多样的文化活动促进邻里间的相互交流,能够进一步增进居民之间的了解,加强感情交流,更好地促进居民共商共治共享。

（1）幸福生活服务

社区为长者提供专属配套服务,完善社区的养老服务,筹建一站式社区生活服务中心,包括老年康养、24 小时便民购药、嵌入式居家养老、体检、日间照料等,将其融为一体,提供一站式集约化的生活服务。

社区中包含老年食堂与生活服务中心,为社区老年人提供早餐、午餐和晚餐。依据天津市的有关政策,老年食堂中 80 岁以上的老年人和 60 岁以上的残疾户、贫困户都能享受每餐 3 块钱的补贴与 2 块钱的配餐费,最多可享受 5 块钱的政府补贴。

碧桂园服务通过开办老年社团,组织社区老人唱红歌、下棋,丰富了社区老年人的文化娱乐生活。在智能化联动方面,碧桂园提供嵌入式的居家养老服务，为特殊人群提供手环与报警器等专项服务。这是联合街道的党工委去做的，每一户都进行入户调试，同时为特殊人群建立了养老健康的档案，由红色网格员进行专项慰问，具体工作内容包括询问老年人等特殊人群是否需要服用特殊药物，是否需要免费测血压等额外的服务以及是否还有其他的生活需要。这项工作中采集的数据将与碧桂园服务的"森林指挥中心"进行联动，及时为居民提供更好的服务。

（2）邻里互融共享

在社区举办贴心服务家活动，能够有效提升居民满意度，具体包括：每个月的贴心服务节（累计开展 6 次，覆盖 2000 余人次）；社区文化节（针对元宵节、植树节等举办活动，累计开展 14 次，覆盖 5000 余人次）；感恩回馈节（累计开展 4 次，覆盖 1800 余人次，向已经支付物业费的业主提供一元购的活动）。

碧桂园服务在社区中建立社区共治的景观，让家园历久弥新，让业主享受其中，定期耕耘，共享收获。如网红花园、开心农场（春天的时候会号召幼儿园的小朋友一起认领一棵树，寓意"我"和小树一起成长，永葆春天和守护印记，能够让更多的小朋友参与到园区的建设当中）。碧桂园服务也会结合社区景观开展趣味涂鸦、青春彩绘等相关活动。

3. 社区治理共同体

以上提到的社区利益共同体和社区情感共同体都是以社区居民为核心主体，共同体所关注的治理问题以居民个人和社区自身需求为主，其行动亦呈现出社区自主性。而治理共同体包含了社区以外多种类型的治理主体，不但社区居民参与到治理过程中，治理目标嵌入社区内在需求，而且治理主体、行动和目标均超越社区自身属性，有了更多的延展性，同时也不局限于社区之内的群体。

社区治理一体化则是通过推举业主代表参与到社区大小事务的管理中，从而降低社区治理的难度，进一步规范社区管理，通过群众管理群众，同时给予志愿管理者客观的积分补贴以调动居民参与社区管理的积极性，实现居民共治。

我国城市社区治理大多是"党委领导，政府主导，居委会承接，多元参与，居民自治"的多元主体结构。多元治理主体之间协调能力的发挥主要取决于合作体系的搭建程度，合作体系的搭建程度主要体现为组织执行的顺畅程度。

在军粮城社区中形成的内部组织——红色志愿者组织是从社区残疾户、贫困户和业主代表中产生的，志愿者产生于群众当中，服务于群众。之所以该志愿者组织由残疾户和贫困户组成，是因为想要把这些业主动员起来，然后给予他们相应的补贴。他们平时也是在园区里捡废品，这样可以让他们在平时捡废品的同时也顺手做一些其他社区工作，让他们能够感受到社区的管理，能够有参与感和代入感。

碧桂园还会发动社区具有影响力的业主管理小区，参与社区治理，这样群众的矛盾有时就能自动化解（群众管理群众）。还迁房很多居民都有亲戚关系，彼此很熟悉，由小区业主代表参与管理更容易被大家接受。社区分为4支队伍，包括环境分队、绿化养护队、安全维护队和工程抢险队，每支队伍都在陆续做现场的工作，都会加入业主代表，实现共管共治。参与志愿活动都有补贴和积分，积分可以换取服务。通过号召居民志愿者参与管理也能够有效降低管理成本，提高居民参与积极性，居民在参与的过程中产生的责任感和使命感能够进一步激发自治积极性。

（四）现代城市社区的多重形态与未来展望

1. 智慧社区

国家信息中心智慧城市发展研究中心发布的《智慧社区建设运营指南（2021）》将智慧社区视为智慧城市的基本单元，是一种社区管理和服务的创新模式，利用新一代信息技术如5G、物联网、大数据、人工智能、区块链等，以社区的智慧化、绿色化、人文化为导向，融合社区场景下的人、地等多种要素，以社区居民公共利益为核心，促进社区居民交往互助，统筹公共管理、公共服务和商业服务等多样资源，提供面向政府、物业、居民和企业等多种主体的社区管理与服务类应用，提高社区管理与服务的科学化、智能化、精细化水平（见图4-5）。

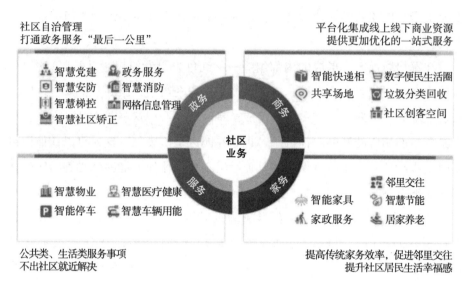

社区自治管理
打通政务服务"最后一公里"

平台化集成线上线下商业资源
提供更加优化的一站式服务

公共类、生活类服务事项
不出社区就近解决

提高传统家务效率，促进邻里交往
提升社区居民生活幸福感

图4-5　社区业务分布

资料来源：《智慧社区建设运营指南（2021）》。

新时代的智慧社区体现出"新"的特点。

第一，以人为本。这是智慧社区建设的根本出发点，也意味着建设要始终围绕居民对服务的需求，对症下药，以提供更加个性化、多元化、智能化和便捷化的高质量社区服务。

第二，科学管理。智慧社区主要是通过运用网络信息技术手段进一步优化原有的社区管理方式和办事流程，在提高社区工作效率的同时，也提升居民对智能化、精细化服务的体验感。

第三，智能感知。智慧社区需要利用现代信息技术建立相应的数据库，其中既包括社区内人与人之间的信息，也包括人与物之间的信息，通过大数据分析出隐藏在数据背后的联系，提高服务的智能化和精细化水平。

第四，定向服务。智慧社区利用智能技术手段，通过研究海量的信息，找到隐藏在信息背后的内在联系，分析社区居民的心理特点和需求取向，把为居民提供个性化服务作为追求的目标。

2. 绿色社区与低碳社区

绿色社区就是一个体现可持续发展理念，经济、社会、生态三者保持高度和谐，人与自然互惠共生的复合生态空间，在这个空间里实现绿色建筑、绿色基础设施和居民绿色生活方式的统一。

在当前我国城市管理体制下，城市社区的交通设施、能源应用、垃圾处理、污水处理、环境治理、智能设施、健康保育等都是由政府或政府机构承担，管理也是自上而下的。这些基础设施和公共设施的投入会给政府带来很大的资金压力，而且社区公共设施的受益人和建设运营者及管理者脱钩容易造成设施虚设，从而导致资源浪费。绿色社区通过构建新型城市社区共同治理模式，让其他主体参与并分担政府提供公共环境物品的责任，还可以通过其他主体的技术优势和信息优势在互补的情况下降低整个公共物品的交易成本。

绿色社区发展要与生态城市、低碳城市、海绵城市、智慧城市等城市宏观发展调控相协调，以市场配置资源为基础，以居民、企业广泛参与为特征，将三者结合起来。绿色社区发展离不开居民、企业的积极参与，这也是平衡政府的公共利益和社会资本的经济利益的最佳调节器。因为社区居民、企业是社区运营和维护的最终受益者，他们参与共同治理也是贯彻民主科学和可持续发展理念的要求，广泛的居民、企业参与将全面提高绿色生活素养，从而提高绿色社区项目的运营管理绩效。

低碳社区是指在使用建筑材料与建筑物的整个生命周期内，减少对石化能源的依赖，提高能效，降低二氧化碳排放量，最终使社区的碳排放量处于较低的水平，甚至通过社区的绿化中和达到碳的零排放。

2015 年，国家发展改革委印发《低碳社区试点建设指南》，给出了"低碳社区"的定义，其是指通过构建气候友好的自然环境、房屋建筑、基础设施、生活方式和管理模式，降低能源资源消耗，构建低碳排放的城乡社区。

伦敦贝丁顿"零碳社区"位于伦敦西南的萨顿镇，占地 1.65 公顷，包括 82 套公寓和 2500 平方米的商住空间，于 2002 年完工。社区通过巧妙设计并使用可循环利用的建筑材料、太阳能装置、雨水收集设施等措施，成为英国第一个也是世界上第一个二氧化碳零排放社区。

（1）永续建筑

贝丁顿社区在建造过程中因"就近取材"和大量使用回收建材而大大降低了成本。为了节约能源，建筑的 95% 结构用钢材是从 35 英里内的拆毁建筑场地回收的。其中一部分来自一个废弃的火车站。许多木料和玻璃都是从附近的工地上"拣"的。建筑窗框选用木材而不是未增塑聚氯乙烯，仅这一项就相当于在制造过程中减少了 10% 以上（约 800 吨）的二氧化碳排放量。

同时，高密度的建筑布局以减少建筑物散热；办公与住宅建筑共存混合以减少交通能耗；社区内多功能公共空间的设计（运动场、菜地、洗浴、娱乐中心等）使居民生活需求最大限度地在社区内解决，减少出行能耗。这些设计不仅能减少建筑建造和使用的能源消耗，也能防止建筑垃圾的产生。

（2）绿色能源

绿色能源是贝丁顿社区设计的重点。建筑设计者希望贝丁顿需要的所有能量都来自可再生能源而不是矿物燃料。关键在于其热电联产设施（CHP）、太阳能和风能装置为社区提供更清洁高效的能源，在理想情况下，热电联产设施不使用英国高压输电线网的天然气和电力，而是用社区内树木修剪下来的枝叶，并能在发电的同时供热。热能方面，以因地制宜、融于自然的低碳理念将降低建筑能耗与充分利用太阳能和生物能相结合，形成一种"零采暖"的住宅模式。

（3）资源循环

英国丰富的降雨对水资源的循环利用提出了较高要求，主要表现在雨水收集装置和"生活机器"两个方面，在条件良好的情况下，两者可以实现每人每天节约用水 15 升。雨水经过自动净化过滤器的过滤进入储水池，居民用潜水泵把雨水从储水池抽出来，可直接清洗卫生间、灌溉树木以及打造花园水景。而冲洗过马桶的水则经过"生活机器"即生活污水处理设施，利用芦苇湿地对生活污水进行过滤后再利用。通过收集雨水冲洗厕所、生活污水就地净化、中水循环利用、使用节水电器和马桶提高水资源的利用效率。

（4）低碳交通

在交通方面，贝丁顿减少小汽车交通的目标在社区设计中得到充分体现。社区内提供就业场所，实现商住两用，商业及住宅空间共存，通过就地就业和就地消费以减少交通消耗；同时提供配套服务设施，有效减少了居民的出行需求；社区建有良好的公共交通网络，包括两个通往伦敦的火车站台和社区内部的两条公交线路。开发商还建造了宽敞的自行车库和自行车道，遵循"步行者优先"原则。人行道有良好的照明设备，四处都设有婴儿车、轮椅通行的特殊通道。还为电动车辆设置免费的充电站，其电力来源于所有家庭安装的太阳能光电板（将太阳能转换为电能），总面积为 777 平方米，峰值电量高达 109 千瓦每小时，可供 40 辆电动车充电使用。

3. 未来社区

未来社区是以人民美好生活向往为中心，以人本化、生态化、数字化为三维价值坐标，以邻里、教育、健康、创业、建筑、交通、低碳、服务和治理九大未来场景集成创新为重点，形成的有归属感、舒适感和未来感的共同富裕现代化基本单元、数字社会城市基本功能单元和城市现代化基本功能单元。坊间将未来社区建设的系统框架简称为"139"原则，也就是指一个中心（以人民美好生活向往为中心）、三维价值坐标（人本化、生态化、数字化）、九大未来场景（邻里、教育、健康、创业、建筑、交通、低碳、服务、治理），如图 4-6 所示。

未来社区是明确了居民需要何种社区生活以及如何达致（即运营方案）而后进行社区物理空间建设（即新建类未来社区）或对建成社区进行局部空间更新、增补完善社区功能（即旧改类未来社区）的一类新型社区建设，突出强调在数字科技语言下促进人民的需求更好地被回应、人与人及人与社区之间的关系更和睦以及社区生产、生活、生态更可持续。未来社区的建设，其本质仍然是社区建设，是一种在数字革命背景下进行的全域全场景社区

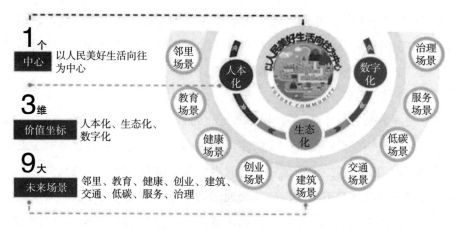

图 4-6 未来社区系统框架

建设。

未来社区的底色即围绕"人"这一核心主体，焕新或优化配置社区的公共服务、商业服务、社会服务（居委会、业委会、社区社会组织等社区自治）以及物业服务（一种特殊的商业服务）等资源，提高社区资源总体配置效率，形成新的人居关系，降低社区总运行成本，平衡社区总体收支。以区、县一级行政单位为主体进行全域未来社区建设即在全区县范围内对公共服务社区化、社区商业体系、社区自治体系进行再组织的过程，向上一层即可衍生成未来社区九大场景。

未来社区的建设即社区公共服务、社区商业、社区自治三个业态的建设，而其中的核心议题是如何让社区和谐稳定又能持续繁荣，即实现社区的可持续运行。解决社区可持续运行的难题落在了社区自治主体衍生的社区社会服务上，这也是社区建设的难点和重点。一方面，需要商业反哺社区、政府购买服务支持社区；另一方面，又需要社区加强与居民的连接，甚至是通过募捐、社区信托等第三次分配的方式共担成本。对商业而言，连接的过程就是交易成本越来越低、网络密度越来越大、交易效率越来越高的过程；对行政组织而言，连接的过程就是行政效率越来越高、政府绩效越来越好的过程。是否能破解这一难题，则是未来社区建设成功与否的关键。

4. 现代社区发展趋势

（1）政企合作模式未来将深入推广

政企合作模式在现代社区建设运营中的应用与推广，将进一步盘活社区资源，激发社区服务乃至城市服务产业的活力，同时能够联动环卫、养老、托育、医疗等关联产业发展，为城市服务产业发展开辟新的空间。

不论是老旧小区改造工程还是智慧社区、绿色社区或是未来社区的建设，都离不开如何将社区公共资源与社会商业资源进行平衡的问题。城市社区要想实现可持续发展，创新社区公共服务、社区商业、社区自治融合发展机制是需要政府、企业和社会（个人）共同完成的大命题。

（2）智能化技术持续赋能社区发展

随着科技的不断发展，现代社区设备逐步智能化，技术的应用正逐步改变人们的生活。技术在社区管理方面主要体现在系统集成化上，主要关注社区内部的综合信息，并从社区孤岛向信息集成方向发展，进而实现社区间信息共享，提高系统服务水平。

从功能和对象上看，社区智能化系统既包括居民家庭本身的安全保障、信息交互、信息查询、生活服务，又包括物业管理涉及的安防管理、能源管理、设备管理，还包括社区信息资源的整合、交互、利用。

现代社区的建设目标是将建筑艺术、生活理念与信息技术、电子技术等现代化技术进行有机整合，为城市居民提供更加安全、舒适、方便、快捷和开放的智能化、信息化的生活空间。

（3）社区建设的终极目标即为民服务

现代社区借助网络推广智能化设备，确保社区人员生产生活的便利，帮助打通信息惠民"最后一公里"。现代社区建设是连接现代城市建设与居民高品质生活的桥梁，社区建设贴近人民日常生活，满足人民最实际的需求。

城市社区是为居民提供精准化、精细化服务的基础性空间，直接影响人民群众对城市整体发展与建设的体验感和获得感。将生态化的理念融入社区设计的过程体现了人与自然互惠共生的可持续发展理念，有利于全面提高居民的绿色生活素养，最终实现人与环境、人与城市、人与社区的和谐。

二 城市园区一体化

（一）产城融合发展模式

"产城融合"是与"产城分离"相对的概念。改革开放以来，我国各地掀起了产业园区开发建设的热潮。然而，在大多数产业园区的实际发展过程中，由于产业园区布局远离老城区和居住社区，园区周边商业、交通、教育、医疗、休闲娱乐等配套服务设施匮乏，出现了生活空间发展落后于生产空间发展、城市功能建设滞后于产业功能发展、社会事业发展滞后于经济增长发展的现实困境。这种明显的产城分离格局，给城市居民的工作就业、生活居住、交通出行等带来了诸多不利影响。在这一背景下，产城融合概念被提出。

产城融合可以理解为产业园区与城区的融合，产城融合一直是我国城市建设和城市规划领域关注的重要内容，近年来，在新型城镇化建设中我国明确提出要实现产业与城市的功能融合、空间整合，实现"以产促城，以城兴产，产城融合"。

2014年，国家发布的城镇规划白皮书明确提出，我国当前存在一系列问题，如产城脱节、产业与人口集聚错位、工业化发展速度快而城镇化建设缓慢等，据此提出建议：推动产业与人口集聚的一体化，紧密衔接产城融合并丰富其功能，规避新城区空心化现象的出现。2015年，国家发展和改革委员会将产城融合确定为推动城镇化高质量发展的核心理念，2016年推出58个国家产城融合示范区，从五个方面入手为产城融合安排任务：一要提高空间布局合理性，加快融合速度；二要发展产业集聚，创建完善的产业体系；三要保护生态环境，发展绿色低碳经济；四要建设基础设施，增强公共服务能力；五要健全城镇化机制。2021年，"十四五"规划纲要中强调，城市品质亟待提升，要以新思路与新方式实现城市发展，对城市建设管理进行总体安排，采取一系列方式优化城市空间结构，提升发展品质。

"产城融合"是指产业与城市融合发展，以城市为基础，承载产业空间和发展产业经济，以产业为保障，以提升人的生活质量为目标，通过产业升级换代和城市配套服务，达到产业结构、就业结构、消费结构的匹配，实现产业、城市、人之间的互融发展（见图4-7）。

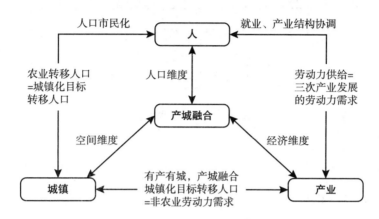

图4-7　产城融合概念框架

资料来源：笔者自制。

与传统的发展模式不同，产城融合的核心是人（见图4-8）。产城融合更加强调人的主观能动性，回归人的视角，应对人的诉求，所反映的是全面、协调、可持续发展的理念。产城融合的本质是从功能主义导向到以人为本导向的回归，是由注重功能分区和产业结构向关注融合发展、关注人的能动性和关注创新发展的转变。

由此出发，"城"就不能再仅仅理解为"城市"、"城镇"或者"园区"这样的产业发展空间载体。在马斯洛需求框架下，"人"的需求主要包括：满足生理需求的食品、住宅；满足安全需求的医疗；满足社交需求的娱乐；满足尊重需求的就业、高档消费；满足自我实现需求的教育、培训等。不难发现，"城"满足"人"的需求的主要手段是在"人"聚集的地理范围内满足"人"的不同层次的需求。

产业提供人的就业需求，城提供人的居住需求，围绕人来达到空间生产和空间消费的均衡。

151

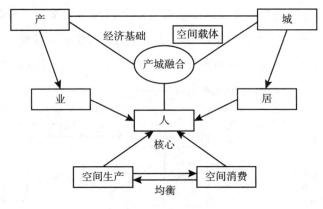

图 4-8　产城融合结构

资料来源：笔者自制。

（二）智慧园区建设

随着物联网、大数据、云计算、人工智能、5G 等新兴技术在新型智慧城市建设领域的大面积应用，以"万物智能、万物互联、万物感知"为代表的物联网新纪元时代正逐步向城市治理、公共安全、政府转型、民生服务、工商经营等深层次领域渗透。产业园区作为各地方工商业经济聚集的主要载体，可以充分利用当今信息技术发展优势，推动产业园区基础设施向"动态感知、终端交互、设施智能"方向转型升级，以提升园区智能化建设水平为起点，结合智慧城市新发展理念，加快智慧园区"管、服"一体建设进程。

1. 智慧园区的发展历程

我国园区经历空间集聚的园区 1.0、产业集聚的园区 2.0、产业链整合的园区 3.0、产城融合的园区 4.0 建设，包括起步探索、快速增长、规范调整、转型升级四个阶段（见图 4-9）。

起步探索阶段以 1979 年设立蛇口工业园区为标志性事件，当时国内产业基础落后，技术资本薄弱，园区以保障区位、交通、基础设施等空间要素为主，发展驱动力主要来自政策优惠以及廉价的土地、劳动力。

快速增长阶段以 1992 年南方谈话为标志性事件，同类企业在园区的大

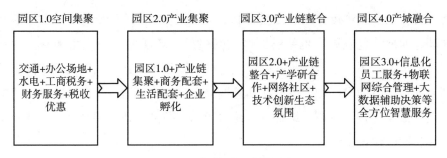

园区1.0空间集聚	园区2.0产业集聚	园区3.0产业链整合	园区4.0产城融合
交通+办公场地+水电+工商税务+财务服务+税收优惠	园区1.0+产业链集聚+商务配套+生活配套+企业孵化	园区2.0+产业链整合+产学研合作+网络社区+技术创新生态氛围	园区3.0+信息化员工服务+物联网综合管理+大数据辅助决策等全方位智慧服务

图4-9　智慧园区发展历程

资料来源：笔者自制。

规模集聚整合外加上下游配套产业链驱动园区主导产业的逐步形成，园区发展的核心驱动力转向以"政策+企业竞争力"为主的"产业链"驱动增值。

规范调整阶段以2003年7月国务院办公厅印发《关于暂停审批各类开发区的紧急通知》为标志性事件，技术密集型、创新密集型产业的出现带动园区产业链整合进程加快，高端人才吸引、便捷网络兴起、前沿技术引入、其他高端产业配套服务逐步完善，"创新链"开始驱动园区产业增值发展。

转型升级阶段以近年房企转型、产业地产兴起为代表，具有明确的产业定位和产业链条，需要注重引入信息化员工服务平台、工业互联网产业交易平台、物联网综合管理平台、智能化招商帮扶平台以及大数据辅助决策平台等软硬件基础设施，为当地政府、园区经营方、入驻企业及员工提供监督、管理、运营、招商的全方位、全链条、多维度服务机制，如上海张江高科技产业园、深圳天安云谷智慧园区、碧桂园新能源科技小镇等。

2.智慧园区建设进入高速发展期

近年来，随着城市化加速发展，世界各地城市尤其是较为发达的城市饱受"城市病"的困扰，"智慧城市"应运而生。众多发达国家将智慧城市建设作为刺激经济发展和建立长期竞争优势的重要战略，美国、新加坡、日本、韩国等国家已在这一领域重点布局，我国也将北京、天津、上海、杭州等90个城市纳入首批智慧城市试点建设区域，着力打造智慧城市建设。

在"智慧城市"这一概念的引导下，"智慧园区"的理念也进入了公众的视野。从空间维度来看，目前我国已经形成"东部沿海集聚、中部沿江联动、西部特色发展"的智慧园区空间格局。环渤海、长三角和珠三角地区以其大量的园区平台作为基础，成为全国智慧园区建设的三大聚集区；中部沿江地区借助沿江城市群的联动发展势头，大力开展智慧园区建设；西部地区凭借产业转移机遇，结合各自地域特色和园区产业发展基础，正加紧布局智慧园区建设工程。

智慧园区是园区信息化基础上的 2.0 版本，是智慧城市的重要表现形态，其体系结构与发展模式是智慧城市在小区域范围的缩影，既反映了智慧城市的主要体系模式与发展特征，又具备了不同于智慧城市发展模式的独特性。随着国内智慧城市建设步伐的不断加快，党中央和国务院也更加注重智慧园区的建设与发展，2012 年至今，颁布了多项政策（见表 4-3）推进智慧园区的建设，国内更多的园区投身到园区智慧化建设中。

表 4-3　智慧园区相关政策

颁布或提出时间	政策主要内容
2012 年 11 月	党的十八大提出全面建设小康社会,智慧城市、智慧园区的建设是国家城市化发展过程中的必然选择
2013 年 1 月	住建部在北京召开创建国家智慧城市试点工作会议,其中包含园区建设,如上海漕河泾开发区、苏州工业园区、西安高新区智慧园区
2014 年 3 月	《国家新型城镇化规划(2014—2020 年)》特别强调推进智慧城市建设、推进智慧信息服务和新型信息支撑、促进产业发展向现代化转型等内容
2015 年 8 月	国务院印发的《促进大数据发展行动纲要》指出,推动大数据与云计算、物联网、移动互联网等新一代信息技术融合发展,探索大数据与传统产业协同发展的新业态、新模式,促进传统产业转型升级和新兴产业发展,培育新的经济增长点
2019 年 5 月	《国务院关于推进国家级经济技术开发区创新提升打造改革开放新高地的意见》提出包括加快推进园区绿色升级,推动发展数字经济,提升产业创新能力等措施在内的 22 项内容
2020 年 4 月	国家发展改革委、中央网信办《关于推进"上云用数赋智"行动　培育新经济发展实施方案》提出,大力培育数字经济新业态,深入推进企业数字化转型,打造数据供应链,以数据流引领物资流、人才流、技术流、资金流,形成产业链上下游和跨行业融合的数字化生态体系

资料来源：笔者自制。

3. 智慧园区建设的痛点

（1）智能化水平较低

产业园区发展常以聚集同一产业类型的企业作为当地产业要素集聚的传统模式，导致其经济结构相对简单，管理方式趋同。使用少量智能化系统作为园区管理抓手时，通常以单独建筑、单一企业为主体进行简单化管理，如部分园区建设的安防监控系统功能单一，大部分系统不具备生物识别及行为识别能力，也不具备自我学习能力，外界管理环境发生改变时，需要进行二次系统升级，甚至重新建设，造成园区管理体系迭代升级能力弱，容易导致重复建设。

（2）信息孤岛导致系统间数据脱节

当前，园区建设的信息孤岛问题成为无法实现园区智慧化运营的根本原因。信息孤岛是指各职能部门或运营条线的信息交互不能完全共享和互通，从而形成相对孤立的信息系统集，最终导致企业进行了大量智慧化建设投入却没有有效提升园区的管理运营效率。功能上的不关联、信息上的不共享以及管理流程的不透明造成虽然园区各个领域都进行了智慧化建设，但整体情况并未改善，园区智慧化仅体现在某一领域，不能实现全园区的智慧化。

（3）建设内容与运营模式脱节

智慧园区建设过程中势必会产生大量的硬件设备和信息系统投入，但由于管理模式、管理制度、人员配置等因素，智慧园区并未充分发挥智慧化的作用，已建成的智慧园区仅是利用其模块化的硬件设备，而对园区运行产生的数据无法有效挖掘、分析和利用以促进园区持续向好运行。

（4）系统更新与实际需求脱节

随着科技和园区业务管理的不断进步，未来在智慧园区技术应用和管理模式方面将面临不同程度的升级迭代和创新，因此园区的解决方案需根据园区的发展不断完善和更新，以匹配园区发展需求。当前，大多数的解决方案虽然在设计初期采用了较为前沿的技术和管理模式，但在后期持续技术升级和管理优化等方面考虑较少，在面临升级迭代时成本较高，改造效果欠佳。

4. 智慧园区的建设思路

（1）基础建设平台：5G 网络建设、智慧消防系统、智慧能源监测系统、智慧环境监测系统、信息化机房、智能化建设。

（2）招商运营平台：从大数据招商、招商管理、合同管理、财务管理、物业管理、资产管理、空间管理等多个维度进行建设。

（3）企业服务平台：企业服务面对的主要是企业和个人，通过服务平台建设，一是企业办事快捷、方便，帮助企业提高办事效率，二是让园区个人享受便捷的生活，起到留才作用。

（4）增值服务模块：通过规范统一的信息化平台，提高工作效率，减少人工和重复操作，起到降低成本的作用；通过高效服务，提升园区服务能级，完善房租与增值服务达到增效目标。

（5）数据服务平台：领导层驾驶舱满足立体指挥和参观宣传需要。物联感知平台是园区数字化、智能化的基础，负责园区设施设备的互联互通和统一运维。

（三）碧桂园智慧产城运营

2016 年，碧桂园提出"产城融合"战略，其构想是要建造以产业为核心，以项目为载体，通过以产带城、以城促产、产城互动的发展路径打造生产、生活、生态"三生融合"的宜业宜居之城。

碧桂园通过产城融合提供优秀的公共服务，打造具有城市魅力的、有归属感的、宜人又怡人的功能复合型城市；打造以智慧服务为构架，通过"感知定制"的"看不见"的智慧物联城市；打造集绿色空间和循环设施于一体的绿色生态永续家园，让产业和城市充满生命力。其核心在于为产业提供更好的发展空间和平台，即地产为产业服务：产业"轻装上阵"，让企业聚焦其核心业务，关注市场、产品和研发；碧桂园"重资产"，把握企业真实需求，促进企业成长，让产业、企业更多关注其主业和核心，关注市场、产品和研发，解除其后顾之忧。碧桂园在产城融合项目中优先考虑产业聚集、跨界融合（"政产学研金服用"七位一体）、创新生态及产业服务等功能，为企业发展提供源源不断的支持和帮助。为企业提供金融服务，降低营运资产投资，提供融资租赁、售后回租等服务，支持企业降低前期资产投入。

碧桂园将产城融合发展理念与城市规划理念相结合，提出了将科技产业、多元产业生态系统、大规模创新空间、产业服务平台、智慧城市、3D城市、立体生态、TOD 模式相结合的产城融合发展模式。

自 2016 年发布"产城融合"战略以来，碧桂园认识到产城融合和智慧城市对传统城市运营提出了新的挑战，必须为其打造一套全新的运营体系，进行各类服务的创新和融合。因此，碧桂园提出"智慧产城运营服务商"的转型宣言，致力于打造一套产城运营服务体系。

智慧产城的建设和运营是全球城市发展趋势、中国产业发展新阶段、人才聚集新模式以及智能发展新态势下的必然选择。我国经历了从劳动密集型产业到技术密集型产业、资本密集型产业再到创新密集型产业的产业升级，因此，迫切需要推动创新型城镇、创新型产业、创新型企业、创新型人才的逐级依托与落地。作为核心城市周边，以产业为核心的卫星城将会成为一种趋势，一方面分担核心城市的负担，另一方面为创新创业提供乐园。

目前国内科技人才基本集中在一、二线大城市，在享受资源的同时也不得不忍受"大城市病"：高房价、城市污染、通勤时间长等问题。中国的科创人才根据自己对生活品质的喜好选择生活城市的时代刚刚拉开序幕，而伴随着互联网、物联网的发展，选择一个环境优雅的城市办公成为可能。

1. 产业空间治理

（1）引入龙头+产业集群

碧桂园在园区引入龙头科技企业，打造产业链，将生态圈科技产业引入与当地产业升级相结合。碧桂园凭借其强大的跨界资源整合能力，秉持"地产为产业服务"的理念，将全球顶级的科技企业、创新龙头企业引入核心城市群。目前已招揽包括思科、富士康、华兴资本、软通动力、明匠集团、李开复创新工场、清华大学、中国科学院综合研究中心在内的以八大产业资源为主的企事业单位超过 1000 家，助力形成更加完备的产业集群和创新联盟。

（2）创新平台+众创空间

碧桂园通过在园区打造企业创新平台，激发园区创新活力，通过打造众创空间，引入著名创业导师建立孵化体系，助力园区内中小企业成长。

（3）做强服务+做大产业

碧桂园打造"政产学研金服用"七位一体的产业服务体系，通过产学研结合、产融结合、产咨结合做大园区产业。初创企业的起步速度与资金投入水平成正比，为支持入驻企业的运作，碧桂园依托自有基金并联合产业基金机构，合理运转社会资本，设立 200 亿元产业专项投资基金，为入驻企业开辟特色金融通道。碧桂园凭借自身资源联合国内外各大高校、全球顶尖智库在产业园区设立工作站、研究院等，让入驻园区的企业能够足不出户畅享全球顶尖的技术智库。碧桂园联合罗兰贝格等战略咨询公司，邀请国际战略管理大师，建立小镇管理咨询智库，为企业管理提供战略意见，帮助企业成长蜕变。同时，碧桂园通过重资产运营，提供完善的企业配套和服务，帮助企业实现轻资产运作，助力企业加速成长。

（4）吸引人才+培养人才

人才是企业可持续发展的重要动力。碧桂园凭借强大的优秀人才吸引力，已吸纳来自麻省理工大学、哈佛大学、剑桥大学、牛津大学、帝国理工大学、清华大学等全球顶尖高校优秀博士约 1000 名，涵盖高新技术、数字创意、节能环保、信息技术等战略新兴领域，为"产城融合"战略的实施提供了强大的人才支撑。

2. 城市公共空间治理

（1）宜居城市

碧桂园以城镇运营 22 年的经验，打造精品住宅、学校、医院、商场等配套一应俱全的五星级宜居之城。"产城融合"战略坚持实现城市和产业的高度结合，以城市作为蓝本，承载产业空间和发展产业经济。碧桂园潜心积累丰富的城市运营经验，已建设逾 1000 个项目，服务逾 400 万名业主。超强的城市运营能力将为"产城融合"提供强大推力。

（2）智慧之城

整合以思科为代表的全球智慧城市资源，携手埃森哲、马来西亚西尔康等公司，以全球领先理念投入巨资共同打造 5S 智慧城市。在城市运营、社区管理、物业服务、智能家居等方面实现全方位的智慧城市目标。

（3）生态之城

碧桂园以立体城市、多维生态和 TOD 开发理念，致力于将园区打造成森林城市、低碳出行的生态之城。

碧桂园通过建造立体城市，将人车分流，没有车辆在地面穿行，车辆与行人互不干扰。地块内采用分层立体设计，引入生态的垂直绿化理念，建立多维生态景观城市，全城搭建垂直绿境、空中花园和室顶绿化系统，建筑外墙种满植物，目之所及都是自然森林。同时，碧桂园提倡发展以公共交通为导向的 TOD 立体交通模式，高效利用土地，便利居民生活，通过对公共交通体系的搭建，打造一个以公共交通为主的城市，提倡公交出行，减少私家车出行，缓解交通压力和停车压力。

（四）科技小镇的兴起

1. 新型城镇化背景下特色小镇的建设风潮

特色小镇作为产业的新型空间组织，顺应了新型城镇化的发展和以供给侧结构改革为核心的产业转型升级，有利于推动地区经济发展，促进生产、生活、生态"三生融合"。2016 年 7 月，住房和城乡建设部、国家发展改革委、财政部三部委联合印发了《关于开展特色小镇培育工作的通知》，提出到 2020 年培育 1000 个左右各具特色、富有活力的休闲旅游、商贸物流、现代制造、教育科技、传统文化、美丽宜居等特色小镇。从中央到地方，各地陆续出台了一系列相关政策支持特色小镇的发展。在政府政策以及民营资本的支持下，各地掀起特色小镇建设风潮。

党的十八大提出"把生态文明理念和原则全面融入城镇化过程，走集约、智能、绿色、低碳的新型城镇化道路"，"新型城镇化"这一概念成为关注焦点。2014 年，党中央和国务院印发的《国家新型城镇化规划（2014—2020

年）》指出，在我国城镇化快速推进过程中出现了一些亟须解决的矛盾和问题，"土地城镇化"快于人口城镇化，建设用地开发建设粗放低效，城市功能不完善、城市管理服务水平不高，以及"城市病"等问题日益突出。一些新城新区、工业园区占地过大，建成区人口密度偏低。同时，部分城市空间无序开发，人口过度聚集，重经济发展、城市建设，轻环境保护、管理服务。

民营资本迅速跟进，从阿里巴巴、华为等企业到万科、碧桂园等传统地产开发商，诸多角色开始涉足特色小镇的建设。特色小镇作为资本投资的新领域和城乡均衡发展的新模式，可以促进产业持续发展，并成为新型城镇化、产业转型升级的重要抓手。特色小镇类型多样，如历史文化小镇、城郊休闲小镇、科技小镇等。其中，科技小镇是指以科技智能等新兴产业为主，科技和互联网产业占主导地位的小城镇。科技小镇的快速发展对于推动新兴科技产业的发展、促进制造业与互联网产业的深度融合具有重要意义。

2. 产业转型要求下科技小镇的诞生

我国的特色小镇从浙江发源，最初的特色小镇即以科技创新产业为特色，杭州先后建设了梦想小镇、淘宝小镇、基金小镇、人工智能小镇等一批特色小镇，这些特色小镇具有鲜明的产业特色。2016 年 8 月，碧桂园发布"产城融合"战略，首次提出"科技小镇"这一概念，战略指出科技小镇一般占地 2~5 平方千米，选址在一线城市周边和二线城市附近重要区域，聚集优质产业，实施创新驱动发展战略，打造完善的配套设施。万科、华夏幸福、绿城、时代等地产公司亦有相应类型的小镇项目布局。

在加快产业转型升级的要求下，经济增长由传统产业驱动转向科技创新驱动，大力推动以互联网、大数据、人工智能为代表的新兴产业发展具有重要意义。科技创新具有外溢效应，能够推动区域产业基础高级化。传统开发区或工业区往往面临"重产轻城"或泛地产化的产城分离问题，这一问题又反过来制约了园区创新氛围的培育，同时这些园区企业在政策优势逐渐减弱后又面临竞争力不足的问题，追求拓展产业空间或城市功能的单边效应导向导致园区企业缺乏合作，阻碍园区产业的整体协同发展。科技创新产业需要新的空间组织形态，完善的城市功能有助于营造更好的区域创新氛围，促进科研成果转化，优化城市功能，疏解中心城区压力。建设以科技引领、开放包容、创新共享为特色的科技小镇成为破解传统产业园区同质化严重、工业园区或科学城产城分离问题的新思路。

科技小镇体量较小，规模紧凑，一般建设在相应科学城或高新技术开发区内。科技小镇是在企业主导下开发的综合项目，政府按照其产业发展目标提供政策支持，甚至也参与投资建设。科技小镇作为一个功能齐全的生产生活空间，其承载的活动有商务办公、科技研发、生活居住、医疗健康、旅游休闲等。同时，作为与物联网产业相关的中小企业总部基地，其可以为中小企业提供研发办公、中试生产、成果转化、创新创业以及科技咨询等综合服务。具体而言，其功能载体有可灵活分割布置的满足不同规模创业团队和中小企业的研发办公楼，为创业团队提供技术与资金支持的创业孵化器与风险投资机构，可方便办理营业执照、刻章、银行开户、税务登记等服务的政府入驻政务服务中心，培育宣传小镇创新氛围的科技博览中心、文化创意中心，满足小镇居民生活居住的人才公寓、社区医院、物业管理、主题酒店等。科技小镇主要培育新一代高新技术，聚焦高端产业的制造与研发，例如通信设备、计算机及其他电子设备制造业等。同时，科技小镇在其空间组织与运营管理上多借助人工智能、大数据、物联网等信息技术手段。这使科技小镇不仅体现出产业方面的智慧化与高端化，还因其自身运营方式升级如交通出行智慧化等而降低成本，促进了小镇的智能化、人性化发展。

3. 科技小镇的建设理念

（1）引入龙头企业，进行产业补链

依托入驻的核心龙头科技企业，形成产学研合作架构（见图4-10）。持续引进上下游企业、配套企业，通过核心企业的产业资源集聚和技术力量扩散，促进行业资源的共享和行业标准的建立，引领产业发展。将小镇作为促进地区产业转型升级的创新产业集聚区，突出产业集聚、创新突出、高度发达的产业特色，通过集聚人才、技术、资本等高端要素，加快推进产业集聚、产业创新和产业升级。

（2）加强校企合作，集聚周边优势研发资源

结合科技小镇所在地区的产业基础、高校力量，开展校企协同创新，加强产学研深度合作、系统合作、长期合作，企业与专业对接，产业与高校对接，建立长效合作机制，鼓励各龙头企业加强与高校的合作，在小镇设立研究院。

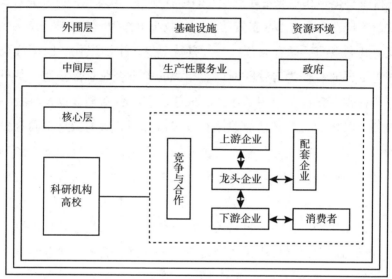

图 4-10　科技小镇的产学研合作架构

资料来源：笔者自制。

（五）顺德新能源汽车小镇

目前，大型房地产业转型升级正在加速。不同于过去的多元化转型策略，建设特色小镇正在成为房企转型的新方向。碧桂园、华侨城、绿城等房企正在推动中国的"小镇计划"，探索用"造城计划"寻找新的利益增长点。

碧桂园宣布启动科技小镇计划，目前该集团已有 24 个科技小镇项目启动，如顺德新能源汽车小镇、惠东稔山科技生态城项目、惠州潼湖创新小镇项目、惠州潼湖科学城项目等。

碧桂园认为，中国科技产业发展迅猛，高新企业快速集聚到一、二线城市，如在深圳 2000 平方千米的土地上，汇集了 7000 家高新技术企业、3000

家科技企业，造成房价高企、交通拥挤、空间狭小，企业运营成本不断升高，产业持续发展面临挑战。

在这些一、二线城市打造科技小镇将有助于解决这些问题。小镇将聚焦新能源科技产业资源，围绕产业协调发展的绿色现代产业体系，实现城市功能与创新产业共生共荣。通过龙头企业带动关联企业入驻，遴选最有潜力的优质企业进入小镇。下文以顺德新能源汽车小镇为例介绍。

1. 小镇介绍

顺德新能源汽车小镇是在顺德区委和区政府指导、支持下成立的产业转型升级平台，是佛山市"千亿产值项目"及"招商引资重大项目"之一，是碧桂园"产城融合"战略的重点项目。小镇总规划占地3000亩，围绕新能源化和智能网联化，打造创新中心和智造中心，形成"一镇双中心"战略格局。创新中心规划约1000亩，智造中心规划约2000亩，稀缺土地组合，集企业总部、技术研发、管理服务、智能制造等于一体。顺应《中国制造2025》战略规划，小镇聚焦新能源汽车产业链，协同新一代信息技术、高端服务业共同构建创新生态体系，打造大湾区创新产业集群和策源地。目前，小镇已与数十家汽车创新领域龙头企业签署入驻协议，包括中深新产业创新联盟、国家级汽车创新孵化器Auto Space、海康威视车联网联合实验室及其他汽车产业上下游企业等；引进两大院士工作站、五大新能源汽车研究院，并与周边多所高校研究院开展战略合作，产业氛围浓厚。小镇的产品涵盖了企业总部独栋、科技产业楼、创意办公、工业4.0智能制造工厂定制等，满足企业全生命周期的空间载体需求。小镇一期固定资产投资总额预计为25.52亿元，建成后将为当地带来800家企业、500多人的研发团队，将会创造2.5万个就业岗位，预计产生300亿元的产值。

（1）空间布局设计

A. 地块基础条件

顺德新能源汽车小镇区位优势明显（见图4-11）。小镇地处粤港澳大湾区的珠江西岸地区，粤港澳大湾区是国家建设世界级城市群和参与全球竞争的重要空间载体，由2区9市组成，总面积5.65万平方公里，总人口约7000万人，与美国纽约湾区、旧金山湾区和日本东京湾区为世界四大湾区。

在四大湾区中，粤港澳大湾区在人口和面积上占据绝对优势，GDP 目前仅次于东京湾区，到 2030 年，粤港澳大湾区经济总量将达 4.62 万亿美元，成为全球经济总量第一的湾区。[①]

图 4-11 科技小镇的区位

资料来源：笔者自制。

B. 城市基础资源

小镇交通资源丰富（见图 4-12），拥有双地铁、双城轨以及多维交通网络，连接广佛同城以及 6 个重要机场，包括佛山沙堤机场、广州白云国际机场、珠海金湾机场、澳门国际机场、深圳宝安国际机场和香港国际机场。三大高铁城轨：广州南站、城际轻轨顺德站、顺德学院站；八大港口：区内——顺德港、北滘港、勒流港、顺德新港，区外——南沙港、黄埔港、盐田港、香港货柜码头；七大高速：佛开高速、太澳高速、广珠西线高速、东

———————
① 郭跃文、王廷惠主编《粤港澳大湾区建设报告（2022）》，社会科学文献出版社，2023。

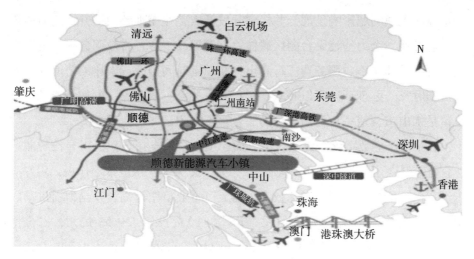

图 4-12　科技小镇的交通资源

资料来源：《5G 网络成汽车智能化转型"利器"　佛山建首个"5G 小镇"》，搜狐网，https://m.sohu.com/a/257950250_354817。

新高速、广明高速、广中江高速、佛江高速。区内 5 分钟上高速，公路密度高达 220 公里每百平方公里。

顺德区产业资源丰富。顺德区 2020 年地区生产总值为 3667.6 亿元，有企业 4800 家，其中工业企业 2400 家。顺德是以民营为主的制造业大区，以家电、家具、花卉等行业为主，集中设立公司总部，上市企业总市值突破 1 万亿元。顺德以"4+5"产业集群的定位作为未来区政府的工作方向。四大战略性支柱产业指智能家电产业、高端装备制造产业、先进材料产业、现代轻工家居产业；五大战略性新兴产业指智能机器人产业、新一代电子信息产业、生物医药与健康产业、数字创意产业、现代农业与美食文旅产业。

C. 城市综合发展环境

在营商环境方面，顺德实施"以水兴城"战略，营造"顺心顺意"的营商环境。在开展精准招商选商扶商方面，顺德将面向中高端产业精准大招商，坚持"三个优先"（优先满足本土企业增资扩产、优先扶持主导产业发展、优先引进高科技企业）原则，全力保障产业发展的空间，不让一家优质企业因无地问题影响发展，并探索开展低效工业用地整治提升，全力抓第三产业发展，全力搭建平台园区载体。拿地即开工，各行政服务中心可以帮企业代办手续，不收服务费。行政审批在规定时间内完成，压缩精简办理的项目和时长。办理环节可以并联，实现同时办、一窗通办。顺德新能源汽车小镇是佛山市营造一流营商环境的头号重点工程。

在推动产业数字化智能化转型方面，顺德全力支持、积极引导传统制造业企业转型，让企业实现"二次腾飞"，突出龙头企业示范带动作用，用好广东（佛山）制造业转型发展基金，实施上市企业倍增计划，并全力引进高层次人才。顺德 2020 年全社会研发（R&D）经费投入 150.58 亿元，占全市 R&D 经费投入的 52%，R&D 经费投入占地区生产总值的比重达 4.19%。

大梁街道有 6 家上市公司，新三板挂牌 16 家，国家级孵化器 2 个，省级工程研发中心 40 个，辖区规模以上的工业企业 291 家，街道工商税收 120 亿元。在工业方面，以汽配为主。新能源汽车小镇紧邻顺德旅游龙头华侨城，属于"寻味顺德"的范围。

顺德连续八年位居《人民日报》发布的中国中小城市高质量发展指数全国综合实力百强区第一名，中小城市发展指数研究体系从综合实力、绿色发展、投资潜力、科技创新和新型城镇化质量五个维度系统、全面地展示了我国中小城市发展状况。而顺德名列前茅的重要原因是顺德民营企业、制造业的良好发展。

2020 年，《佛山顺德粤港澳协同发展合作区建设方案》先后通过佛山市推进粤港澳大湾区建设领导小组、广东省推进粤港澳大湾区建设领导小组审议同意，合作区成为全省推进粤港澳大湾区建设的重点平台，进一步推动产业优化升级、科技创新发展、高端服务贸易、青年创新创业、人文交流融合等领域的协同发展，搭建佛山顺德参与粤港澳大湾区建设的重要载体。

2021 年，由广东省推进粤港澳大湾区建设领导小组印发的《佛山顺德粤港澳协同发展合作区建设方案》在广东省发展和改革委员会、广东省粤港澳大湾区门户网站公布，意味着佛山顺德粤港澳协同发展合作区正式被纳入全省推进粤港澳大湾区建设的重点平台。

由广东省科技厅与顺德区政府合作共建的南方智谷，作为"科技顺德"战略的重要载体，是顺德三大科技创新集聚区之一，聚焦机器人、智能家电、机械装备三大核心产业，提供科教科研服务、国际专利与海外服务、香港青年创新创业服务。活跃的市场带给城市更大的经济活力，同时，企业的发展在成本门槛、平台聚集、资源优化等方面有了更大的诉求。

（2）基础设施规划

周边配套齐全。顺德新能源汽车小镇距顺德区行政服务中心、顺德区政府约3公里，开车只需要10分钟，能够有效提升企业行政工作办理效率，让小镇企业专注自身核心业务，以低成本获得高质量的后台行政服务。距离小镇1公里有顺德华侨城欢乐海岸以及大融城、顺德印象城两大繁华商圈，人们可以在办公、生活、购物、休闲等模式间随意切换。俯瞰顺德最大的顺峰山景，有着亚洲最大的牌坊建筑，享桂畔海湿地公园、赏约220亩人工湖景观。小镇设有多功能国际会议中心、创新科技展厅、路演平台、共享会议室等共享商务配套设施，以及阳光书吧、共享健身室、员工餐厅等配套设施。

2. 小镇运营管理能力

（1）企业桥梁

小镇通过平台资源对接、市场推广活动、政府活动等方式，深耕各级政府、碧桂园社区及产城融合战略合作伙伴产业链资源，由专职对接人员协助入驻企业开发应用场景，拓展核心业务。

小镇可以提供：世界500强企业、独角兽企业产业链相关市场考察与推荐；产品路演、展览展销、贸易洽谈；产品推介及国内外经济技术交流与合作；碧桂园全球社区资源、子公司应用场景优先开放申请。

（2）外包服务

碧桂园联合埃森哲等世界级商务流程外包服务商（BPO），搭建世界级的小镇公共外包服务平台，为企业提供可按时间/按类目/按次数灵活收费的IT、人力、财务等外包服务，让小镇企业专注自身核心业务，以低成本获得高质量的后台外包服务。

（3）企业管家

碧桂园为每个入驻企业配备专职企业管家，提供一站式管家服务，以专职行政助理解决企业后顾之忧，包括入驻服务、工商代办、员工服务、接待推广、特色政策服务。

（4）空间赋能

通过企业创新合伙人，陪伴企业成长，碧桂园联合中国汽车创新孵化器联盟，集结23家知名汽车垂直领域孵化器，打造粤港澳大湾区汽车创新产业孵化生态集群，厚植创新土壤；携手国内唯一的国家级汽车众创空间Auto Space，率先打造"智能网联汽车创新中心"；联合以视频为核心的物联网解决方案提供商海康威视，打造车联网联合实验室。

（5）技术赋能

联合腾讯、海康威视等全球领先的人工智能技术服务商，打造人工智能的场景研发和应用环境，以 AI 技术构造小镇服务体系。联合海康威视萤石云平台，打造小镇"AI+"公共技术研发平台；开发小镇全方位的 AI 应用如"AI+安防"系统，"只刷脸、不刷卡"，提升小镇进出和购物体验；构建"AI+停车"系统，实现 AGV 机器人自动停车，缩短在车库中的逗留时间。

（6）人才赋能

碧桂园联合全球顶尖智库，为企业提供导师服务。一方面，碧桂园发挥技术智库的作用，整合全球汽车城、中国汽车界、产学研资源和技术力量，建立全球专家战略智库，搭建全球性的汽车行业技术检测和专家服务平台，已引入两大院士工作站、五大新能源汽车研究院，并与周边高校研究院开展战略合作，实现小镇入驻企业足不出户畅享全球顶尖的技术智库。另一方面，碧桂园发挥管理智库的作用，联合罗兰贝格等战略咨询公司，邀请国际战略管理大师，建立小镇管理咨询智库，为企业管理提供战略意见，帮助企业成长蜕变。

（7）IT 服务赋能

碧桂园拥有无线、无界、无纸的办公环境，联合腾讯云搭建小镇云服务平台，让企业按需使用 IaaS、PaaS、SaaS 的云模块，实现即插即用入云，帮助企业迅速推动数字化变革。初期重点提供"云入驻、云桌面、云管理"三大酷炫实用的入园云装。

三　高校后勤服务一体化

（一）高校后勤服务概况介绍

1.高校后勤服务概念

高校后勤服务主要指为高校提供衣食住行相关服务的带有一定经营性和社会性的部门及服务，如食堂、宿舍、校园绿化保洁、水电保障、邮政、宾馆、医院、校车、校内超市等单位、服务人员及服务内容。

一方面，高校后勤为高校的教学科研等各项工作开展提供必要的后勤服务保障，包括为教学科研工作提供的设备设施、环境卫生、水电服务、车辆运输、会务筹办等保障；另一方面，高校后勤为在校师生员工提供餐饮服务、宿舍物业、超市服务、衣服清洗、失物招领、校区班车等服务保障。

此外，高校后勤也在某种程度上承担了一定的校园安全维稳保障职能，高校后勤服务在一定程度上影响着在校师生在工作、学习和生活中的思想情绪，容易成为校园事端的诱因，影响校园乃至社会的和谐稳定。

2.高校后勤服务模式变迁过程

（1）高校后勤服务发展阶段

高校后勤服务发展总体分为三个阶段，分别是 1979~1999 年改革初步探索阶段、1999~2010 年社会化改革稳步推进阶段、2010 年至今全面深化改革阶段。

在第一阶段中，1979~1985 年是校办后勤改革探索阶段，其特点是从饮食单项承包到经济承包责任制。1985~1999 年是校办后勤改革推进阶段，其特点是各高校后勤逐步开始模拟企业化运作。1985 年 5 月 27 日，中共中央通过《关于教育体制改革的决定》，文件中提到"学校的后勤工作，应通过改革逐步实现社会化"，拉开了校办后勤全面改革的序幕。

在第二阶段中，1999~2002 年是高校后勤社会化快速推进阶段，1999

年 6 月 13 日，中共中央、国务院颁布《关于深化教育改革全面推进素质教育的决定》，鼓励社会力量提供服务，发展教育产业，提出三年内我国高校后勤基本实现社会化。2002~2010 年，高校后勤社会化改革基本呈现因地制宜、稳步推进的状态。

2010 年至今，我国高校后勤服务进入全面深化改革阶段，这一阶段以立足实际、动态调整和深入推进为特点。

从这三个改革阶段来看，未来将会形成以公益性投入和市场化运营相结合为主要特征的新型高校后勤保障体系，实现高校后勤服务的社会化、专业化、现代化，全面形成"事企分开""管办分离"的格局，学校更多的只是充当监管、服务角色。

（2）高校后勤社会化改革

高校后勤是高等教育体系不可或缺的重要组成部分，是高校实现人才培养、科学研究和社会服务的必要支撑；高校后勤具有服务育人、管理育人、环境育人的功能，关系到校园的和谐与稳定。推进高校后勤社会化改革是建立中国特色现代大学制度的重要内容之一。我国高等教育正处在改革发展的关键阶段，深入贯彻落实科学发展观，全面推进高等教育体制改革，建立中国特色现代大学制度，实现高等教育大众化、现代化、国际化，必须继续推进高校后勤社会化，建成与我国高等教育体制改革相适应的"新型高校后勤保障体系"。

随着市场经济体制的日益完善、社会服务产业的快速发展、人事制度改革的不断深化、现代大学制度的逐步完善和广大师生服务需求的日益多样化，我国必然对高校后勤改革与发展提出许多新的要求。这就要求高校后勤必须从根本上解决计划经济体制下产生的落后的管理体制和运行机制与市场经济新体制和日益发展的高等教育需要之间的矛盾。为了解决这一矛盾，中央明确提出："高等学校后勤服务工作的改革，对于保证教育改革的顺利进行极为重要，改革的方向是实行社会化。"① 高校后勤企业化是后勤社会化

---

① 《"十四五"高校后勤改革创新与高质量发展》，http：//www.21caas.cn/uploads/upload_files/file/202103/20210317171710353778.pdf。

的必经之路。在市场经济法则的作用下，一些落后的缺乏竞争力的高校后勤实体逐步衰落，而一些新兴的高校后勤产业逐步发展壮大起来，现行高校后勤实体将步入现代企业制度的新轨道。

产业调研网发布的2022年中国高校后勤现状调研及发展趋势分析报告认为，高校后勤管理体制改革之后，在财务上减轻了学校负担，由原学校后勤部门转制而成的各种形式的后勤实体（少数成立了独立企业）运用企业化管理，在人员管理、分配制度、考核奖惩机制以及集约经营、成本核算等方面进行了一系列改革探索，工作效率大大提高。高校后勤作为保障学生和教职工得到最好的服务的工作，近年来投资规模逐渐增大。

3. 高校服务市场特点分析

高校服务市场主要针对大学生这一细分群体，其有如下特点。

（1）管理封闭性

不同于居民社区、产业园区等其他区域的公共服务，高校服务更加依赖公共空间（食堂、宿舍、操场等生活范围），在一定程度上高校可以被认为是"微缩城市，大型社区"。

在疫情期间，学生在高校封闭的时间往往更长，活动范围更加固定，无论从精神文化还是物理空间上都远离校外，在这种情况下后勤服务的保障更为重要，这种"封闭性"一方面给面向大学生群体的商业服务盈利创造了可能，另一方面也对高校后勤服务提出了更高的要求。

（2）市场容量大

中国在校大学生数量逐年增长。数据显示，2020年中国高等教育在校大学生总人数达到4183万人。同时，随着生活水平的逐渐提高，大学生群体的月均生活费也随之增加，月均消费中位数为1516元，2021年中国在校大学生的年度消费规模约为7609亿元，消费潜力巨大。[1]

随着高校的扩招，学生人数不断增加且人均消费金额不断增长，在未来

---

[1] 《2021年中国大学生消费背景及触媒习惯分析》，网易网，https：//m. 163. com/dy/article/GG3H45F60511A1Q1. html。

的消费市场中占据很大的份额。此外，大学是一个从学习、工作到生活无所不包的场所，旺盛且多元的需求催生出各种各样的商业契机。

（3）产品开发成本低

在高校内开展校园活动的成本较低且传播范围广，活动的投资回报率相对较高。高校范围内学生生活所需产品差异小，相对高校外的市场来说，对于产品与服务的个性化需求较少，所以高校服务产品开发的成本较低。

（4）消费主体独特性

随着社会经济发展水平大幅提升、消费市场供给极大丰富，高校学生的物质需求和精神需求也更加多样化，其消费相应地体现出一些鲜明偏好。

智能化消费。高校学生普遍青睐时尚化、智能化、高端化消费产品，且比较习惯于使用微信、支付宝等移动支付手段，更加倾向于自助服务、刷脸支付等智能化消费。

电商化消费。高校学生是网络电商消费主力之一。学生们的主要信息来源为互联网和社交媒体，学生集中的密度大，很容易形成口碑传播的模式。

潮流化消费。高校学生热衷于各种潮流文化，接受新事物的速度较快，敢于尝试比较前沿和新潮的产品。

消费追求性价比。高校学生由于收入有限，消费能力相对社会整体水平较低，在校园内追求的服务更多关注基本生活需求等后勤范围。

（二）高校后勤服务新趋势——智慧后勤

1.校园运行服务

2021年3月，教育部发布《高等学校数字校园建设规范（试行）》，强调围绕"技术赋能高等教育发展"的思路，利用数字校园的整体性，为各类用户提供集成化、个性化、智能化的信息和应用服务，其中对校园运行提出了要求：

校园运行是基于校园互联网、物联网和位置服务等基础设施与基础应用，实现校园园区交通、安全、餐饮、消费、接待、社区管理等后勤保障和生活服务管理，是数字校园建设的重要组成部分。校园运行相关应用通常可包括但不限于以下内容：

a）支持校园楼宇管理、环境监控、安全管理、交通管理、餐饮服务、消费服务、事务服务、医疗保健服务等校园运行和后勤服务工作。

b）应充分利用物联网、图像语音识别、数据分析等新兴技术，提供智能化校园园区服务。

c）支持与数字校园其他应用实现数据共享和业务集成。（可选）

2. 智慧后勤管理系统

智慧后勤综合管理平台以移动互联网、智慧运营、大数据、人工智能为核心，以后勤管理需求为出发点，打破传统后勤管理壁障，将后勤所涉及的消费、报修、能源、楼宇、乘车、访客、车辆、身份认证等服务进行融合，实现全范围线上办公，提高管理效益，完善校区、企事业单位管控，实现一体化智慧后勤服务。

针对后勤的管理、监督以及服务等特点，通过资源的共享、共通，形成以"管理+服务"为核心的校园绿色生态服务，为各大高校提供消费管理、报修管理、宿舍管理、安防管理、车辆管理、能源管理等多个应用使用场景，建立精细化、规范化、智能化的新型后勤服务体系。

（1）校园消费系统

校园消费系统是智慧后勤综合管理平台的核心系统，涵盖消费终端设备配备与设置、就餐与餐品信息录入及展示、消费模式与计费模式设置、支付模式管理、补助下发、特殊餐管理、货品库存管理、经营管理、结算管理等。

（2）后勤报修系统

对学校、产业园区、企业、医院等场所内设备设施的维修进行网络化管理，实行移动报修申请，实现快速报修、维修、工单流转。

（3）智慧楼宇系统

智慧楼宇系统包含宿舍管理、门禁管理、电梯管理、智能门锁管理等应用场景，将智能设备的信息纳入统一的管理平台，实现一体化管理。

（4）能源管理系统

能源管理系统包括水电管理、业务管理、价格管理、能耗监管、设备管理、信息维护等，对智慧后勤综合管理平台其他业务子系统进行基础数据的应用支撑以及能源分类分项图表分析和各类统计报表的统一配置等。

3. 智慧后勤管理的主要应用

（1）校园智慧餐饮

包括校园团餐服务、智能餐饮设备、食品检测、餐厨垃圾处理设备、餐厨油水分离器、环保餐具、校园健康食品、校园直饮净水器、教育系统智慧饮水方案等。

● 智慧食堂

智慧食堂和以前的普通食堂相比有很多变化：移动支付+人脸支付，降低了学校食堂运营成本，提升了消费者的体验；大数据分析赋能食堂经营，满足消费者个性化的需求；网络科技赋能食品安全监管，让食品安全得到更有效监督。

（2）校园能源管理

包括智慧教育照明、节能监控管理系统、智能水电控管理系统、热水淋浴设备、校园供暖、智能空调等。

● 智能用水管理系统

采用无线联网水控机能够实时、轻松地完成数据的采集、参数设置、挂失名单下发等工作，施工安装也不需要复杂的网络布线，维护简单。有了水控用水的明细数据，以宿舍和个人为单位的用水量均可以通过报表统计显示出来，在节能减排的同时使学生的校园生活更加便利。

（3）校园后勤信息

包括校园一卡通、智慧后勤报修系统、校园缴费系统、智慧物流服务、智慧后勤管理整体解决方案等。

（4）平安校园建设

包括智能人脸识别设备、智能闸机、智能门禁、智能门锁、高清视频智能监控系统、心理咨询室产品、消防安防器材等。

● 智能门锁管理系统

校园智能联网门锁通过后勤管理平台进行实时监控。每年新生入校、毕业生离校不需要再全部收集钥匙更换锁芯，只需要在后台管理软件中批量导入名单即可。遇到一些课程需要打开特定的教室门锁，不用再安排专人去开门，直接在后台下发一个指令，在特定的时间段保持门锁状态开启即可。师生刷卡数据都能实时上传到云平台，管理者在后台即可了解师生的动态，宿管员也能通过学生的刷卡数据，了解学生的归寝情况。

（5）校园健康环境

包括校园空气净化器、新风系统及室内空气净化解决方案、室内甲醛净化类产品、公共空间消毒、绿色环保桌椅、学生公寓床等学校宿舍装备、校园物业管理、智能清洁设备等。

（6）校园自助服务

包括校园无人超市/便利店、自助售卖系统、自助洗衣房、自助吹风机、自助打印机、智能充电桩、智能储存柜、智能快递柜、智能更衣柜、智慧阅览室等自助共享服务。

● 无人超市

校园无人超市主要运用以下四种技术：一是图像识别技术，能够进行快速面部特征识别、身份审核，顾客可以"刷脸进店"；二是物品识别+追踪技术；三是情绪识别+眼球追踪+行为轨迹分析，能判断结算意图；四是智能闸门的"无感支付"，实现"出门就付"。

● 智能快递柜

校园内智能快件箱物流系统参与方包括物流企业、智能快递柜企业及校方。在初始环节，物流企业向电商企业或其他寄件人收取快递和寄件费用，运输至目的地后交由智能快递柜企业，并交付一定使用费用。智能快递柜在快递投放时向收件人发送通知，提醒收件人在一定时间段内收取快递。在智能快递柜的使用过程中，企业需要向校方交付场地使用费、水电费、维修费用等。

● 自助洗衣房

校园自助洗衣是学生使用手机在线付款自助洗衣，企业通过远程智能监控进行管理，实现无延时、无误诊的实时监控；未来将有可能从手机操作升级为语音操作或人脸识别。学校为相关企业提供场地，在学生居住的宿舍内集中安装自助洗衣机，企业负责安排专职人员定期负责洗涤设备的清洁和维修工作。

● 智慧阅览室

智慧阅览室的构成要素主要包括智慧系统、智能基础设施、智慧服务，构建智慧图书馆据此可分为三部分：物质、技术和服务。物质层面是基础，技术层面是关键，服务层面是核心，三个层面互相支持，共同支撑起智慧图书馆的服务体系。智慧阅览室中设立信息共享大厅，供读者免费使用网络资源；设立研修小间，配备桌椅、空调、书架、网络，可以供小组讨论课题，研修小间可以通过现场客户端、图书馆网站以及手机客户端预约使用；设立书吧休闲区，提供休息和休闲场所，书吧提供各种最新期刊、清茶、咖啡，可供小型研讨；设立视听鉴赏室，提供多媒体设备，可供教学和欣赏。

（三）高校智慧后勤服务发展趋势与问题探讨

当前，学校后勤管理工作逐渐由传统经验管理向科学化管理转变，实行精细管理，推行细节服务是新形势下提升学校后勤服务质量和管理水平的必然要求。高校智慧后勤服务主要有数据化、服务化、智慧化三大发展趋势，也存在数据安全隐患、服务性质矛盾、管理赋能不足等方面的问题。

1. 发展趋势

（1）数据化

高校后勤数据中心需整体升级，将非结构化数据纳入数据中心管理范畴。对传统业务数据和信息资源进行面向对象的分类和集成，根据业务的需要形成服务成效数据化、用户行为数据化、用户属性数据化等数据化实体。

高校应当支持后勤服务企业利用大数据和人工智能技术开展用户消费行为分析，提升精准营销、精细服务水平，引导企业从被动服务转向主动服务。

（2）服务化

高校后勤部门工作和常规信息化系统需进行流程梳理，以"服务"视角重组业务过程；后勤服务一站式设计将"服务"放到篮子里，切断服务与业务的直接联系，提升用户体验；服务平台化屏蔽了服务后端的数据交换、业务逻辑，使服务和数据、服务之间松耦合化，提升服务适应性。

高校后勤服务也逐渐适应消费结构升级，鼓励服务企业开展沉浸式体验服务、无人服务、定制服务，推动形成多层次的服务市场；支持利用 AI 技术开发虚拟服务平台，全方位提升服务能力和用户体验。高校后勤服务企业利用高新技术优化组织结构、再造业务流程，提升跨平台、跨场景综合服务能力。

（3）智慧化

高校服务逐渐呈现智慧化的发展趋势，具体表现在实现了校园信息网和物联网的融合与互通，建立无障碍的信息发布和传播途径；从传统信息化校园不太关注的学习、资源、交流等层面进行过程贯通，以智能分析技术推进服务的智能化发展；强调对数据的综合利用和实时性，要求服务碎片化、全面性渗透到学习、教学、科研和管理的每个角落。

未来的校园服务适应消费者对于服务交互简单、直观、主动和个性化的需求，人工智能在服务领域的广泛使用意味着服务业将向更多共情和认知的方向发展。在校园零售领域，人工智能已用于个性化推荐，进行店铺和人群分析以及管理定价。在物流等服务领域，AI 助手正在接受培训，以更好地检测和理解消费者的情绪，分析其情绪和情感，以便更好地与消费者建立联系，并在消费者服务方面做出更快的响应。

2. 问题探讨

（1）数据安全隐患问题

➢高校信息化建设已进入智慧校园阶段

我国高校信息化建设与应用大体经历了三个阶段。第一阶段是从 20 世纪 90 年代起步的校园网建设阶段。这一阶段，IDC 建设和基地 IT 应用等信息化硬件设施是建设核心。从 2000 年前后开始，由于互联网和计算机的进一步发展和普及，高校信息化建设进入以数字校园为主的第二阶段，建设的侧重点逐渐从信息基础设施转向各类信息系统，各高校先后开发了人事管理、财务管理、教务管理、科研管理等一系列管理信息系统和以身份认证、数据交换、集成门户为特征的数字校园运行管理平台。与此同时，高校也开始联合优质社会力量，在信息化服务商的技术支持下搭建符合学校需求的数字校园网络。自 2015 年前后开始，大数据、云计算、人工智能、移动互联网等新兴技术开始渗透和应用于高校信息化建设，国内高校信息化发展进入全新的智慧校园阶段。清华大学的蒋东兴等认为，智慧校园是高校信息化的更高级形态，是数字校园的扩展与升级；它综合运用人工智能、大数据、移动互联网等新一代信息技术，有效衔接校园现实空间和数字空间，优化师生与学校环境、资源的交互方式，为师生建立智能的教育、教学和生活环境。①

教育部科技发展中心和中国高等教育学会联合发布的《中国高校信息化发展报告（2020）》指出，要守牢安全底线，完善网络安全新体系。要以网络空间安全稳定为底线，持续完善网络安全管理机制和预防措施，加强落实学校党委网络安全工作的主体责任，全面落实网络安全等级保护制度，建立网络安全事件监测和预警机制，高度重视数据安全，强化隐私保护，全方位地保障学校数据资产安全，切实维护好师生的合法权益，逐渐在高校形成网络安全理念深入人心、网络安全人人关心的新局面。

➤高校后勤服务敏感信息概念界定

高校工作中的敏感信息通常包括重大决策信息、财务信息、招生信息、资产信息等。师生敏感信息包括身份信息（身份证号码、学号、职工号等）、生物识别信息（指纹、人脸等）、健康生理信息（疾病情况）及上网信息、一卡通信息、位置信息等。具体到高校后勤服务中涉及的用户敏感信

---

① 《与时偕行，高校信息化建设的探索实践》，人民网，http://edu.people.com.cn/n1/2019/0820/c1053-31306930.html。

息，包含健康状况、财务信息、定位信息、信息化应用访问情况如一卡通消费记录、网站访问详情等。

➢高校后勤数据安全管理解决方案

近年来，随着高校信息化的发展，在数字校园、智慧校园的建设过程中产生和积累了大量的数据。越来越多的高校重视信息化所产生的数据资产，并将其视为高校现代化治理的基础条件，启动了基于数据资产的高校治理。相当多的高校忽视了数据使用中的数据安全问题，在数据收集、存储、传输和使用过程中往往缺乏必要的防护和处理措施，使大量敏感信息、个人信息的安全性无法得到有效保障。学校为师生提供的信息服务、网络服务、安全服务等涉及民族、生物特征、金融、个人行踪等隐私信息。在界定个人隐私数据的基础上，要依据数据安全管理办法，确定本地区、本部门、本行业重要的数据保护目录，对列入目录的数据进行重点保护。根据国家相关立法和管理规定，制定高校数据安全管理办法，编制重要及敏感数据保护目录，对其中体现种族、民族、宗教信仰、个人生物特征、医疗健康、金融账号、个人行踪等的关键信息须严格关注。

具体到高校后勤服务的范畴，在特定服务项目涉及收集师生个人数据时，首先需要保证用户拥有知情权和同意权。在业务或服务需要收集个人数据时，应当得到用户授权，征求其是否同意对相关数据的采集，并且明确告知用户数据的使用范围和方式以及潜在的安全风险。

（2）高校后勤服务性质矛盾

➢高校后勤服务社会化管理优势

改革开放以来，高校后勤社会化改革取得了显著成就，转变了传统观念，创新了管理体制，引入了竞争机制，降低了办学成本，提高了服务质量，改善了校园环境，消除了高校发展的障碍，市场机制的决定性作用初步得到发挥，为高等教育的跨越式发展做出了重要贡献，为高等教育改革和完善现代大学制度提供了宝贵经验。

➢高校后勤公益性与营利性之间需要平衡

后勤企业是推进改革的基础实体。高校后勤是个独立封闭的系统，虽同处于事业体制，但也有不同的结构层面，有地方的独立系统，有中央管辖的独立系统，还有部属系统，它们的唯一共通点是服务结构类同，但在体制机制上与社会服务业又是截然不同的。

社会企业充当高校后勤服务市场主体的角色之后，由于具有一定的行业经验和管理水平，在一定程度上能够为广大师生提供更加优质的服务，但社会企业不熟悉高等教育规律，追求经济利益最大化的目标与要求高校后勤服务必须体现一定的公益性之间的矛盾调和需要经过不断探索，操之过急极易造成无功而返，同时有悖于后勤社会化的初衷。短期来看，尽管全国高校后勤总体上已经在朝社会化方向前进，在如何做好现代后勤的方法与途径上已有很多探索，但实际操作中仍然有很多分歧，存在一些大相径庭的模式与做法，社会企业参与到高校市场的热情有余但扎根高校长期为广大师生提供优质后勤服务的诚信不足。

（3）高校后勤服务管理赋能不足

目前，高校后勤管理者在治理能力现代化方面做出了巨大的努力，特别是在安全校园、文明校园、智慧校园、绿色校园、规范校园建设方面均取得了不小的成绩，但是在实现校园后勤软件建设高质量发展、建设现代化高校后勤治理体系方面仍面临巨大的挑战。

➢高校后勤管理者、企业、学生三者诉求不对等

近年来，高校由传统封闭式教育逐渐转变为开放式教育，后勤工作也不断朝社会化方向改革，在这一发展背景下，诸多社会机构与高校融合发展使学校商业网点（如超市、餐厅等）及其经济活动大幅度增加。这些营业场所大多以盈利为目标，在发展过程中并未全面遵守学校管理制度和规范。高校后勤管理者对于增设服务类型和实施方案的决定和学生间的需求存在一定矛盾，许多时候高校与提供服务的企业之间的合作未在学生群体中经过充分调研，校方和企业方之间比较容易实现共同赢利的状态，但是学生的诉求无处解决，所以，高校后勤服务在社会化发展的过程中存在主体之间的矛盾，高校后勤服务现代科学管理体制、组织管理架构机制与现实需求之间还有较大差距，掌握现代管理工具与方法的管理团队的建设还远远没有到位。

➢高校后勤管理和服务人员的专业素养仍有待提升

高校在长时间发展过程中已经形成一套相对稳定的后勤管理模式，但随着高校体制改革不断深入，传统后勤管理模式存在的问题也越来越突出。部分后勤管理人员缺乏创新意识，无法适应新环境下广大师生的服务需求，一直沿用传统管理模式，导致管理缺乏与时俱进的理念。高校后勤工作较为稳定、缺乏激烈的竞争环境，使部分管理人员在工作过程中缺乏危机意识，不愿主动学习现代后勤管理知识和技能，部分服务人员面对智能化的设备和管理系统也需要提高专业素养，与时俱进，提高服务能力和水平。

➢高校后勤管理服务缺乏公正有效的评价机制

当前，高校后勤管理服务评价机制未能很好地建立，缺乏符合市场需求的第三方评价机构，高校后勤管理和服务缺乏公正、明晰、统一、可操作的评价标准。

有研究根据某高校学生需求构建了后勤服务满意度的评价指标体系，并运用层次分析法对其进行了测评，运用相关评价分析法对该校后勤服务满意度进行了实证研究。[1] 结果表明，学生对宿舍工作人员的态度、校园卡充值人员的态度和图书馆卫生的满意度较高，而对餐饮服务、物业服务和其他服务的满意度较低。这表明当前部分高校在后勤企业管理者的认知与标准服务质量、学生期望与后勤企业对学生期望的认知、标准服务质量与服务实施、服务实施与学生的外在沟通、学生所认知的服务与其所期望的服务等五个方面都存在一定的差距，高校后勤服务的管理还存在相当程度的工作短板。

四 文旅景区服务一体化

（一）文旅景区服务概况介绍

我国物业服务企业目前正处于转型升级过程中，开展多种经营，整个行

---

[1] 梁青青：《高校后勤服务满意度评价指标体系的构建》，《高等财经教育研究》2019 年第 3 期。

业竞争日益激烈，传统的物业经营业态已经很难满足物业企业的长远发展需求，需要不断拓展新的经营业务，其中，旅游景区由于数量与种类繁多以及国家对旅游业态的重视，发展前景良好，日益受到物业企业的重视。截至2021年，全国 A 级旅游景区数量为 14332 家，相较于 2012 年的 6045 家，增长约 1.37 倍。[①]"十四五"期间，我国各地对旅游业做出了总体战略规划，"旅游+"的多种业态融合发展模式已经成为当前旅游业发展的重要特征，各地积极推行"旅游+文化""旅游+乡村振兴"等多种业态融合发展模式。同时，"智慧旅游""生态旅游"等融合发展路径也逐渐被重视，文旅景区领域的治理体系和治理能力现代化建设在不断推进。

文旅景区服务是指依托当地旅游资源，为文旅景区定制一体化解决方案，围绕重点景区规划策划、内容建设、运营管理、营销提升，提供四位一体、线上线下结合的全链条服务。通过打造差异化旅游产品，满足游客个性化、多元化的需求和体验；利用提供服务企业的项目网络及资源持续为景区导流，提升景区运营收益，赋能景区运营。

1. 景区的特点及服务的注重点

物业企业的景区服务不同于一般的住宅或者商业写字楼，有着自身的特点和侧重点，主要包括景区区域的辽阔性、种类的多元性和维持秩序的疑难性。从物业服务的角度来看，需要企业针对这些侧重点加强景区的绿化、清洁、管理等工作，做好景区内部区域划分，加强专业人员的引进和培育；充分发挥在社区服务中积累的经验和优势，做好各类应急事件的预案；注重景区秩序维护，做好人员分流，建立快速响应机制，提升游客的体验感和满意度。

（1）区域的辽阔性

当前，我国旅游景区发展迅速，数量增长较快，这些景区分布于全国，在空间布局上极为广阔，对物业服务企业的规模、人员素质、管理能力都会有较高的要求。同时，许多景区特别是以自然资源为主的景区区域辽阔，各

---

① 《中华人民共和国文化和旅游部 2021 年文化和旅游发展统计公报》，中华人民共和国文化和旅游部官网，https：//www.gov.cn/guoqing/2023-03/17/content_ 5747149. htm。

种功能分区也较多，管理较为复杂，给景区的服务带来了一定的挑战。物业服务企业在进驻景区时需要关注区域的辽阔性和服务的复杂性，招聘和培养专业人才，对服务区域进行科学划分。

（2）种类的多元性

我国景区种类可以分为自然类、人文类、复合类、主题公园类、社会类，各类景区都具有不同的特征，相应的物业服务内容的侧重点也不同，物业服务企业在做好一般物业服务的同时，也需要参与对不同类型旅游资源的保护与保养，如何做好景区服务工作对物业企业来说是一个新的话题和挑战。

（3）维持秩序的疑难性

景区的游客数量庞大，特别是在节假日游客的瞬时性进入等问题处理难度较大。随着生活水平的提高，人们对旅游的需求日益增加，特别是节假日各大景区接待大量游客，服务质量和游客体验难以保障，安全隐患也随之增加。游客数量庞大将会导致景区旅游资源或设施难以满足一些游客的需求，当特定群体的诉求无法得到满足时容易引起群体事件，这类事件如处理不当容易造成公共危机。

景区区域的辽阔性和人员的集聚容易导致治安类事件在短期内难以处理，从而影响游客的体验感和满意度，进而影响景区的经营。物业企业需要关注人员的分流及应急响应机制的建立。

2. 景区服务管理中存在的问题

近年来，我国旅游业发展迅速，各旅游景区的服务及管理水平也有了较大的提升，但仍存在一定的问题。

（1）基础设施不完善，服务体系尚不健全

景区的发展层次主要由景区的外在形象和文化内涵来体现。景区的外在形象通过基础设施建设来体现，而服务体系则是景区的文化内涵。但我国部分景区存在基础设施老化、设施设备不够充足且不能及时维修、更新，景区内餐饮业卫生状况差等一系列问题。

（2）旅游从业者的专业素质有待提高

向游客提供优质高效的服务是旅游从业者的基本责任和义务，但许多景区仍存在不重视服务质量的情况，服务人员不重视游客的需求，对游客区别对待，漠视景区的声誉和效益；不同部门之间缺乏有效沟通，出现服务空白，对游客的投诉互相推诿，服务较慢。

（3）景区市场秩序混乱

部分景区旅游服务管理体系不够健全，管理标准化基础薄弱，景区不够重视全面管理及文化内涵建设与管理，导致市场秩序混乱，缺乏监管，景区商店、摊点提供的服务质量不高。具体表现在两个方面：一是分散，景区内及周边设置的旅游商品商店摊点比较分散，难以形成竞争力；二是混乱，很多景区市场秩序混乱，景区内外缺乏监管力度、诚信建设不够，很多产品质量无保证，并且价格虚高。

（4）安全管理不到位

景区的安全管理是体现旅游企业服务管理水平的一个方面。一些景区对安全服务管理缺乏重视，许多安全管理工作只为应付相关部门检查，没有真正树立安全第一、预防为主的观念。

（5）智慧化水平有待提高

在基础设施方面，许多景区都配备了信息化服务和设施，但仍不完善。有些景区缺乏多媒体信息查询管理系统；有些景区虽有无线网络，但覆盖程度和网络速度都有待提高；有些景区的电子导航系统更新不及时，仅局限于原先水平，对于增加和修改的道路未能及时更新。在智慧安全体系方面，许多景区侧重于智慧监测体系的建设，如电子监控系统，但欠缺应急处置系统。在专业人才方面，缺乏信息化专业技术人才，尤其是缺乏精通旅游业又掌握信息化技术的人才。

（6）运营的缺位与脱节

在传统的文旅景区建设和管理过程中，通常都存在运营缺位与脱节的问题。当下 EPC 模式（工程总承包模式之一，包含设计、采购、施工等全过程）和 EPCO（设计、采购、施工、运营）模式在文旅产业中不断涌现，EPC 模式和 EPCO 模式的文旅项目实践也验证了其在工程建设管理方面的实施和执行效率，但这种缺乏运营思维或"建设先行，运营后置"的模式也给传统景区和新建景区带来了持续性的经营困扰。与 EPC 模式不同，EPCO 模式在建设过程中包含运营思维，但运营被放在设计、采购、施工之后的最后一环，使此模式引导下的多数文旅景区项目的"O"并非指的是真正的经营性运营，而是设计、采购、施工之后对产品的运维。两种模式本质上都会导致景区建设与运营的脱节，从而使文旅景区运营缺乏前置规划，引起景区同质化现象严重和与游客需求不匹配等问题。

3. 引进专业化物业的意义

旅游景区的长久发展与游客体验、管控能力、景区资源的保护和开发密切相关，从实践来看，专业的物业企业在这些方面具有一定的优势。

（1）有利于景区的持续发展

旅游景区发展的立足点是游客的门票收入和景点内商品的售卖，而决定游客旅游意愿和推广行为的是游客的旅游体验。景区的物业服务企业长期与业主进行沟通，培训了一批懂管理和交际的人才，具有良好的人际交往和沟通能力。专门的物业服务企业介入能够发挥其与顾客沟通的优势，及时响应客户需求，提高游客满意度，进一步提升游客体验。现阶段，旅游景区的管理多依赖景区管理委员会，而景区管理委员会由于自身职能定位和人员编制等原因，管控能力弱化，无法对景区进行有效管控，引入专门的物业服务企业可以发挥其管控优势。

旅游景区中除了景点、参观点之外，为方便游客还会设立一些经营点。但是，景区的经营点也体现出比较分散的特点。因此，在景区的管理和后期维护上如何做到对这些分散的片区进行集约化管理，既能提高管理的效率，又能节约成本，同时还能兼顾服务的水平，是旅游景区在管理维护上一个大的难题。物业服务企业有一定的行业经验，对招租及后续管理和经营点合理、优化的管理和经营有一定优势。

（2）有利于景区的资源保护

旅游景区的发展离不开对旅游资源的保护，只有保持旅游资源的原貌和特色，才会对游客产生吸引力。引入专业的物业服务企业能够为旅游景区带来全方位的服务，由专业人员根据旅游景区的特点，对景区的自然资源和历史文化遗迹进行专业化的维护，促进对旅游资源的长久保护。

旅游景区不同于一般的公共场所，其开放具有长期性，旅游景区的日常清洁、秩序维护、绿化养护等工作需要同步进行，这给景区的日常管理工作造成很大压力。因为除了此类日常工作之外，旅游景区内部还有多个服务区域，面向来自各个地域和具有不同需求的游客。旅游景区管理委员会在繁杂的事务中容易出现管控上的偏差，而物业服务企业可以借助自身优势，发挥专长，承担旅游景区管理委员会的部分职能，减轻景区管委会的负担，为景区提供全时段的服务，助力景区的日常管理工作。同时，专业的物业服务企业引入市场化的管理机制，通过专业化的合理安排，节约管理成本，提高管理和服务的效率。

旅游景区通常具有较大的区域，需要庞大的设施设备体系的支撑，例如常见的给水排水系统、照明系统、监控系统、电信系统、网通系统、车船营运系统等。物业服务企业的介入可以弥补旅游景区管理委员会在设施设备管理方面的不足，物业服务企业在不同业态领域积累了丰富的设施设备经验，培养了一批专业高素质人才，可以发挥专业优势，提供专业化程度较高的日常养护和后期维护，促进旅游景区旅游资源的长久保护和开发，保障旅游景区的长久运营。

（3）有利于降低管理成本

通过引进专业的物业管理服务机构，能够进行专业集中的环境管理和维护，降低管理成本。旅游景区的开发和规划由于考虑到景区的整体协调和景点的分布，在规划中有一个共同的特点，就是自然景观和建筑物相对分散，结合旅游景区的原始资源进行开发建设。因此，环境的保护和污染的治理难度加大，保洁人员的投入数量和工作强度也有所增加，直接导致管理成本的提高。

通过引进专业的物业管理服务机构，引入物业服务行业专业的环境管理体系，将景区的环境管理分而治之，分区分片，每一个区片由一个责任小组负责，践行统一的服务标准和服务宗旨，进而将景区的环境进行集中的管理和集约化安排，降低管理的成本，减少景区管委会的经济压力。

（4）有利于深化景区文化内涵

物业服务企业在社区文化建设上具有丰富的经验，能够将社区文化建设和景区文化建设相结合，提升旅游景区的文化底蕴和文化品位，深化旅游景区的文化内涵，以传统佳节为依托，以民俗文化以载体，进行景区文化活动建设和创新，在旅游资源中融入人文景观。

物业服务企业可以借鉴常规物业服务项目的文化建设的经验，对景区和游客进行精神文明建设，深化景区的素质内涵，提高景区在这方面的总体评价，从这个层面提升知名度和美誉度，保证景区的快速健康发展和可持续性发展。这有利于在景区管理中引入社区文化建设，促进景区精神文明建设，深化旅游景区整体素质内涵。

（二）文旅景区物业服务的主要内容

1. 搭建综合物业管理系统

综合物业管理系统是在景区物业管理及服务中由人与计算机等构成，用于物业信息的采集、传送、储藏、制作、维护和使用的系统，具备准确表现物业的运作情况的能力。其主要包括硬件设备、运行后台、数据库、人员及通信设备等。其作用主要包括储存物业管理资料、高效处理日常管理事务、提高物业企业决策能力等方面。

（1）人事管理

人事管理系统主要是对企业员工的招聘、雇用、离职进行完整有效的管理，详细记录员工的个人信息、家庭情况、员工合同等。

（2）楼宇信息管理

楼宇信息管理系统主要是记录楼宇管理区域、大楼、楼层、房间及配套硬件设施的基本信息。主要模块包括房间管理信息模块、楼宇基本信息管理模块、项目基本信息管理模块。

（3）租赁管理

租赁管理系统主要是对景区可租赁房产的使用情况及状态进行全方位管理，可对租赁信息进行查询和汇总，预先对一段时间内的租赁变化情况有所了解和准备，加强租赁工作的预见性。可对租赁合同进行管理，包括合同中止、续签、延期、作废、变更等。

（4）工程设备管理

建立设备基本信息库与设备台账，定义设备保养周期等属性信息；对设备运行状态监控并生成运行记录、故障记录等信息，根据生成的保养计划自动提示到期需保养的设备；对出现故障的设备从维修申请到派工、维修、完工验收、回访等实现过程化管理。

（5）消防安保管理

景区正常运转必不可少的重要保证便是消防安保管理。消防安保管理的功能主要包括保安人员档案管理，保安人员定岗、轮班或换班管理，安防巡逻检查记录，治安情况记录以及来人来访、物品出入管理等。

（6）环保管理

环保管理系统主要包括绿化管理、保洁管理两个主要职能，绿化管理即绿化安排及维护记录，保洁管理即清洁用具管理、保洁安排及检查记录。

（7）采购库存管理

采购库存管理为物业服务企业在采购、入库、库内作业、出库、核算等方面的管理库存方案，主要包括采购计划管理、供货商管理、物料档案管理、物资入库管理、物资出库管理、统计查询等。

（8）能耗管理

能耗管理系统主要是对公共区域仪表仪器的维护和定期抄表，对抄表结果进行查询统计，对不同时间、不同项目、不同区域之间的能耗情况进行对比，辅助企业进行能耗管理决策。

2. 设立安全保障体系

文旅景区每天接待的游客较多，尤其是在节假日等旅游高峰期，庞大的游客群体会聚于同一区域，对景区的现场秩序维护和安全管理提出较高要求，物业服务企业既需要在保障游客人身及财产安全、现场井然有序的情况下确保游客享受旅游所带来的美好身心体验，同时又需要让游客在游玩过程中尽可能地感到轻松，不能因管理的加强给游客造成不必要的心理压力。因此，需要建立合理的安全保障体系，主要包括以下方面。

第一，公司层面的安全审计。安全审计的内容包括安全规章制度及知识审计、安全文件档案资料审计、现场安全工作审计。安全审计需要对审计工作进行精细化分段，对工作人员的安全工作综合素养、文件档案标准化、现场工作规范化三个方面进行审计考核，加强员工的安全生产意识，提升安全管理水平。

第二，职能部门的安全督导。安全督导是物业企业中负责安全管理工作的职能部门对公司的各子项目（景区）定期进行月度安全督导、不定期专项安全检查、日常与节假日安全巡查，考核结果将归档于各项目绩效考核之中，用于公司的年度管理评估。

第三，项目管理部门的安全培训与检查。项目管理部门定期对景区进行专项安全培训，实现相互间的支援联动协同工作，确保整个景区的安全性。同时也要进行定期的日常检查、夜间查岗，确保 24 小时持续的安全警戒。

3. 帮助完善景区营销推广策略

（1）帮助景区完善基础设施

在对景区进行营销推广的过程中，最基础的要素之一就是基础设施。基础设施包括所有地上和地下开发建设的设施，如供水系统、供气系统、供电系统、排水系统、道路、通信网络等，是旅游业发展的物质基础。物业服务企业在长期的社区管理中积累了此类基础设施开发建设和管理的大量经验，在加强景区基础设施建设，使游客获得更好的旅游体验方面有足够的经验。同时，完善景区基础设施建设对于景区旅游品牌形象的树立有至关重要的作用，良好的基础设施能增强对游客的吸引力。此外，物业服务企业在社区文化建设方面的丰富经验能够帮助景区将旅游资源、设施和文化特色相结合，塑造品牌形象。

（2）帮助搭建景区 S2C 营销平台

景区的营销推广除了本身硬件设施和文化特色水平的提升之外，品牌的传播与推广也至关重要。随着互联网技术的发展，智慧旅游时代到来。互联网促进了各类旅游信息快速传播，进一步提高了旅游服务质量，满足了游客需求，极大地推动了旅游业发展。

碧桂园服务、万科物业等大型物业服务企业有较为庞大的业主资源，在进行营销推广时有远超景区本身的优势，对于帮助旅游景区打造 S2C（Service To Consumption）营销模式有较大优势。该营销模式以大数据技术为基础，通过大数据收集和识别用户需求信息，为用户提供个性化和定制化的服务，进而形成线上服务引导线下消费的营销模式。在这种营销模式下，物业服务企业可作为服务的连接者，在景区和游客之间建立起双向的信息交流和传递渠道，帮助景区实现对游客的精准营销和推广。

S2C 营销模式是以用户需求为导向的新型营销模式，通过线上交流收集客户需求数据，针对不同客户推出满足其需求的产品和服务，最大限度地提升用户体验，能体现服务的个性化和定制化特点。物业服务企业拥有庞大的业主群体，通过大数据技术可帮助景区实时掌握消费者的需求，精准寻找潜在消费者，提升消费者体验感，并提高其用户黏性，为开展景区品牌营销打下基础。此外，物业服务企业还可通过 S2C 营销模式帮助景区与消费者在线上积极互动，挖掘消费者的偏好和需求，有助于景区未来在产品和服务的针对性和适用性上进行提升。

（三）文旅景区服务智慧化

1. 智慧购票

智慧购票即电子票务系统，包括线上购票、电子二维码、自助售票机、智慧景区售票系统、智慧票务、检票闸机等，完整的电子票务集计算机技术、信息技术、电子技术、机械制造于一体，由于其强大的票务能力，已在全国多数景区得到应用。不同于其他智慧产品，电子票务凭借其强大的实用性，在任何场景和时段都具有不可替代的功能。电子票务系统可以建立本地化的电子售检票系统，实现网上订票、现场自助、急速取票、精准验票的一体化。

2. 智慧游园

智慧游园主要是为游客带来全新的游玩体验，为管理方提供创新性的线上服务方式，通过小程序或者移动软件，使游客能订购景区门票、查看游玩攻略和景区地图，从而获取优质的游玩服务，避免在游玩过程中出现咨询困难等问题，在为游客提供更加便利服务的同时节约人力投入。主要包括精细化地图、智能顾问、智能游玩规划、语音讲解。

目前，不论是移动地图软件还是景区内的手绘地图，都有共同的缺点，即地图精细度不高，大多数地图的公共设施、服务设施、景点、道路等都或多或少存在缺失和更新不及时的问题，尤其是占地面积大且道路复杂的景区，更需要建设在线精细化地图，严谨绘制景区内的道路、景点、设施，让游客手持电子地图便可游遍各处景点。

为景区搭建人工智能顾问系统，游客在游玩过程中遇到任何问题都可以在线咨询，系统根据游客所咨询的关键词，提供精准解答，解决游玩过程中的咨询困难问题。

大多数游客在游玩前并没有做好游玩规划，这将导致其可能错过想要参观的景点。针对这一现象，制定智能游玩规划，游客可进行个性化的选择，系统根据用户选择智能匹配个性化的游玩规划。同时，在节假日，旅游景点游客较多，容易在部分区域形成拥堵，智能游玩规划还可以根据实时人流情况安排最优游玩路线，使游客既不会错失精彩，也可以提升综合体验。

语音讲解功能可以帮助游客了解景区历史、景点由来、景物故事，物业服务企业可通过为景区搭建语音讲解平台，使游客通过线上服务平台或线下扫描二维码的方式获取语音解读，享受在线导游讲解的服务体验。

3. 智慧管理

智慧管理主要包括智慧停车、智能监控预警、万物互联和智慧营销四个方面。

（1）智慧停车

智慧停车即应用互联网、云计算、大数据、物联网等先进技术和理念，将传统车辆管理方式和互联网进行有效渗透与融合，形成"线上资源合理分配，线下高效优质运行"的新业态和新模式。智慧停车场运用 OCR 车牌智能识别、物联网、云计算等技术实现数字化停车场管理和无人值守，并且运用移动支付和免密无感支付，实现车辆快速便捷出入。

智慧停车的引入将有效保障车辆快速有序地进出景区周边停车场，让游客享受方便快捷的停车体验，进而优化景区交通管理，缓解道路拥堵，提升交通安全水平，让游客在景区体验智慧化服务的便利。

（2）智能监控预警

智能监控预警系统分为前端监控摄像和终端图像呈现，通过在景区关键监控区域布控监控设备，实现区域实时场景上传。景区管理员可远程查看多场景监控画面，辅助景区道路、人流、自然灾害的监控和管理，在发生重大事故和灾害时，通过景区广播及时预警和通报，防止造成更严重的危害。

考虑到部分景区处于偏远山区，部分景区景点存在基础供电和网络设施不完善等短板，可采用太阳能监控设备或者无线监控设备实现对重点区域的监控。

（3）万物互联

随着通信网络的跨越式发展，特别是在 5G 技术逐渐普及的今天，万物互联已成为时下热词，物联网技术早已遍布我们的生活，成为我们生活当中不可或缺的关键技术。物联网技术在智慧景区的建设中也有广泛的应用，例如通过 RFID 电子标签、温度传感器、颗粒传感器和气象监测传感器实现 RFID 电子门票、智能安防、森林防火、空气监测、气象监测等，使监测更加智慧。

（4）智慧营销

基于服务平台，集购票、住宿、购物于一体，游客可在线订购门票、住宿、餐厅、特色产物等，基于数字化应用满足游客"吃住行游购娱"的多样化消费需求，并且基于服务平台向游客营销周边服务，以数字化手段带动周边产业，在实现智慧营销的同时优化游客消费体验。

尤其是疫情发生后，疫情的突发性和严重性以及迅速蔓延使游客整体的旅游需求和旅游意愿降低，潜在游客出于对旅游景区的安全性等因素的考虑，会花费更多时间在游前计划的制定和信息的收集上。因此，智慧营销显得更为重要，旅游景区可以抓住游客的这一心理诉求，通过网络服务和引导，加强与潜在游客的信息共享能力，消除游客的顾虑心理，在游前赢得更多客户。

　　旅游景区在应用智慧营销的过程中，首先，需要完善网络基础设施，即保障服务器的运行效率、建立容量充足的数据库、确保存储设备的安全性和完整性等，为开展线上营销做好充足的准备；其次，要充分利用各个网络社交平台，发挥门户网站的作用，并通过微信、微博、SNS 等用户数量较多的社交软件进行宣传，为景区增加热度；再次，发挥科技优势，通过 VR、AR、AI 等可视化的网络技术和在线讲解功能，立体呈现景区的全貌，给予用户丰富的游前体验，激发他们的旅游热情；最后，通过在线互动及时了解游客的不同需求，为其提供定制化的内容服务，消除其旅游顾虑，提高其旅游意愿（见图 4–13）。总之，在这种基于网络技术的双向信息交互环境中，景区能够及时了解游客现实需求，为其提供定制化服务，游客也能从中获得安全感和体验感，从而实现二者的双赢。

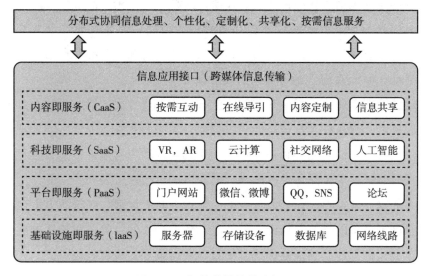

图 4-13　智慧营销的技术框架

（四）发展热点

1. 运营管理专业化

目前，国内大大小小的景区超过 3 万家，各景区的资源禀赋等情况各不相同，其运营管理水平也参差不齐，从整体来看，大部分文旅景区的管理运营水平还比较落后。为此，一些景区开始尝试更加有效的管理方法，如借鉴其他景区先进的管理方法、引进管理人才，或者委托第三方专业服务负责景区的运营等，寻求专业化管理已经在业内达成了基本共识。

当前，景点旅游向全域旅游转变已成为我国旅游发展的一个新的变革，在此变革下，旅游景区从单一型向综合型转变、从观光型向休闲度假型转变，旅游管理从粗放型向精细型转变，旅游服务从简单化向标准化、精细化延伸。

在此变化下，景区管理不仅包括基础的物业管理，也包括景区的策划规划、内容建设、运营管理和市场营销等方面，具体来看，策划规划包括全域旅游产品规划、项目策划规划、景区运营策划、公共景观规划、体验产品规划；内容建设包括体验项目建设、夜游产品植入、二销产品开发、演出演绎导入、IP 产品导入；运营管理包括运营项目招商、游客服务管理、基础物业服务、智慧景区建设；市场营销包括线上线下营销、基准客群营销、创意营销活动、KOL 直播营销、营销活动导流。

运营管理专业化是指由专业的物业公司来完成景区的物业管理及其他支撑性服务。其优点在于：一是能通过物业公司的专业性，为景区的管理及运营提供较大的帮助，完善和补充景区的策划规划和内容建设，扩大其经营规模，提升品牌形象，深化景区内涵，对景区的可持续发展起到重要作用；二是较大的物业公司不仅在物业管理的专业性上具有优势，在资源方面也具备传统景区不具备的优势，如庞大的业主和商业合作伙伴等，对景区的项目招商、市场营销都能起到推动作用，使景区获得较好的经济效益。

此外，物业服务企业还能帮助景区完成运营前置规划。文旅产业的建设必须与最终的运营结果相吻合，以往景区的建设通常会忽略实际的运营需求，从而导致景区建设和运营之间的矛盾凸显。随着文旅市场的深入与高质量发展，建立清晰的产业经营性思维已经成为市场共识，文旅景区规划与建设是一项必须跟随时代发展趋势和游客需求的变化而进行不断升级与更新的动态性规划，物业服务企业可通过其庞大的业主群体及互联网技术的专业化，帮助景区打通对潜在消费者的推广、营销和沟通渠道，通过大数据技术实时了解消费者需求和消费者行为，并基于精准数据的计算，使景区获得数据化的评定依据和标准，帮助景区厘清需求和目标，为景区的分期启动策略、资金安排、动态建设规划和产品布局提供决策依据。

2. 服务管理智慧化

服务管理智慧化是指物业服务企业借助智能化设施设备对景区的物业进行管理和服务的一种现代化管理手段，是未来景区发展的一大趋势，对景区、物业及游客都具有吸引力。

首先，对于景区来说，服务管理智慧化能让景区的旅游情感体验得到优化，也就是通过提升景区的服务质量，构建智慧旅游服务平台，为游客的旅途提供个性化服务，加强游客与高质量景区之间的衔接性。在智能手机、平板电脑等新一代移动终端设备得到广泛使用形势下，景区游客旅游情况相对多变，需要在相应的服务上呈现多样化与个性化，通过信息技术的智慧发展为游客旅游服务提供智能化引导，通过一站式服务的优化，提升游客在旅游过程中的服务体验。景区作为旅游业的重要组成部分，其智慧旅游的建设对改进服务质量、提高游客满意度、创新营销方式具有重要作用。同时，文旅景区服务管理智慧化对实现景区全域营销的数字化发展、全域服务一体化建设以及全域管理规范化有重要意义。

其次，景区服务管理智慧化关系到景区服务能力、服务效率和管理水平的提高。对于物业服务企业来说，实行管理和服务的智能化能有效降低景区管理的人力成本，提高物业服务的效率和质量，提升自身的品牌影响力。

最后，从游客的角度来看，景区服务管理智慧化对游客是有吸引力的。一方面，服务管理智慧化能改善游客旅游前、旅游中和旅游后的服务，节约游客的时间，提升游客的体验。另一方面，年轻人已逐渐成为旅游的主要客户群体之一，这类群体看重消费体验，在乎消费品位，喜欢独立和分享等，对智慧化的需求与要求较高。

第五章 城市服务要素集成化

一 城市智慧停车管理

（一）城市停车发展概况

1.发展背景

（1）汽车保有量持续增长

根据公安部的最新数据，目前我国机动车保有量超过4亿辆，其中汽车保有量超过3亿辆。[①] 从图5-1可以看出，2017~2021年我国的民用汽车拥有量和私人汽车拥有量都呈现不断增长的趋势。汽车保有量不断上升，意味着民众对于停车位的需求也在不断增加。快速增长的汽车保有量对城市停车服务供给能力提出了不小的挑战。

（2）停车位缺口不断增大

近年来我国汽车保有量快速增长，但城市停车位的配套建设速度却难以跟上。根据高德地图的数据，目前我国停车位还面临8000万的缺口。[②] 造成停车位缺口的原因，一方面是十几年前我国配建车位的标准比较低，一些社区或街道在规划之初建造的停车位就较少，另一方面则是停车场的建设投入规模较大，但营收模式不典型，建设方缺乏新建停车场的动力，导致停车场的增长速度较慢。在这两方面因素的作用下，我国停车位的缺口才呈现不断增大的趋势，车位的供需矛盾突出。

---

① 《全国机动车保有量突破4亿辆》，中国政府网，www.gov.cn/xinwen/2022-04/07/content_5683950.htm。

② 《高德地图联合清华大学交通研究所发布全国停车场分析报告》，搜狐网，https://www.sohu.com/a/514931517_115060。

图5-1　2017～2021年我国民用汽车拥有量及私人汽车拥有量

资料来源：笔者根据国家统计局数据自制。

（3）停车管理不善

停车是城市居民必需的一项公共服务，但随着车辆数量的快速增长，停车管理的难度也不断加大，亟须采取新技术、新方法来提升管理水平。在实践中，传统城市停车服务涉及的政府管理部门较多：自然资源部门负责停车设施建设用地的审批，城管部门负责停车费用的收取，交警部门负责违章停车等不良行为的治理。不同部门负责的管理事务既有不同，有时也有交叉，因此城市停车管理面临管理主体缺乏协调性的困境。此外，我国城市停车管理的手段和方法也比较落后，大部分地级及以下城市仍采取低技术含量的管理方法，缺乏信息化和智慧化手段的利用，治理水平较低。

（4）车位利用效率低下

尽管城市中停车位数量面临一定缺口，但已有停车资源的利用效率也较低。一方面，城市中不同区域的停车资源分配不均衡，导致有的区域无处停车，有的区域车位闲置率却较高，亟须采取信息化手段来引导车主寻找最近的闲置车位，最大限度提高现有车位的使用效率。另一方面，城市中还存在较严重的"僵尸车"治理难题，一些空置车辆常年占据路内车位及人行道路上的车位，影响了正常车辆对停车资源的使用，车位的流动效率较低。

2. 城市可用停车资源分析

（1）路内车位

路内车位指的是在城市道路上通过一定标志和标线设立的停车区域。这些车位资源一般由政府交通部门进行管理，具有公共物品属性。路内车位一般不占用人行道以及道路两侧建设用地，很好地满足了居民购物、办事等临时停车需求。因此，在路况良好时，路内停车资源是平衡居民停车需求与城市风貌的重要依托。但同时，在实践过程中，也出现一些"僵尸车"长期占用路边停车位的现象，路边停车位的利用效率还有待提升。

（2）人行道路上的停车位

路内车位虽然比较便捷，但也对道路自身条件有较高要求，因此许多城市路段缺少建设路内车位的基础。在这种情况下，人行道路上的停车位正是对该路段停车资源的良好补充。这类车位一般由政府相关部门进行开发建设，因此具有较强的公共物品属性，可以由政府直接进行运营或管理。人行道路上的停车位一般位于道路绿化带里侧及楼房或店铺的外侧。虽然这些停车位对逛商铺的车主来说十分方便，但也会给周边绿化带及社区居民带来一些负面影响。因此，在开发利用此类停车资源时，应注意经济效益与社会效益的平衡，在保障车主停车需求的基础上尽量降低其负外部性。

（3）公共停车场

路内车位和人行道路上的车位都是以城市道路为基础来进行建设的。但在城市道路以外的区域，公共停车场是重要的停车资源。公共停车场指的是具有公共物品属性，并且所有权属于公有制的一类停车资源。从公共停车场的封闭性来说，可以将城市中的公共停车场分为两类：开放型及封闭型。例如，公园、景区、医院等公共场所的停车场就属于开放型公共停车场，前往这些地点的人们可以选择将自己的车辆停在里面。政府大院停车场、事业单位停车场、大学内停车场属于封闭型公共停车场，只有在单位中工作的职工才有停车的权利。这类停车场在城市全部停车资源中占比较高，但由于相关限制，利用率不是特别高，未来应推进共享车位建设，将一些封闭型公共停车场有序向公众开放使用。

（4）社会停车场

与公共停车场相比，社会停车场在城市停车资源中占据更重要的地位。社会停车场的概念比较笼统，一般来说，城市中产权非公有制或集体所有制的停车场可以被称为社会停车场。社会停车场主要有两大特点：体量大和产权复杂。一方面，社会停车场的类型十分丰富，包括商业场所配套停车场、小区内停车场及私人运营停车场等。各式各样的社会停车场散布在城市各个角落，很好地满足了居民的停车需求。另一方面，社会停车场的产权关系十分复杂，有的属于企业，有的属于个人。因此，政府对这些停车场运营管理的操作空间较小，协调难度也较高，需要注意平衡企业利益及相关业主利益。对于这类停车资源的开发，应该将重点放在如何将其与城市中公共停车资源相衔接上，方便后续进行统一规划、升级改造及管理，进而提升其使用效率及车主使用体验。

3. 我国停车领域的政策变迁

（1）国家层面

2000年以来，我国国民经济实现快速发展。回望我国交通领域发展的这20多年，可以看出，国家对城市停车领域的政策支持经历了从"智能型交通"到"数字化改变"的变化（见图5-2）。根据《中华人民共和国国民经济和社会发展第十四个五年规划和2035年远景目标纲要》，我国停车领域在2021~2025年的工作重点为停车场的新建改建及城市停车设施的数字化和智能化改造。因此，我国城市停车管理的发展目标应与国家发展规划要求保持一致，在丰富停车场供给的基础上，结合智慧城市建设要求，不断提升城市停车服务的智能化水平。

随着智慧城市建设的推进，智慧停车成为解决我国城市停车问题的重要举措。国务院及国家发展改革委、交通运输部等部门陆续印发了支持和规范智慧停车行业发展的系列政策，使我国城市级智慧停车的发展方向和发展目标逐渐清晰。具体来看，国家级政策呈现由规划引领转向技术引领、智慧化程度加深、政策下沉的特点。一方面，城市停车政策最初只是城市总体规划中的一部分，城市停车服务依靠规划引领，政策重心在于停车场空间布局及数量供给。随着数字技术的快速发展，智慧交通和数字交

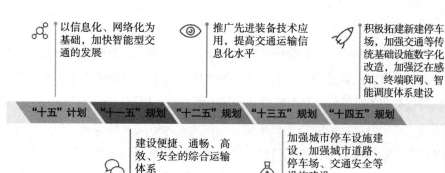

图 5-2 我国停车政策演变

资料来源：笔者自制。

通成为新的政策重点。规划在城市停车服务中发挥的作用逐渐减弱，互联网技术、ETC 服务成为提升城市停车服务水平的主要动力。另一方面，城市停车领域的智慧化程度也在不断加深。一开始，城市停车服务主要聚焦"互联网+停车"及车位共享等新业态，但随着实践不断深入，智慧停车系统成为新的发展方向。通过智慧停车系统的管理平台，能够实现对一定区域内停车资源的实时监控和优化。此外，从开展智慧停车建设的区域来看，呈现由省、市级下沉到县级的趋势。国家层面政策关注的区域主要是各省份或部分试点城市，但 2020 年对县城停车设施建设单独作出指示（见表 5-1），大大加快了智慧停车建设在县级城市中的建设进度。我国"十四五"时期城市停车建设目标见图 5-3。

表 5-1 "十三五"规划以来国家层面的停车政策

发布时间	发文机构	文件名称	主要内容
2016 年 3 月	国家发改委	《关于印发 2016 年停车场建设工作要点的通知》	要求各省（区、市）发展改革部门主动牵头，会同有关部门抓紧开展停车场专项规划编制工作，或对既有规划进行必要的修编，争取 2016 年内完成。其中北京、天津、上海、重庆、杭州、深圳 6 个城市要率先于 2016 年上半年出台相关政策

续表

发布时间	发文机构	文件名称	主要内容
2017 年 3 月	国家发改委	《关于开展城市停车场试点示范工作的通知》	重点提到了推动"互联网+停车"和车位共享新业态发展、国家政策、资金扶持以及大力引进社会资本,创新金融服务模式
2017 年 9 月	交通运输部	《智慧交通让出行更便捷行动方案(2017—2020年)》	提出进一步加快城市交通出行智能化发展:鼓励规范城市停车新模式发展;鼓励基于移动互联网的单位、个人停车位等资源错时共享使用,推动智能停车信息服务产品在交通运输行业有序规范发展
2020 年 1 月	交通运输部	《2020 年交通运输更贴近民生实事》	在全国范围内选择具备条件的 10 个以上城市,开展 ETC 智慧停车城市试点,在机场、商场、火车站、居民小区等地的停车场推广应用 ETC,提升智慧停车服务能力
2020 年 7 月	国家发改委	《关于做好县城城镇化公共停车场和公路客运站补短板强弱项工作的通知》	强化停车和客运资源信息化管理水平,加强县域范围公共停车场和公路客运服务资源摸底调查,建立数据库。利用智慧平台提升服务供给保障,加快县域智慧出行、智慧停车等相关信息平台建设,着重推进公共停车资源在夜间、节假日期间错时共享,根据旅客需求灵活设置出行线路,丰富服务体系,提高资源利用效率,完善全程出行链
2021 年 2 月	交通运输部	《关于开展 ETC 智慧停车城市建设试点工作的通知》	加快拓展 ETC 服务功能,推动 ETC 停车场景应用,选定北京等 27 个城市作为试点城市、江苏省作为省级示范区,先期开展 ETC 智慧停车试点工作
2021 年 5 月	国务院办公厅	《关于推动城市停车设施发展的意见》	到 2025 年,全国大中小城市基本建成配建停车设施为主、路外公共停车设施为辅、路内停车为补充的城市停车系统,社会资本广泛参与,信息技术与停车产业深度融合

资料来源:笔者自制。

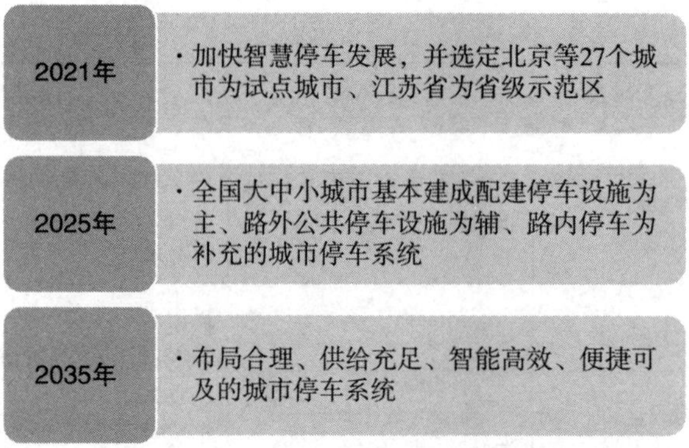

2021年	· 加快智慧停车发展，并选定北京等27个城市为试点城市、江苏省为省级示范区
2025年	· 全国大中小城市基本建成配建停车设施为主、路外公共停车设施为辅、路内停车为补充的城市停车系统
2035年	· 布局合理、供给充足、智能高效、便捷可及的城市停车系统

图 5-3 我国"十四五"时期城市停车建设目标

资料来源：笔者自制。

（2）省级层面

综合来看，不同省市发布的停车政策均有各自的特点（见表 5-2）。北京作为人口密度较大的首都城市，将城市停车服务提升的重点放在地下停车场建设和共享停车方面，既增加了本地停车位数量，也通过数字化手段提高了现有停车资源的利用效率。广东省作为经济发达的东部沿海地区，自身技术基础良好，因此大力推进智慧停车建设，不断提升停车服务的数字化水平及推进统一平台建设，力图实现一定区域内停车资源的集成化管理。上海的人口密度也较大，但停车资源短缺矛盾并不十分严峻。因此，上海将停车管理的重点放在停车资源调配、共享及智慧化上，在建设智慧交通体系的基础上，优化城市中停车资源的空间配置情况，提升资源利用效率。

表 5-2 我国重点省级行政区停车政策

省级行政区	出台时间	文件名称	主要内容
北京	2021 年 2 月	《北京市 2021 年办好重要民生实事项目分工方案》	推进停车设施有偿错时共享，推广智慧停车；利用人防地下空间提供 5000 个停车位，进一步缓解"停车难"问题
	2021 年 3 月	《北京市国民经济和社会发展第十四个五年规划和 2035 年远景目标纲要》	推动实施停车设施补短板、智能交通能力建设等工程。保持对城市道路、停车设施等交通基础设施领域较高强度的投资。在中心城区探索利用公园绿地等公共空间建设地下停车场

续表

省级行政区	出台时间	文件名称	主要内容
广东	2020 年 7 月	《关于加强和改进全省城市停车管理工作的指导意见》	建设城市智慧停车工程。开展停车设施普查，建立停车泊位编码制度，充分利用省政务服务大数据中心建设成果，建立城市停车泊位主题数据库，制作以"粤政图"平台底图为基础的城市停车泊位"一张图"
广东	2021 年 4 月	《广东省国民经济和社会发展第十四个五年规划和 2035 年远景目标纲要》	打造新型智慧城市。推进智能交通灯、智能潮汐车道、智能停车引导、智慧立体停车等智慧治堵措施广泛应用。实施智能化市政基础设施建设和改造，加快推进智慧社区建设
上海	2021 年 1 月	《上海市国民经济和社会发展第十四个五年规划和二〇三五年远景目标纲要》	完善公共停车信息平台功能，利用信息化服务提高泊位利用效率，实现商业综合体移动端停车信息服务全覆盖，深化智慧交通发展，构建交通智能感知信息网络
上海	2021 年 6 月	《上海市综合交通发展"十四五"规划》	挖掘停车资源，缓解老城区停车矛盾，推进新城公共停车场建设，构建规模适宜、布局完善、结构合理的停车设施系统。促进停车产业化和智慧停车融合发展，引导一批行业领先企业落地实践先进技术。推动停车设施新技术试点应用，做好跟踪评估和拓展推广

资料来源：笔者自制。

中西部省份在国务院办公厅《关于推动城市停车设施发展的意见》的指导下，纷纷出台了本省的《关于推动城市停车设施发展的实施意见》（见表5-3）。综合来看，各省份的停车政策都将重点放在两个方面，即停车设施新建改建及停车设施提质增效，但不同省份的具体细则也存在一些差异。以四川、安徽为代表的中西部较发达省份，对停车信息化水平提出较高要求，提出要依托省级信息平台来建立全省的智慧停车信息服务平台，将停车信息资源在省内进行流通与共享。而陕西作为信息化水平欠佳的西部省份，虽然也提出停车信息化建设的目标，但是对信息化、智能化水平的要求并不高，只提出要将城市中各类停车基础设施进行编码来建立停车设施数据库，并未提及建立停车信息管理平台。甘肃作为典型的西部省份，在停车领域并未提出信息化建设的目标，政策主要集中于停车设施供给及共享，并未建立停车数据库，也未建立统一的停车信息管理平台。综合来看，东部沿海地区的停车政策出台时间比中西部地区要更早，其停车建设的信息化进程也更快。中西部地区各省份由于自身经济实力及信息化基础的不同，在推进城市停车设施发展方面的步伐也不统一。

表5-3　我国中西部省级行政区停车政策

省级行政区	出台时间	文件名称	主要内容
四川	2021年12月	《关于推动城市停车设施发展的实施意见》	科学编制城市停车规划、有效保障基本停车需求、做好停车换乘便捷衔接；推广使用电子不停车快捷收费系统（ETC）、建设停车诱导指示系统，统筹推进路内停车和停车设施收费电子化建设；支持停车信息管理平台与城市信息模型（CIM）基础平台深度融合，推进停车信息开放共享；推动停车资源共享
陕西	2021年9月	《关于推动城市停车设施发展的实施意见》	加强机械式停车装备等设施设备研发应用，进一步降低停车操作难度；推进停车泊位编码应用，探索建立城市停车设施备案和停车基础信息数据采集机制，规范形成停车设施数据库，依法依规向社会公开停车场位置、泊位等信息，打通信息数据壁垒，促进停车信息共享
甘肃	2022年3月	《关于推动城市停车设施发展的实施意见》	加大新建改建停车设施建设，合理设置路内停车泊位，推动机关事业单位、国有企业车位共享共用，加强出行停车与公共交通有效衔接，加大充电设施配建
安徽	2022年6月	《便民停车行动方案》	到2025年，全省累计新增城市停车泊位183万个以上，其中公共停车泊位新增20万个以上；依托皖事通办平台，到2023年全省建立统一的城市智能停车基础信息服务平台；完善停车场充电设施，加强大型商场、医院、学校、文化体育场馆和交通枢纽等停车场公共充电设施建设

资料来源：笔者自制。

4. 智慧停车的概念

智慧城市已成为我国城市发展新的建设目标。而智慧停车则是智慧城市建设中智慧交通的重要组成部分。从概念上来看，智慧停车是指在物联网技术、5G 技术、GPS 技术和 GIS 技术等信息技术和地理技术支撑下，对城市停车资源进行编码化和数据化，在寻找车位、预定车位、管理车位等城市停车服务的全流程中实现智能化，最大限度提高车位的使用效率，为车主提供更便捷的停车服务，为运营企业创造新的利润空间。

具体来说，智慧停车的智慧化主要体现在两个方面，即便捷的线上停车系统和便利的线下停车基础设施，目的都是让车主享受更加便利高效的停车服务。线上的停车管理平台具有多重功能，既能为车位管理者实时采集车位信息、进行车位状态监控，还能为车主提供车位查找、自助停车、在线支付等服务。线下的停车服务则主要包括利用车辆识别、反向寻车、自动泊车等技术，让车主便捷高效地将车辆停入车位，同时也方便车主后续来到停车场寻找所停车辆。线上数据平台与线下智能终端进行双向联动，为车主和停车管理企业提供最高效、智能的城市停车服务。

5. 我国智慧停车管理现状

（1）城市覆盖率低

智慧停车的建设模式从 2014 年开始进入大众及企业视野，但是其理论层面的发展要远远领先于实践。智慧停车项目的大城市覆盖率仍较低，北京、上海这种发达城市并未引进这种新兴停车建设模式，许多项目只是在一些地级及以下城市落地。

虽然智慧停车的本质是利用先进信息技术及物联网技术来提升管理效率和使用便利度，但在实践中，智慧停车的智能化程度仍较低，许多企业只将业务重心放在智能停车场建设及车位共享上，缺乏对城市范围内停车信息的统一收集及分析。现有智慧停车项目只涉及对特定停车场的线上 App 操作，没有实现停车数据的统一集成化管理。

目前我国有些企业已经开始针对智慧停车业务布局，相关企业数量达到 30 多家。但是不同企业有独立的数据库，企业间缺乏一定的信息共享机制，出现一座城市的停车数据分散在不同企业间的尴尬境地，信息割据现象严重。

（二）城市停车服务的建设模式

停车场作为一项城市公共基础设施，具有公共物品属性，但同时停车场也能通过收取费用获得盈利，所以城市停车设施建设区别于其他基础设施，企业的参与程度较高。目前，我国智慧停车场的建设模式可以大体分为企业主导、政府主导、公私合营这三种模式（见表5-4）。

表5-4　城市停车服务的建设模式

模式	规划建设	经营管理
企业主导	主要由企业自主出资负责停车场建设	出资企业拥有停车场的后续经营管理权
政府主导	政府财政拨款、开发商只负责建设	政府指派相关部门或国有企业，负责停车设施的日常管理工作
公私合营	由政府和企业共同出资来负责停车设施的建设	政府主要发挥指导作用，具体的运营管理工作由企业负责

资料来源：笔者自制。

1.企业主导

城市停车场建设的企业主导模式指的是智慧停车企业通过投招标从政府部门获得一定区域内城市建设用地开发权，由企业自主负责停车场建设，在停车场建成后企业自主运营来获取收益的模式。在这种模式下，企业的前期投入规模较大，后期的经营自主权也较大，拥有一定的自主定价权。政府的角色属于裁判员，只负责监督项目建设运营的实际情况，并不参与实质性运营。

2.政府主导

城市停车场建设的政府主导模式指的是停车场的投资建设资金全部来自政府，企业只负责具体的建设行为，后期停车场的运营管理也由政府指派相关部门负责的模式。这是我国传统的停车场建设模式，市场化程度较低，但政府的主动权较大，能够较好地体现停车场的公共物品属性。但同时政府的前期投入规模较大，容易给地方财政带来一定压力，难以充分发挥社会资本的积极性。

3. 公私合营

城市停车场服务领域的公私合营模式不仅体现在投资建设过程中，还对后续经营管理产生一定影响。具体来说，投资建设阶段的公私合营主要体现在两方面的合作：一是出资结构，一般由政府和企业共同出资；二是运营规划，企业应按照政府要求进行停车场选址及后续运营方案的选择，不能仅以营利为导向。因此，在这两个特征约束下，一般来说由政府旗下的国有企业来主持停车场的开发建设活动。国有企业在这个过程中发挥着"承上启下"的作用，既要与政府紧密沟通、贯彻公共意志，也要积极引入社会资本、充分发挥企业的积极性。

4. 智慧停车的盈利模式

智慧停车作为一项新兴产业生态，其盈利模式还处在不断拓展阶段，目前企业主要从以下四个方面获取收益。

（1）停车费用。企业作为停车场的运营管理方，有权向使用者收取一定费用，这也是企业最稳定的一部分收入。

（2）广告收益。停车场作为一个公共场所，每天拥有可观的人流量资源。因此，停车场运营方可以和第三方企业合作，在收取广告费的前提下，为其在停车场内或线上停车操作平台投放商业广告。

（3）停车智能系统平台的衍生收入。无感支付、车位引导、反向寻车等功能的实现离不开智能停车管理系统，为实现更高效的停车服务，需要将车辆生产厂商所提供的智能操作系统与停车场的智能管理系统进行平台接入。因此，停车场运营企业可以向车辆生产厂商收取一定的平台使用费。

（4）停车数据资源的衍生收益。停车服务作为居民必需的一项公共服务，可以和其他行业进行有效连接。停车场运营方可以和周边商铺合作，定期推出停车与进店消费相结合的优惠套餐，吸引更多顾客。此外，区域化的停车场运营公司拥有该地区的停车统计数据，这对于收集人们出行特征进而开展商业化活动有重要价值。

（三）智慧停车与城市服务一体化

智慧停车服务作为城市服务中的重要环节，与社区服务、景区服务、商业服务等有着密切的联系。停车是居民的一项基本需求，城市中的智慧商圈、智慧景区、智慧园区、智慧社区都离不开停车服务（见图5-4）。因此，为贯彻落实城市服务一体化理念，应将城市智慧停车的服务场景与相关城市服务生态有机融合。

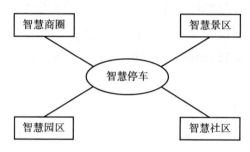

图5-4　智慧停车的主要场景

资料来源：笔者自制。

智慧停车与智慧商圈在获取收益方面可以实现"1+1>2"的良好效应。便利的停车设施是吸引居民前往商业场所的重要因素。通过数字化的智慧停车平台，可以向用户推送商圈附近的停车资源，为商业设施带来客流量。此外，还可以实现停车运营公司与商户的联动服务，推出商户消费满足一定条件即可获取停车优惠的活动，将停车服务商品化，增加商户及停车服务运营公司的经济收益。

智慧停车能提升智慧景区管理效能。随着"自驾游"的兴起，"停车难"成为困扰景区管理人员的一大问题。很多游客在前往景区旅游时，往往需要花费数个小时才能找到车位，严重影响其旅游体验感。同时，车辆乱停乱放的现象日益突出，严重影响景区形象和秩序。而智慧停车正是解决"停车难"的有效途径。一方面，景区可以通过智慧停车方案来实现无人值守和电子支付，大大简化了停车流程，既方便了车主，也减轻了景区的管理压力。此外，智慧停车特有的车位引导和车位实时使用情况统计能让游客及时获知景区内车位状况，自主选择是否在景区停车以及应前往何处停车，极大地缓解了因信息不对称带来的停车拥挤问题。

智慧停车是建设智慧社区的重要支撑。在一些建设年代较早的老旧小区，"停车难"是制约社区发展的重要因素。车多位少、社区停车场管理不善是困扰许多有车居民的难题。但在智慧停车建设的支持下，这些问题都能得到妥善解决。一方面，在共享停车理念指导下，小区居民可以不用争抢仅有的少量车位而是将车辆停在附近的共享车位，大大提升了周边车位利用率。另一方面，利用车牌识别技术、无感支付、无人值守等智慧停车功能能够显著提升社区停车场的管理水平，为社区居民带来高质量的停车服务。

智慧停车是提升园区社会服务功能的重要手段。随着"产城融合"理念的兴起，产业园区不再局限于关注产业发展，其社会服务功能的地位越发突出，为园区内企业及员工提供高质量的公共服务是现阶段园区发展的重点方向。从现实来看，与产业园区快速发展相对应的是园区内车位供给矛盾的加大以及车位管理能力的不足。通过新建停车场及采用智慧停车系统，园区停车管理秩序大大改善。车牌识别、自动计费、车位状况统计、网络支付等功能的应用大大减少了停车所需时间，社会效益明显。

（四）典型案例分析

建设智慧城市、优化绿色出行、缓解停车难问题等是城市交通管理的重点，对于推进城市交通基础设施建设和创新发展、提升城市生活品质以及提高城市管理和城市服务水平有着重要意义。在总结我国典型智慧停车建设模式的基础上，为进一步分析城市级智慧停车项目如何建设及实施，选取横琴新区"物业城市"作为典型案例进行介绍。

横琴新区位于广东省珠海市，是粤港澳大湾区发展战略的重点区域。2018年，万科物业公司与大横琴公司签署合作协议，共同出资成立珠海大横琴城市公共资源经营管理有限公司（以下简称大横琴城资），由该公司负责横琴地区的公共空间管理，打造"物业城市"的治理模式。该模式实现了政府主导、企业运营、吸引社会资本投入的治理范式。"物业城市"主要由线上、线下两部分组成，线下服务由大横琴城资负责，线上服务则依靠共同开发的"物业城市"App，实现线上线下联动的综合物业服务。

在停车服务方面，由社会停车场项目服务中心专门负责，对横琴新区各类停车资源进行整合、升级改造和运营，并引入智能停车系统，对接"物业城市"App，通过线上宣传、停车指引、自动识别、扫码付费、网上查找空余车位等方式，为市民和游客提供便利的停车服务。城市智慧停车服务正是通过"物业城市"App融入一体化城市服务。

（五）城市智慧停车管理的发展趋势

1. 跨区域智慧停车建设

自 2014 年起，智慧停车行业的发展仅仅经历了 8 年时间，还未形成统一的行业模式。智慧停车行业涉及公司数量较多，但每个企业只专注于一定地域范围内的停车服务，并未形成联合化及规模化，企业间合作较少，数据交流不畅。但随着国家及各省级层面政策的出台，未来我国将在省级层面实现停车数据的大集合。在统一数据平台的支撑下，未来各企业可以突破现有业务范围，实现更大区域的城市停车统一管理，打造跨区域的完整智慧停车生态。

2. 定制化智慧停车服务

随着城市经济发展水平的不断提升，居民对停车服务的个性化及多元化需求越发明显。对于与商业设施配套的停车场建设，客户对于停车基础设施的智能化要求较高，这不仅需要智慧停车管理系统简化停车流程、增质提效，还需要与停车运营公司合作，开展商业化促销活动。对于车主来说，停车服务未来需要突破传统的按小时计费规则，推出多元化的停车收费套餐。对于有长期停车需求的车主可以按照包月形式对其进行打包优惠收费，对于临时停车的用户可以采用按小时付费与按次数付费相结合的方式，在为车主提供便利的同时，也为企业创造更多的停车收益。因此，定制化产品或服务是智慧停车行业未来的重要发展领域。

3. 自主代客泊车

在车联网技术和自动驾驶技术的支持下，智慧停车服务的智能化水平不断提高，业务范围更广。目前，许多汽车厂家都已经为车辆配置自动泊车功能，实现无人自动停入车位。但是这项功能仍仅限于驶入停车位附近的车辆，未来应实现从停车场入口到车辆停放进车位整个流程的无人自动驾驶，车辆可以自动与停车场智能管理系统进行匹配，自动获取空闲车位的位置，并完成泊车。从停车场入口到出口，完全解放人力，实现自主泊车。

二　环卫一体化服务

（一）环卫一体化建设概况

1. 环卫一体化建设的背景

21 世纪以来我国的城镇化进程十分迅速，2021 年，我国城镇化率达到64.72%，已经接近 2025 年 65.5% 的规划目标，城市建设取得了丰硕成果。但随着城镇化的推进，城市的清洁面积越来越大，生活垃圾数量也不断增加，而城市环卫服务的提升速度还远远落后于城市发展的需求。因此，生态文明建设逐渐成为城市管理的核心工作。城市环境治理由保证基本清洁的保障性需求不断提升到环境优美、生态宜居的人性化需求，森林城市、无废城市和美丽城市等成为城市建设的新目标。

城市环卫服务是维持和改善城市风貌的必要环节。而城市风貌最直接的体现就是城市卫生状况，这是长期生活在城市中的居民及临时到访民众对城市的初印象，是城市软实力的重要体现。另外，在以人为本的城市发展观指导下，城市环卫服务质量与居民获得感息息相关。一尘不染的街道、干净整洁的垃圾桶、清新宜人的空气都能带给居民愉悦的生活体验。环卫服务对城市经济发展也有着重要影响，高质量的环卫服务体现的是高层次、精细化的城市治理水平，是吸引优秀人才、资金进入城市的重要因素。

但同时，与飞速发展的城市经济相比，城市环卫服务发展仍面临重重困境。一方面，随着城市范围的扩张及人口的增长，城市中生活垃圾猛增，环卫基础设施配置的速度远远落后于垃圾增加速度，垃圾桶、转运车等设备供不应求。另一方面，为适应城市环卫服务规模扩大的需要，环卫服务工作者的数量也在快速增长。城市环卫管理部门需要负责大规模环卫人力、物力的管理工作，管理难度很大，使部分城市环卫管理呈现质量低、效率不高的特点。这些现实困境给城市环卫服务质量带来严重负面影响，亟须采取多样化手段对城市环卫服务的供给和管理进行系统化提升。

2. 环卫一体化建设的意义

党的十九大以来，生态文明建设逐渐成为政府工作的重中之重。要实现建设美丽中国的大目标离不开城市人居环境的改善，也离不开城市环卫服务。进行环卫一体化建设能够有效改善城市环境风貌，践行绿色文明发展观。环卫一体化建设有着重要的环境效益，集成化的垃圾回收、转运和处理业务能够显著促进城市生活垃圾的无害化和资源化，既能减少有害气体、液体的排放，也能提升垃圾的回收利用效率。此外，高质量的环卫服务能带给城市居民极大的获得感和满足感，街道更加干净整洁、湖泊更加清澈透亮、绿化更加赏心悦目，居民在享受优美城市环境风貌的过程中，对城市的归属感和认可度也不断提升。

推进环卫服务的建设，不仅能够改善城市人居环境，还有利于打造"全国卫生城市"和"全国文明城市"等城市品牌。与城市经济的快速发展相对应的还有激烈的城市间竞争，要求城市充分挖掘自身魅力，打造有鲜明城市特色的城市品牌。城市环卫服务质量的提升是打造"全国卫生城市"和"全国文明城市"等城市品牌的必然选择，也是宣传城市、提升城市软实力的重要途径。

3. 城市环卫服务的建设历程

新中国成立以来，我国城市环卫服务经历了政府主导、市场化和PPP运营三个阶段，城市环卫服务的市场化程度不断加深，企业在城市环卫服务中发挥的角色作用越来越显著。

政府主导阶段（1949~2000年）。新中国成立之初到2000年，我国环卫服务呈现明显的计划经济特点，由政府职能部门全权负责。环卫局作为地方政府的组成机构，主要负责环卫设施的采购管理及环卫人员的招募管理，但同时效率低、成本高等行政体制的弊端也大大限制了城市环卫服务的发展。

市场化阶段（2000~2017年）。进入21世纪以来，传统的政府主导模式暴露出一些问题，逐渐不再适用于环卫领域。同时我国政府也处于政府职能转变的关键改革期，公共服务领域成为政府工作的新重点。因此，为提升城市环卫服务的质量和效率，环卫领域开始了市场化改革，政府购买服务的运营模式逐渐被采用。通过投招标，政府将城市环卫服务交给企业来负责，实现政府付费、企业提供服务的市场化运作模式。

PPP运营阶段（2017年至今）。党的十九大以来，生态文明建设成为政府的重点工作内容，环卫服务领域的相关政策也纷纷出台，城市环卫服务发展按下了加速键。环卫服务的规模不断扩大、技术含量显著提升，这些特点让环卫PPP项目成为各地政府的新选择。此外，物业城市、大物业公司等概念的出现让环卫服务由一项单独服务项目逐渐转变为更大范围内城市公共服务中的一部分，环卫一体化的运营服务模式逐渐出现，并融入城市全局公共服务中。

4. 传统环卫项目的问题

（1）环卫项目招标分散、承包企业规模小

传统的环卫服务由政府主导，在提供市政服务时，政府既是运营者又是监督者，环卫服务的质量和效益不高，难以满足城市发展需求。进入政府购买服务时代以来，环卫服务逐渐被外包出去，但道路清扫、垃圾转运、水域维护等服务项目被分开进行投招标，一座城市的环卫服务由多家小企业进行承包。项目投招标十分分散，中标企业规模较小，难以提供高质量环卫服务。

（2）市政、环卫、绿化等公共服务项目衔接性较差

传统环卫服务的业务范围比较狭窄，只包括清扫保洁、垃圾清运等服务，道路维护、路灯管护等基础设施检修由市政部门负责，园林维护与美化则由林业局负责。城市公共环境由多个政府部门负责，这些部门又将相关业务外包给不同的企业。市政、环卫、绿化三项相互关联的服务被完全割裂，严重影响了城市公共服务的质量和效率。

（3）城市和农村两套做法，标准不一

城乡差距体现了二元结构所具有的刚性和系统性，也是乡村振兴战略实施的重要阻碍。在环卫服务方面，我国的城乡差距尤其显著，城市景观较为整洁和美丽，但农村环境相对较差。农村的清洁及垃圾处理工作远远落后于城市，人居环境亟须改进。此外，近些年我国大力建设美丽乡村，这对农村生态环境提出了更高的要求。如果农村的环卫服务质量跟不上城市环卫服务的步伐，将大大影响我国城乡融合发展的效果和进程。

5.环卫一体化的内涵

环卫服务一体化，是指将各项与城市公共环境卫生相关的服务项目进行整体打包，在一个环卫服务项目中实现道路清洁、垃圾转运、市政设施维护、垃圾分类回收处理等服务内容。环卫服务一体化实际上是对传统碎片化环卫服务的整合及环卫产业链条的延伸。并且，随着城市发展对环卫服务不断提出新需求和标准，环卫一体化服务内容将在横向和纵向上进一步深化。

根据服务范围，环卫一体化可以分为横向一体化和纵向一体化。横向一体化指的是对传统碎片化城市公共服务进行整合。道路清洁、路灯管护和绿化养护虽然是不同的服务项目，但都依托城市道路来提供服务。因此，将这些服务项目进行整合就是环卫一体化中的横向一体化。纵向一体化是对传统环卫产业链条的延伸，将垃圾收集、分类、回收等固废处理业务与道路清洁等传统环卫服务相连接，充分利用垃圾处理领域的发展机遇，增加项目的利润点。

（二）环卫一体化建设模式

不同的城市或地区对环卫服务有着差异化的需求。县域级别的城市及地区处于城乡之间，是农业人口向城市转移、城乡要素跨界配置和产业协同发展的重要载体。但同时，县域级别的城市在公共卫生、市政设施及人居环境方面发展仍不平衡、不充分，公共服务领域的城乡差距仍十分明显。因此，县域级别的城市在升级环卫服务时，主要是追求城乡环卫服务的均等化，采取的环卫一体化建设模式是"城乡一体化"。

对于直辖市、地级市级别的区域，其对于环卫服务的需求更加综合化和高端化。这些区域往往已经拥有较好的环卫市场化基础，但是需要通过环卫一体化建设来实现更高质量的服务。例如，有的发达地区已经初步实现环卫横向一体化，将城市中各项环卫服务交给一家公司来负责，但是生活垃圾的处理仍交给另一家公司，这就导致垃圾处理回收阶段出现分类效率低、前后流程衔接不畅等问题。因此，这些区域在改善环卫服务的过程中，追求的是更优质、更智能的环卫服务，采取的环卫一体化建设模式是"智慧环卫一体化"。

1. 城乡环卫一体化

（1）实施方法

城乡环卫一体化，是将城市先进的环卫政策、技术经验和服务标准引入农村，将城市与乡村的环卫工作整体打包给物业公司负责，提升农村人居环境的治理水平，在环卫领域实现城乡统筹发展，推进美丽乡村建设。

（2）建设案例：南安市城乡生活垃圾环卫一体化

A. 概况

南安市位于福建省东南沿海一带，是由泉州市代管的县级市。2019年4月，南安市城市管理局与长沙中联重科环境产业有限公司正式签约南安市城乡生活垃圾环卫一体化PPP项目。该项目的服务区域为南安市中心城区、南翼新城、各乡镇及所辖村庄；服务内容涵盖垃圾转运、道路保洁、水域清洁、公厕保洁、海洋漂浮垃圾治理和井盖巡查，涉及36座垃圾中转站。

B. 建设模式

为实现城乡环卫工作高效联动、南安市城乡生活垃圾环卫一体化项目构建了"户集、村收、镇运、县（市）处理"的四级城乡生活垃圾一体化处理体系。根据城乡垃圾产生源头特点，合理配置垃圾收集、转运、处理的各项步骤，成功弥补乡村环卫治理短板，实现了对乡村生活垃圾的有效治理。

2.智慧环卫一体化

（1）实施方法

智慧环卫一体化是在5G技术、物联网技术、大数据分析等信息技术快速发展的基础上建立起来的环卫发展新模式，主要表现为基于统一运营管理平台实现对环卫项目的集成化、信息化和精细化管理，提升环卫项目管理的效率和技术含量，是一种高水平的环卫建设模式。

（2）建设案例：重庆市南滨路市政道路的智慧环卫项目

A. 概况

南滨路位于重庆市南岸区，是重庆市重要的文旅区域，周边有丰富的旅游观光资源。作为重庆市的旅游胜地，南滨路绿化程度较高、风景优美，对环卫服务质量有着超出标准值的高要求。该项目由滨南生态环境集团股份有限公司负责。在"家政化"服务理念的指导下，该公司的南滨路环卫项目的服务内容不断深化，由单纯的环境清洁逐渐扩展到景观重塑、物业管理等领域，为南滨路城市风貌提供全方位保障。

B. 建设模式

南滨路智慧环卫系统由四个部分构成，分别是垃圾智慧分类管理系统、环卫作业过程智慧管控系统、垃圾转运和处理智能监控系统、环卫公共设施智慧管理系统。依托物联网、区块链、大数据分析等技术，实现对环卫作业的全流程管理，提升对环卫设施及人员的精细化管理水平。

a. 垃圾智慧分类管理系统

垃圾智慧分类管理系统，包括危害气体智能检测、垃圾量预警预测、全网监测和告警、垃圾分类激励系统、垃圾热图、垃圾满度实时显示等核心功能。

b. 环卫作业过程智慧管控系统

环卫作业过程智慧管控系统，包括实时道路保洁监测、实时垃圾收运监测、管理量化评价、环卫事件管理、视频监控作业状况、环卫工人及车辆管理调度等核心功能。

c. 垃圾转运和处理智能监控系统

垃圾转运和处理智能监控系统，包括环卫车辆路线规划、环卫车辆定位、垃圾转运实时监控、垃圾清运路线管理、垃圾中转站监控、垃圾终端处置监管等核心功能。

d. 环卫公共设施智慧管理系统

环卫公共设施智慧管理系统，包括公厕监管、设备运行监管、能耗监管、客流统计、应急报警、实时视频监控等核心功能。

（三）环卫一体化的运营管理模式

1. 市场化运营

（1）环卫一体化建设的市场化运营模式

随着环卫服务的市场化程度不断加深，目前国内环卫一体化的运营管理模式主要采取市场化运营模式，具体来说分为政府购买服务模式和 PPP 模式。

A. 政府购买服务模式

政府购买服务模式指的是政府将城市中各类环卫作业内容打包成一个项目，在市场上进行公开招标，选择合适的企业进行承包。承包项目企业负责在合同期内按照一定标准完成环卫服务内容，政府会根据合同标价对服务进行付费。在这个过程中，政府是服务购买者，企业是服务提供者。

B. 政府和社会资本合作（PPP）模式

根据财政部相关政策文件，我国环卫 PPP 模式指的是在环卫这一公共服务领域，政府与社会资本建立的一种长期合作关系，具体来说包括服务外包类（委托经营等）和特许经营类（BOT 建造—运营—移交、ROT 改建—运营—移交等）。

C. 政府购买服务模式和 PPP 模式的对比

可以从服务年限、回报机制、模式特点和项目规模四个方面将政府购买服务模式和 PPP 模式进行对比（见表 5-5）。

表 5-5　政府购买服务模式和 PPP 模式的对比

类别	政府购买服务	PPP
服务年限	首签不超过 3 年,但可以多次续签	至少 15 年
回报机制	政府部门依据合同规定,在考量服务成果的基础上进行付费,资金来源于政府财政	PPP 模式的回报机制更加多元,主要分为三类:政府付费(与政府购买服务类似,政府财政根据服务内容进行付费)、使用者付费(环卫服务项目中涉及直接向居民提供特定服务的,由居民作为使用者自己交纳一部分费用)、混合付费(政府财政与使用者付费相结合)
模式特点	项目规模较小,且环卫服务内容分散,一般是由多家公司负责一定区域内的环卫服务。承包企业准入门槛较低,服务质量难以保障	项目规模大,一般将各项环卫服务打包承接给一家或多家公司,技术水平高、管理精细化,合作企业规模较大
项目规模	总金额一般在 5000 万元以下	总金额大多在 1 亿元以上

资料来源:笔者自制。

（2）市场化运营模式的特点

A. 项目级别

目前我国环卫一体化项目的服务区域一般是区县级及以下，地级市及以上层级的项目比较少见。例如，广西南宁市和广东江门市蓬江区的环卫一体化项目就是典型的区县层级，这些项目规模一般在 20 亿元以上；湖南湘潭市和山西朔州市市区的环卫一体化项目是地级市层级，项目规模一般在 30 亿元以上。

B. 合作期限

根据相关规定，采用传统政府购买服务模式进行运营的环卫项目服务年限不超过 3 年，但是在项目实际运作过程中，一般会采用多次续签的方式来保证项目合作期限在 8 年左右，进而匹配相关环卫设备的折旧年限。而 PPP 模式的环卫项目，由于其投资规模巨大，项目年限也较长，一般为 15~30 年。

C. 绩效导向

随着我国城镇化的快速发展，城市管理者和居民都对环境风貌提出较高要求，因此环卫一体化项目也更加注重考察项目绩效，一般是根据当年环卫工作考核结果进行付费。当前，许多环卫一体化项目都在合同中对项目绩效进行明文规定，如果项目运营企业达不到相应考核标准，政府付费额度就会降低，并且面临被迫退出项目的风险。例如，在财政部示范性项目山东德州市武城县城乡环卫一体化项目中，就对环卫工作考核标准进行了明确规定。该项目的考核标准包括5大类24小项，从基础设施管控、环卫质量、垃圾回收、垃圾转运及公众满意度等层次对该项目绩效进行全方位考察。每年度会根据项目实施情况以100分为满分，对项目绩效进行计分制评价。如果项目绩效得分大于等于90分，那么政府将根据合同规定对项目运营方进行全额付款；如果绩效得分大于等于80分、小于90分，则政府只按照合同金额的90%进行付费；绩效得分大于等于70分、小于80分时，政府按照合同金额的80%进行付费；项目绩效得分小于及格线60分，则政府将不再进行付费。

2. 科学化管理

城市发展水平的快速提高让人们对人居环境的要求更加多元，整洁干净已经成为最基础的标准，绿色美观成为城市环卫服务的新标准。在此背景下，城市环卫项目的规模不断扩大、技术含量不断提升，给环卫服务企业带来严峻考验。一方面，在机械化作业要求下，项目所需基础设施投资规模越来越大；另一方面，如何提升环卫工作者的服务质量成为新的问题。因此，环卫服务企业需要同时具有高效的环卫资源配置能力和提升企业凝聚力的人力管理模式。环卫一体化项目涉及的公共服务事项十分多元，既包括基础设施维护、街道清洁，还包括绿化园林维护。这些多元且复杂的服务内容对企业提出了较高的管理要求，只有进行科学化的管理，才能有效降低成本，提高服务效率和服务质量。具体来说，可以将环卫管理分为三个方面：人员管理、设备管理和服务质量管理。

（1）人员管理

当前，我国的环卫行业仍属于劳动密集型行业，项目中的从业人数众多，作业面积较大，管理难度较高。但是，环卫一体化建设能够有效利用数字技术，实现对环卫作业情况的实时监控。一方面，数字化的环卫人员管理平台能够保证基本的考勤情况；另一方面，利用数字化管理也能加强对环卫突发事件的应对能力，环卫人员可以将现场情况及时报告给管理平台，管理平台也能及时向其传达最新的工作安排，大大提高了人员管理水平及工作效率。

例如，开原市的环卫一体化项目引入现代企业管理理念，充分发挥在市政基础设施项目中的先进管理经验，强化目标管理，注重实效，任务与责任落实到人，实现精细化管理；运用科技手段，实施精细化作业调度，提高管理效率；建立自我评价体系，设立检查考核小组对作业情况进行自我考评和监督。此外，除了对员工服务质量及效率进行精细化管理，还注重对员工队伍的文化建设。以建立稳定的作业队伍为目标，持续提高环卫员工尤其是一线人员的工作生活水平和福利待遇；开展不同层次的现代管理培训，大力培养引进企业管理、专业技术等领域人才，加快人才储备；培育和谐共进文化，增强发展软实力，提升员工归属感和向心力。

（2）设备管理

随着环卫行业的机械化程度不断加深，环卫设备逐渐成为新的管理难点。散布在城市中各处的垃圾箱、数量庞大的环卫车辆和智能垃圾分类装置等设备都对企业管理能力提出了挑战。环卫一体化项目在物联网、区块链等技术支持下，通过智慧化管理平台实现了对各类环卫设备的高效管理（见图5-5）。

（3）服务质量管理

在环卫服务的市场化运营下，政府根据企业提供的服务效果进行阶段性付费。这种付费模式要求环卫企业保证自身的服务质量，因为如果服务不达标，企业就得不到回报。在这种情况下，服务质量管理就显得尤为重要。在环卫一体化建设中，主要通过建立综合绩效评价体系及公众参与反馈来实现对服务质量的全流程管理。

开原市的环卫一体化项目有着严格的服务质量管理体系（见图5-6）。碧桂园服务本着"让政府放心，让市民满意"的服务宗旨，在环卫工作过程中严格遵循相关质量标准，将服务质量严格把控在标准之上，不做"60

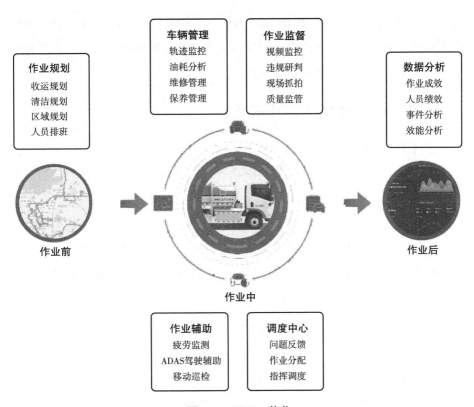

图5-5　环卫一体化

资料来源：《智慧环卫一体化解决方案》，牧云数据，http：//www.movingdt.com/page111? article_id＝29。

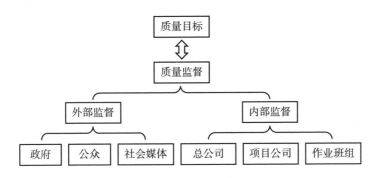

图5-6　开原市环卫一体化项目服务质量监管体系

资料来源：碧桂园物业集团资料。

分万岁"之事。同时，按照 ISO9001 质量管理体系、ISO14000 环境管理体系和 OHSAS18000 职业健康安全管理体系等国家标准进行操作，提升管理的规范化水平，将项目的服务质量放在第一位。

（四）环卫一体化建设面临的挑战

1. 环卫工人的管理人性化不足

在精细化管理及智慧化管理的指导下，环卫一体化项目往往对人员进行高强度管理。与垃圾桶、转运车等环卫基础设施安装定位装置一样，环卫工人也被要求佩戴定位仪，方便管理人员掌握环卫服务人员的工作进度和实时位置。这种对环卫人员的实时定位虽然能够对其进行数字化管理，却损伤了员工的个人权益和工作积极性，不利于培养企业凝聚力。此外，即使在环卫服务智慧化运营平台上实时掌握环卫服务人员的工作轨迹，也难以真正衡量环卫服务质量。因此，为了实现长期高质量的环卫服务，环卫企业应该采取更人性化的管理手段，增强员工的凝聚力，激发员工工作积极性。

2. 环卫一体化 PPP 项目给地方财政带来挑战

目前各城市的环卫一体化 PPP 项目规模都比较大，例如河北蔚县的城乡环卫一体化项目规模达到 16 亿元，而河南省临高县环卫一体化项目规模达到 26 亿元。这对一个县级城市来说是一笔巨大的财政支出。因此，如何保障在项目期限内政府按时支付以及承接项目公司按时完成项目规定的服务内容，对于地方财政以及项目公司来说都是不小的挑战。

（五）环卫一体化建设的发展方向

1. PPP 的运营模式

传统环卫项目运营模式是经典的政府购买服务，项目规模比较小，主要服务内容是如何招募及管理城市环卫从业人员，技术含量低。但现在，随着城市规模的不断扩张，城市环卫服务体量也不断增大，传统的政府购买服务模式难以承担这类公共服务，亟须采取更高效的运营模式，在这种形势下，PPP 成为城市环卫服务项目的主流运营模式。PPP 的环卫项目有着规模大、周期长、政府负债风险低的显著优势，在许多县级城市和地市级城市都已经有环卫 PPP 项目的落地实施。PPP 的运营模式能够提高资源的利用效率，将环卫事业交给更专业的专业公司或环卫企业能够大大提升环卫服务的质量。

2. 环卫事业融入城市全域服务中

传统环卫事业往往是单独承包给一家或几家公司，这些承包企业只负责道路清理、垃圾转运等清洁工作。而环卫一体化建设则是将环卫事业与绿化养护、基础设施维护结合在一起，成为城市整体服务的一部分，由一家物业公司来负责，例如碧桂园与开原市签订的"城市共生计划"便是将环卫事业融入城市物业服务中。这样不仅可以减少管理成本，还可以对综合业务进行集中化管理，提高管理效率和服务质量。

3. 智能化技术赋能环卫事业

传统环卫事业属于劳动密集型行业，机械化率和数字化水平偏低。而"智慧环卫一体化"建设则是基于 5G 技术、大数据技术、区块链技术的智慧化环卫发展模式，例如天津军粮城就构建了城市层级的数字化物业运营指挥平台，将社区服务和环卫、绿化等基础公共服务都链接到这一平台上，实现了城市物业空间管理的全域一体化。

三 交通站场一体化运营

交通站场主要包括高速公路服务区、轨道交通站场服务区和机场服务区。轨道交通站场服务区与铁路公司和城市轨道交通集团关系密切。机场服务区涉及面积较小。高速公路服务区涉及面积大，并有大量的城市服务需求。因此，本部分将主要分析高速公路服务区的交通站场一体化运营。

（一）政策背景及现状与问题

1. 政策背景

党的十八大以来，党中央、国务院加快推进交通运输标准化建设，支撑交通运输高质量发展。2014年9月28日，《交通运输部关于进一步提升高速公路服务区服务质量的意见》印发，提出要建立健全服务工作标准化管理体系，不断提高服务区服务工作规范化水平，对高速公路服务区运营管理规范、服务功能强化、体制机制创新、设施配置优化等提出要求。2016年1月30日，交通运输部印发交通运输行业首部标准化专项规划《交通运输标准化"十三五"发展规划》，对行业标准化工作"全链条""全方位"进行整体设计，旨在全面加强和改进交通运输标准化工作，充分发挥标准在完善综合交通运输体系、促进行业提质增效升级方面的作用。2017年1月，交通运输部印发了《推进智慧交通发展行动计划（2017—2020年）的通知》，对智能化客运枢纽建设提出了要求，并鼓励企业运用大数据、云计算等技术，创新智慧交通领域的经营管理模式。2019年国务院印发《交通强国建设纲要》，在运输服务便捷舒适方面提出深化交通运输与旅游融合发展，推动高速公路的旅游服务功能，在智慧化方面提出大力发展智慧交通，推动大数据、互联网、人工智能、区块链、超级计算等新技术与交通行业深度融合。推进数据资源赋能交通发展，加速交通基础设施网、运输服务网、能源网与信息网络融合发展，构建先进的交通信息基础设施。2021年《中华人民共和国国民经济和社会发展第十四个五年规划和2035年远景目标纲要》也对加快建设交通强国、提高网络效应和运营效率提出了要求，提出加快交通传统基础设施数字化改造，构建多层级、一体化综合交通枢纽体系，推广全程"一站式""一单式"服务。这些政策制度，为推动交通运输转型、高速公路服务区现代化建设发展提供了有力保障。

2. 现状与问题

我国高速公路服务区的发展经历了自主服务时代（1988~2008年）、功能提升时代（2009~2014年）和品质服务时代（2015年至今），取得了显著变化和巨大成就，数量逐年递增，规模逐年扩大，服务功能日臻完善，服务水平持续提升。

我国高速公路服务区的潜在经营规模较大。截至2019年底，我国高速公路总里程为14.96万千米，全国高速公路客车流量总计达78.14亿辆，同比增长 8.3%；货车流量 24.28 亿辆，同比增长 6.6%。[1] 根据《高速公路交通工程及沿线设施设计通用规范》中关于高速公路上设置的服务区平均间距不宜大于 50 千米的规定，我国高速公路服务区需求数量大致在 2992（14.96 万千米除以 50 千米）对。按交通运输部的数据，全国高速公路营业性客运量为 15.5 亿人次，私家车客运量为 17.5 亿人次，大型货车通过量为 1.9 亿辆，预计每年高速公路的客流量将会达到惊人的 400 亿人次，市场潜力巨大。[2]

高速公路服务区作为驾乘者在路途中的短暂落脚点，为民众提供休息、餐饮、如厕、加油、汽修等服务，能有效减少高速公路中的诸多交通隐患和满足相应需求，但是大部分服务区在规划、建设、服务、运营等方面存在诸多问题。

（1）硬件设施不完备

部分早期规划建设的服务区用地和建筑规模偏小，设施陈旧老化，服务能力难以满足现有驾乘人员停车、休息、餐饮以及安全保障的需求，具体表现在车位数量与交通量不匹配，加油站、汽修站设置位置不合理，标识标线不清晰，人流、车流组织不顺畅等方面。服务区在运行过程中，尤其是节假日高峰期间存在不同程度的停车难、如厕难、加油难等情况，部分干线路段、重合路段及旅游景点周边服务区在高峰期甚至出现严重堵车现象，严重影响行车安全和主线畅通；部分早期规划建设服务区选址未充分考虑水、电、气、垃圾处理等公共基础设施配套建设，导致后期设施投入较大。

（2）大部分服务区对拓展功能考虑不足

长期以来受"重建设轻管理、重主线轻附属"的传统观念影响，许多服务区的服务定位停留于"道路附属设施"和"高速公路服务保障提供者"

---

[1] 《交通运输部"晒"出 2019 年成绩单：高速公路新增 7000 公里》，人民网，http：//finance. people. com. cn/n1/2020/0512/c1004-31705742. html。

[2] 《2022 年交通运输行业发展统计公报》，中国政府网，https：//www. gov. cn/lianbo/bumen/202306/content_6887539. htm。

的状态。既有服务区功能设置多局限在停车、加油、餐饮、公共卫生间等基础服务上，服务区延伸辐射功能没有得到有效发挥，对充电桩、展示、物流、旅游等拓展性功能延伸较少，与所在区域特色资源和产业结合不够紧密。

（3）服务区运营管理模式落后，经营效益不高

高速公路服务区内的餐饮、住宿、购物、通信、加油、汽车修理等经营项目大多采用租赁承包经营方式。多数高速公路服务区普遍经济效益不佳、收支难以平衡，部分服务区存在招商困难的问题。国内有影响力和市场竞争力的服务品牌比较少。且大部分高速公路服务区的商业价值没有得到充分发挥，市场化程度不足，业态重复单一，且因垄断经营导致价格较高，对司乘人员的吸引力不足，难以满足人们的多样化需求，致使客单消费水平整体偏低，许多服务区只能维持盈亏平衡或处于亏损状态，没有真正利用自身优势，打造品牌，从而获得经济效益提升，也很少有服务区利用所在区域市场和环境带动周边经济发展，在高速公路车流、人流和物流急剧增长的情况下，错失很多的商业机会。

（4）经营管理多样化，服务区缺乏标准化管理

高速公路服务区的投资运营主体存在地区性差异，既有分散化投资、多元化经营模式，又有集中统一的管理模式。管理主体有高速公路管理局、各道路投资建设方、专业运营公司等，但其基本是以行政性管理为主导。经营模式上采取自营、委托管理或租赁等多种方式。由于管理主体和运营模式的不同，大多数服务区缺乏标准化、规范化的服务。

（5）服务区现代化、智能化水平较低

目前大部分服务区仅能提供 Wi-Fi 网络、信息查询等基本信息服务，缺乏数据监测采集、智能监控管理、信息共享发布、"互联网+"服务区等现代化、智能化管理和服务，与智慧型服务区的要求相差较大。具体表现在以下几个方面：一是信息化程度较低，许多服务区在信息化上更多的是显示高速公路实时路况和提供广告功能，信息化集成体现的商业价值或社会服务价值低；二是各服务区管理系统相对独立，应用孤岛较多，应用之间数据尚

未实现共享；三是各服务区之间彼此独立，未能实现协同管理，缺乏综合管控和运营指导；四是服务区中信息发布、监控设备、加油汽修、照明消防、公厕服务等各个系统的数字化水平参差不齐，信息采集不全面，数据利用率较低。

（二）高速公路服务区的功能

快速扩展的高速公路网对生产要素的跨区域流动、旅游业的发展及省际和重要城市间时空距离的缩短起到了至关重要的作用，同时也加速了区域间人员、商品、技术及信息的交流，在一定程度上实现了空间上资源的有效配置。

高速公路服务区作为公路交通的配套设施，是交通运输行业服务群众的重要窗口，也是社会公众驾乘车辆出行的重要休息场所，对满足驾乘人员生理和心理需求、预防疲劳驾驶、为车辆提供加油和维修服务、消除行车安全隐患具有十分重要的作用，除具备检修、如厕等基本服务功能外，还具备休闲娱乐、信息服务、物流仓储等拓展功能。高速公路相对封闭，服务区的服务对象主要是流动性较大的司乘人员。由于服务对象的需求层次存在客观差异性，服务区在提供服务的同时要考虑不同人群的需求，提升服务的多样性，这就要求高速公路服务区的运营工作更加完善、管理方式更加多元化。现代高速公路服务区的功能大致可以分为内在功能和外在功能，内在功能包括保障型功能和休闲娱乐功能，外在功能包括城市经济活动和城市形象宣传。

1. 内在功能

（1）保障型功能

高速公路服务区的保障型功能是高速公路服务区最基础的功能，主要是为人和车提供必要的服务，例如为长时间驾驶人员提供停车休息地、为汽车提供检修和进行燃油补充、帮助路途中的司乘人员解决个人问题等。作为信息发布平台，基于互联网等信息技术，服务区还可为人们提供必要的路况和天气等信息。除此之外，服务区在快速响应、物资储备和安置人员等方面具有巨大的优势，能为高速公路上出现的紧急状况提供紧急援助。

（2）休闲娱乐功能

随着物质生活的提升，服务区的保障型功能已经不能满足消费者的心理需求，开始逐步朝多元化方向转型升级，休闲娱乐服务得到了快速发展。例如，引入种类较多的餐饮店；结合当地特色产品建设消费商场；设置观景服务，让司乘人员在短暂休息过程中能领略当地风景。梅村、大丰等一批服务区通过整体升级改造，增加休闲娱乐设施，实现了营业额和利润的大幅增加。

2. 外在功能

高速公路服务区除内在的保障型功能和休闲娱乐功能外，还可根据交通运输业的发展需求提供一些外在经济功能，即通过软硬件设施的增设进行有针对性和目的性的服务。例如，利用其交通便利、用地充足等特点，聚集物流企业，建设物流集散地，为周边物流企业提供仓储、配送、周转等服务，为物流园区提供物流信息等数据服务；结合服务区所在地文化特点，作为文化载体宣传当地旅游文化服务等。

（1）城市经济活动

据交通运输部《2021 年交通运输行业发展统计公报》数据统计，2021年全国公路的营业性货运量为 391.39 亿吨，占全国营业性货运量的 73.8%，而高速公路作为公路体系的重要通道，在物流运输中占据重要地位。当前，许多物流枢纽均设置在高速公路外，货物需要经过高速公路运送至物流枢纽，进行分拣、配车等流程，再返回高速公路进行配送，很难满足物流效率提升的需求。高速公路服务区处于高速公路网络中，交通更加便捷，在中转上，具有在高速公路路网中进行分拣、配车、中转的优势；在导流上，可通过 5G、物联网等技术实现货、车、司机的精准对接；在管理上，相较于传统物流项目的开敞式管理，高速公路服务区的物流枢纽可采用封闭式管理，更具有能动性。如位于江苏锡澄高速的堰桥服务区建设的堰桥派天下智慧物流港，通过建立前店（司机之家）后仓（智能分拨中心）模式，为司机提供餐饮、休息及集约化集货和配送服务。

（2）城市形象宣传

许多中小城市会在周边大城市的高铁站或者机场人流量密集的地方进行城市及旅游宣传，以期能为城市快速招揽游客，但往往忽视了地方高速公路服务区对地区形象的导流作用。相关资料显示，在全域旅游的拉动下，目前通过高速公路到达景区的游客占90%，其中自驾游客占50%。[①]

地方高速公路服务区不仅是高速公路公共服务的窗口，更代表着区域城市对外开放的形象，是高速公路与城市连接的纽带。对于很多游客来说，他们可能并没有什么机会去游览他们日常路过的每一个城市，从某种意义上来讲，他们前往一个城市有可能就是从来到那个城市的服务区开始，因此，他们对服务区的印象可能就代表了对那个城市的初始印象。初始印象的好坏在很大程度上决定了他们是否有可能从服务区走下高速公路，从而进入城市旅游消费。

现代化服务区建设也向外传递了一个信号，比起传统服务区千篇一律的私人承包、小店买卖模式，外地品牌餐饮、品牌商铺的入驻，侧面说明该地区对外地企业的区域屏障和歧视甚少，高速公路服务区也可以被视为一个地区营商环境的缩影。

（三）智慧服务区

进入21世纪以来，我国高速公路发展迅速，截至2019年底，我国高速公路里程达到了14.96万千米，位居世界第一。目前我国已基本满足建设交通强国的基础条件，但与发达国家相比，我国基础设施建设在信息化、智能化方面差距明显。在网络信息高速发展的背景下，尤其是5G时代的到来，新一代智能化技术，如大数据、物联网、云计算、人工智能等技术为高速公路服务区建设提供了强大的技术支撑。

高速公路服务区在经营管理上仍存在一些亟待解决的问题。其一，由于生活水平的不断提高，人们对出行服务有了更高的需求，服务区供给侧结构性改革面临严峻挑战；其二，由于高速公路服务区大多存在"点多、线长、

---

① 前瞻产业研究院：《2023-2028年中国全域旅游发展模式与投资战略规划分析报告》，2023。

面广"的特点，总部对各服务区的统一管理、统一经营存在一定难度；其三，企业内部机构之间存在"信息孤岛"、数据资源共享不均衡、战略决策缺乏大数据支撑等成为制约企业科学发展的主要因素。因此，利用互联网智慧技术手段解决上述问题、提高服务区智慧化服务水平迫在眉睫。

1. 智慧服务区的价值

智慧服务区的最大价值是全面结合服务区的管理和公众服务需求，完成对各种有效价值信息的挖掘，包括以下三个方面。第一，对服务区内乘客司机的各种信息进行识别分析，如地理位置信息、车辆信息、消费特征、出行轨迹等。第二，服务区监督管理。根据服务区内的资源和客流量变化调整服务区运营策略及措施，维持服务区良好的运行状态，保证服务区的服务能力。第三，为公众出行提供服务信息。通过有效识别分析乘客的各种信息，可以随时随地在乘客出行过程中为其提供精准服务，并关联服务区的各种商业旅游资源信息，带动当地经济的发展。

2. 智慧服务区的挑战

智慧服务区面临以下几个五个方面的挑战：第一，服务区管理模式下经营模式种类繁多，经营模式的个性化和多样化给整体运营战略规划及管理实施增加了难度；第二，多样化管理模式的持续运行形成"链条效率"，风险和难度已由前台日常经营环节逐步扩展至后台的库存和内部流程处理环节；第三，服务群体众多，需求层次呈现多级形式，作为高速公路服务区管理公司将面临许多新的挑战，管理层在战略方向上注重客户群服务体验及口碑评价的同时，还要顾及由满足多样化需求所带来的成本攀升；第四，服务区经营点分布零散，散点间距离跨度较大，业务往来成本较高，如果出现信息传输有障碍或沟通不顺畅的情况，管理和经营风险将快速上升；第五，管理与控制层次较多，战略批示及重要信息在传递过程中，其有效性和真实度将面临衰减的风险，不利于集团的统一规划、统一管理、统一行动。

3. 智慧服务区的需求

（1）视频监控需求

服务区监控需要全面覆盖服务区的各个出入口以及公共设施位置的安防

情况，尤其对油库、匝道、机房等区域必须进行有效监控。随着监控需求的提升，视频监控对图像的分辨率以及视频监控系统的智能化水平都提出了更高的要求。同时，还需要通过互联网连接每个服务区的监控系统与高速公路总监控系统，以便上一级管理单位能够实时监控各服务区的运行情况，满足高速公路指挥调度工作的需求。

（2）车辆管控应用需求

服务区每天都会通过大量车辆，智慧服务区平台必须能够有效识别和记录所有进出车辆的信息，并结合服务区的车辆承载量和服务能力为服务区管理提供容限告警、车流量统计等相关业务服务。此外，通过有效识别分析各车辆的信息，还能够为交警、路政执法及公安稽查布控等工作提供有效帮助，准确定位嫌疑车辆，提高办案效率。

（3）信息发布服务需求

在服务区日常运营中需要进行各种信息发布，从而为进出车辆及乘客司机提供服务，具体分为站内和站外两种发布形式，在站内主要利用 Wi-Fi 热点、站内信息窗口等发布各种交通信息、旅游信息等，其主要形式为短信或者广告展示机，而站外则利用信息数据中心发布各种服务信息，如服务区状态、服务区内车位情况、与周边服务区的距离等，以此为司机乘客提供交通信息服务。此外，还能够借助采集的各种信息，深入挖掘高速公路以及服务区的运营状态和经营情况。例如，通过对车流量、服务区经营收入等运营信息的采集分析，为高速公路服务区运营管理提供决策信息支撑。

（4）系统管理需求

智慧服务区平台是一个综合性系统，由接入模块、存储模块、管理模块、监控模块、过车数据研判系统、数据中心等多个不同模块组成。其中，最关键的是管理模块，其他模块和子系统都需要以其为中心开展相关业务操作。这要求在系统平台中有一个统一的交互平台，并能根据用户等级进行权限配置和设置各种独立的软件模块，以满足存储、监控、信息发布等不同业务的功能需求。

4. 智慧服务区的建设目的

（1）管理规范化

通过对服务期的工作标准、工作流程、技术数据规范等进行统一规范化管理，实现各服务区之间数据的联通共享，确保服务区智能化、数字化管理目标的达成。

（2）交管实时化

在交通管理中最为重要的是时效性和反馈执行的灵敏度。借助大量先进信息技术，可以使高速公路智慧服务区在识别反馈和执行信息时十分迅速，能够快速应对各种突发交通事件。

（3）信息集中化

借助云技术和互联网能够实时采集各服务区中的信息数据，从而实现对服务区的统一管理监控，以此保证各服务区决策以及业务流程的规范统一。集中化管理还有助于减少服务区运行成本，避免重复性投入。

（4）资源共享化

智慧服务区在建设中会采用大数据技术，借助该技术能够将与服务区相关的各种信息数据共享至网络端，为深入挖掘分析和共享数据提供良好条件，能够为服务区运营管理决策的制定提供更加准确有效的信息支撑。

5. 智慧服务区的设施配置

由于前期智慧服务区建设的标准建设滞后，智慧服务区在设施配置和建设上缺乏标准依据，且服务区设施种类繁多，因此出现了各服务区设施配置标准不统一的现象。2020年3月浙江省交通运输厅发布的《智慧高速公路建设指南（暂行）》指出，智慧服务区建设总体规划应考虑所在路段的交通区位、交通流量、场地特征、环境影响、服务区间距及相关基础设施条件等因素，同时智慧服务区的设施配置应按照标配、主体、综合智慧服务区来进行分类。

（四）碧桂园高速公路服务区

碧桂园服务以"打造中国最专业的高速公路服务品牌"为目标，基于司乘人员的个人需求以及投资机构的资产价值需求，创新提出了高速公路服务区"美好+"战略构想，旨在打造更具温度的高速公路服务体系，有效激活高速公路服务区的资产价值，在充分发挥服务区来往客流和周边资源优势的基础上，结合地方特色，实现服务区从单一基础功能向多元拓展功能、从粗放式服务到精品式服务的转变。碧桂园以高速公路为纽带，结合"城市共生计划"针对高速公路服务区的智慧运营，从商业运营服务、在途旅客数据分析变现、设施环境AI智能养护、沿线城市推广协同等方面共生发展，为城市构建"宜居宜业宜游宜养"的高质量发展环境贡献价值。目前，高速公路服务区"美好+"运营模式已在全国4个省份、140余个服务区逐步推行和落地。

1.服务区+商业综合体

随着人们生活消费水平的不断提升，出行游玩的旅客也越来越多，特别是每逢春节、"五一"、国庆这几个小长假，高速公路上处处是拥堵的车流。对于封闭运营的高速公路，出行群体的各种需求主要靠服务区来满足，以往人们对服务区的基本需求是停车、如厕、便利店等，但现在越来越多的人对服务区从简单的功能需求升级为有品质的消费服务需求。碧桂园集团现服务商业项目超900个，在管商业总量1000余万平方米，可提供商业的前期策划设计、招商运营、商家资源、金融运作等全链条服务，能够实现服务区的整体形象提升、丰富的业态形式和知名商业品牌的引入。

"服务区+商业综合体"模式，即根据实际情况，对服务区商业的业态规划、品牌组合、动线设计进行重新优化和模式创新，通过完善和升级餐饮、商超、油品、维修等传统服务，创新植入休闲娱乐、生活配套、运动中心、电影院、亲子中心、特色民俗、科技体验、社交体验、便民应急等全链条的业态服务功能，满足公众"食宿行游购娱"的多样化消费需求，将高速公路服务区打造为区域商业综合体。同时，定期策划公益性或商业性的服务区主题活动，吸引客流，将服务区的商业辐射力扩散至周边区域，实现高速公路的流量变现。

目前，碧桂园服务的"服务区+商业综合体"模式已在"中国第一服务区"G15 沈海高速井泉服务区落地，升级改造后的服务区成为集购物、餐饮、休闲于一体的商业综合体。以餐饮业态为例，井泉服务区引入了沈阳奉天小馆、李先生、满宝馄饨、归咖啡·餐吧、沟帮子熏鸡等品牌，与服务区原有的中式餐厅形成优势互补。

2. 服务区+城市客厅

每个城市、每个区域都有自己的特色，服务区可发挥高速公路沿线出口的城市辐射能力，借助碧桂园服务的产业生态链、覆盖全国的社区网络、超千万的庞大社区业主资源以及社群运营数据平台，将高速公路服务区打造为属地城市的招商引资、文化推广、商品展销窗口以及当地政府的城市会客厅，提升高速公路服务区的商业附加值。

该模式的具体内容包括：通过各种形式的展示，让司乘人员在服务区即可了解当地经济、环境、人文、政策优惠等；通过信息综合智慧服务平台，实现对服务区车流、人流、物流的管控及服务；通过利用各类互动软件，提供招商引资、特色产品展销、景点门票代售、住宿等配套服务，使服务区实现 O2O 联动营销，形成"线上和线下互动、需求和资源匹配、管理和服务共融"的良好局面。

3. 服务区+文化旅游

随着社会经济的快速发展以及人们生活水平的不断提高，公众对精神文明及旅游的需求越来越大，自驾出行已成为常态。据中国旅游车船协会有关统计数据，近 5 年全国自驾游总人数平均年增长率保持在 16% 左右，至 2020 年，自驾游总人数达到约 40 亿人次。[①] 随着周边游、短期游、短途游的旅游热潮持续升温，以及全域旅游发展的快速推进，作为促进旅游出行的基础条件，道路交通显得尤为重要，特别是高速公路这类高等级道路成为人们出行考虑的关键因素。服务区作为高速公路的附属建设设施，也是高速公路的形象展示平台，为"服务区+文化旅游"模式提供了设施基础。通过结

---

① 《2021 旅游大数据系列报告——自驾游》，马蜂窝旅游，https：//www.mafengwo.cn/gonglve/zt-1027.html。

合服务区周边的历史、民族、人文、旅游等文化资源，将其打造为有多元文化特色的服务区，在提升服务区整体形象的同时，也宣传了地方特色文化，丰富了服务区的内涵，吸引出行旅客驻足观光，带动了服务区的整体消费。高速公路服务区因此迎来了黄金发展时期，越来越多的游客进入服务区消费，人们多样化的消费需求也使服务区可以考虑与文化旅游进一步融合发展。

碧桂园服务结合实际，选择具备条件的服务区，将其打造为游客旅途中或目的地的景点，同时开发自然风景线、历史文化线、红色文化线、特色民俗线、丝绸之路线等，实现一、二、三产业的融合发展。比如，根据服务区的条件，打造不同主题的服务区，植入赛事活动（体育竞技、国际赛事等）、户外运动（球场、狩猎场、山地运动、低空飞行等）、游乐园、休闲活动（户外烧烤、宠物游乐等）、展销活动（车辆展销、房产展销、产品宣传等）、度假颐养（自驾露营、海滨浴场、度假山庄、康养养老、温泉颐养等）、培训基地、摄影研学、文化展廊等不同主题业态。

此外，还可以结合服务区周边自然资源或人文资源打造特色小镇，如康养小镇、文旅小镇、茶园小镇、红色小镇、穿越小镇、修禅小镇等，通过组织各类活动带动服务区人流、车流及重复性消费流增长。

4. 服务区+物流贸易

物流指以仓储为中心，对货物运输进行组织与调配，物流业的发展对促进地方经济增长具有重要作用。服务区位于四通八达的高速公路上，且占地面积相对较大，对于发展物流业具有得天独厚的优势。首先，服务区作为物流配送的中心，可以借助高速公路网发散开来，具备高效性与便捷性，满足物流发展的基本需求；其次，可以借助服务区大面积的土地资源构建仓储、运输、信息集散中心，整合交通资源开展物流综合业务；再次，服务区具备食宿、超市、车辆维修、加油等基本功能，能为车辆及司乘人员提供良好的基础服务，同时物流站点也促进了服务区内的经济消费；最后，结合地方的政策资源及周边交通运输资源，打造"服务区+物流贸易"模式，有目的地在服务区发展物流产业，对于促进物流业与服务区的协调发展以及带动社会经济的发展具有长远的意义。

碧桂园服务整体布局高速公路服务区的物流运营，从开发阶段开始全面思考、统一规划。通过调整、规划、整合等方式，实施精细化作业管理和业务融合，降低整体运营成本，提高资源的综合经济效益。一方面，选择所属区域经济较为发达、有物流市场需求，且占地面积较大、具备充足存储能力的服务区，在服务区内建设物流仓库及配送中心，作为物流仓储的集散地；另一方面，可以与水、陆、空其他交通枢纽接驳，设立一级中转站、二级中转站、冷链仓储等站点，货物可直接在服务区进行装卸、存储、管理、跟踪、配送等，实现高效运输。

5.服务区+城市服务

碧桂园服务凭借从社区到产城再到城市服务的空间场景服务核心能力，发展易于落地执行的高效一体化城市服务解决方案，提出"城市共生计划"。

碧桂园将以高速公路服务区为中心，植入"城市共生计划1+5服务模式"，以数字城市指挥平台为载体，融合城市市政公共服务及各类物业管理、社区管理，优化作业流程，减少沟通界面，提升作业质量及效率。同时，整合各种作业数据，形成线上统一指挥调度、线下一体化运营的管理模式，打通城市大物业运营（涉及住宅、商业写字楼、院校、医院、公租房、园区、政府办公楼、机场、高铁站、高速公路、公园等），通过城市空间增值服务及数字生态增值服务，携手产业资源协同运营，为城市提供更具性价比的一体化综合服务，提高城市管理效率，优化城市营商环境，助力城市经济与文明协同发展。

6."服务区+"模式建设的注意点

服务区作为高速公路的重要组成部分，应与高速公路及其配套设施建设进行统筹考虑，同步规划，合理布置其使用功能。当前国内主流"服务区+"模式建设处于蓬勃发展的上升期，其建设成果中有江苏阳澄湖服务区、江苏梅村服务区、沈阳井泉服务区等优秀案例，无论在扩大地方影响力还是在增加经营效益方面都取得了很大的成效。但是也存在一些服务区在建设"服务区+"模式时，缺乏对服务区周边环境、资源条件、车流量情况等的整体认知，进行盲目开发改造，造成收益不理想的状况，所以在建设"服务区+"模式时应该注意以下几点。

（1）避免盲目式开发

一些邻近大城市、各种资源丰富的服务区，需要具有针对性的特色设计，从而体现出其良好的区位价值，而不能一味参照已有的成功案例。一些小城市或偏远地区的服务区，人流、车流条件有限，不能盲目跟风或过度开发，避免功能过剩、设施闲置，造成资源的浪费、经营管理效益不理想。

（2）避免经营结构单一，定位不合理

"服务区+"模式建设不能受限于传统经营模式，要有特色地进行创新，在拓展业态的同时，创造良好的消费环境和休息空间。在进行服务区规划时要根据市场调研来合理定位，目前许多服务区都是概念式定位，不具备实操性。

（3）基础功能设施要充分考虑

服务区首先要保障的是基础功能，避免停车位紧张、卫生间拥堵、加油站排队等现象，不能一味追求业态丰富。服务区的功能定位是服务于高速公路的运输，不能为了建设成为"网红景区"服务区而造成基本功能的缺失，从而给司乘人员带来不好的服务体验。

（五）案例对比

1. 国内案例

（1）苏州阳澄湖服务区

苏州阳澄湖服务区是江苏宁沪高速公路股份有限公司运营的一个服务区，在经过转型升级后，于2019年7月18日重装开业，开业不到半年就已获得"2019全国高速公路旅游主题服务区""最美园林文化服务区"两项荣誉称号。

阳澄湖服务区以"梦里水乡·诗画江南"为主题、以"一街三园"为操作路径进行改造升级，其综合楼总建筑面积达3.9万平方米，园林面积达

1万平方米，是国内体量最大的服务区之一，也是全国第一家在服务区内建造园林的服务区。其主要特色包括地域文化结合、餐饮业态丰富和娱乐消费功能升级。

第一个特色是地域文化结合。阳澄湖服务区依托独特的地域优势和苏州高度成熟、专业的园林技艺，通过叠山造水、培花植木，将苏州古典园林"一街三园"（观前街、拙政园、留园、狮子林）"搬进"服务区，服务区的主题大楼也紧扣苏州园林风格，整体构成中国水乡之景，达到了"不入苏州城，尽览姑苏景"的效果，对当地的旅游及文化起到了宣传作用。

第二个特色是餐饮业态丰富。阳澄湖服务区引进品牌多达51个，不仅包括一楼的服务区堂食餐厅，外侧的小吃零食更是像一座小型商场。米线、麻辣烫、炸鸡汉堡、面包等专门店应有尽有。还引进了汉堡王、DQ、面包新语这类餐饮大牌，满足人们多样的餐饮需求。除餐饮小吃外，服务区还设有名创优品、水果店、猫屎咖啡、超市等。

第三个特色是娱乐消费功能升级。传统服务区仅满足过往旅客简单果腹、休息补给的需求，阳澄湖服务区在此基础上进行了升级，在商业区设置了传统戏台，并邀请艺人表演传统曲艺；在服务区建设了非遗展示馆和科技馆。其中非遗展示馆面积达3000平方米，呈现了苏绣、缂丝、宋锦、核雕等苏州非遗技艺；科技馆面积达3000平方米，以VR体验和机器人互动娱乐为主题，具备科普、互动娱乐、产品发布等综合功能，是全民科普教育基地。

（2）辽阳井泉服务区：商业综合体打造

井泉服务区大连—沈阳方向位于辽宁省辽阳市灯塔市，处于沈大高速公路（方向）36千米处。井泉服务区大连—沈阳方向于1988年10月投入运营，是中国高速公路第一个通车运行的服务区，被交通部公路学会誉为"中国第一服务区"。井泉服务区历经2004年和2017年两次大型升级改造，现共有小型车停车位76个，大型车停车位49个，危险化学品运输车专用停车位2个，牲畜运输车专用停车位2个。作为东北地区第一个改造的高速公路与普通公路并用的商业综合体服务区，集餐饮、购物、休闲、娱乐于一体，具备完整的基础服务功能、特色餐饮、娱乐配套设施，成为新晋的"网红打卡地"。

在规划布局方面，井泉服务区打破餐厅、超市各立门户的模式，确立了"大商业"理念，打开主楼多个隔墙，将其改造成纵横贯通、功能齐全的商业综合体，将各具特色、互补互动的商铺集中于商业综合体内，烘托出浓厚的商业气息，通过巧妙的结构布局，发挥顾客聚合作用，引导顾客由指向性消费转为多向性消费，进而满足顾客多元化服务需求。服务区将多个商铺分布在商业综合体两侧，在中间区域的几个节点设立"环形售卖岛"，形成回廊式格局；在特色小吃商铺外部，设置有一定数量座椅的休息区域，顾客可以在座椅上休息，也可在座椅上就餐；同时在商业综合体内设立了自助服务区，将智能查询机、手机充电站、自助提款机、旅游景点推介、免费饮水机集中于同一区域，便于游客使用。在基础设施方面，服务区设有咨询台、开水间（24小时免费开水供应），还设有母婴室和第三卫生间，配有淋浴间以供货车司机使用。

此外，井泉服务区还在后方新建了与202国道连通的停车场，使其不再只是为通行高速公路的车辆提供单一餐饮、超市、加油等服务的场所，成为高速公路与普通公路并用服务区，同时也吸引了附近的村镇居民来服务区消费。

在品牌引进方面，井泉服务区采用的是择优引进的思路和策略，通过好的品牌，结合地方特色，形成特色化的业态，提升项目的吸引力。同时，服务区实行组合招商，注重商户的互补性和零售均衡性，以达到资源最大化利用，获得最大的效益。具体包括奉天小馆、李先生、肯德基、归咖啡·餐吧、满宝馄饨、熙亥独排等。

2. 国外案例

（1）日本高速公路服务区

日本的收费高速公路上有两种等级的休息区，一种是规模较大的服务区（SA），约每隔50千米（北海道大概间隔80千米）设置一个，另一种是规模较小的停车区（PA），约每隔15千米有一个。服务区（SA）通常设施完整，可以停放数百辆汽车，提供厕所、吸烟区、便利店、宠物救助区、餐馆、地区纪念品商店、加油站、信息咨询处等多项服务，除此之外，每个地区的服务区都各具地方特色，在日本形成了一道亮丽独特的风景线。有的服务区还开设了宠物游乐区、洗衣房、温泉、浴室、胶囊酒店、主题公园等。从2000年开始，麦当劳、星巴克、711、药妆店也陆续入驻服务区，日本高速公路服务区已经完全颠覆了驿站的概念，成为具有地方和地域特色的综合性服务娱乐场所。停车区（PA）的定位是休息站，相比服务区要小得多，有设施比较完整的，包含小商店、小加油站、餐厅等，也有只设置厕所和饮料自动售货机的。

日本高速公路服务区融合了商业、儿童乐园、公园温泉和资料馆等，酷似大都市的文旅综合体，不但提供了高质量的服务内容，也大幅度地带动了地区的经济增长，为当地创造了大量的就业岗位，形成了独特的产业链。

日本的高速公路主要由 NEXCO 公司进行管理，其主要从事高速公路的管理、建设、服务区以及其他高速公路相关业务，其企业经营理念是通过最大限度地发挥高速公路的连接作用（见图 5-7），支持地区社会发展和生活水平提高，为日本经济整体的活性化做出贡献。

图 5-7　日本高速公路的连接作用

资料来源：笔者自制。

日本高速公路服务区分为东日本、中日本和西日本三大部分，分别归属 NEXCO 东日本集团、NEXCO 中日本集团和 NEXCO 西日本集团，各部分服务区有统一的网站，可以查询地址、服务、活动等，本部分主要以 NEXCO 东日本集团的服务区业务为例。

截至 2022 年 7 月 1 日，NEXCO 东日本集团的高速公路运营范围为
3943.0 千米，高速公路出入口 446 个、智能 IC 59 个，2020 年日均收入为
20.3 亿日元，NEXCO 东日本集团服务范围内拥有服务区和停车区共 328
个，其中商业设施有 132 个，2021 年的商店总销售额为 1276 亿日元。

日本对于高速公路的建设和运营方面积极采用 PPP、PFI 的方式，充分
调动民间企业的积极性，以市场为导向，借助企业的财力以及其丰富的建
设、运营和管理经验进行管理和运营。

日本道路公司成立于 1956 年，与首都高速公路公司、阪神高速公路公
司、本州四国联络桥公司一起私有化，并于 2005 年 10 月 1 日成立了 6 家高
速公路公司和独立的日本高速公路持有与债务偿还组织（以下简称"高速
公路组织"）（见图 5-8）。

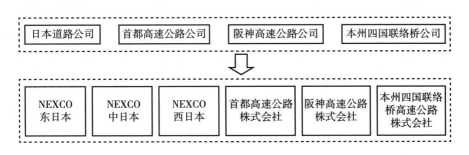

图 5-8 日本高速公路组织结构

资料来源：笔者自制。

NEXCO 东日本集团将资产和债务移交给高速公路组织，并通过管理和
运营从高速公路组织借入的高速公路资产，向高速公路组织支付高速公路资
产租赁费（"租金"）。高速公路组织以高速公路的资产和债务为担保，寻
找市场资金，再借给 NEXCO 东日本集团，NEXCO 东日本集团盈利后再向
高速公路组织偿还。

NEXCO 东日本运营着 328 个服务区和停车区，分为有人值守和无人值守
两种。其中，有人值班地点有 193 个，Nexeria East Japan Co.，Ltd.（NEXCO
东日本全资子公司）管理和运营 187 个地点，第三部门管理和运营 5 个地

点，关联公司东京湾公路有限公司管理和运营 1 个地点。NEXCO 东日本的服务区业务主要包含商业设施经营以及其他高速公路相关业务（旅游业务、酒店业务等）。在每个服务区和停车场，NEXCO 东日本致力于以"基础服务"和"华丽服务"为主题提供独特而诱人的服务。

NEXCO 东日本正在通过对 SA 和 PA 内的商业设施进行新建、增建或老化改造来加强和扩大服务区的服务功能，以适应社会发展的变化，提供的服务包括餐厅/美食广场、购物区、西雅图咖啡馆、加油站、电动汽车充电站、幸喜服务、婴儿护理室、遛狗场、免税销售、投币式淋浴等。

NEXCO 东日本在 19 个 PA 或 SA 设置了"旅游性区域"，通过浓缩"区域性和旅行乐趣"在服务区内设立旅游区域，以各种形式展现当地特色，包括设施外观、美食和纪念品。

NEXCO 东日本通过与地区合作，推广当地的产品，设置区域特色窗口，提供当地特色产品及美食，展现当地的魅力。公司在 107 个服务区设置了供当地居民使用的出入口，使当地居民也可以使用 SA 和 PA 的服务设施。NEXCO 东日本每月出版免费杂志《公路旅行者》（*Highway Walker*），包括高速公路地图、驾驶和旅游信息、SA 和 PA 美食与纪念品信息，宣传旅游信息及当地特色等。公司运行着一个旅游网站"哆啦 A 梦之旅"，除了公司内的业务外，还参与了 GoTo 旅行事业，开发了将冬季运动和温泉等东日本地区的优质观光资源与高速公路相结合的旅行商品等。NEXCO 东日本还运营着面向使用高速公路的客人的综合支持网站"Dorapura"，向使用高速公路或旅游的游客提供各种相关信息，同时开发了手机 App，除了发送高速公路费用和路径检索等与网站相同的信息之外，还安装了 PUSH 通知灾害信息和行驶时注意事项等应用程序特有的功能，帮助顾客更安全、安心地驾驶。NEXCO 东日本通过运营"DORAPURA 购物"网站，成为连接旅客和地区特色产品的桥梁，在网站介绍和销售东日本的地区特色产品。公司还通过利用各种经营资源，开展酒店、停车场、太阳能发电（在东北本线收费站旧址上开展利用 FIT，即固定价格收购制度的太阳能发电，为电力公司提供大约 350 个家庭的电力）等业务。

（2）江户羽生停车区（PA）

江户羽生停车区（PA）距东京80千米，位于日本东北道高速公路，拥有200个车位，规模较小。

江户羽生停车区（PA）停车位较少，但是其商业服务规模水平与质量较高。其在原服务设施较少的停车区内扩建了建筑面积达2000多平方米的餐饮休息大厅，拥有15家餐饮、商店营业服务，可以满足顾客的不同需求。羽生停车区（PA）年旅客流量达400万人次，营业额达22亿日元（约人民币1.29亿元），员工仅有4名。在餐饮方面其不再简单满足于让顾客填饱肚子，而是突出强调高质量的餐饮和服务，停车区内引入了仙台最著名的咖啡店——尊达茶寮咖啡店，让刚出东京的旅客能感受仙台风味。同时也结合地区特色，在商店摆放东京、横滨的特色商品。

为保障高速公路的安全畅通，高速公路公司特别重视交通和设施的安全管理。东日本公司就在埼玉市、仙台市、新潟市建有3个道路管制中心。

交通管制部门通过视频监控车流状况，值班台通过道路专线求救电话、手机报警、路上巡逻车报告、交通流量电子测量仪收集路况信息，指挥中心对这些信息研判后，通过电子导航仪、公路信息板、广播、网站等实时播报路况信息，遇事故、拥堵等情况时指挥后续车辆合理避让。同时，通过驻扎在指挥大厅的警察、消防、救护、清障等部门协调有关机构前往处理相关情况。据介绍，该指挥中心每年处理交通事故、撒落物品、车辆故障等事件约10万起，有效保障了高速公路的安全畅通。

设施管理部门负责监控收费站设备、道路两旁的显示牌、监视摄像、隧道信号及隧道内的灯光、通风、消防等设备运行情况。例如，当隧道内车辆发生自燃时，指挥中心会及时在隧道口亮起红灯阻止后续车辆驶入，启动排烟系统，并在3分钟后启动喷水灭火功能。与此同时，协调就近的消防、急救、设施维修部门协同作业。

（六）未来发展趋势

高速公路服务区应按照高质量发展的要求，以提升全省高速公路服务设施服务质量和效益为主线，着力完善规划布局、加强改造提升、优化运营管理、拓展服务功能，解决人民日益增长的美好生活需要和服务设施发展不平衡不充分之间的矛盾。

1. 基础型和升级型服务区相结合

服务区的建设应充分考虑服务区的地理位置、间距、面积、路段客流等多种因素来配置服务区的服务管理和转型模式，差异化服务区的分类、等级和功能定位。一方面避免服务区改造投入的浪费，另一方面也从整体规划上提高整体服务效率、满足公众差异化需求。当前，服务区"交通+旅游+文化"的大融合已成为一个明显趋势，在主要通道、大城市周边、重要产业基地、旅游景点等高速公路服务较成熟的区域，可以设立集休闲、旅游、物流、商业等拓展功能于一体的服务升级型服务区，充分挖掘多种商业潜力，形成规模效益；对于交通量较小或较落后的区域，可设置基础性服务区，提供满足公众需求的、最基本的服务，如餐饮、汽修、加油、停车、如厕等，部分服务区可开设"司乘之家"、母婴室、图书馆、旅店、现代化商场、物流中转站等多功能、人性化的设施。

2. 服务区的全方位开放

传统的高速公路服务区虽然为过往的司乘人员提供了便利，但其全封闭的管理模式却把服务区与所在地的经济社会发展"屏蔽"了。近年来，各地都在探索以"开放式"思维来建设和经营高速公路服务区。它将克服传统服务区对所在地的屏蔽效应，融服务区建设和运营于城乡社会经济发展中，是一个不断发展的概念。开放式服务区正从单纯服务于司乘人员的基本需求，不断转变为服务于多样化的需求，逐渐转型为服务于城乡发展、商贸物流、乡村振兴、文化旅游、本地产业的特色经济。

高速公路服务区的开放是全方位的，表现在以下三个方面。第一，交通的开放。通过增加高速公路进出口通道，建设连通地方道路的通道，为当地经济社会发展提供便利。第二，功能的开放。交通的开放是为了功能的开放和拓展，通过交通开放，把服务区与当地交通枢纽、产业园区及旅游景点相连接，不断拓展服务区的功能。第三，服务的开放。传统高速公路服务区一般由建设单位自营或外包给专业公司经营，经营项目单一，难以满足司乘人员多样化的需求。各地高速公路服务区都在探索更加多元化的服务形式，积极与当地经济、人文和旅游等资源相连接，不断拓展"服务"的外延。以高速公路服务区为"平台"和"通道"，将地方特色经济"串联"起来，形成高速公路特色经济是全方位开放的根本目的。

3.服务区多元化

传统的高速公路服务区具有的停车、加油、短暂休息和简单购物等功能，已不能满足司乘人员越来越多样化的需求了，人们对出行体验、消费环境、消费方式提出了更高的要求。"随着国内社会经济生活的不断发展和各行业消费的逐步升级，高速公路服务区也一改以往形象，由传统的'道路附属服务设施'定位，逐渐向人性化、休闲化、多元化综合服务发展。"[①]在高速公路采取封闭式管理的前提下，服务区成为满足司乘人员需求的最佳便利点，也使高速公路服务区具有了明确的客源这个天然优势。

当前，全国性的交通运输基础设施建设已接近饱和，全国公路主干网已基本形成，公路沿线及各节点旅游资源、广告资源、文化资源、生态资源和通信信息资源极其丰富且各具特色，这是一个巨大的资源的集合，并且其依托于高速公路，具有集中性、垄断性等显著特点。但从目前情况来看，我国在路衍经济方面做得还不够好，大部分资源的潜在价值并未得到充分发掘。各地高速公路服务区应深入挖掘司乘人员及城市产业需求，衍生出综合商业、特色贸易、物流仓储和文化旅游等综合性服务，并尝试最新的商业模式、服务方式和智能化管理等，以满足不同客户的需求，充分发掘高速公路服务区的经济价值和社会价值，以获得更好的经济效益和社会效益。

4.服务区个性化

随着人们出行需求的不断增多，尤其是越来越多的自驾游客需要通过高速公路达到体验不同风景和文化的目的，高速公路上巨大的车流量和过往服

---

① 前瞻产业研究院：《2023-2028中国全域旅游发展模式与投资战略规划分析报告》，2023。

务区的密集客流带来了巨大的商机。各地区结合本地特色，建成了很多别具一格的"个性化"服务区，将地域文化与服务区特色建筑、最新商业业态和全新商业模式等相结合，以争取人们的关注、吸引人们的停留和消费。

例如，中国高速第一自驾营地重庆高速冷水服务区发现了国内房车与露营基地的缺口，借助天然的地理环境优势，以"高速慢游"为理念开辟了交旅融合的新模式，在服务区附近打造了集自驾车、房车、帐篷营地、集装箱主题酒店、温泉休闲等功能于一体的五星级休闲露营地，受到广大游客的追捧和认可。

5.服务区智慧化

随着 ICT、AI、机器人、传感器、数字通信（5G、6G）、大数据应用等技术的快速发展，我国在智慧交通领域提出了交通信息化建设的总体顶层设计要求，全国各个高速公路服务区将搭乘智慧交通顶层设计的顺风车，尝试如何将以云计算、大数据处理技术为基础的"互联网+"应用于服务区智慧化建设过程中，高速公路服务区智慧化建设也已经成为行业共识。

高速公路服务区是满足司机、乘客需求的必要场所，智慧型服务区应主动为司机、乘客提供全程化的智能服务和精确管理，因此，高速公路智慧服务区建设应以满足社会公众安全、便捷出行需求为核心和基础，加强服务设施的基础智慧化建设，拓展服务区的服务功能和范围，调整服务区整体管理布局，搭建智慧化的服务区云平台。

在物联网方面，服务区要深度挖掘数据信息，拓宽服务区信息网络的覆盖范围，建设人、车、路、环境多目标联网的云智慧网络体系，形成实时感知、全面覆盖、泛在物联的智慧交通网。

第六章　城市服务技术标准化

智慧城市作为一种新型治理形态，通过集成运用5G、云计算、大数据、物联网、区块链等新一代信息技术，有效整合各类城市管理系统，实现城市各系统间信息资源共享和业务协同。新一代信息技术的不断迭代和一体化演进为智慧城市建设提供了坚实的物质基础，同时也创造了更好的城市治理手段，技术赋能效果凸显。

新一代信息技术的发展日新月异，信息化领域的新概念、新技术、新应用层出不穷，经过多年建设，智慧城市建设初见成效，然而，智慧城市建设仍面临诸多问题，特别是不容忽视的安全性问题。本章将分析城市系统集成技术迭代演变的逻辑和特征，研究智慧系统的应用实践，并对进一步加强智慧系统的安全管理提出建议。

一　系统集成技术迭代演变

（一）城市技术浪潮的历史演进

城市基础设施建设对应的技术浪潮大体分为七个历史阶段（见图6-1、表6-1）。[①] 第一波，机械化技术，提高了城市劳动生产率，初期产业设施依河而建，从居民聚落点向小城市、大城市发展；第二波，蒸汽机动力技术，火车、地铁的出现促进了城市之间以及城市内部的人货联系；第三波，汽车的普及，在城市居住空间不断扩张的同时，城市道路、立交、桥梁、客运枢纽场站等交通基础设施开始普及；第四波，电子通信技术，城市中广泛布局通信基站、电

---

① 吴志强等：《论新型基础设施建设的迭代规律》，《城市规划》2021年第3期。

视信号塔，为了满足技术发展的空间需求，近郊工业区开始规划建设；第五波，信息技术，产生了科技产业集群这一全新的空间形态；第六波，生态技术，水能、风能、太阳能等可再生能源在城市中逐步应用；第七波，人工智能、移动互联网、云计算等技术，引发基础设施的全面升级，在智能技术的辅助下，城市居民在工作、教育、生活、购物、娱乐等方面对办公室、学校、购物中心等空间场所的依赖性减弱，城市空间布局结构呈现扩散化趋向。

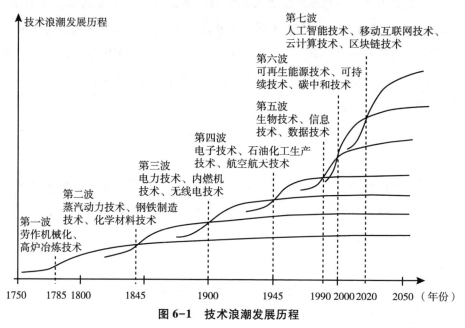

图 6-1　技术浪潮发展历程

资料来源：吴志强等：《论新型基础设施建设的迭代规律》，《城市规划》2021 年第 3 期。

表 6-1　技术浪潮发展中的场景应用

技术浪潮	城市内涌现的代表性技术	城市中的典型应用	广泛应用时期	对应城市空间类型举例
第一波	劳作机械化、高炉冶炼技术	纺纱机、水力织布机、冶铁高炉	1785～1845 年	产业：工厂、货站仓库区、商业区 卫生：城市给排水设施、污水处理、垃圾收集处理站
第二波	蒸汽动力技术、钢铁制造技术、化学材料技术	蒸汽机、火车和铁路、硫化橡胶	1845～1900 年	能源：火电厂、水电站 交通：火车站、地铁、轨道、港口码头、轮渡船、桥梁 建筑：钢结构建筑、高层建筑

续表

技术浪潮	城市内涌现的代表性技术	城市中的典型应用	广泛应用时期	对应城市空间类型举例
第三波	电力技术、内燃机技术、无线电技术	电梯、红绿灯、汽车、有线电话、电报、广播电台	1900~1945年	能源:各类发电站、输电廊道 交通:城际公路、隧道、轻轨高架、停车场、客运场站 通信:电话交换局、信号中继站、广播信号塔
第四波	电子技术、石油化工生产技术、航空航天技术	有线电视网、飞机	1945~1990年	产业:石油加工与炼制厂、电子工业区 交通:航空港(飞行区、运输区、维修区、商务区等) 科研:航天器研制发射场 通信:通信基站、信号塔
第五波	生物技术、信息技术、数据技术	电子邮件、城乡互联网	1990年至今	科研:标本实验室、基因库、生物技术中心 通信:通信卫星、通信网络、光纤光缆通道
第六波	可再生能源技术、可持续技术、碳中和技术	建筑屋顶光伏发电、风力发电厂、地源热泵、海绵城市、城市地下水库	2000年至今	能源:新能源发电厂、潮汐电站、建筑屋顶发电、分布式能源 交通:充电桩 生态:雨水综合利用管廊
第七波	人工智能技术、移动互联网技术、云计算技术、区块链技术	智能手机、无人驾驶汽车	2020年至今	智慧城市:城市感知传感设备、城市数据中心 通信:5G基站

资料来源:吴志强等:《论新型基础设施建设的迭代规律》,《城市规划》2021年第3期。

　　电子信息技术对城市服务的影响持续至今,而且仍在迅速更新迭代,其演变也可以整体分为几个阶段。[1] 1946年,世界第一台电子管计算机埃尼阿克在宾夕法尼亚实验室诞生,此后,从电子管、晶体管,再到集成电路,计算机的发展经历了大型机、微型机、台式机、笔记本、智能手机等不同的阶段。通信领域则经历了从线路交换向数字交换、从模拟信号向数字信号的转

---

[1]　陈振明:《政府治理变革的技术基础——大数据与智能化时代的政府改革述评》,《行政论坛》2015年第6期。

变，移动通信技术经历了 1G、2G、3G、4G、5G 的五代发展阶段。互联网接入技术经过电话拨号上网，迅速步入光纤到户以及无线宽带的随时随地接入阶段。光纤网络、无线宽带、下一代互联网、超大容量存储器、高性能处理器、低功耗智能终端等领域的技术发展推动"云计算"时代的到来。

互联网的发展也经历了从 Web 1.0 到 Web 4.0 的技术跃迁，已经进入从 Web 3.0（连接知识）向 Web 4.0（连接智慧）过渡的阶段，[①] 随着虚拟现实技术、尖端显示技术、智能网络身份代理、情境感知应用等代表智慧生活的下一代网络信息技术的不断出现，互联网正在进入一个全新的智慧互联网时代（见表 6-2、图 6-2）。[②]

表 6-2　互联网技术发展历程

类别	Web 1.0	Web 2.0	Web 3.0	Web 4.0
核心理念	以"门户"为核心 倡导网络精英文化	以"用户"为核心 倡导网络草根文化	以"个性化"为核心 倡导网络个性文化	以"智慧化"为核心 倡导网络智慧生活
用户参与	被动接收信息 网站与用户缺乏交流	主动参与信息交流 用户与用户双向交流	主动参与社会创新 人人参与网络社会互动	主动融入网络生活 分享网络的智慧生活
信息交互	单向传播 网页、文件等只读信息 信息共享 用户联合	双向互动 主动参与 信息共建 用户交互	多向交流 语义理解、人人参与 知识传承 用户参与创新	智慧交流 认知计算、人人创新 知识生活 用户享受智慧生活
网络环境	集中式的网络结构 信息网络 文件 Web 静态门户	分布式的网络结构 社交网络 人的 Web 搜索+用户空间+门户	集中规则下的分布 语义网络 数据的 Web 标签+个性空间+ 智能门户	无处不在的网络 共生网络 生活的 Web 智慧网络+生活+ 情境感知
技术特点	动态 HTML、静态 HTML 机械化 目录、数据孤岛 主体信息来源、拥有内容	XML、RSS、AJAX 等 半智能化 Blog、SNS、TAC 多信息来源、分享内容	OWL、RDFS、RDF 等 智能化 SPARKL、语义搜索 语义理解、内容聚合	AR、HTML5、Hadoop 等 智慧化 自然语言搜索、视觉感知 兴趣理解、智能电子代理

① 米加宁、章昌平、李大宇、徐磊：《"数字空间"政府及其研究纲领——第四次工业革命引致的政府形态变革》，《公共管理学报》2020 年第 1 期。

② 张庆普、陈茫：《Web 4.0 时代的情报学创新探究》，《情报学报》2016 年第 10 期。

续表

类别	Web 1.0	Web 2.0	Web 3.0	Web 4.0
应用案例	新浪门户、搜狐门户、雅虎门户等	Blog、土豆网、COOCLE 等	新浪微博、Facebook、Twitter 等	谷歌眼镜、Amazon 私有云、城市镜头等

资料来源：张庆普、陈茫：《Web 4.0 时代的情报学创新探究》，《情报学报》2016 年第 10 期。

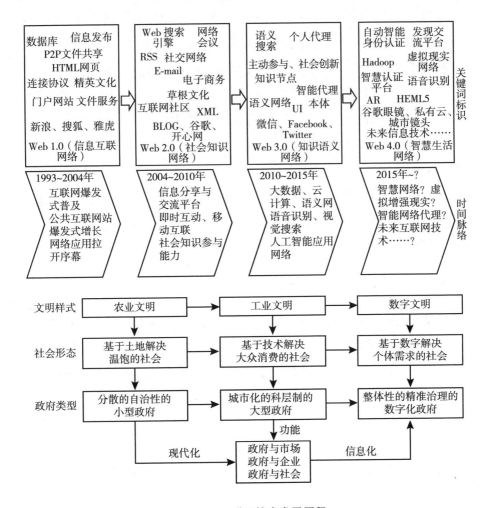

图 6-2　互联网技术发展历程

资料来源：张庆普、陈茫：《Web 4.0 时代的情报学创新探究》，《情报学报》2016 年第10 期。

从政府应用信息技术的角度而言，也可以根据重要政策节点将中国政府运用现代计算技术的发展过程划分为三个政策阶段。[①] 一是 20 世纪 70 年代后期至 2002 年，中国政府在电力、地震、气象、地质、人口等领域开始应用计算机辅助科学计算，这些主要是对计算能力的应用，还谈不上支持政府管理；二是 2002~2018 年，国家大力推进电子政务，基本形成满足国家治理体系与治理能力现代化要求的政务信息化体系，构建形成了大平台共享、大数据慧治、大系统共治的顶层架构；三是 2018 年至今，国家着力运用大数据提升国家治理现代化水平，加快建设数字中国，不断采用最新技术创新政府治理手段，也始终坚持政府自身职能体制转型优化的基本方向。

在信息技术和网络技术的推动下，政府治理手段逐渐从原来的以纸质文书、人力为媒介的信息生产、信息沟通和信息处理模式转向以即时通信、网络平台、远程视频监控为媒介的新型信息处理模式。通信技术、网络中心、远程视频工具与人力的有机融合创造了具有开放性、交互性、回应性和规模化的治理结构，传统的官僚组织部门分工、垂直管理、文书流转、人力密集被移动办公、数字沟通、标准流程、在线处理所取代，形成了以信息化技术为支撑的电子政府形态。[②]

（二）技术演进的关键特征

一是数据处理和交换的能力逐渐增强。芯片的发展使计算设备的计算速度、计算能力逐渐提升，相同计算能力的设备体积越来越小，分布越来越广，边缘计算技术使大量的计算设备可以分散分布在城市中，在数据的源头实时开展计算和处理。同时，网络技术不断发展，网络带宽大幅提升，相同时间内可以传输的数据规模越来越大，传输数据的延迟越来越短。

二是信息传播的维度越来越丰富。在寻呼机、电话机作为主要信息传播工具的时期，人们只能传递有限的声音信号；随着手机的普及，人们可以传

---

① 黄璜：《数字政府：政策、特征与概念》，《治理研究》2020 年第 3 期。
② 高恩新：《技术嵌入城市治理体系的迭代逻辑——以 S 市为例》，《江苏行政学院学报》2020 年第 6 期。

递声音、文字甚至是少量图片（彩信）；随着智能手机的普及，人们还可以传输和浏览视频资料，丰富的网页内容可以承载图、文、音、视频等多种多样的信息。随着 VR、AR、元宇宙的来临，远程能够支持的场景越来越多，网络空间对现实空间的模拟和增强能力不断提升，之前很多需要见面办理的事项已经可以远程协作了。

三是对人的感知和建构越来越全面。早先，红外线探测仪能够判定有人或无人，摄像头普及后能够捕捉面部的图片、视频信息，摄像头的高清化使通过人脸识别身份的精准度越来越高，支撑各类安防应用。除了面部信息，其他生物特征也在投入应用，如指纹、虹膜、声音等，逐渐补充了传统门禁卡、钥匙等发挥的鉴权和识别功能。虚拟人、虚拟社区等技术也在逐步投入应用。

四是支撑的业务系统越来越综合化。传统情况下不同部门的业务需要分别办理，随着数据的进一步互联互通，业务系统也在逐步进行整合，从业务驱动的模式逐渐向需求驱动的模式进行转变。

（三）技术演进的未来趋势：城市管家技术一体化

随着物联网、云计算、移动互联网、大数据、空间信息技术和人工智能的深入应用，未来的城市治理将更加智能高效，人与人、人与物、物与物的连接将更加顺畅便捷，传统的面对面交流、点对点管理等方式将被逐步淘汰，"不见面审批""一窗式办理"等新型政务模式将被广泛应用，智慧城市建设的外部收益将远远超出预期，政府公信力和执行力将得到极大提升。[1]

城市数据将成为重要的治理资源，更多发挥数据辅助决策的功能价值。大数据作为全球化与后工业化时代出现的一种新型的可再生社会资源，每天都在源源不断地产生。它们可以被存储，可以被转化，也可以被重复利用，

---

[1]　李晴、刘海军：《智慧城市与城市治理现代化：从冲突到赋能》，《行政管理改革》2020年第4期。

但不会因此减少或者削减自身的价值，未来社会的建构方向也必须越来越充分考虑这一重要资源和重要因素。①

以成都市的城市数据为例，成都市"城市大脑"所引用的城市数据包括人口数据、经济数据、社会数据、生态数据、空间数据、基础设施数据、信息数据等，为成都市"城市大脑"的高效运转提供了强有力的数据支撑（见图6-3）。

数据丰富到一定阶段，数字孪生城市将能够赋能城市"全周期管理"。数字孪生城市是数字孪生拓展到整个城市系统中的应用，基于物理城市再造一个与之精准映射、匹配对应的虚拟城市，形成物理维度上的实体城市和信息维度上的虚拟城市同生共存、虚实交融的城市发展形态。通过融合城市数据（人口普查数据、社会经济数据、能源消耗数据等）和虚拟3D模型的城市信息模型（CIM），实现对城市系统要素全生命周期的数字化记录、对城市状态的实时感知以及对城市发展的智能干预和趋势预测，② 提升城市的识别决策力、组织协调力、高效处置力、自愈迭代力以及舆情回应力。③

未来的城市管理技术需要进一步整合协同形成合力，成为提升基层治理能力的有效工具。以"12345"政务热线为例，目前其已经能够实现有效的回应，推动具体问题的解决，未来还需要通过政务热线汇集群众诉求，通过对民生大数据的分析挖掘进行趋势预测，将时间、空间、政策、人口等变量进行关联，总结普遍性、规律性知识，以点带面，实现一个问题解决方案促成一类或一个区域的问题解决，从"接诉即办"到"未诉先办"，从被动回应到主动治理，形成有效的预防机制，提高治理的前瞻性。④

---

① 耿亚东：《政府治理变革的技术基础——大数据驱动下的政府治理变革研究述评》，《公共管理与政策评论》2020年第4期。

② 毛子骏、黄膺旭：《数字孪生城市：赋能城市"全周期管理"的新思路》，《电子政务》2021年第8期。

③ 刘李、戎彦珍：《数字治理赋能"城市免疫力"》，《中国电信业》2020年第3期。

④ 张欣亮、王雯：《政务热线改革驱动下超大城市基层敏捷治理研究——以北京市"12345"政务热线为例》，《领导科学》2021年第16期。

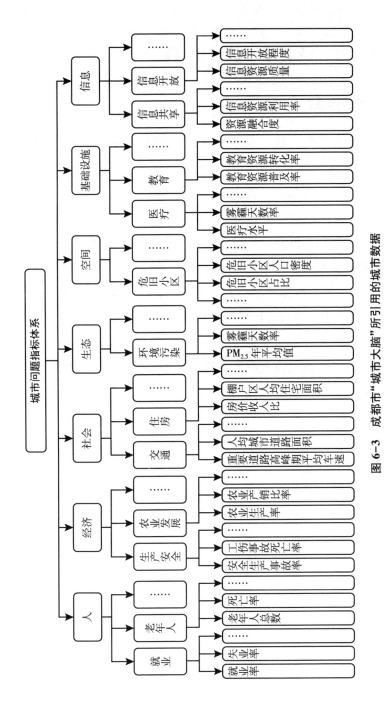

图 6-3 成都市"城市大脑"所引用的城市数据

资料来源：成都市政务服务管理和网络理政办公室（2022）。

二 智慧系统的应用实践

（一）新技术应用实践

5G+智慧城市：助力万物互联。基于 5G 网络，通过物联网技术实现智慧城市中传感器、控制器等物联设备的连接，形成人、物、环境的协同控制与管理，提升智慧城市的互联能力，提高智慧城市的管理水平。

边缘计算+智慧城市：助力全面感知。例如，在医疗和公共安全方面，通过边缘计算，将减少数据在网络中传输的时间，简化网络结构，对数据的分析、诊断和决策都可以交由边缘节点来进行处理，改善用户体验。

大数据+智慧城市：助力数据共享。大数据分析是构建智慧城市的"大脑"，为人们的工作、购物、饮食、娱乐等提供各项便利智能的方案，最终实现生活智能化。比如，在社区大数据应用中，通过对智慧社区的舆情与百姓意见的数据分析，可以知道目前政府管理的薄弱环节，使政府管理有的放矢，减少社会的不稳定性因素。

人工智能+智慧城市：助力智能升级。动态人脸识别、车辆识别、物体识别等算法在智慧城市中得到了广泛应用，通过视频图像大数据和多维感知数据的融合，可以全息刻画观察对象，同时，能够基于历史数据分析其行为规律、预判预测其下一步的行为，做好重点目标的预警。

区块链+智慧城市：助力协同治理。以扶贫资金监管为例，受助人的信息将在调研机构核查后，记录进区块链。公益金在流转过程中，在各个关键节点实时同步。借助区块链，能将资助流转信息及时自动同步到监管部门，同时部分开放第三方对区块链数据的访问权限，从而提升资金透明度。

（二）智慧城市的应用场景

基础设施和城市治理方面：智慧镇街、智慧城管、智慧路桥、智慧交通、智慧水务、智慧应急。

产业环境和经济发展方面：智慧园区、智慧小区（楼宇）、智慧工地、智慧照明。

民生服务和人居环境方面：智慧社区、智慧环境、智慧医疗、智慧安防、智慧物业、智慧校园、数字乡村。

疫情期间，智慧城市系统如健康码、平安码以及背后的大数据分析，共同构建了精密智控的严密防线。①

关于智慧城市，吴志强等学者提出 CIM（City Intelligent Model，城市智能模型）的概念，并划分了 4 个阶段（见表 6-3），② 但该概念有待进一步调研。

表 6-3　CIM 技术的迭代

类别	CIM1.0	CIM2.0	CIM3.0	CIM4.0
代表成果	上海世博会园区中枢系统	市长决策桌	北京城市副中心CIM 平台	青岛中德未来城 CIM中枢
设计理念	指挥中枢系统	大脑（决策＋运营管理）	大脑＋小脑	大脑＋小脑＋迷走神经系统
核心特征	园区全局管理平台；大规模人流预测的集成应用	面向市长管理和多部门协同的城市多维信息平台	城市规划设计重大决策的辅助分析；城市多系统信息集成	软硬件结合，实现中枢建设落地；与物联网系统联运；面向管理者决策治理
关键技术	园区 3D 虚拟现实技术；大规模人流分布模拟预测技术；便携式设备集成	城市运行综合评价技术；城市管理信息技术	大规模数据导入；城市规划的智能分析算法；决策支撑	规划、建设、管理全生命周期管理；CIM 实体要素架构；城市智能诊断技术集成；城市智能推演技术集成

资料来源：吴志强等：《城市智能模型（CIM）的概念及发展》，《城市规划》2021 年第 4 期。

当前，以数字化、网络化、智能化为核心特征的新一轮科技与产业革命正蓬勃兴起，5G、AI（人工智能）、云计算、边缘计算、大数据、物联网、

---

① 张丙宣等：《数字赋能城市精细化治理的路径》，《上海城市管理》2020 年第 6 期。
② 吴志强等：《城市智能模型（CIM）的概念及发展》，《城市规划》2021 年第 4 期。

AR/VR 等新一代信息技术推动新模式、新平台、新业态持续涌现。

在新一代信息技术变革的引领下，万物智联、人机物共融，以及物理空间与虚拟空间的实时对接、交互映射及智能反馈，成为智慧园区可持续、高质量发展的必要条件。在此背景下，5G 时代超智能园区表现出四大特征：一是万物智联，基于 5G+IoT（物联网）技术实现万物互联，连接无所不在，进而推动人、机、物深度连接与融合，实现高阶的智能人机交互；二是数据融合，物联网作为物理园区和数字园区的连接器，实时收集海量数据，实现数据的量变、质变和融合打通，使数据成为超智能园区发展的基石；三是智能驱动，通过人工智能、数据智能、机器智能等智能技术的加持，对园区全场景进行运营决策和治理，提升园区运行效率，降低运营成本；四是虚实融合，通过虚拟服务现实，实现园区全要素数字化和虚拟化、全状态实时化和可视化、园区运行管理协同化和智能化，形成物理维度上的实体世界和信息维度上的虚拟世界同生共存、虚实交融的园区发展新模式。

（三）智慧系统建设的问题和应对

一是片面追求新技术应用。狭隘的技术至上理论加上商业资本的强力追逐使智慧城市建设变成了信息化的"GDP 工程"，而且，技术终有其局限性，如果没有系统化地理解城市运行的内在逻辑，并深刻洞察不同城市的特质，仅仅依靠技术本身是不能解决任何城市问题的。[①]

二是发展理念单一化。城市不仅要发展智慧系统，也要进行配套的产业体系布局和建设，需要遵循客观经济规律，避免出现资金、人才的断裂。

三是业务变革落后。现今的信息技术日新月异，但应用落地还需要业务系统的变革跟上信息技术进步的步伐，对于一些分散建设的智慧化系统，如果没有不同部门业务的深度融合，它们仍将是一座座信息孤岛，无法实现智慧联动。只有同步减少部门间、条块间、政企政社间的协调调度成本，提高办事效率，提升科学决策水平，才能有效推动城市治理结构性重塑。

---

① 许欢、杨慧：《智慧城市迭代发展的问题、逻辑与路径》，《学术研究》2017 年第 10 期。

三　智慧系统的安全管理

2017年7月，国务院颁布《新一代人工智能发展规划》。规划明确指出要"制定促进人工智能发展的法律法规和伦理规范，建立人工智能安全监管和评估体系"，要"加强人工智能相关法律、伦理和社会问题研究，建立保障人工智能健康发展的法律法规和伦理道德框架。开展人工智能行为科学和伦理等问题研究，建立伦理道德多层次判断结构及人机协作的伦理框架"。规划还提出了三步走战略目标：到2020年，我国部分领域的人工智能伦理规范和政策法规初步建立；到2025年，初步建立人工智能法律法规、伦理规范和政策体系，形成人工智能安全评估和管控能力；到2035年，形成一批全球领先的人工智能科技创新和人才培养基地，建成更加完善的人工智能法律法规、伦理规范和政策体系。

2020年8月，国家标准化管理委员会等五部门出台《国家新一代人工智能标准体系建设指南》，明确了在数据、算法、系统、服务等重点领域亟须完善相关标准，并率先在制造、交通、金融、安防、家居、养老、环保、教育、医疗健康、司法等重点行业和领域推进贯穿整个体系的安全与隐私保护和伦理规范的建设。

2021年2月，中国信息安全标准化技术委员会出台了《网络安全标准实践指南——人工智能伦理安全风险防范指引》，界定了人工智能治理的相关主体范围，总结了人工智能伦理问题与安全风险的具体类型，并明确了相关主体所应履行的治理职责。文件从失控性风险、社会性风险、侵权性风险、歧视性风险、责任性风险五个方面具体总结了人工智能伦理问题与安全风险的类型和当前关注点。

许多企业也成立了人工智能道德委员会，要求人工智能相关技术具有正当性，要有人的监督，技术可靠并具有安全性、公平和多样性，责任可追溯，并且能有效进行数据隐私保护。

（一）数据安全

现代城市越发达，基于"智能+在线城市治理场域空间"运行的数据越全面、稠密，经过数据整合、推演或直接的数据窃取带来的安全威胁就越大。在恶意的智能攻击下，如果有数据杂质被蓄意掺入相关性数据链或数据链的完整性遭到篡改，会给城市正常运行秩序带来巨大负面影响，甚至比数据本身被窃取带来的风险还要大。在利用数据展开科学治理的同时，很难控制数据不被挖掘、窃取和利用，这不仅是技术难以解决的问题，还涉及道德层面的约束甚至意识形态的博弈等。[①]

从 1983 年起，我国关于数据安全的法律法规经历了 40 年左右的调整和完善，逐步构建起了相对完整的数据安全管控法律法规体系。其中，最具有代表性的法律是 2021 年 6 月 10 日第十三届全国人民代表大会常务委员会第二十九次会议通过的《中华人民共和国数据安全法》（以下简称《数据安全法》）。这是我国关于数据安全的首部立法，于 2021 年 9 月 1 日正式施行，标志着我国在数据安全领域有法可依，为各行业数据安全提供监管依据。随着《数据安全法》的出台，我国在网络与信息安全领域的法律法规体系得到了进一步的完善。按照总体国家安全观的要求，《数据安全法》明确了数据安全主管机构的监管职责，提出要建立健全数据安全协同治理体系，提高数据安全保障能力，促进数据出境安全和自由流动，促进数据开发利用，保护个人、组织的合法权益，维护国家主权、安全和发展利益，让数据安全有法可依、有章可循，为数字化经济的安全健康发展提供了有力支撑。

（二）隐私安全

人脸、指纹、虹膜等信息均属于具有生物识别特征的信息，其本身拥有独一无二且不可更改的特性，在使用中具有非接触性与无意识性等特点。以

[①] 王谦、徐晓林、陈放：《智能+在线场域视阈下的城市治理》，《中国房地产》（下旬刊）2020 年第9 期。

人脸识别与"AI换脸"技术为例，人脸识别技术为信息采集提供了便捷的技术手段，加之人工智能系统内在的数据存储与共享应用功能，将人脸信息与其他数据进行交叉、重组、关联等就会对信息主体的日常生活和个人形象造成重大影响。①

隐私安全作为信息安全的关键一环，在社会生活中极为重要。一方面，隐私安全是公民在社会生活中的基本安全需要之一，对公民隐私安全的保护可以极大地提升公民的安全感和幸福感；另一方面，隐私安全得到保障可提高公民对社会的认可度，从而促进社会和谐稳定。国家信息化安全的重要性已被广泛关注，但与确保公民隐私的高度安全之间仍有显著差距，大量的个人信息通过网络传播，信息和隐私逐渐公开化，对隐私风险的防范和治理需要采取更有力的举措。

同时，隐私安全还面临保护机制短缺、开发服务商与使用者间的信息不对称、互联网企业具有趋利本能、用户安全意识薄弱等问题。随着社会的发展以及由于公民隐私观念薄弱等多重因素的存在，当前公民的个人隐私安全难以得到高质量的保障，极易造成公民隐私泄露或其他问题滋生，出现各类隐私安全泄露事件，如恶意获取、非法倒卖、失职外泄等，给公民带来经济损失，甚至威胁其人身安全，对社会造成不良影响。为使人民群众在信息化发展中有更多获得感、幸福感、安全感，促进国家和社会信息化得到充分良好发展，对公民隐私安全风险的精准治理势在必行。

在大数据的背景下，隐私这一概念在法律领域被广泛使用。但是，在网络隐私权保护方面，我国的相关理论研究还不是很完善。虽然《中华人民共和国民法典》和司法解释等已经出台了不少有关互联网用户个人信息安全以及侵犯通信秘密行为的规定，但是，这些规范性文件对于公民权利的维护不够全面细致，并且由于缺乏专门针对大数据的隐私法律制度，我国在大数据视域中的隐私权保护方面仍存在立法空白，导致一些问题得不到有效解决。

---

①　高德胜、季岩：《人工智能时代个人信息安全治理策略研究》，《情报科学》2021年第8期。

在大数据视域下，隐私的法律保护问题主要体现在两方面：一是个人信息权保护，公民有权利对自己所拥有、使用、存储或传播给他人带来经济利益的行为进行记录；二是商业机密保护，我国互联网发展历史短且不成熟，加之网络技术更新速度快，商业机密很容易受到攻击和侵害。

在大数据的背景下，隐私信息越来越受到人们的关注，这也对个人信息安全提出了更高要求。因此，隐私权保护需要法律来保障。目前，我国在公民个人身份认证制度、网络服务商责任等方面都存在问题。首先，没有明确规定用户个人的基本情况和社会地位；其次，没有明文保护个人数据及保密事项；最后，在大数据技术快速发展的情况下，一些不法分子利用黑客智能盗取大量客户信息并对其进行攻击窃取等，这些行为严重侵犯了他人隐私权。

因此，需要对隐私安全进行法律规制和规范。一是建立隐私权法律保护模式。建立一部统一规范的隐私法来保障大数据下公众权利与公共利益之间关系的平衡，以及规范相关行为活动的权利义务关系；同时通过制定相应司法解释，将其作为一项基本原则加以明确规定，以保证在处理涉及侵犯隐私权的问题时，能够得到有效的法律援助，最终实现社会公平和正义。

二是加强对隐私权的保护。在大数据的背景下，隐私权是一种人权。因此，对侵犯个人隐私权利和对他人私人信息进行非法入侵、泄露等行为应予以严惩。第一，加强法律法规中关于"个人信息"内容规定的完善性与可操作性；第二，明确大数据时代下隐私权的范围，以确定当事人应当承担何种责任为基础进行立法。

三是完善隐私权法律保障机制。大数据时代亟须通过立法对隐私权进行保护。目前，我国在这方面还没有相关规定。因此，我们可以借鉴国外经验。首先，要完善立法，互联网信息传播速度快、影响范围广，涉及领域广泛且不具有法定性，因此，必须通过完善立法加以规制；其次，加强网络安全建设与管理维护系统建设；最后，建立健全个人通信自由制度以及隐私保护机制的法律法规体系，解决大数据时代下的各种问题，以促进社会和谐、稳定发展。

四是构建隐私权的救济方式。在大数据的背景下，要充分利用和发挥隐私权保护与公序良俗相辅相成、互为救济的特点。首先，对个人信息进行收集处理时不可以侵犯公民隐私权；其次，对于侵害他人名誉或利益的侵权行为，不能随意泄露给其他人；最后，需要建立起完善的监控机制以及责任追究制度来保障权利人合法权益不受侵犯，从而有效预防大数据视域下的各种网络暴力和利用互联网技术实施的违法犯罪活动的产生，维护我国社会公共秩序的安全与稳定。隐私权的救济方式主要有行政处罚、民事诉讼和刑事司法。在大数据视域下，政府对其侵权行为进行制裁，而法律是维护社会秩序和社会公共利益、保护公民个人信息安全的重要手段。

五是建立科学的隐私体系。为了实现隐私权保护的科学化，建立一个合理有效的体系是十分必要的。首先，在大数据视域下对个人信息进行收集、存储与利用；其次，通过立法来明确公民权利义务关系中的隐私概念界定及法律责任承担方式等问题；最后，对于网络环境中存在的侵犯他人合法权益的行为进行规制，并加以处罚。通过建立科学的隐私体系，为我国建立合理有效的人权保护体系提供一个良好健康的发展环境。

（三）公共安全

技术赋能创新是一把双刃剑。一方面，它提供了一套更加有效的问题解决机制，另一方面，它也可能形成治理格局中的"技术控制"：数据资源与技术拥有者在与政府合作与互动过程中获得了新的资源与权力。同时，政府面临着是否有能力对数据资源进行有效监管的问题。技术赋能所带来的控制与权力可能对政府与相关公共部门的权威形成挑战，甚至影响政府维护社会稳定与公平正义的仲裁权。[①]

当前，算法监管是政府对技术进步进行监管的一个代表性领域。各国监管部门高度关注算法隐含的风险。欧盟《一般数据保护条例》（General Data

---

① 关婷、薛澜、赵静：《技术赋能的治理创新：基于中国环境领域的实践案例》，《中国行政管理》2019 年第 4 期。

Protection Regulation，GDPR）第22条对自动化决策加以限制，如果某种包括数据分析在内的自动化决策会对数据主体产生法律效力或对其造成类似的重大影响，数据主体有权不受上述决策的限制。针对智能算法在投资顾问中的应用，美国证券交易委员会（SEC）、美国金融业监管局（FINRA）、澳大利亚证券和投资委员会（ASIC）出台了具体的智能投顾监管指引。2018年我国资管新规《关于规范金融机构资产管理业务的指导意见》提出要避免智能算法的顺周期性风险，要求金融机构应当根据不同产品投资策略研发对应的人工智能算法或者程序化交易，避免算法同质化加剧投资行为的顺周期性，并针对由此可能引发的市场波动风险制定应对预案。对于因算法同质化、编程设计错误、对数据利用深度不够等人工智能算法模型缺陷或者系统异常，导致"羊群效应"、影响金融市场稳定运行的情况，金融机构应当及时采取人工干预措施，强制调整或者终止人工智能业务。2020年9月，国际证监会组织（International Organization of Securities Commissions，IOSCO）市场中介机构委员会发布了中介机构如何应用人工智能和机器学习的咨询报告，提出具体指导方针，以协助IOSCO成员建立适当的监管框架，监督市场中间商和资产管理人应用人工智能和机器学习。即将出台的欧盟《数字服务法案》（Digital Services Act，DSA）拟授权"数字服务协调员"（Digital Services Coordinators）监管科技大公司（Bigtech）的合规情况，其中包括用于定向或精准广告的算法是否合法，并要求平台企业公布其算法如何自动向在线客户推送内容或商品的细节。2020年12月中共中央印发《法治社会建设实施纲要（2020—2025年）》，提出要制定完善算法推荐、深度伪造等新技术应用的规范管理办法，加强对大数据、云计算和人工智能等新技术研发应用的规范引导。

总的来说，智能算法已在科技大公司大量采用，考虑到其生态规模巨大，其潜在风险和社会影响不容忽视。我国算法监管制度体系正逐步建立，但具体内容有待细化完善。

从机制看，算法监管的具体内容至少包括六方面。一是信息披露，即作为算法的设计者和控制方，科技大公司及其他利益相关者应该披露算法设计、执行、使用过程中可能存在的偏见和漏洞、数据来源以及可能对个人和社会造成的潜在危害。二是解释，即作为采用算法自动化决策的机构，科技大公司及其他利益相关者有义务解释算法运行原理以及算法具体决策结果。三是留痕与可审计，即对算法系统的设计、测试、运行表现及变动留有记录，全程监测，并可审计。四是质询和申诉，即确保受到算法决策负面影响的个人或组织享有对算法进行质疑并申诉的权利。五是内部治理，即科技大公司应建立清晰、有效的内部治理框架和内部控制机制以及责任体系，防止算法滥用，防范算法风险，并提高算法对抗性，避免算法攻击。六是加强行业自律，即通过行业自律机制，加强算法道德和算法伦理建设。

四 技术标准化的体系架构

上文以技术历史演进的视角回顾了智慧城市的技术演进过程及主要的应用实践。从技术标准化的角度而言，智慧城市所涉及的技术标准化主要可以分为三个方面：方法标准化、数据标准化和硬件设施标准化。

方法标准化是指在大数据、云计算、物联网和人工智能技术浪潮下，智慧城市治理的算法逐渐实现标准化，主要包括机器学习技术、深度学习技术、自然语言处理技术、物联网技术、云计算技术、区块链技术、大数据处理技术等。这些标准化的算法技术不仅使智慧城市治理平台的搭建和计算更加便捷，而且也更加模块化，有利于不同系统之间进行组合和迁移。

数据标准化是指智慧城市治理所采集和生成的数据逐渐实现标准化。其中，常用的几种数据类型包括居民调查数据、企业经营数据、统计年鉴数据和物联感知数据等。居民调查数据主要通过设计调查问卷的方式收集社区居民对城市服务一体化过程中政府、企业和社区机构做法的评价，并挑选典型数据和指标在智慧城市治理平台上显示出来。企业经营数据包括上市公司数据和非上市公司数据。上市公司的经营数据主要通过东方财富数据库、万德数据库、国泰安数据库等获得，非上市公司的经营数据主要依赖不同层级的发改委、经信局、财政局等相关政府部门提供。统计年鉴数据主要反映城市服务一体化过程中的城市宏观层面的统计数据，主要从各大城市的统计局网站或统计年鉴中获得。物联感知数据是通过物联感知设备终端实时收集所形成的感知数据，这一部分数据具有较好的独特性和较高的应用价值。

硬件设施标准化是在智慧城市治理平台建设过程中，经过长期实践，形成了一些标准化的硬件设施配套方案的知识和经验，包括基础云平台、视频云存储、数据云存储、网络服务、安全管理和感知终端等。

第七章　城市服务资源整合化

一　资源整合化的背景和意义

城市拥有许多公共资源，对公共生活有非常重要的作用。城市公共资源分为有形公共资源和无形公共资源。城市治理仍然存在碎片化的问题，城市管理职责分散，许多机构和组织都在城市管理领域负有责任，但缺乏协调合作，这可能会产生许多弊端，最终导致城市公共资源利用不充分，资源利用效率低下。第一，城市治理存在管理效率低下的问题，碎片化管理导致信息不对称，管理者缺乏对城市情况的全面了解，容易导致管理决策的错误。第二，城市发展存在资源浪费的问题，由于缺乏协调，各组织可能重复建造设施，造成资源浪费。第三，城市服务存在不均衡的问题，碎片化管理导致各地区服务水平不均衡，一些地区得到的服务比其他地区更好，存在不公平的现象。第四，由于缺乏协调，一些城市问题很难得到有效的解决，例如城市污染、交通拥堵等。第五，城市中的社区关系紧张，碎片化管理导致各组织之间的关系紧张，不利于促进社区和谐。

因此，城市服务一体化也需要实现城市社区整体性治理，提升公共资源整合能力，搭建公共资源整合平台等，推动城市社区公共资源由碎片化走向整合，由分散走向共享，实现城市社区公共资源效益最大化。要有效地治理城市，需要加强协调合作，提高管理效率，实现城市管理的整体性。基于大数据、新技术和各类公共服务资源，城市治理可以通过以下几个方面实现从碎片化向效率化、集成化、整合化的转变。第一，建立大数据平台，通过整合、分析各类数据，提高城市治理的科学性和效率。第二，应用新技术，比如云计算、物联网、人工智能等技术，提高城市治理的效率和精细化水平。第三，整合公共服务资源，通过统一的信息平台、管理体系等，使各类公共服务资源更加高效、协调。第四，实施统一管理，通过统一的管理体系、流程、标准等，使城市治理更加科学、高效。第五，提高公众参与度，通过提供便捷的服务渠道、开放的信息平台等，让公众更加方便地参与到城市治理中。

二 资源整合化的目标与构成

资源整合化是指将与城市治理相关的资源信息整合到一个统一的平台上，以方便管理和协调，最终目标是实现资源优化利用，提升资源利用效率。通过资源整合化，可以整合、统一与城市治理相关的数据、信息、资源，使城市治理更加科学、高效。同时，资源整合化也可以提高治理的透明度和公开性，便于公众监督和评价。通过资源整合化，可以进行资源共享、跨部门合作，提高数据的利用效率，增强城市的数字化管理能力。

资源整合化可以分为城市空间资源整合化、公共服务资源整合化和公众参与资源整合化三个方面。通过这三个方面，可以更好地整合城市中不同类型的资源，提高城市管理的效率和效果，促进公众参与，提高城市的治理能力和城市发展水平。

城市空间资源整合化主要关注的是城市中的物理空间资源，如公共场所、道路和城市设施等。这些资源通过平台化的方式能更好地被利用，从而提高城市管理的效率。公共服务资源整合化关注的是政府提供的公共服务，如教育、医疗、社会福利等。通过将公共服务资源整合到一个统一的平台上，可以更好地管理和共享这些资源，提高公共服务的效率和效果。公众参与资源整合化关注的是提高公众参与度，例如通过在线平台收集公众对城市规划和公共服务的反馈。这样可以促进公众对城市管理和公共服务的参与，提高公众对城市管理决策的认可度。

（一）城市空间资源整合化

城市空间资源整合化可以划分为社区资源整合化与园区资源整合化。以前的社区治理是碎片化的、分散的，各种资源之间缺乏联系和协作，因此难以实现资源的高效利用和优化。这种社区治理模式下的低效率和浪费会导致许多社会问题的出现，如资源浪费、环境污染、交通拥堵等。因此，需要智慧社区平台进行资源整合，实现资源利用从低效到高效的转变。智慧社区平台可以整合社区内的各类资源，包括物质资源、人力资源、信息资源等，并通过数字化和网络化的方式将这些资源互相连接起来，实现资源共享、优化和协同。具体方式包括以下几个方面。一是通过数据共享实现社区数据资源整合。智慧社区可以整合不同部门和组织的数据，包括地理信息、交通流量、气象数据、人口统计数据等，从而为社区内的公共服务提供更精准、更高效的支持。二是通过社区设备设施共享实现设备资源整合。智慧社区可以通过共享社区内设备设施的方式实现资源整合，如共享单车、共享停车位、共享充电桩等，从而提高资源利用率，减少资源浪费。三是通过智能化管理系统实现资源的精细化管理和控制，提升资源利用效率。智慧社区可以通过智能化管理系统实现对资源的精细化管理和控制，例如对公共设施、交通系统、水电气等进行远程监控和调控，从而提高资源利用的效率和可持续性。四是通过社区居民参与实现对人的资源的开发和利用。智慧社区还可以通过社区居民的参与，实现对人和资源的共同管理和利用。例如，通过社区志愿者组织对公共空间进行管理，通过社区智能化系统对居民的需求进行反馈和响应等，从而提高资源利用效率和社区凝聚力。通过以上几个方面的资源整合，智慧社区可以实现资源利用从低效到高效的转变，为社区居民提供更优质的生活服务，促进社区更可持续地发展。

　　同样，过去的园区治理往往缺乏整体性和统一性，导致信息沟通不畅、资源分散，资源利用效率低下。这种碎片化的管理模式容易造成资源的浪费和不必要的社会问题，如环境污染和交通拥堵等。因此，建设智慧园区平台来整合和协调园区内各类资源显得尤为重要。智慧园区平台的建设可以帮助整合和协调园区内的物质资源、人力资源和信息资源，通过数字化和网络化的手段将这些资源互相连接起来，实现资源的共享、优化和协同，从而最终实现资源利用从低效到高效的转变。具体包括以下几个方面。一是能源资源的整合。将园区内的各类能源（如电、水、气等）进行整合，通过数据采集、分析和优化控制，实现能源的高效利用和节约。二是物流资源的整合。将园区内的物流资源进行整合，推动园区内物流的共享、优化和协同，实现物流成本的降低和物流效率的提升。三是信息资源的整合。将园区内的信息资源进行整合，提高信息的流通和利用效率，实现智能交通管理、公共服务平台、电子商务平台等功能。四是人力资源的整合。将园区内的人力资源进行整合，推动园区内企业之间的人力资源共享和协同，实现人才的高效利用和流动。五是环卫资源的整合。推进园区内的循环经济发展，实现资源的再生利用和循环利用，例如通过建立废弃物回收系统、推广低碳生产技术、促进资源的回收和再利用等方式，实现园区资源的最大化利用。综上所述，智慧园区的建设需要对各种资源进行整合，通过整合各种资源的方式，实现资源利用从低效到高效的转变。接下来本部分将以军粮城社区和芙蓉社区为例介绍社区资源整合，以新能源汽车小镇和中关村壹号为例介绍园区资源整合。

1. 社区资源整合

智慧社区是城市数字化转型和智慧化升级的一个重要方向，我国在智慧社区建设方面也有很多成功的案例，比如天津市军粮城智慧社区、长沙市开福区芙蓉社区智慧社区、北京市丰台区南苑新城智慧社区、上海市宝山区月浦新村智慧社区、成都市武侯区五大花园智慧社区、深圳市宝安区翻身社区智慧社区等。这些社区通过建设数字化信息平台，实现了智能化管理和服务，包括物业管理、环境监测、垃圾处理、社区活动、健康管理等多个方面。同时，该社区还引入了共享经济和"互联网+"的概念，实现了资源共享、社区共建和城市智能化升级。以下重点介绍天津市军粮城智慧社区数字化平台和长沙市开福区芙蓉社区智慧社区4.0。

（1）天津市军粮城智慧社区数字化平台

天津滨海新区的军祥园社区坐落于军粮城新市镇，社区居委会东至军粮城大街，西至丹霞路，南至兴农道，北至塘洼道。军祥园社区建于2015年6月，下辖2个生活小区，即军祥园生活小区和军瑞园生活小区，用地包括住宅、写字楼、商场、幼儿学校和菜市场，总建筑面积为 44 万余平方米，其中军祥园生活小区占地面积为 23 万余平方米，军瑞园生活小区占地面积为 21 万余平方米，社区共计 50 栋楼 4598 户居民 10728 人。碧桂园服务于 2020 年 5 月 18 日正式接管军粮城项目改造工作。

长期以来，军粮城社区的社区治理模式相对传统，管理方式较为松散，各部门之间协作不够紧密，呈现碎片化状态，难以形成有机整体，导致资源整合效率低下。军粮城的智慧化平台是专门为军粮城量身定制的一套智能化系统，作为提升智慧化的管控手段，能有效降低运营成本，提升管理效率。该指挥系统是围绕物业服务建设的，后期会接入市政相关工作，系统对用电、人流、车流、垃圾桶监控都有实时数据，可以无限扩容。人流通过人脸识别、自动测温，将数据介入指挥中心。车流对每个车辆的车型、行车时间、车牌号都有详细记录。未来收费的相关项目也可以通过系统实现。此外，系统还包括电梯监控、机房监控（高低压、温湿度等）、清扫保洁车辆的管理（实时监控定位等）、园区智能监控系统（覆盖范围两公里，包括整个市政商业街、园区主要出入口、地库）。只要系统后台发现问题，就可以联系负责团队去现场。

军粮城社区的智慧化平台通过引入智能科技手段，实现了对资源的整合，包括停车资源、数据资源、设备资源、社区民众资源等。

一是对停车资源的整合，智慧化平台引入了智能停车系统。通过数字化技术，实现了对停车场的自动化管理，包括车位的预约、导航、计时计费等。该系统还能通过人工智能算法对停车场数据进行分析，实时监测停车位使用情况，提供更加精准的车位预测和管理服务，最大化利用停车资源，缓解停车难的问题。

二是对数据资源的整合，智慧化平台搭建了智慧数据平台。该平台集成了多个智能设备和系统，能够实现对小区内外的环境数据、交通数据、安全数据等多种数据源的采集、存储、处理和分析。通过数据挖掘、机器学习等技术手段，实现对数据的自动化分析和智能化预测，为社区管理和决策提供科学依据，提高了数据资源的价值和利用效率。

三是对设备资源的整合，智慧化平台建设了智能设备管理系统。该系统通过物联网技术，实现对设备的远程监控、控制和维护，包括智能路灯、智能监控摄像头、智能水质监测设备等。通过设备管理系统，实现对设备的智能管理和优化配置，提高了设备资源的利用效率和服务质量。军粮城正在使用人脸识别技术，也在积极探索声纹技术在社区的运用。

四是对社区民众资源的整合，通过移动端 App、微信公众号等多种渠道，实现对社区民众的在线服务和管理，包括社区信息发布、物业费支付、在线咨询、社区活动等多个方面。通过智慧化平台，实现了对社区民众资源的整合和共享，提高了社区服务的便捷性和互动性，增强了社区的凝聚力和互动性。

综上，智慧化平台实现了对停车资源、数据资源、设备资源和社区民众资源的整合，提高了资源利用的效率和价值，为军粮城社区的可持续发展和人居环境的改善做出了贡献。

（2）长沙市开福区芙蓉社区智慧社区 4.0

芙蓉社区位于湖南省长沙市芙蓉区，是一个以拆迁安置房、经济适用房为主的住宅小区，面积 0.29 平方公里，拥有房屋 79 栋，常住人口 7920 人，流动人口 1.1 万人。社区内政治和商业气息浓郁，有芙蓉区政府、新玉楼东、东方家园建材超市、万家丽家居建材超市、景天大酒店、恒和食庄、新世纪家园前程物业管理公司等，是芙蓉区政府对外的重要窗口之一。智慧社区 4.0，指在移动互联网、物联网和大数据等新一代信息技术支撑下，日益封闭的小区和独立的生活空间被泛在的网络重新联系在一起，构建起一个集智慧消防、智能安防、智能设施等于一体，不再受制于家庭、小区边界的生活圈模式。

芙蓉社区的智慧社区 4.0 建设主要包括以下几个方面：智能车牌识别、园区 Wi-Fi 覆盖、大堂手机摇一摇开门、可视对讲机；电子围栏系统、电子巡更系统、数字监控系统，社区安全卫士；一键开关控制、情景模式、新风系统等。

芙蓉社区的智慧社区 4.0 建设体现了对多种资源的整合，主要涉及以下几个方面的资源整合。

一是技术资源的整合。智能车牌识别、园区 Wi-Fi 覆盖、大堂手机摇一摇开门、可视对讲机、电子围栏系统、电子巡更系统、数字监控系统等，这些技术资源包括了各种智能设备和系统，用于提高社区的安全性、便利性。

二是网络资源的整合。园区 Wi-Fi 覆盖是基于网络的服务，它为社区居民提供了无线互联网连接，使他们能够随时随地访问信息和使用在线服务。

三是安全资源的整合。电子围栏系统、电子巡更系统、数字监控系统以及社区安全卫士都属于安全资源，用于监控社区的安全情况、防范潜在威胁，并在需要时采取适当的措施来保护社区居民的安全。

四是能源资源的整合。一键开关控制、情景模式、新风系统等资源涉及能源管理和利用，有助于提高社区的能源利用效率，减少能源浪费。

五是信息资源的整合。智能车牌识别、可视对讲机、数字监控系统等会产生大量信息和数据，这些信息资源可以用于社区管理、决策制定和问题解决。

综合利用这些资源，芙蓉社区的智慧社区 4.0 建设旨在提高社区的安全性、居民的生活质量和社区管理的效率，通过技术和信息的整合来实现更智能化和便捷化的社区生活。

2. 园区资源整合

产业园区资源整合主要是指将园区内不同企业和组织的资源进行整合，形成资源共享、协同创新的格局，以提高园区的整体经济效益和竞争力。我国在园区资源整合方面有许多成功的案例，比如佛山顺德新能源汽车小镇、北京中关村壹号智慧园区、深圳南山智园、杭州互联网创新创业园、广州南沙自贸片区等，这些园区采用先进的数字化技术和智能化设备，实现了园区内的智能化管理和服务，包括智能楼宇、智慧交通、智慧环境、智能安防等多个方面，吸引了众多科技企业的入驻。以下详细介绍佛山顺德新能源汽车小镇项目和北京中关村壹号智慧园区。

（1）佛山顺德新能源汽车小镇

佛山顺德新能源汽车小镇项目位于广东省佛山市顺德区的一个新能源产

业聚集区。该项目的规划总面积约为 56 平方千米，总投资超过 500 亿元。该项目的主要目标是打造集新能源汽车、新能源装备制造、新能源科技研发、智能制造等于一体的新能源产业聚集区。项目将重点引进新能源汽车及相关配套产业、新能源装备制造业以及新材料、新能源科技等领域的优质企业和创新机构。

在顺德新能源汽车小镇项目中，碧桂园联合腾讯、海康威视等全球领先的人工智能技术服务商，打造人工智能的场景研发和应用环境，以 AI 技术构造小镇服务体系。碧桂园联合海康威视萤石云平台，打造小镇"AI+"公共技术研发平台；开发小镇全方位的 AI 应用，如"AI+安防"系统，带来"只刷脸、不刷卡"的小镇进出和购物体验；通过"AI+停车"系统、AGV 机器人自动停车，解放在车库中的逗留时间。

其中，一个典型的应用场景是"小镇大脑"。"小镇大脑"是"互联网+"产业小镇的核心模块，对科技小镇进行智慧化管理，以物联网、大数据、人工智能、机器视觉等技术为基础，通过技术、数据和功能三个维度的深度融合，推动小镇生产、生活和生态三要素的互联互通。"小镇大脑"运用云办公、人脸识别等新一代信息技术，降低企业的入驻成本，为企业营造高效的、智能的办公环境；运用数据大脑、行业资讯等功能模块，保障园区的高效运转，为企业带来安全的、舒适的园区环境和服务。

小镇也通过平台资源对接、市场推广活动、政府活动等方式，深耕各级政府、碧桂园社区及产城融合战略合作伙伴产业链资源，由专职对接人员协助入驻企业开发应用场景，拓展核心业务。小镇可以提供：世界 500 强企业、独角兽企业产业链相关市场考察与推荐；产品路演、展览展销、贸易洽谈；产品推介及国内外经济技术交流与合作；碧桂园全球社区资源、子公司应用场景优先开放申请。

通过"小镇大脑"平台的建设，顺德新能源汽车小镇实现了对各类资源的整合，主要包括以下内容。一是对能源资源的整合。新能源汽车小镇采用了智慧化能源管理系统，实现了能源的有效监测、管理和优化配置，提高了能源利用效率。二是对物流资源的整合。小镇内部建设了物流配送中心，实现了物流资源的集中管理和优化配置，提高了物流效率，降低了物流成本。三是对人力资源的整合。小镇引进了一批优秀的人才，通过人才培养、引进和流动等措施，实现了人力资源的整合和优化配置，提高了小镇的创新能力和竞争力。四是对信息资源的整合。小镇建设了信息化管理系统，实现了信息资源的共享和整合，方便了企业和机构的互动交流，提高了创新和协同效率，小镇得以更好地发挥产业规模效应，实现了资源的优化配置。五是对环卫资源的整合。小镇采用了智慧化环卫管理系统，实现了环境监测、垃圾收运、清洁等环卫资源的整合和优化配置，提高了小镇的环境质量和研发、办公、生产舒适度。

综上所述，顺德新能源汽车小镇通过建设智慧化能源管理系统、物流配送中心、信息化平台和环卫管理系统等，实现了能源、物流、人力、信息和环卫等资源的整合和优化配置，提高了小镇的综合竞争力和管理效率。

（2）北京中关村壹号智慧园区

中关村壹号智慧园区位于中关村科学城，项目总建筑面积约50万平方米，共20栋楼，集企业办公、缤纷商业、高端商务于一体。中关村壹号项目分A、B、C三个地块，每个地块的功能各不相同。其中A地块将建成核心总部聚集区，拟建设科研中心、展示中心。B地块为快速成长企业加速区，拟建设5000~20000平方米的加速器项目。C地块为产业服务配套区，拟建设独栋研发楼宇和商务配套设施，作为科技企业办公配套服务设施。中关村壹号以"硬科技"（人工智能）为产业主导方向，聚焦人工智能、金融科技等前沿产业，主要以"硬科技"（人工智能）的领军企业、隐形冠军企业、独角兽企业和种子企业为招商对象。

中关村壹号作为海淀区首个全场景落地的智慧园区，启用智能管理、智能服务等系统，将智能服务和企业办公相结合，做到了懂企业、懂客户、懂空间。"数智one"智慧园区管理系统首创了智慧园区"四化"蓝图，通过信息化管理、平台化服务、智能化楼宇监控，实现了园区管理决策智慧化。围绕园区管理工作，通过探索数据安全增强场景，利用量子加密技术对数据进行有效的保护；探索设备检测场景，利用语音识别技术对设备设施进行听诊等多项智能化服务方式，不断提升客户体验、降低运维成本。例如，用户只需声控就可以乘坐电梯，智能机器人将外卖送货上门，手机可以一键远程遥控办公室开关灯……

中关村壹号智慧园区建设体现了对多种资源的整合，主要涉及以下几个方面的资源整合。

一是技术资源的整合。该智慧园区整合了智能管理系统、智能服务系统、语音识别技术、量子加密技术等高科技资源，用于构建智能化的管理和服务基础设施。

二是数据资源的整合。通过信息化管理，园区可以收集大量关于园区运行、客户需求和设备状态等方面的数据。这些数据资源为智能决策和客户体验提供了重要支持。

三是设备资源的整合。智慧园区中有各种智能设备，如语音识别设备、智能机器人、电梯控制系统等。这些设备资源用于提供智能化的服务，如声控电梯、智能送餐等。

四是安全资源的整合。量子加密技术用于数据安全，保护敏感信息不受未经授权的访问。这是为了确保客户和企业数据的隐私和安全。

通过整合这些资源，该智慧园区实现了智能管理、智能服务、智能决策的一体化，为企业办公和客户提供了更便捷、高效、安全的环境。这种资源整合有助于提升客户体验、降低运维成本，为未来的智慧园区发展奠定了坚实的基础。

（二）公共服务资源整合化

依据公共服务资源的属性划分，城市公共服务资源整合可以细分为经营性资产整合与非经营性资产整合。

经营性资产整合主要是指对那些能够为市民提供商业性服务、产生经济效益的公共服务资源进行整合，促进经营性资产从低效到高效转变，提升资源利用效率，如对停车场、商业广场、体育场馆等经营性资产进行整合。这些资源通常需要进行资产评估、租赁、出租、维护等商业化运营活动，需要采用类似商业企业的经营管理方式，以最大化其经济效益。

非经营性资产整合则是对那些不具有商业价值，主要为市民提供公益性服务的公共服务资源进行整合，促进非经营性资产从低效到高效转变，提升资源利用效率，如对国有企业、行政事业单位内部的资产等非经营性资产进行整合。这些资源通常由政府或公益组织提供，其主要目的是为市民提供公共服务，因此需要采用类似政府或非营利组织的管理模式。

经营性资产平台和非经营性资产平台需要采用不同的管理和运营模式，以最大化公共服务资源的效益和利用率。同时，这也可以促进城市公共服务资源的多元化，更好地满足市民的不同需求。

接下来将以永安市城市大脑停车系统为例介绍经营性资产整合，以首开集团的非经营性资产管理平台为例介绍非经营性资产整合。

1. 经营性资产整合

经营性资产管理平台是指用于管理企业或政府机构所拥有的用于经营或产生收益的资产的一种综合性管理平台。这些资产包括不动产、车辆、设备、知识产权等，可以通过经营或租赁等方式产生收益。经营性资产管理平台通过整合、分析和管理这些资产的数据和信息，提高资产的利用效率和管理水平，从而提升企业或政府机构的综合竞争力和服务水平。中国有许多成功的城市服务类经营性资产整合案例，比如北京市城市运行监测预警与经营性资产管理平台、上海市城市经营性资产管理平台、深圳市公共租赁住房经营管理平台、广州市市政公用设施经营管理平台、杭州市交通经营性资产管理平台、永安市城市大脑停车系统等。以下详细介绍永安市城市大脑停车系统。

永安市是由福建省三明市代管的县级市，人口数量较少，拥有约35万常住人口。长期以来，永安市的停车治理主要是依靠传统的停车管理方式，包括人工巡逻、手工记录停车情况、手动收费等。这种方式存在效率低、人工成本高、难以有效监管等问题，同时也难以满足市民出行的需求，导致城市停车难的问题越发突出。

为了解决城市停车难的问题，提升城市交通管理的效率和水平，永安市决定建设城市大脑停车系统。这个系统通过整合和利用城市停车、交通等资源，实现了城市交通信息的智能化管理和优化配置，使停车管理变得更加智能化、高效化和精准化。

为推进智慧停车建设，永安市将项目交给厦门中卡公司负责，建立起"一个中心、一个平台、一个 App"的城市级智慧停车管理平台。具体而言，永安市城市大脑停车系统由两部分组成：城市级停车平台和车位智能化改造。其中，城市级停车平台是由以"路内+路外+诱导+大数据"为核心的智慧停车管理平台、路内停车、停车场收费系统和停车诱导系统组成的城市层面的停车位一体化管理机制。车位智能化改造指的是通过安装地磁车位探测器和为管理人员配置 PDA，实现对停车信息的现场收集，为城市级停车平台提供数据支撑。永安市城市大脑停车系统不仅实现了无人管理和车牌自动识别，还将停车数据与周边商户信息进行整合，实现了线上、线下资源相互促进，运营效益大大提升。

永安市城市大脑停车系统是一个综合性的智慧交通管理平台，主要集成了智能停车、交通状况实时监测、智能信号控制等功能，为城市交通管理提供支持。该系统的资源整合主要包括以下几个方面。一是空间资源整合。城市大脑停车系统通过对城市停车场、路侧停车位等空间资源的整合和优化配置，实现了城市停车资源的高效利用，提高了城市停车位的利用率。二是数据资源整合。城市大脑停车系统通过对各个停车场、路侧停车位的实时监测，采集停车位空闲情况和车辆留停时间等数据，实现了城市停车数据的共享和整合，为城市交通管理决策提供数据支持。三是信息资源整合。城市大脑停车系统通过与公共交通、出租车等交通服务提供商的信息整合，实现了交通出行信息的共享，为市民提供了全方位的出行服务。四是技术资源整合。城市大脑停车系统通过引进智能停车设备、智能信号控制设备等高新技术，实现了城市停车场和交通信号的智能化管理，提高了城市交通管理的效率和水平。

通过以上资源整合方式，永安市城市大脑停车系统实现了资源利用从低效到高效的转变，提高了城市交通管理的效率和服务水平，提升了市民的出行体验。

2. 非经营性资产整合

城市服务的非经营性资产管理平台主要为城市提供基础设施、公共服务等领域的管理和运营服务。城市服务的非经营性资产管理平台比较成功的有首开集团的非经营性资产管理平台、上海市智慧城市建设云平台、北京市市政公用设施管理信息平台、广州市城市公共资源交易平台、杭州市城市管理大脑平台和成都市城市综合管理平台等。以下主要介绍首开集团的非经营性资产管理平台。

长期以来，首开集团的非经营性资产管理相对松散，缺乏整合和统筹的管理模式。具体表现为以下几个方面。一是资源配置不够优化。首开集团拥有多个业务板块，各业务板块之间的资源配置较为分散，缺乏整体协同和优化。这导致一些资源闲置，造成资源的浪费和利用效率低下。二是管理不够规范。各业务板块之间的管理较为松散，缺乏整体的规范和统一的标准。这种管理模式容易造成资源的浪费和低效利用，同时也难以实现对资源的有效监管和控制。三是数据信息缺乏共享。不同业务板块之间的数据信息缺乏共享，使资源整合和协同的能力受到限制。缺乏有效的数据信息共享也导致企业内部的协作效率较低。

为了解决上述问题，对企业内部和外部的各种资源进行整合和协同，提高资源的利用效率和价值，首开集团打造了北京市唯一的非经营性资产接收、管理、处置、运营的"航母"级平台，在总结北京市开展以环境整治为重点的小区综合整治经验基础上，通过非经营性资产管理平台，协调推进老旧小区整治提升，用优质服务启动良性循环。与 MLS 系统（Multiple Listing Service）一样，首开集团的非经营性资产管理处置平台也将会云集大量的非经营性资产市场信息、服务需求信息、价格信息等行业信息，平台将根据不同资产的特征，整合资源，合理分配，为越来越多的非经营性资产提供成熟的物业管理和服务。从非经营性资产出发，实现非经营性资产的信息透明化、畅通化和物业服务的规范化、流程化，进而推动这项业务的专业化和成熟化发展。区域内和跨地区的合作也将稳步开展。目前，平台已服务首都1500多个社区，并依靠物业管理不断完善和创新，小区的自我造血功能也在不断被挖掘。

首开集团的非经营性资产管理平台主要通过对各类非经营性资产进行整合和优化，实现资源利用的高效化和价值最大化。具体来说，该平台进行了以下资源整合和优化。一是房地产资源的整合。作为一家房地产企业，首开集团在非经营性资产管理平台上将旗下闲置、未开发和待建设的土地、房产等资产进行整合，通过精细的规划和设计，将其转化为具有高附加值和市场竞争力的商品房和商业物业，提高了企业的收益和品牌价值。二是金融资产的整合。首开集团将自身的金融资产整合到非经营性资产管理平台上，包括股权投资、债权投资等，通过优化资产配置和风险管理，提高了企业的财务收益和风险控制能力。三是文化资源的整合。首开集团在非经营性资产管理平台上整合自身的文化资源，包括企业文化、品牌形象和社会形象等，通过宣传和推广，提高了企业的知名度和美誉度，增强了企业的社会影响力和公信力。四是科技创新资源的整合。首开集团的非经营性资产管理平台整合自身和外部的科技创新资源，包括技术研发、人才引进、产业孵化等方面，通过开展科技合作和创新实践，提高了企业的科技创新能力和市场竞争力。五是社会资源的整合。首开集团将社会资源整合到非经营性资产管理平台上，包括政府、社会组织和公益机构等，通过开展公益事业和社会责任活动，提高了企业的社会形象和公众认可度，增强了企业的社会责任感。

首开集团的主要优势是它的平台支撑力量。首开集团通过资本平台赋能和商业平台管理两方面实现公共资源的平台管理，通过平台支撑实现有效的资源整合。首开集团通过资本平台赋能和商业平台管理，起到桥梁衔接的作用。一方面，首开集团有效地贯彻政府城市更新的政策；另一方面，首开集团充分了解居民的城市发展需求，再通过招商等手段引进社会资本。通过首开集团这个平台，政府、社会资本、居民需求得以协调与整合，从而形成健康有效的城市更新生态体系。

通过资源整合和优化，首开集团的非经营性资产管理平台完成了对企业内部和外部资源的整合和协同，实现了资源利用的高效化和价值最大化，从而为企业的可持续发展和社会责任做出了积极的贡献。

（三）公众参与资源整合化

社区居民、企业职工、社会公众、志愿者群体等社会公众资源整合是资源整合化的重要维度。

公众参与资源整合通过整合不同的社会主体，实现人力资源的更高效利用。这些主体具体包括四类。一是政府机构。政府部门可以通过公众参与平台与社会公众进行沟通交流，接收和反馈民意，更好地了解民意和社会需求，改进政策和提高公共服务质量。二是企业和社会组织。公众参与平台可以吸引各类企业和社会组织积极参与社会事务，提供自身资源和专业技能，共同解决社会问题，达到降本增效的目的。三是专家学者和媒体。公众参与平台可以邀请专家学者和媒体参与讨论和研究社会问题，提供专业知识和公共舆论引导，提高社会参与的专业性和效果。四是公众个体和群体。公众参与平台是广大公众参与社会事务、表达意见、行使公民权利的重要渠道，可以促进个体和群体的自主参与和自我管理，增强公众参与的民主性和公正性。

公众参与资源整合通常采用多种手段和形式，如网络论坛、公开听证会、在线调查、社交媒体等，吸引不同的社会主体参与，还可以通过数据分析和人工智能技术，对公众意见和建议进行整合和分析，帮助政府机构和企业组织更好地了解和回应公众需求。

通过整合不同的社会主体，公众参与资源整合可以更好地发挥志愿精神，实现社会公众资源利用从低效到高效的转变。公众参与可以促进社会资源的充分利用和优化配置，提高社会参与的效率和效果，同时也增强了社会的凝聚力和共同责任感。

从参与的方式看，城市治理中的公众参与资源整合可以分为线上公众参与资源整合与线下公众参与资源整合。

这两种整合的适用场景和实现方式不同。线上公众参与资源整合主要是通过互联网技术和数字化手段实现的，为市民提供了一种方便快捷、实时互动的参与方式。市民可以在线上平台参与政策制定、社区建设、公共事务管理等，提出自己的意见和建议，并与政府部门或其他相关机构进行互动交流。线上平台的优势在于可以实现大规模的公众参与，扩大公众的参与范围，促进民主决策和公共管理的透明化和公开化。

线下公众参与资源整合则是通过实体场所和实物资源提供的参与方式，如公共广场、社区活动中心、城市公园等。市民可以通过线下平台参加各种公共活动和社区建设项目，与其他市民和政府机构进行面对面的交流和互动。线下平台的优势在于可以加强社区间的联系和增强社会凝聚力，提升市民的参与意识和社会责任感。

这两种资源整合可以互相补充，实现更加全面和有效的公众参与。同时，随着数字技术的不断发展和普及，线上公共参与平台的重要性也在逐渐提升，未来这种平台将会更加普及和广泛应用。接下来将以"物业城市"App 为例介绍线上公众参与资源整合，以社区志愿服务中心为例介绍线下公众参与资源整合。

1. 线上公众参与资源整合

线上公众参与资源整合的案例很多，比如万科"物业城市"App、美丽中国城市服务平台、智慧城市公共服务平台、昆明市民服务云平台、深圳市智慧城市服务平台、北京市互联网公共服务平台等，这些平台整合了多个部门和单位的数据和资源，提供在线咨询、办事指南、在线预约等服务，方便市民在家就能解决各类公共服务需求。以下详细介绍万科的"物业城市"App。

长期以来，万科的社区治理主要依赖物业公司的人员和资源，以传统的管理模式为主，包括定期巡检、保洁、维修、安保等工作，其存在以下几个弊端。一是信息不畅通。业主与物业公司之间信息沟通不畅，业主对物业服务的满意度较低。二是服务不细致。物业公司工作重心过于单一，难以满足业主的个性化需求，导致业主对物业服务的满意度不高。三是工作效率低下。物业公司在管理和服务中存在重复劳动、信息不统一、管理混乱等问题，导致工作效率低下。

因此，万科物业推出"物业城市"App，以信息化手段为切入点，整合社区各方面的资源，实现高效、精细、个性化的服务模式，旨在提升业主对物业服务的感知和满意度，提高物业服务水平。"物业城市"App致力于城市管理的模块化、精细化和专业化，引入市场机制和市场化手段，盘活了城市的公共资源，促进了城市公共资源的集约利用，最大化获取城市公共资源的效益。"物业城市"App和大数据平台的建立，对城市公共空间进行了系统化、网络化升级，实现了公共资源的智能化识别、定位、跟踪、监控和管理，构建起了城市治理信息化体系，实现了对整个城市进行专业化、精细化、智慧化的管理。

"物业城市"App是以市民治理为理念，以"互联网+"为手段的新型互动式软件。该App通过统一的大数据平台，构建起市民、志愿者、商家、专业公司和执法人员五个层级的"生态圈"，让更多的人自我管理、自我服务，促进政府管理向政府服务转变，这也是广东自贸试验区横琴新区片区所复制推广的重要经验。

"物业城市"App集合了问题上报、抢单处理、市民互助、专业志愿服务等多种功能。市民可通过App上报8大类18小类城市治理问题，如市政、市容、交通、生态、警情等，证据可通过手机端以拍照、录像、语音等形式上传。"物业城市"App的后台技术逻辑不难理解，市民随手拍下城市乱象形成数据，数据上传至后台系统，后台根据时空信息，自动推送至附近的志愿者、执法人员等终端用户手上，终端用户可实现即时的问题处理。整个技术流程类似"滴滴出行"等网约车平台。值得一提的是，App预设了多个端口连通公安、建设、工商等部门，可将市民上报问题及时移交给相关部门跟踪处理。而对于小的城市治理问题，市民不仅可以投诉、举报、反映问题，还可以抢单参与问题的处理和化解。系统还将自动为做好事的用户分发相应的奖励积分，积分可以兑换礼品。该方式让市民不再是城市治理的"看客"，而是可以积极参与，成为城市管理的主人。App还将进一步扩大范围，向全市民众开放，并引进第三方专业公司参与城市治理，吸引更多企业入驻平台为市民提供各式服务。

"物业城市"App 整合了多种资源，主要包括以下几个方面。一是物业服务资源的整合。"物业城市"App 将不同小区的物业服务资源整合起来，通过 App 提供业主在线报修、缴费、投诉、建议等服务，实现物业服务的规范化、标准化和智能化。二是社区资源的整合。"物业城市"App 整合了小区周边的商超、餐饮、医疗等资源，通过 App 提供在线下单、送货上门、预约挂号等服务，为业主提供更便捷的生活服务。三是安防资源的整合。"物业城市"App 将小区的监控设备和安防人员整合起来，通过 App 提供在线查看监控、报警等服务，加强小区安全管理。四是数据资源的整合。通过 App 收集业主的使用行为和反馈意见，进行数据分析和挖掘，为物业服务的改进和优化提供依据。五是社区活动资源的整合。通过 App 提供社区活动信息、报名等服务，促进业主之间的交流和互动，提高社区凝聚力。六是环保资源的整合。通过 App 提供在线报修、垃圾分类指导等服务，提升业主的环保意识，保持小区环境的干净、整洁和美化。七是服务商资源的整合。将小区周边的服务商整合到 App 上，为业主提供家政、保洁、维修等服务，扩大了物业服务的覆盖范围，提升了服务品质。

通过将不同的资源整合起来，万科的"物业城市"App 实现了资源的高效利用。业主可以通过 App 实现一站式的物业服务、生活服务和安全管理，提高了业主的生活质量和满意度，同时也降低了物业管理的成本和工作量，提高了管理效率。

2. 线下公众参与资源整合

我国线下公众参与资源整合的机构有很多，比如市民议事厅、义务消防队、绿化志愿者服务队、老年人活动中心等，以下详细介绍军粮城社区志愿服务中心。

军粮城社区志愿服务中心成立于 2021 年 5 月，是由党建引领的红色社区志愿服务中心，以规范化角度对辖区志愿者及团队进行指导、监督、培训、管理和考核的民办非企业机构（其组织架构见图 7-1）。通过组织社区志愿者服务队为社区提供志愿服务，将老旧小区从内至外焕新升级，进而有效解决本地居民就业问题，实现本地居民服务本地居民、以区养区的可持续发展目标。军粮城社区志愿服务中心位于天津市东丽区军粮城军祥园党群服务中心一楼，内设有环境整治队、绿化养护队、工程抢险队、安全维护队共4支爱心小分队，成员包括专业工作人员及本地居民。

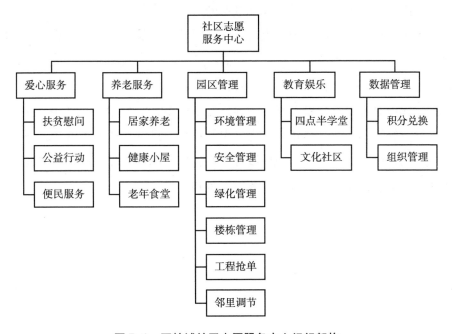

图 7-1　军粮城社区志愿服务中心组织架构

资料来源：笔者自制。

军粮城街冬梅轩社区以天津志愿者"V 站"为平台，组建了多支以共驻共建单位干部、社区党员、在职党员和热心群众为主要力量的志愿服务队伍。在组织开展各类志愿服务活动方面，本着"不搞形式主义、力求实效"的原则，坚持以社区问题、居民需求为导向，使每项活动都能解决实际问题、契合居民需求。通过重点人群帮扶、精神文明宣传、平安志愿者巡逻、禁毒宣传等一系列志愿服务活动的开展，全面提升了居民幸福感、安全感和归属感。

军粮城社区志愿服务中心主要采取的措施包括以下方面。一是招募和培训志愿者。通过线上和线下方式招募志愿者，并提供专业的培训和指导，提升志愿者的服务能力和水平。二是开展志愿服务项目。根据社区实际需求，开展志愿服务项目，并组织志愿者参与其中，实现资源的有序整合和高效利用。三是整合社区内外资源。与社区内外的社会组织、企业、公益基金等合作，共同开展志愿服务项目，实现资源的共享和优化。

军粮城社区志愿服务中心整合了以下资源。一是社区人力资源。通过招募和培训志愿者，整合社区内的志愿者资源，组建志愿者队伍，为社区提供志愿服务。二是社区物质资源。整合社区内各类资源，包括场地、设备、物资等，为志愿者服务提供基础保障。三是社会资源。整合社会上各类资源，包括社会组织、企业、公益基金等，引导社会力量参与社区建设和服务。

总的来说，军粮城社区志愿服务中心实现了社区资源的整合，促进了志愿者精神的发扬，提升了社区服务的质量和效率。

第八章 亚洲城市服务案例

一 韩国城市服务案例

（一）发展背景

1. 韩国4IR（第四次工业革命）

（1）概述

韩国目前人口有5178万人，作为向全球市场提供电子、汽车和半导体产品的国家，韩国在WEF（世界经济论坛）全球竞争力方面排名第15位。更具体地说：韩国在ICT的采用率方面排名世界第一（如光纤互联网订户）；宏观经济稳定性全球第一（如通货膨胀）；基础设施排名第六（如电气化）；创新能力排名第八（如专利、研发支出）。值得注意的是，韩国在研究与开发（R&D）投入方面占国内生产总值（GDP）的比例排名世界第一，达到4.55%。[①]

尽管拥有这些明显的优势，但韩国在维持其经济增长和社会福祉方面仍面临许多挑战。2018年韩国国内生产总值增长率低至6.6%，为28年来最低。中美之间的政治风险、美韩贸易协定的持续修订以及许多非贸易壁垒也对韩国经济构成挑战。在这种外部背景下，韩国也面临许多内部挑战，如贫富差距、社会福利问题和环境恶化。低生育率、人口老龄化也是韩国面临的严峻挑战。

为了应对这些挑战，韩国打算通过建设智慧城市来发展技术、扩建基础设施，以实现持续的经济和社会利益增长。

---

① http://korea.people.com.cn/n1/2018/1017/c407882-30346504.html.

（2）政策

韩国智慧城市第四次工业革命（4IR）[①]是指使用智能信息技术（如物联网、大数据、云计算、5G、移动和人工智能）以解决复杂的城市问题，从而提高城市管理效率和市民的生活质量。推动韩国4IR发展的主要因素包括完善的ICT基础设施、较高的网络覆盖率和较快的网络连接速度。此外，韩国的最低工资在2014年至2019年增长了62.5%。公共福利对电子政务、智慧城市、公共安全、数字健康和污染控制的重视也是韩国4IR发展的推动因素之一。

（3）组织机构

推动韩国政府4IR议程的部门是第四次工业革命总统委员会（PCFIR）。PCFIR审议并协调包括人工智能和数据技术在内的新科学技术事项。该委员会的法律依据可以在《PCFIR创建和管理总统令》中找到，该法令于2017年8月22日颁布并生效。PCFIR的职责包括：

- 审议并协调各部委提出的政策措施；
- 组织与4IR相关的公众运动，并鼓励公众参与；
- 为建立公私合作伙伴关系和体制改革奠定基础；
- 为新产业培育生态系统（如智慧城市特别委员会、医疗保健特别委员会）。

PCFIR受雇于历届政府，这些政府为ICT和4IR投入了大量资源。

（4）5G部署

韩国是全球首个部署5G的国家。[②]韩国三大运营商在5G频段拍卖中花费了近26亿英镑，于2019年4月4日同时启动了其5G网络。最初，只有少数工业客户使用，随后是大众消费市场的快速扩大。截至2019年5月上旬，已有大量客户（拥有260000个客户和54000个基站）。5G网络已经难以满足市场需求。

---

① https：//admin. ktn-uk. co. uk/App/uploads/2019/11/15_KTN_SouthKorea_SmartCities_ v4. pdf.

② 《韩国成为世上第一个正式启用5G国家》，时事热点百家号，https：//baijiahao. baidu. com/s?id=1629841612373529375&wfr=spider&for=pc。

韩国通信制造商的技术很先进，涵盖了整个相关产业生态系统。三星拥有 5G 基站，LG 和三星都拥有支持 5G 的手机。更多型号的手机将在不久的将来推出，大多价格高昂。

（5）物联网

尽管韩国是全球首个部署 5G 的国家，但它也拥有多个针对物联网（IoT）的专用网络和针对智慧城市的应用程序，包括：

- Sigfox：正在进行部署，国内合作伙伴关系，适用于小型数据；
- LoRa：由 SKT 于 2016 年部署，适用于小型数据；
- LTE-M：由三大运营商于 2016 年部署，适用于数据或语音和视频；
- NB-IoT：由 LG U+和 KT 于 2017 年部署，适用于小型数据。

（6）中小企业与创新

为了应对韩国当前的社会经济挑战，政府鼓励中小企业创新。为了实现这一目标，政府成立了中小企业与创业部（MSS）。

2018 年韩国风险资本超过 30 亿美元，创新企业的数量首次超过 10 万家，政府计划在 2022 年之前向创新生态系统注入另外 120 亿美元。这一项规模扩大的投资将使新的风险投资金额增加 50 亿美元。2021 年，韩国政府建立了一个价值 1 万亿韩元的"仅并购基金"，以鼓励公司和投资者参与创新市场。

2. 韩国智慧城市

（1）国家智慧城市战略

智慧城市是韩国政府产业政策的重要组成部分。智慧城市项目旨在实现双重目标，一是改善韩国人的生活，二是通过新兴的第四次工业革命技术的开发和商业化实现经济增长。

智慧城市政策由 PCFIR 和国土交通部（MOLIT）制定。韩国智慧城市倡议包括三种类型的国家项目：试点项目、研发验证项目和城市更新项目。

A. 试点项目

试点项目旨在展示韩国智慧城市的全部功能。PCFIR 于 2018 年初从总共 39 个候选城市中选出了釜山市和世宗市作为试点项目建设城市。由于在成本和时间上都易于开发，因此选择了这两个城市中约 2~3 平方千米的绿地。项目预算涉及 30 亿英镑（约 48000 亿韩元，250 亿元人民币），其中 18 亿英镑（约 18800 亿韩元，68 亿元人民币）将由国家政府资金提供，项目于 2018 年底获得批准。这些试点项目的关键领域将集中在交通、能源、教育、医疗保健和基础设施领域。

B. 研发验证项目

研发验证项目包括大邱市、始兴市，这两个项目将成为韩国智慧城市的模式。大邱市项目的总预算为 7500 万英镑（约 1950 亿韩元，6.4 亿元人民币），将持续 5 年。大邱市的项目主要专注于智能交通、预防犯罪和适应自然灾害和人为灾害的能力。始兴市的项目则集中于环境、福利和能源方面。

C. 城市更新项目

城市更新项目在韩国全国范围内进行，包括大田、金海和富川。2019 年 2 月，MOLIT 宣布大田、金海和富川等城市获得了总计 750 万英镑的资助。大田的主题是"新科学之城"，因为许多企业和政府研究中心都位于该市。富川则专注于使用大数据分析来监测和减少整个城市的空气污染，而金海专注于历史遗迹景点的 AR（增强现实）和 VR（虚拟现实）①。

韩国政府已经在釜山市和世宗市创建了监管沙箱。这些监管沙箱于 2018 年 9 月获得批准，政府松绑了与智慧城市发展有关的法规，例如数据收集、自动驾驶汽车、无人机和土地使用等领域的相关法规。如果在这些监管沙箱下推出的试点项目获得成功，将修订法规以在全国范围内施行，推动其他地区和市政府发展智慧城市项目。

（2）案例

韩国的第四次工业革命将解决一些长期存在的社会问题并创建一流的服

---

① 增强现实（Augmented Reality，AR），也被称为混合现实。它通过电脑技术，将虚拟的信息应用到真实世界，使真实的环境和虚拟的物体实时地叠加到同一个画面或空间同时存在。虚拟现实（Virtual Reality，VR，又译作灵境、幻真）是一种高新技术，也称灵境技术或人工幻境。虚拟现实是利用电脑模拟产生一个三维空间的虚拟世界，向使用者提供关于视觉、听觉、触觉等感官的模拟，让使用者如同身临其境一般，可以及时、没有限制地观察三维空间内的事物。

务来提高人们的生活质量。工业创新涵盖医疗保健、制造业、车辆、能源、金融和物流以及农业和渔业。这些创新旨在解决城市、交通、福利环境等方面存在的社会问题。

A. 新智慧城市：釜山

K-Water（韩国水利公司）是釜山智慧城市的开发商，釜山智慧城市项目位于釜山南部沿海地区的金海国际机场附近。作为韩国第二大城市，该城市面临许多挑战，如人口老龄化。釜山拥有该地区的几所高质量大学，具有吸引和留住人才的巨大潜力。

a. 智慧水城

釜山以水闻名，这是釜山智慧城市发展的关键主题。该市拥有出色的国际海港，并且韩国最长的河流洛东江也流经此处在附近入海。多年来，由于化学废物的非法处置，河水已被污染。韩国政府已委托 K-Water 负责处理河流污染问题。K-Water 将利用先进的水相关技术在釜山建设智慧水城，并解决河流污染问题。

b. 智慧科技城

釜山一直在努力吸引和留住当地大学的毕业生，以往这些毕业生大多会选择去首尔地区找工作。釜山将自身定位为一个充满活力的创新生态系统，在这里，初创企业和中小型企业可以进行创新，从而满足釜山建设智慧城市的需求。

c. 釜山智慧城市的国际合作

韩国政府打算向外国实体开放市场。比如，釜山智慧城市计划开始支持合资企业。釜山智慧城市生态系统的建立驱动了釜山创新与协作的雄心，釜山智慧城市旨在培育新兴产业并将釜山建设成为生态友好的未来海滨城市。

B. 新智慧城市：世宗

世宗试点项目旨在把世宗建设成为世界领先的智慧城市。作为一项绿地倡议，世宗以创建一个可持续发展的城市为使命。智慧世宗将增强市民的幸福感。同时，智慧世宗将直接解决诸如污染、快速能源消耗、严重拥堵和自然生态系统破坏等城市问题。

为了实现世宗智慧城市的愿景，以下八个因素都将通过区块链架构实现：

- 出行：城市保持环保和舒适度，目的是将汽车总数逐步减少到试点时的三分之一；

- 医疗保健：在整个医疗体系环境中，医疗护理行动迅速并增设预防性服务；

- 教育：持续创新，为创业和就业提供教育支持；

- 治理：公民自行解决城市中的问题；

- 文化和购物：城市可提供不同的文化体验和便利的购物环境；

- 工作：通过各方之间的合作与共存，使城市形成可持续的经济生态系统；

- 能源与环境：推动环保的可再生能源和电动出行；

- 城市空间：寻求城市空间的灵活使用，致力于创造生态友好的环境。

C. 现有的智慧城市：首尔

首尔是韩国政治、文化和经济中心。就在 60 年前，首尔还是全球最贫穷的城市之一。随着城市化的快速发展，首尔逐渐成为拥有 1000 万人口的世界级大都市。该市已成为可持续发展的智慧城市，能够解决各种城市问题，如住房、水和污水、垃圾收集、运输与福利。

在联合国赞助的"全球电子政务调查"中，首尔在世界城市电子政府评估中已连续七年获得第一名。首尔市政府（Seoul Metropolitan Government，SMG）为市民提供安全的闭路电视、基于网络连接的公共 Wi-Fi 以及基于 ICT 基础设施的各种服务。SMG 通过鼓励市民表达意见和 mVoting、120 Call Center 和 Seoul Smart Complaint Report 等渠道积极地参与公共管理来解决城市问题。

2013 年以来，SMG 以数字格式公开了 4500 个公民数据集，以支持私营部门开发公民所需的新服务。SMG 也通过与数字产业合作，积极支持数字经济发展。

3. 水原市智慧城市建设

（1）智慧城市项目

水原市 ICT（Information and Communications Technology，信息通信技术）

融合创新集群指导委员会在规划基于水原市智慧城市服务的新业务方面发挥作用，例如掌握水原市智慧城市服务的现状、制作服务地图、管理地方政府当前的商业模式开发问题、研究与周边城市相关的城市发展等。

水原市 ICT 融合创新集群指导委员会设立了 ICT 融合创新集群。指导委员会包括水原市、ETRI（韩国电子通信研究院）和京畿道经济科学振兴院等研究机构，以及学术界（亚洲大学）、公共机构 LH（韩国土地住宅公社）和私营企业。

（2）智慧城市五年规划

水原市制定了《水原智慧城市计划（2021—2025）》。它包含的目标包括：实现宜居的绿色智慧城市，建设连接和融合的创新智慧城市，创建人们想参观和看到的开放式智慧城市。

A. 政策背景

为了打造高效的智慧城市，根据《智慧城市建设与产业振兴法》，从 2019 年 7 月起，水原市政府提供智慧城市计划制定服务。这是一个提出智慧城市愿景和蓝图的过程，也是寻找具有平衡城市战略作用的高效城市运营管理计划的过程。

B. 前期工作

对于拥有 123 万人口的大城市水原，相关机构对老年人口的增加，旧城区中心、西水原地区和东水原地区之间发展出现差距等问题进行了调查。此外，相关机构还通过对智慧城市相关服务的全面调查，利用每个项目积累的数据，加强项目之间的联系和可持续性。水原市综合分析了各种需求、城市问题和相关业务的信息，并将其反映在智慧城市水原概念中。

C. 建设目标

根据《水原智慧城市计划（2021—2025）》，此次确立的"智慧城市水原"的愿景被指定为"历史、科技、人的包容智慧城市"。

D. 主要内容

a. 实现宜居的绿色智慧城市

以绿色新政为核心，以建设自然友好型绿色城市、应用智慧环保技术为方向，倡导低碳出行、发展智能交通，推进绿色智慧城市建设。

b. 建设连接和融合的创新智慧城市

为实现建设创新型智慧城市的目标，推进与城市历史性相适应的创新创造、慈善事业的传承、数据化创新中心的建设。

c. 创建人们想看到和参观的开放式智慧城市

通过支持数字弱势群体、公民参与的生活实验室、与历史文化旅游的融合，打造新的旅游城市，创建开放式智慧城市。

E. 具体措施

a. 构建数据平台作为政策制定的参考，同时优化市场管理

提供数据驱动的城市基础设施是智慧城市实施的中轴，它以数据为中心解决城市问题，通过构建数据平台制定城市政策和服务，通过共享数据的开放数据吸引创业和振兴投资来引领创新的意愿。为此，水原市将推进公私数据整合分析、连接数据市场，建立基于数字孪生的城市运营体系，通过构建3D 虚拟城市，优化城市管理。

b. 建设三个基地（创新基地、绿色基地、开放基地）

水原市还设想建设三个基地，以实现智慧城市的三个目标。创新基地将连接科技园与塔东区、水原站与华西站、三星电子及周边地区，发挥智慧创新的引领作用。此外，通过创建生态智能城市，将光桥山等智能绿色基地，以及水原华城和水原会议中心等游客大量涌入的地区作为智能开放区域，推进智能城市规划基地建设。

c. 城市服务扩展到旧城区，建立智慧城市系统

水原市将应用智慧城市服务，重点改善位于水原市中心居民的生活环境，通过从城市规划阶段引入智慧设计，缩小新城镇和旧城镇之间的差距。根据《水原智慧城市计划（2021—2025）》，水原市将从 2021 年到 2022 年升级现有的智能服务并扩大相关基础设施，经历 2023 年到 2024 年的服务扩散期，在 2025 年通过与周边城市和相关城市的合作扩展建立智慧城市系统。

（3）智慧服务项目案例

水原智慧城市计划共包含 6 个领域的 29 项行动任务和 41 项服务。其中

有 18 个智慧服务项目处于实施中。

公共摄像头数据分析：CCTV（闭路电视、摄像头）视频数据分析系统会对市民的安全和交通便利产生影响。这是一个长期项目，它分析和利用已经安装的闭路电视图像数据，并将其用于交通、预防犯罪、防止非法倾倒垃圾、照顾阿尔茨海默病患者和儿童保护等领域。

阳光地图建设项目：该项目的目的是增加水原市太阳能的使用。安装太阳能发电设施的盈利能力的数据来源于显示分布于各处的每个建筑物的阳光量的阳光地图。

公共 Wi-Fi 接收综合旅游信息：根据游客使用公共 Wi-Fi 输入的基本信息和访问区域，可以提供定制的旅游信息或应用与旅游景点相关的折扣制度。

智能创新中心：水原市还将建立一个不仅对年轻人更方便，而且对公众、企业、学术界和研究机构更易访问的智能创新中心，并将其用作初创公司的基地空间。

便民服务：包括使公民生活更加便利的服务项目，例如通过内置 GPS 定位信息和无线通信设备的智能鞋检测阿尔茨海默病患者的实时位置，并连接健康应用程序和本地货币支付应用程序以便利阿尔茨海默病患者使用"阿尔茨海默病患者防漫游智能鞋"。

此外，先进的水原市综合网、能源示范村、提供定制化能源消费信息、支持用户通过五种感官信息共享、智慧水原体验空间、智慧公民教育、支持老年人就业、智慧城市生活实验室运营、智能会议系统建设、物联网移动 LTE、CCTV 等也被纳入新的智能商务服务计划。

（二）水原市城市服务的现状

1. 技术一体化

（1）线上虚拟政府

水原市将打造一个虚拟城市"元界"。"元"的意思是虚拟和超越，"界"的意思是世界和宇宙。它是一个以现实世界为基础进行社会、经济、文化活动的三维虚拟现实。水原市还考虑将"元界"应用于所有行政服务，目标是长期运营"虚拟地方政府——虚拟水原"。此外，水原市正在考虑建立一个"开放的元界平台"，以创造一个市民可以享受的"元界平台体验空间"。

2021年5月，韩国政府发起了"元宇宙联盟"（Metaverse Alliance）以支持元宇宙技术和生态系统的发展。元宇宙联盟初期由17家公司组成，包括无线运营商SK电信公司和汽车巨头现代汽车公司，以及韩国移动互联网商业协会等8个行业团体。随着韩国政府大力推动元宇宙相关项目，截至2021年12月，该联盟已经吸纳了500多家公司和机构，包括三星、KT（韩国电信巨头）。①

（2）水原智能小企业中心

水原市政府大厅将设置一个"智能小企业中心"，水原的小企业主将进入该中心。它作为在线商店运营，从智能小企业中心订购和接收非面对面的订单。小型企业联合会水原分会负责产品的选择和库存管理，安装地点由水原市提供。水原市计划重新审视智能小型商业中心的运营效率和实用性，并考虑在未来将其扩展到公共机构和市民经常使用的区域，例如各区政府。

2. 园区一体化

（1）商业大数据分析平台

水原市利用京畿道市场商业区振兴机构的商业区大数据，运营"水原市商业区分析大数据平台"。小企业主和准备创业的人在制订商业计划时可以自由使用水原市大数据门户（http：//data. suwon. go. kr）提供的信息，促进当地经济发展。商业区振兴机构是系统性地支持京畿道传统市场和小型企业的组织。其主要提供的服务有：小企业专业咨询支持、小企业管理环境改善、在传统市场培育奢侈品店、餐车业务支持等。

---

① 《韩国政府力挺元宇宙：打造元宇宙城市》，2021年12月6日，维科网，https：//vr. ofweek. com/news/2021-12/ART-81500-8130-30538787. html。

（2）商圈分析系统

2021 年 1 月开通的商圈分析系统，是利用 2019 年 1 月至 2020 年下半年的人口、经营者、GIS 等公共数据和会员、支付信息等本币支付信息等私人数据进行信息分析的系统。为了将小企业主的意见应用于商业区分析服务，水原市通过收集水原市小企业协会和传统市场商人协会所需的信息，创建了一个大数据系统。商圈分析大数据有望在商圈客户分析、管理创新、销售最大化、数字营销等方面提供帮助。当用户访问水原大数据门户时，其中的商圈比较、消费模式、商圈综合大数据分析、商户分布、人口分析等数据可供公众使用。其可以提供如下具体服务。①商业区域对比分析：对比加盟商数量、行业分布和销售金额、用户年龄组和性别支付金额，帮助建立销售行业和目标。②消费模式分析：可以比较人口、户数、流动人口等信息，作为吸引顾客的信息，便于了解所在地区消费者的消费倾向和销售预期。③特许经营分布和人口统计分析：包括每个地区集中了多少商店，按行业划分的加盟商分布，以及按性别和年龄组划分的人口统计信息。④商圈综合分析：便于了解消费者的需求，同时通过正负关键词、提及频率和趋势等推断因素，获得消费者的正面评价和对需要改进的地方的建议。

3. 社区一体化

（1）智能护理服务

水原市利用 AI（人工智能）为居住在延武洞的老年人提供智能护理服务。"老年人人工智能语音识别服务"旨在为老年人家庭提供聊天服务，并通过安装可以通知紧急情况的人工智能机器人来照顾老人。

应用 KT 的 AI 技术的"AI Care Robot Senior"被安装在服务目标家庭中。AI 机器人对老人的所有对话（语音）、动作（视频）等数据进行记录并分析，当检测到老人出现异常情况时，向监护人、生活管理者、119 等报告。接听紧急电话的护理人员和生活管理人员可以监控老人的视频和语音。如果监护人/护理人员无法接听紧急电话，控制系统 24 小时响应，如果判断为紧急情况，则出动 119。

此外，它还提供服药时间提醒、痴呆预防运动应用程序执行、定制饮食推荐和实时新闻播放等"个性化服务"。也可以使用 AI 机器人与护理人员、社会工作者和其他老人进行视频通话。

水原市与韩国电信签署了业务协议，开展"基于人工智能的（单身）老年人综合护理"方面的合作。

（2）自来水远程抄表系统

水原市在延武洞的 464 个家庭（使用自来水的家具和设施中）建立了远程抄表系统。在目标家庭和设施中安装了可以进行数字抄表的"数字仪表"和将抄表发送到服务器的"通信终端"，并在水原市建立了实时接收信息的"系统服务器"水务局。远程抄表系统是一种利用物联网和电信服务提供商的通信网络实时采集和分析仪表数值，按使用量收费。如果发生水泄漏事故，系统可以迅速采取措施调整流速。此外，当消费者的用水量高于平均水平时，系统会向用户发送通知消息。还可利用远程抄表分析数据，建立"独居老人安全网"。如果独居老人家庭长时间不使用供水，将开展应对计划，该系统也会自动向已登记其联系方式的子女和邻居发送通知短信，并致电水务办公室检查他们是否外出。

（3）安全智慧城市

水原市将通过推进针对单身女性家庭和老年家庭的"安全钟项目"，打造"安全智慧城市"。到 2022 年 12 月，水原市将在 3000 户家庭安装"京畿安全铃"，其中包括单身女性家庭、老年家庭和犯罪多发地区的商店经营者。"京畿救援钟"是针对一人户家庭和犯罪易感家庭的犯罪预防和应对系统，当警铃被按下时，警察会确定报警者的位置并派遣警力。安全铃分为安装在家里的固定终端和可以携带的移动终端。京畿道是通过在行政和安全部主办的"灾害安全问题解决技术开发支持项目"中申请"个人家庭和犯罪易感家庭建立自己的犯罪预防和应对系统"后被选中的区域。决定持续推进京畿安全钟示范项目后，水原市开始为示范项目招募参与者。安装安全铃后，水原市计划对用户调查结果和运行状况进行分析，以审查安全铃在整个水原地区的推进情况。

4. 要素一体化

（1）交通安全服务

"广域（城际）公交车疲劳驾驶检测与安全服务建设项目"是利用最新的 ICT 实时监测广域（城际）公交车驾驶员的疲劳驾驶，并计划建立早期预警系统的项目。一旦系统建立起来，市民就可以更安全地使用城际（城际）公交车。水原市计划在 2021 年底前在 500 辆公交车上安装驾驶员睡意检测系统。该系统可以分析基于先进位置信息系统（GNSS）的数据并利用积累的大数据。项目还计划在公交车上安装最先进的物联网传感器，以防止乘客被门卡住。该项目被韩国科学技术和信息通信部选为"2021 数字公共服务创新项目"，水原市由此获得了韩国政府 27.7 亿韩元的资助。

（2）智能花园

水原市将在京畿医疗中心水原医院一楼大厅打造一个"智能花园"。智能花园是一种使用物联网技术自动管理植物的室内花园，具有减少微尘和室内空气污染的效果。京畿医疗中心水原医院安装的智能花园是长 5.4 米、高 2.3 米的墙式花园。共 10 个种类的 396 株植物种植在配备风扇和过滤器的生长立方体中，通过风扇运转向植物和房间提供空气。智能花园植物通过智能管理系统进行维护和管理，在设定的时间内自动浇水，并经常监测土壤的含水量。使用该应用程序也可以人为控制浇水、照明等。该智能花园装置是韩国林务局"COVID-19 响应医疗机构智能花园创建项目"的一部分。该项目计划投资 3000 万韩元，其中政府 1500 万韩元，市政府 1500 万韩元。

（3）智慧旅游城市

"智慧旅游城市创建工程"是利用智慧旅游的五个要素，即智慧体验、智慧便捷、智慧服务、智慧出行、智慧旅游，打造游客可以用智能设备便捷出行的项目。2021 年 2 月，水原市与京畿观光公社、庆熙大学智慧旅游中心、水原文化财团、ISPM 株式会社签订业务协议，以"Type Sleep 1795 水原华城"为主题，计划实施"一部手机智能旅行 18 世纪的水原城"项目。

水原华城旅游特区将利用智能技术，打造与"三千村"的居民实现双

赢的关系模式，构建游客可以便捷使用的智能出行平台。该平台总投资 70
亿韩元，其中国家预算 35 亿韩元，市预算 35 亿韩元。

智能平台"水原华城 GO！365"向游客提供推荐旅行日程的"AI 旅行
助手"以及一次支付即可前往水原华城旅游景点和体验设施的"行宫村通
行证""XR Mobility City Bus"服务，让游客在 XR（远程扩展现实）上体验
古墓之旅。

（4）智慧交通服务

水原市将建立并公开公共数据库，让用户可以一目了然地看到各地电动
汽车充电站的位置、型号和质量等相关信息，以便私营部门也可以使用。检
查电动汽车充电站数据质量和建立新数据的主要目标是确保可以在一个地方
检查与水原电动汽车充电站相关的信息。目前，电动汽车充电站信息通过韩
国环境部、韩国电力公司等多种渠道提供，但很难了解私人运营商运营的充
电站整体状况。将已建电动汽车充电站的公共数据转化为空间信息，通过水
原市大数据门户网站以电子地图服务的形式提供，方便市民随时查阅。此
外，通过与公共管理和安全部青年实习项目相关的现场调查，将数据与实际
站点进行匹配，以提高其准确性和可靠性，并将其作为政策扩展的基础数
据。结合电动汽车注册数量和多用途设施以及流动人口等私人数据，使私人
运营商能够利用这些信息确定电动汽车充电的最佳位置。

（5）公开儿童保护区公共数据

水原市将收集全市 198 个儿童保护区的位置、安全设施、人行横道和流
动人口等信息，创建空间信息，构建公共数据库，市民可以在交通安全隐患
地区使用空间信息的地图服务。此外，儿童保护区的公共数据将登记在水原
市大数据平台和公共数据门户网站上，私营部门也可以使用保护区内流动人
口等相关信息。水原市计划将其与青年实习项目联系起来，通过这个数据建
设项目对 30 名青年实习生进行实地考察，以实现创造就业的效果。

（6）智慧城市解决方案 plus

智慧城市解决方案 plus 指的是：智能公交站台、智能人行横道、智能
共享停车。"智能公交站台"是安装了冷暖气设备、空气质量和温度测量设

备、手机充电器、免费 Wi-Fi 和公交车铃等智能便利设备的站点，还计划安装语音识别和引导装置及太阳能系统。"智能人行横道"安装有"稳定区入侵语音引导系统"、步行传感器、楼层引导灯、落地式行人信号灯、人行横道密集灯、显示驾驶员行驶速度的电子招牌，以便市民可以安全地穿过人行横道。"智能共享停车"是指将"共享停车场"接入现有的综合停车管理系统。

（三）多元主体协同合作

1. 元宇宙首尔五年计划

韩国首尔市政府发布了《元宇宙首尔五年计划》[①]，宣布从 2020 年起分三个阶段在经济、文化、旅游、教育、信访等业务领域打造元宇宙行政服务生态。这是韩国地方政府在虚拟现实服务领域提出的首个工作规划。"元宇宙首尔"计划分为起步（2022 年）、扩张（2023~2024 年）和完成（2025~2026 年）三个阶段。2022 年将通过第一阶段工作完成平台的搭建，引入经济、教育、观光等 7 大领域服务，总投资计划为 39 亿韩元。

"元宇宙首尔"平台则基于最尖端的数字科技，在提供公共服务时可轻松克服时间、空间制约和语言障碍等困难，并可扩展至行政服务全领域，将极大地提升公务员的工作效率。

2. 韩国"元宇宙联盟"

2021 年 5 月 18 日，韩国科学技术和信息通信部发起成立了"元宇宙联盟"，该联盟包括现代、SK 集团、LG 集团等 200 多家韩国本土企业和组织，其目标是打造国家级增强现实平台，并在未来向社会提供公共虚拟服务。

从 2022 年起，元宇宙平台致力于以虚拟拉动现实，在提升城市竞争力、提升城市行动力和提升城市吸引力三个方面持续发力，准备建立以元宇宙为基础的"首尔金融科技实验室集合地"，建成暂称为"元宇宙 120 中心"的

---

① 《首尔将打造元宇宙行政服务生态》，海外网百家号，https：//baijiahao. baidu. com/s？id＝1717273359653004142&wfr＝spider&for＝pc。

虚拟综合办事大厅，首尔市目前运营中的各种业务申请、咨询商谈服务在元宇宙平台上都可以轻松办理。该平台还计划构建"元宇宙市长室"，提供与市民沟通、听取意见建议等多样化的功能，使其成为随时对市民开放的交流空间。另外，平台还将搭建"元宇宙智能工作平台"，使后疫情时代的市政工作不再受到时间和空间的制约，利用网络虚拟空间即可完成。同时，工作平台还将引入 AI 公务员，它将与公务员虚拟替身一同为市民提供更专业、高效和智能的服务。在旅游观光方面，平台将建成虚拟观光特区，光化门广场、德寿宫、南大门市场等首尔主要旅游景点都将被搬到平台上，组成"元宇宙观光首尔"，借此可实现城市观光、再现敦义门、体验宗庙祭奠仪式等功能。未来，热门餐厅等实体店铺也将引入"元宇宙观光首尔"，通过旅行社开展虚拟空间团体游，实现现实与虚拟相结合的新型旅游服务。另外，首尔市还计划提供"元宇宙庆典、展示服务"，首尔鼓节、花灯节、贞洞夜行等首尔市的传统庆典将在平台上分阶段呈现。

3.元宇宙数字经济

韩国科学技术和信息通信部支持中小风险企业发展元宇宙数字经济。据韩国纽西斯通讯社 2022 年 2 月 21 日报道，韩国科学技术和信息通信部表示，韩国政府推进落实数字新政 2.0 相关新产业元宇宙，为了加强元宇宙领域相关中小风险企业的竞争力，于 2022 年计划建立 1000 亿韩元规模的元宇宙收购合并基金。韩国元宇宙领域的中小风险投资企业虽然拥有优秀的创意，但其事业资金、技术开发等条件非常脆弱，通过建立元宇宙并购基金这一措施，可以积极支援拥有元宇宙服务的虚拟融合技术（XR）、人工智能（AI）、数据、网络、云计算、区块链等主要基础技术的中小风险企业扩大项目规模，使其发展为具有全球竞争力的核心企业。[①]

4.元宇宙虚拟工作平台

韩国企业运用元宇宙探索新型办公形式。韩国游戏公司 Com2uS 于 2022

---

① 《韩国科技部支持中小风险企业发展元宇宙数字经济》，2022 年 2 月 23 日，中华人民共和国商务部，http://kr.mofcom.gov.cn/article/jmxw/202202/20220203282123.shtml。

年 1 月首次公开旗下开发中的元宇宙平台 Com2Verse 的预告及试玩视频，展示了在 Com2Verse 中的"打工一日"。[①] Com2uS 集团计划于 2022 年下半年让拥有 2500 名员工的所有旗下公司入驻 Com2Verse，正式开启元宇宙生活时代。

Com2Verse 是把现实世界中的生活还原到网络上的多功能元宇宙平台，游戏将社会、文化、经济等现实世界系统搬进数码世界，打造可以实现日常生活的虚拟空间。平台分为四个领域，包括提供智能办公空间的 Office World（办公世界），提供金融、医疗、教育、流通等服务的 Commercial World（商业世界），可供用户享受游戏、音乐、电影、表演等休闲服务的 Theme Park World（主题乐园世界），以及提供日常沟通及分享服务的 Community（社区世界）。

（四）韩国城市服务特点总结

1. 自上而下的开展模式

在城市服务项目资金构成方面，水原市城市服务项目与我国一些地方政府的城市服务项目不同的是，水原市作为一个地方政府（京畿道首府），其相当一部分的城市服务项目都获得了韩国政府的经费支持，并将其作为整个韩国城市服务项目的一部分。例如，交通安全项目被韩国科学技术和信息通信部选为"2021 数字公共服务创新项目"，水原市获得了韩国政府 27.7 亿韩元的资助；水原华城旅游特区建设智能出行平台总投资 70 亿韩元，其中国家预算 35 亿韩元，市预算 35 亿韩元。这与韩国的智慧城市建设自上而下的开展方式有关，韩国在开展城市服务项目时注重发挥政策和规划的引领性作用，对于已经得到良好发展的智慧城市首尔来说，其也是由首尔市政府完全领导并开展相关工作。

2. 服务对象侧重弱势群体

城市服务对象侧重弱势群体，积极开展有利于老人（通过智能远程抄

---

① 《游戏公司做元宇宙才最香？Com2Verse 来了，神似打工模拟器》，2022 年 1 月 3 日，腾讯网，https://new.qq.com/rain/a/20220103A09CWR00。

表系统建立独居老人安全网)、妇女（针对单身女性家庭和老年家庭的安全钟项目）、儿童（公开儿童保护区的道路公共数据）等弱势群体的项目。

促进弱势群体公共服务的普及，针对特定人群开展的城市服务项目能够有效增强其生活的幸福感，使弱势群体不至于在智慧城市建设中被边缘化。

3. 参与主体多元化

政府主导、多元主体共同参与的城市服务项目大多由企业承包实施，例如韩国水原市单身老人的智能护理服务与韩国电信公司合作，智慧旅游城市项目与水原文化财团、ISPM 株式会社合作。韩国元宇宙计划作为一个国家层面普遍推广的项目，成立了参与数量达 200 余家企业的"元宇宙联盟"。

4. 技术手段多样化

注重利用大数据平台、物联网、人工智能、信息通信技术、公共数据库等技术手段，并注重在相关使用者（居民、私营企业）间的推广。例如首尔市政府于 2021 年 7 月表示，到 2023 年，首尔的公共物联网将"遍布城市的每个角落"。①

二 日本城市服务案例

（一）日本智慧城市建设

1. 日本城市发展问题

近年来，日本面临总人口减少、劳动年龄人口比例下降以及人口老龄化三个方面的社会问题。以 2008 年为顶峰，日本总人口整体呈不断减少趋势，预计 2045 年将达到 1.064 亿人，与 2015 年相比将减少 2000 万人以上。虽然在部分年份，日本出生率略有回升，但并没有改变其人口结构的变化趋势，2010 年，日本生产年龄人口占比为 63.8%，2015 年为 60.8%，预计到

---

① 《首尔将于 2023 年实现全市公共物联网网络》，2021 年 11 月 26 日，智安物联网，https：//www.seiot.com.cn/detail/20479.htm。

2045 年，日本生产年龄人口将减少到 52.5%，劳动力将大幅减少。①

日本人口结构的变化带来了公共服务领域的一系列社会问题。

第一，社会保障制度面临危机。一方面，随着老年人比例的上升，养老金领取者数、需要护理者数、医院患者数将增加，养老金支付、护理、医疗费用等社会保障费也将增加。由于医护人员不足，护理和治疗所需的成本单价变高。另一方面，由于生产年龄人口比例下降，保险费负担人数减少，保险费收入将会大幅减少，政府的财政压力变大。

第二，公共服务难以维持。由于总人口减少，一方面，医院、消防署、警察、学校等公共服务设施的需求密度降低，场所的维持变得困难。另一方面，电力、煤气、自来水、通信、公共交通等服务的单个使用者成本上升，从而导致部分设施老化，影响城市的正常运行。

从城市角度来看，日本人口规模较小的城市面临人口流失的问题，这些地方的人口不断向东京、大阪、名古屋等大城市流动，特别是生产年龄人口占比较大。人口持续外流的地方城市对公共服务的需求减少，使用费收入减少。而且，由于生产年龄人口占流出人口的大多数，地区经济停滞，地区税收减少。随着总人口的减少，每个使用者维护基础设施、更新老化设备的成本上升，生产年龄人口比例下降导致无法确保公共服务的承担者和维护基础设施的人员数量，老年人口比例上升导致面向老年人服务的费用增加，地区经济收支恶化。与此同时，基础设施维护和老化设备更新的周期延长导致了公共服务的供给质量下降，城市的品质和吸引力降低，人口进一步外流（见图 8-1）。

人口规模较大、经济实力较强的城市也面临公共服务便利性和实用性降低的难题。由于人口过度集中，交通高峰已成为常态，交通拥堵的时常发生也对人工成本占比较高的物流业产生了负面影响。居民在办理行政手续时，由于窗口的拥挤，需要长时间的等待，同时，医院等场所也面临相同问题。公共服务的拥挤导致居民对城市的依恋度很低，人口的流动性很高。为解决

---

① https：//www.ipss.go.jp/index.asp.

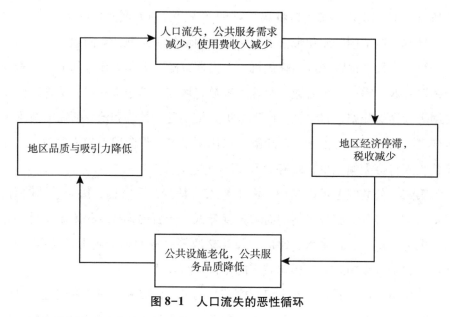

图 8-1 人口流失的恶性循环

资料来源：笔者自制。

这些问题，日本迫切需要建设有吸引力的城市，而智慧城市就是其重要途径之一。

2. 日本智慧城市的政策与发展进程

（1）日本智慧城市的概念

智慧城市原本是以提高对以全球变暖为首的环境问题的意识为背景，通过促进可再生能源的有效利用，以实现低碳社会为目标的城市概念。最初，智慧城市的建设基本是与能源相关的措施，如通过智能电网进行对供需平衡结构的最佳管理，以城市整体的高效率能源利用为目标。之后，随着物联网、人工智能、大数据等各种技术的出现，可以收集、分析、活用之前被忽视的所有数据，使居民数据的有效利用不仅在能源领域，也扩大到公共服务、医疗、农业、移动性等领域。智慧城市涵盖的领域也得到扩大。

日本对于智慧城市有"环境考虑型城市"之说，认为智慧城市的真正含义是，为了在基础设施和生活设施两方面灵活运用 ICT（信息通信技术），提高经营效率，建造使居民感到更便捷、更舒适的生活城市。智慧城市包括硬件设施与软件设施两方面。硬件设施包括能源（电力、燃气、热能）、交通系统（铁路、汽车）、上下水道三个部分；软件设施包括与人们生活密切相关的医疗和护理服务、教育服务、安全服务（防灾、治安）等。

日本智慧城市规划主要包含三个层次和11个功能，三个层次是安全、安心和振兴，11个功能包含产业与旅游、金融、防灾防害、交通、老年人福利、生产生育、健康医疗、教育、公共服务设施、政府行政服务、大数据平台。另外，这11个功能的具体内容、各自的重要性、成熟度等因城市而异。

日本城市发展问题决定了日本智慧城市建设要以民生为重点，让市民看到实实在在的利益，得到市民的充分理解和认可。地方政府参与智慧城市建设的积极性尤其高涨，如横滨市、丰田市、京都市、北九州市都向日本政府提交了发展智慧城市的整体规划，规划的重点是利用最新的节能技术和信息技术，对家庭、建筑物和社区实施智能化能源和资源管理，其政策目标更倾向于民生方面，如建立"智能家庭"试点，让城市居民实际看到并感受到智能生活的好处，进而得到市民的支持。

（2）日本智慧城市政策与发展进程

为了能够在经济、交通、能源、环境、安全等生活层面建设宜居且可持续发展的城市，日本政府提出了智慧城市建设构想。日本发展智慧城市是由政府与民间企业共同主导实现的。日本内阁、环境省、国土交通省、文部科学省、经济产业省、总务省、农林水产省等政府机构负责出台并宣讲智慧城市的相关政策（见表8-1），这些构想大体包括未来城市环境构想、智慧社区构想和ICT智慧城镇构想三种类型。

表8-1　日本政府出台的智慧城市相关政策情况

政府机构	智慧城市构想/政策
内阁	环境模式城市构想、未来城市构想、ITS实验模式城市
环境省	灵活运用区域再生能源等，建立自立分散型区域模式
国土交通省	构筑城市、居住地、交通节能模式支撑体系
文部科学省	大学为发源地的绿色创新事业"绿色知识据点"

续表

政府机构	智慧城市构想/政策
经济产业省	实证下一代能源技术、智慧社区构想、EV·PHV 城镇构想
总务省	ICT 智慧城镇构想
农林水产省	智慧村构想

注：ITS 是 Intelligent Transport Systems 的简称，指智能交通信息系统。EV 是 Electric Vehicle 的简称，指电气汽车。PHV 是 Plug-in Hybrid Vehicle 的简称，指依靠外部电源充电的混合类型汽车。
资料来源：笔者自制。

日本智慧城市发展经历了由"硬"到"软"的过程。所谓"硬"是指最初以应对全球变暖为主，建立环境模式并致力于运用能源相关新技术。所谓"软"是指运用 ICT 技术，使与生活紧密的软环境朝着智能化的方向发展。日本智慧城市的发展进程如图 8-2 所示，其每个阶段均设定了具体目标，并选定了一些主要城市进行试点，智慧城市建设逐渐由"硬环境"朝"软环境"方向发展。

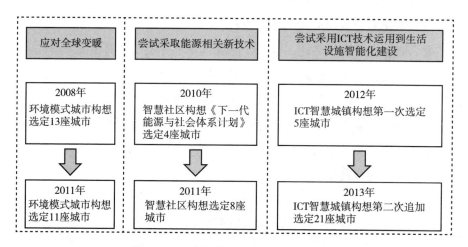

图 8-2　日本智慧城市建设的发展进程

资料来源：笔者自制。

日本 ICT 智慧城市实验内容分为硬件和软件两个方面。硬件方面，日本智慧城市项目从 2010 年 1 月开始启动，当时日本经济产业省启动了《下一代能源与社会体系计划》方案，日本 20 多个地区积极响应，同年 4 月，神奈川县横滨市、爱知县丰田市、京都府京阪奈学研都市、福冈县北九州市四个地区入选日本经济产业省的这一方案。2010 年 8 月，日本各地相继发布了五年实践计划，一些企业也纷纷加入了《下一代能源与社会体系计划》，整合了电力、燃气、热能、交通设施、水和废弃物等领域，形成了互通互联的协作效应。

软件方面，包括提供技术领先的产品服务与信息服务。智慧城市建设能够提供的产品服务涉及能源、交通、上下水道、医疗疗养、教育育儿和关怀服务等各个领域（见表 8-2）。日本智慧城市提供的产品服务如表 8-3 所示。

表 8-2　智慧城市建设的主要产品

服务领域	服务内容
能源	灵活有效地利用可再生能源;构筑智慧栅极
交通	通过预测交通阻塞,开发利用畅通性强的交通体系;开展电力汽车服务;建立互联网交流体系
上下水道	灵活运用天气预报,有效利用水能源生产与治理上下水;灵活运用各地设置的计测网络集中管理漏水问题
医疗疗养	根据个人需求提供健康信息服务;对患者提供从入院到护理的异地医疗服务
教育育儿	建立使学生不再受场地和时间制约、能够自发学习的教育体系;建立既能工作又能育儿的教育、保育机构互联网
关怀服务	提供提高安全意识的防范犯罪和防灾服务体系;为高龄单身群体提供服务

资料来源：笔者自制。

表 8-3　日本智慧城市提供的产品服务

软设施智慧化内容	实施智慧城市自治体数(个)	自治体名称
提供旅游信息	8	富山县富山市、石川县七尾市、德岛县美波町、爱媛县松山市、爱媛县新居滨市、福冈县系岛市、冲绳县名沪市、冲绳县久米岛町
防灾信息提供	5	北海道北见市、宫城县大崎市、福岛县会津若松市、山梨县市川三乡町、石川县七尾市

续表

软设施智慧化内容	实施智慧城市自治体数(个)	自治体名称
关怀服务	4	宫城县大崎市、福冈县系岛市、佐贺县唐津市、冲绳县久米岛町
行动履历数据分析	3	富山县富山市、三重县玉城町、爱媛县新居滨市

资料来源：笔者自制。

日本智慧城市建设的实践效果卓著，呈现如下两方面特点。一方面是因地制宜，不同城市选取不同智慧构想政策。日本将发展智慧城市作为国家经济增长战略的重点措施，提供了"未来城市环境构想"、"智慧社区构想"和"ICT智慧城镇构想"三种类型供城市自行选择，也可以选择一种或多种模式同时实施，如表8-4所示。

表8-4 日本主要智慧城市类型与政策支持

序号	所在地	类型	政策支持		
			未来城市环境	智慧社区	ICT智慧城镇
1	神奈川县平塚市	新城市型			
2	千叶县柏市	新城市型	√		√
3	岩手县气仙郡	新城市型	√		
4	宫城县东松岛市	新城市型	√		
5	宫城县岩沼市	新城市型	√		
6	福岛县新地町	新城市型	√		
7	福岛县南相马市	新城市型	√		
8	岩手县釜石市	新城市型	√	√	
9	岩手县北上市	新城市型		√	
10	岩手县宫古市	新城市型		√	
11	宫城县气仙沼市	新城市型		√	
12	宫城县石卷市	新城市型		√	
13	宫城县大衡村	新城市型		√	
14	宫城县山元町	新城市型		√	

序号	所在地	类型	政策支持		
			未来城市环境	智慧社区	ICT智慧城镇
15	福岛县会津若松市	新城市型		√	√
16	宫城县大崎市	新城市型	√		√
17	北海道下川町	改造型	√		
18	神奈川县横滨市	改造型	√	√√	
19	福冈县北九州市	改造型	√	√√	
20	京都府京阪奈学研都市	改造型		√√	
21	爱知县丰田市	改造型		√√	√
22	富山县富山市	改造型	√		√
23	北海道北见市	改造型			√
24	群马县前桥市	改造型			√
25	山梨县市川三乡町	改造型			√

资料来源：笔者自制。

另一方面是类型多样。按照新老城市建设划分，日本建设智慧城市主要分为新城市型和改造型两种类型。新城市型，顾名思义，指建设新城市范畴，改造型则指改造已有城市的范畴。按照日本未来创造发展研究中心 ICT 战略研究室首席顾问福地学的划分，日本智慧城市还可以划分为三种类型：一是仅有一部分设施实现智能化的"部分最适化型"智慧城市，如东京等大城市；二是部分设施实现进一步智能化，个别智能化的设施之间相互协作的"部分协作型"智慧城市，如横滨、丰田、京阪奈学研都市、北九州；三是最终形态，即全部设施协作的"整体最适化型"智慧城市。

（二）城市服务一体化建设

1. 技术一体化

智慧城市的建设离不开技术的活用，目前在日本智慧城市建设中备受关注的技术主要有以下四类：IoT·数字双城、AI·大数据、下一代移动性·MaaS、新一代电力系统。

（1）IoT·数字双城

这种技术主要应用于有线、无线的通信网络与支持电力、煤气、自来水等公共服务的基础设施装上 IoT 设备。通过设置在城市和构造物上的传感器取得的各种数据实施实时监视，利用 IoT 传感器实时获取的大数据，在网络空间上再现物理空间的数字双城。日本正在推进 3D 虚拟日本构筑计划，以实现对人口结构和自然环境的变化等方面进行实时监测。

（2）AI·大数据

为了实现智能城市，对作为 AI 代表的分析和机器学习等技术的运用也是不可或缺的。大数据的活用会带来很大的影响，通过积累庞大的数据构筑分析模型，即使没有人的介入，相关智能技术系统也可以自行进行决策和优化城市环境的控制，并且建立持续改善的机制。

例如，在智慧水务方面，在供水上，通过设置传感器、水质监测仪等先进的监测设备，利用大数据和大型计算机等现代智能技术对水资源的使用信息进行分析和处理，实现水资源利用的最优选择。其监测系统目前已实现对水源、供水、排水设备运行的自动化检测、评价和管理，可远程监控供水量、水压的实施情况。尤其是在面临重大自然灾害或是重大事故时，能够保证做到快速反应，通过智能化系统提前预警并应对处置。在污水处理方面，建立了全方位的监控网络，除了在污水处理厂实现全自动检测、远程监控外，对于污水排放的监测实现了远程自动报警、事故报警和应急处置的自动控制，同时可实现向不同管理单位发出警示信息。

（3）下一代移动性·MaaS

MaaS（Mobility as a Service，出行即服务）指的是使用一个数码界面来掌握及管理与交通相关的服务，以满足每一位消费者的交通出行需求。具体来说，就是在将多元交通工具全部整合在统一的服务平台的基础上，基于数据的共享服务原理，运用大数据技术进行资源排布优化、决策，建立无缝衔接的、以出行者为核心的交通系统，并使用移动支付的新方法，以提供符合出行者需求的更为灵活的、高效的、经济的出行服务。MaaS 通过将离散交通子系统向一体化综合交通系统转化，打造比自己拥有车辆更方便、更可靠、更经济的交通服务环境，让出行者从拥有车辆改为拥有交通服务，实现由私人交通向共享交通的转变。

（4）新一代电力系统

日本在建设智慧城市时主要考虑自然资源贫乏、灾害频发的国情，更多注重实现节省能源的"3E"（Energy Security，Environment，Efficiency）标准和"低碳可持续"发展的智慧化。日本智慧能源的建设起步于智能电网，智能电网的第一个特点是智能化整合、分配、调节各类能源供给系统，实时监控、调节区域供电、用能单位的现实用能与计划用能，实现能源间的智能调节和高效利用。智能电网的第二个特点是以建筑太阳能、小型风能、生物质能、垃圾发电、区域储能装置等作为电力供给的重要来源，通过对区域电网和电动车辆的运营，减少对化石能源的使用。智能电网的第三个特点是建立区域的能源管理系统。这个系统充分利用现代智能技术和大数据应用，通过区域内公共建筑、商业企业建筑、居民建筑的用能计划，建立整体用能规划，并通过对各用能单元的实时监控和智能调度，向用户的可视化智能终端推送合理化用能建议，以实现区域用能合理化和尽可能地使用清洁能源，实现节能减排目标的最大化。

例如，日本的柏之叶智慧城市已建成一定范围的社区智能电网，通过自有的区域电网，对外来电力和区域内自建的太阳能发电系统、区域内蓄电系统存储发电等各类电源进行智能化调节使用，实现了区域电力的调节分配、电力削峰和智能供电。通过该系统的建设运行，实现相比常规供电26%的电力削峰，并实现节能、二氧化碳减排等目标。

2. 社区一体化

藤泽可持续智慧城市（Fujisawa SST）位于日本神奈川县藤泽市的南部，是由藤泽市政府和19家企业联手打造的试验田。为了规划这一人口仅3000人左右的小城镇，藤泽市政府会同松下电器于2008年开始进行建设方针构思。2011年项目启动后，项目组首先为整个城镇设定了一系列数字目标和指南：二氧化碳排放减少70%，用水消耗减少30%，可再生能源至少占总能源消耗的 30%。

Fujisawa SST 的成功发展依靠的并不是个别产品或技术，而是整体目标的设定和先进运营体制的落实，这种以目标为蓝本的设计理念是日本智慧城市建设的一大特点。

（1）节能

A. 基础设施

在 Fujisawa SST，每幢小房屋顶、公共设备的屋顶、会议室、商业设施都安装了太阳能发电系统和蓄电池路灯，甚至入口两侧的绿化带也装有两整排太阳能电池板。城镇居民的太阳能电池板电能量每块能达到 0.25 千瓦时，房屋自身产生的能源可以确保灾难期间在没有外部电源的情况下至少维持三天。大量的太阳能使城镇形成一个独立的分布式能源管理系统，整个城市总共安装电能量约为 3000 千瓦时的太阳能电池板，基本能够满足日常生活所需。不但如此，城市的能源信息还可以通过安装在家庭和商业设施中的监视器"可视化"。

B. 管理体制

a. 要求电力公司义务收购民间采用太阳能等设备所发电力。为了鼓励民间可再生能源的利用，在政府的要求下，电力公司义务收购民间采用太阳能等设备所发电力，Fujisawa SST 大量的太阳能发电板所发电力平时就售卖给电力公司。而在阴天等发电不足的情况下，住户可以从电力公司购电使用。Fujisawa SST 工作人员表示，这两者"基本上可以持平"。而在地震等灾害情况下，这些太阳能发电板所发电力则将全力确保社区的生活用电供应。

b. 城市社区住户家中统一安装了中央控制系统，可以将住户用电情况统一生成报表。社区管理公司每个月会向住户递交一次"能源报告"和"生态生活推荐报告"，该报告汇总了电力的使用情况，并根据生活方式就节能问题提供具体建议，包括如何明智地使用能源，以及如何按设备减少功耗。

（2）智能安全

在 Fujisawa SST，人员出入并不像欧美国家那样使用栅栏将自己与他人用物理的方式隔离开来，而是使用电子围栏对其进行虚拟化。Fujisawa SST 充分地将照明设备、摄像头、安保人员巡逻以及家庭安保系统有机地连接起来，达到提升整个城市的安全性的目的。这种虚拟化的安防系统，让 Fujisawa SST 在未实际"封锁"的情况下实现了社区安全。

Fujisawa SST 还制定了安全和保障目标指南，用于紧急情况下的灾难响应和非紧急情况下的安全预防，城市可以通过智能电视推送通知系统，向居民传递与灾难或紧急情况有关的信息。

（3）健康

A. 综合健康中心

Fujisawa SST 开发了一个综合健康中心，将老年人护理设施、老年人辅助住所、托儿所、课后日托中心和补习班集中在一个设施中。中心从"全面社区护理"的概念出发，提供旨在使从刚出生婴儿到老年人的所有年龄段的人都能过上健康和富足的生活的服务。南翼是老年人的服务式住房，北翼是特殊的养老院。此外，还有社区交流空间、私立补充学校、诊所、托儿所和育儿设施。综合健康中心旨在让老年人和儿童自然地互动，为代际互动创造更多机会，从而为儿童带来更好的情感发展。Fujisawa SST 还建立了一个互助系统，与健康的老年人匹配，这些老年人可以帮助其他在高级护理机构中需要援助的人。

通常，医疗和护理一直被视为一个单独的领域。住院后返回家的患者由于距离问题和信息不足，无法获得所需的家庭护理。为了改变这种情况，必须建立一个"社区综合护理系统"，该系统能够不间断地提供适当的服务，以满足居民的需要。Fujisawa SST 在日本最早推行社区综合护理系统，在医疗、护理和药房领域进行了跨部门合作。

B. 藤泽 SST 委员会

在许多城市社区，居民之间的联系往往比较薄弱。为此 Fujisawa SST 创建了一种新型的自治机构"藤泽 SST 委员会"，除了起到传统居民协会的作用外，它还是一个自治组织，具有管理和发展城镇的作用。委员会可以不定期地组织居民进行各种周末活动，如厨艺等生活技能培养、急救知识培训等。节假日社区还会组织野餐、烧烤等交流活动，为居民业余生活提供调剂，也从身心两方面关注社区居民健康。

（三）日本城市服务建设运营模式

1.企业为主，多方参与

日本智慧城市建设和运营的一个明显特征就是以民间资本作为建设主体，其在建或是已取得一定成效的智慧城市建设，均由该国大型企业牵头，日立公司、丰田、松下、三井不动产等民营企业都参与了建设。

（1）多领域企业合作模式

在开发建设过程中，各牵头企业并未独立进行，而是注重采取各种方式吸引社会力量参与其中。在日本，开展智慧城市建设的经验表明，建设的主体可以是房地产开发建设商、汽车制造商、高科技公司、电气制造商，也可以是能源供应商。但不论由哪个企业做主导，单靠一家来"包打天下"，都是不现实的。

除了以各类相关企业作为开发建设的主体外，开发建设过程还注重本地居民与预期使用者的共同参与，从而构建起从规划设计到建设使用的各种标准框架、推动建设内容和使用功能的不断完善，达到可建设、多元化、可运营、均获益的建设效果。

例如，日本柏之叶智慧城市的建设以土地的开发者三井公司为主，在规划设计中根据发展的不同阶段，逐步吸引日立公司、千叶大学、日建集团等25家具有不同特点和专长的企业、团体参与建设，吸纳土地拥有者和使用者一起合作组建机构，共同商议规划、建设、使用中的问题，并不断调整建设方案。

（2）行业协会模式

横滨市资源回收事业合作社是一个提供公共服务的社会企业，主要业务为回收废物、废纸、废布、铁、有色金属和玻璃瓶等资源（见图8-3）。合作社有96家工会成员（81家正式会员，15家赞助会员），约230名工会员工，致力于成为公民、企业和政府之间的桥梁，目标是成为资源循环行业的领先者，将横滨市打造成区域循环型社会，进而创造一个没有资源损耗的社会。

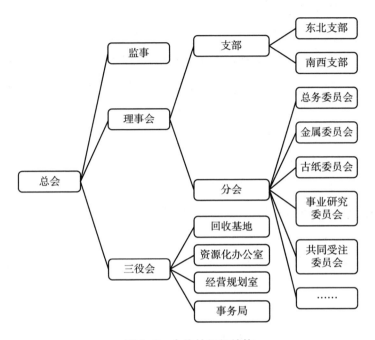

图 8-3 合作社组织结构

资料来源：笔者自制。

合作社在横滨市有 3 个资源分拣中心，收集和分拣易拉罐、玻璃瓶、废纸和废布等资源，并将其作为优质资源运送到下一条回收路线上。此外，合作社还与横滨市集体回收促进部共同运营"横滨市民回收"项目，利用工会成员的专长，为解决横滨市的社会问题做出重大贡献。

合作社在横滨市以及全国开展了"环境图片日记"活动，收到了许多儿童关于 2030 年可持续发展目标主题的想法。合作社通过接收儿童关于未来社会的信息，与公民、企业和政府一起，利用这些信息来建设更美好的城市。此外，合作社还有向市民传播环境信息的"讲师业务"和杂志。利用这些手段，合作社积极支持横滨市资源回收基础设施建设。

目前合作社取得了"全省厅统一资格"、"ISO14001"认证、"横滨市地区贡献企业"、工业废弃物收集运输业许可证等资格或称号。

主要项目：

A. 废纸回收项目

a. 家庭废纸回收

横滨市资源回收事业合作社与横滨市资源集团签订合同，通过资源集团进行家庭废纸的回收。在 2016 年与 2017 年合作社分别回收了 16.3 万吨和 15.55 万吨报纸、杂志、纸板、纸袋等家庭产生的废纸。资源集团指的是自治会、町内会和 PTA（家长教师联谊会）等地区团体与民间回收业者。

b. 办公室废纸回收

合作社对横滨市内办公室废纸的回收途径主要有三个，分别是通过横滨市资源化委员会运营和回收、联合县机关办公室回收、联合工业园区回收。

c. 再生产品开发与销售

合作社通过将资源集团回收的报纸、传单、牛奶盒、办公室废纸等进行再加工利用，制作出各种各样的原创再生产品，供家庭、学校、团体、企业等使用。

B. 资源化中心业务（委托项目）

从 1995 年开始，横滨市资源回收事业合作社受托在"资源分拣中心"进行筛选工作，通过合作社的技术，将从横滨市收集来的罐瓶类资源变成能继续在市场流通的商品。合作社将瓶子按类型分类，再将玻璃瓶按颜色分类，循环利用。塑料瓶和罐装瓶在冲压包装后将作为再生资源出售，或者根据《容器和包装回收法》要求指定公司进行回收和再商业化。

C. 山之内回收港（リサイクルポート山ノ内）

在回收方面，合作社经营了"山之内回收港"，作为国际资源回收上的一环，并在亚洲范围内开展环保活动，从中国和东亚其他地区进口原材料，然后将其做成再生资源出口。

此外，合作社计划通过对资源进行质量控制，建立横滨品牌。合作社从 2005 年 4 月开始接受参观，并举办"资源去向和循环型社会的讲习会"，在 2017 年共举办了 23 次，有 568 人次前来参观和学习。

2. 市场推动，政府协调

智慧城市的建设包括城市土地所有者、房产建设、商业开发、基础设施建设、城市运营管理、智慧城市建设的技术实现等各个方面，是一个复杂的系统工程。因而，日本的智慧城市建设基本采取了企业牵头、政府与企业共同推行，由政府与主导企业或是联合若干企业形成合资公司进行共同建设。政府的任务更多侧重于政策导向、资金扶持、总体规划，并参与城市基础设施建设和后期的运营调整、维护工作。

日本智慧城市的建设需要不同主体的参与，政府可以制定相关政策，并提供预算和补助金，企业可以提供相关的技术和解决方案，学者和研究机构可以提供相关的研究，提出见解。除了这三方外，还需要了解市民的需求。因此，日本的智慧城市建设需要在以居民为中心的基础上，建立政府、自治体、企业、学者、研究机构充分合作的关系。

（四）政、企、民合作机制——共创

1. 背景

近年来，日本面临少子老龄化、财政基础脆弱化、社会基础老化以及全球变暖等社会问题。横滨市作为日本最大的基础自治体，由于其庞大的城市规模，社会问题也相对更加复杂。面对这些严峻的环境变化和社会问题，横滨市通过开放创新的方式解决社会问题，采取了推进共创平台的方式，在行政资源和技术等有限的情况下，有效利用社会上企业的技术和资金以及市民的力量，准确且持续地满足市民对公共服务的需求。另外，由于民企社会责任意识的提高，民企对于与政府合作的期待也在增加。

在《非"成长·扩大"的时代》中，横滨市提出了"充分发挥人民力量的横滨"这一基本理念，认为公共服务不仅仅是由政府提供，政府的主要作用是"创造环境，支持人民的创意和努力，实现各自的目标和梦想"。

横滨市在建立共创平台之前，在推进公共事业共创的方法上，已经从社会企业引入、公有资产有效利用和地区活性化三个方面进行了尝试。

社会企业引入，主要包括 PFI、制定管理者制度、公共服务的民营化和

社会委托等。

公有资产有效利用，主要包括广告宣传、公共设施的命名权、公有土地的定期租用等。

地区活性化，主要包括利用企业力量建造改革特区和开展社会活动。

在尝试政府与社会合作的过程中，横滨市也发现了一些问题，主要体现在行动方式的相互理解和目的的共享、社会技术的利用和合适方法的选择、监督与管理三个方面。

2. 共创的理念

共创是指"以解决社会问题为目标，通过社会力量和政府的对话推进合作，集结相互的智慧和诀窍，创造新的价值"。共创的特征主要有以下三点：主要对象是以企业为中心的社会力量；通过商务活动，提高公共服务水平和激发地区活力；从零开始不断讨论，激发创新，创造出新的价值。

横滨市建立了共创平台（见图8-4），并将其作为政府与社会合作的基础，希望充分利用政府和社会的资源和力量，建设新的公共服务事业，提供高质量公共服务，创造新的商业机会，推进具有横滨特色的地区活性化。

横滨市政府主动且积极地向社会传达自己的行政需求。市民通过社会活动等方式与政府对话，表达自己的需求以及想法，参与到新公共服务事业中。企业通过商务活动参与新公共服务事业，政府与企业通过共创平台相互对话，平等协商。横滨市通过加强与社会交流的方式了解社会需求，并利用社会力量建设新公共服务事业，在提高公共服务质量的同时，推动地区经济发展。

通常，政府与社会的合作都是政府在预先设定好详细条件的基础上引入社会力量，因此可能存在不符合市场实际的情况，导致给企业增加过度负担、不能充分利用社会技术和想法等问题。横滨市建立共创平台，其目的在于从政府主导型的政府与社会合作变为政府与社会双向交流模式，使社会力量能更主动地参与，在公共服务的提供过程中能够寻求新的、效果更好的合作方式，最大化发挥社会力量，以达到最佳合作效果。

横滨市所追求的共创是政府、企业、大学、市民活动团体、非营利组织

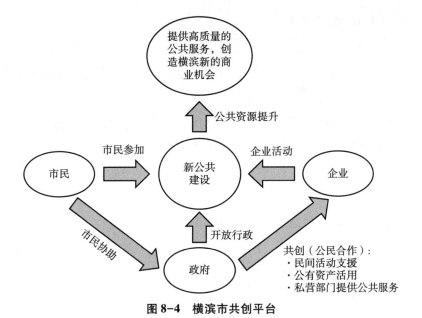

图 8-4　横滨市共创平台

资料来源：笔者自制。

等能通过各种网络渠道进行相互对话（见图 8-5），在多种多样的行政领域推进共创行动，使社会各方的资源和想法能被最大化利用。

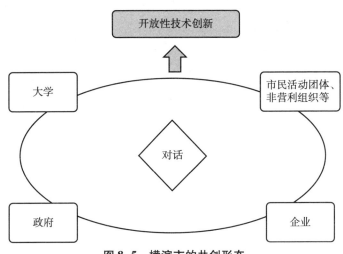

图 8-5　横滨市的共创形态

资料来源：笔者自制。

3. 共创的原则与目的

（1）原则

横滨市推进共创主要遵循四个原则，分别是平等对话、成果共享、保护创意且公开透明、责任和分工明确。

在平等对话方面，主要包括市政府在积极接受社会想法的同时，要提出行政方面的问题，建立平等、信赖的伙伴关系。在共创对话过程中，不是按照市政府设想的结论，而是从零基础开始，由社会力量和市政府共同探索解决方案。在项目进展过程中，不拘泥于一次讨论或对话就能得出解决方案，要根据项目的进展合理地进行验证和修正。

在成果共享方面，首先，要建立互惠双赢的关系。其次，市政府会根据横滨市中长期政策的方向努力确保社会参与策划、投资的环境。再次，社会在政府规划的框架中，要发挥自己的技术优势，与市政府一起建设具体的共创事业。最后，政府和企业在推进共创事业时，要考虑使用者（市民）的利益、财务负担、企业发展、区域发展等方面的问题。

在保护创意且公开透明方面，首先，市政府要以简单易懂的形式，将政府的计划和事业成立条件等信息、选项进行汇总，并在市民容易访问的渠道或地方进行公开。其次，市政府在保持开放的同时要注意对知识产权的保护，对于社会的独特想法要进行适当的保护。

在责任和分工明确方面，第一，政府与企业要明确相互的资源和优势，明确各自的分工，最大限度地发挥各自的能力，同时要设想可能遇到的事业风险，事先明确相互的责任。第二，政府要对整个项目进行精准监测，保证公共服务质量，最好能设立第三方评价体系，为共创事业和企业创造好的环境。第三，企业要承担一定的社会责任，充分发挥知识和技术优势，在提供公共服务时，也要做到信息透明化。

（2）目的

横滨市主要从市民和使用者的利益、财务、企业与政府的成长、区域发展四个角度，明确了共创平台建立的目的。

在市民和使用者的利益方面，主要包括以下两个目的。一是提高对市民和使用者的价值。"共创"不是为了削减行政成本而进行单方面的社会转移，而是通过共创，在提供安全、安心，且具有便利性、舒适性、迅速性、廉价性的费用等的同时，以提高对市民的价值为目标。二是持续为市民和使用者提供优质的服务。提高公共服务水平是共创平台建立的根本，即使公共服务事业被委托给了企业，政府也要进行监督和管理，建立相应的公共服务机制，确保能持续性提供公共服务。

在财务方面，主要包括以下四个目的。第一，共创是要提高公共服务事业投资的性价比，而不是只考虑降低成本。第二，确保总成本的最小化。站在项目全生命周期的角度来计算成本，不能只关注前期投入，不考虑运营的费用，以及项目合同期满后，会对政府造成的财务负担。第三，降低风险成本。有些项目可能政府需要支付的费用很少，后期可能会产生风险造成总成本的增加，而利用多方的力量，可以在项目开始前认识到可能产生的风险，然后根据政府和社会各自的风险管理能力和负担能力，最优分配风险。第四，创造新的财政收入。共创平台能产生新的公共事业和新的公共事业建设方式，从而带来新的财政收入，同时也能提高地区的经济发展水平。

在企业与政府的成长方面，主要包括以下两个目的。第一，助力企业发展。企业能利用自己的技术、能力、资金创造新的项目，在提供公共服务的同时，也能带来新的收入。第二，提高和创新政府的能力。政府在与社会共创和对话的过程中，能接触有别于政府的新的思想，对提高政府职员改革和创新的意识有着积极的作用。由于人工智能、物联网等高端技术的快速发展，与掌握这些高科技的企业合作，可以帮助政府大幅提高公共服务的效率和水平。

在区域发展方面，主要包括以下两个目的。一是提高区域经济的活力。共创事业为城市创造了新的事业和新的就业机会，同时也提高了企业的经济效益。二是提高政府和社会灵活应对和解决社会问题的能力。

4. IPDS 运行结构及方式

为了推进共创工作，横滨市政府接受社会的建议，通过对话激发创新，建立共创事业的系统。另外，通过对话创造出的事业，可以吸引更多社会提案，形成良性循环。其运行结构主要包括四个阶段，分别是构思提案阶段（Idea）、方法计划阶段（Plan）、事业具体化阶段（Do）、评价·改善阶段（See）。

在构思提案阶段（Idea），主要是接受咨询、提案和开始交流。表现为发布市政府信息，提出市政府面临的问题、愿景和政策方向等，同时开放市政府窗口，积极接受社会对公共服务的咨询和建议，从比较宽泛的想法阶段开始社会和政府的对话，共同探索提案内容的可行性，判断是否应该进入方法计划阶段。

在方法计划阶段（Plan），主要是通过交流创造共创事业。在共创的框架下，社会和市政府在共享目标的基础上加深讨论。根据对话的结果，判断提案的采用与否、最佳公民合作方法的选择、其他经营者参加机会的确保等，并通过讨论明确相应的责任。

在事业具体化阶段（Do），主要是对选定的最佳方案的具体实施。在选定共创事业实施主体时，要进行包括第三者的评价在内的客观评价。另外，不仅需要考虑价格，还需要考虑提案的质量、地域性等，进行综合评价并选定。在签订合同、协定时，双方要制定明确职责分工和责任所在的合同内容。

在评价·改善阶段（See），主要是根据预先签订的合同、协定进行监测，并定期实施第三方评价等客观评价。另外，从政府与社会合作提供公共服务的观点出发，根据需要，设置政府和社会的信息交换和联络会等场所，在改进监测方法的同时，实现更好的公共服务。

具体流程如图 8-6 所示。

5. 共创的具体措施

（1）活用共创平台

2008 年 6 月 30 日，横滨市设立了共创推进室和共创论坛（见图 8-7），作为政府和社会对话，以及创造新的事业机会和解决社会课题的咨询和提案窗口。

面对社会提出的提案和建议，政府各区局在回应社会提案和建议的同时，也向对方提出行政问题。

市政府还会通过共创推进室将共创的成功事例向社会事业者介绍，同

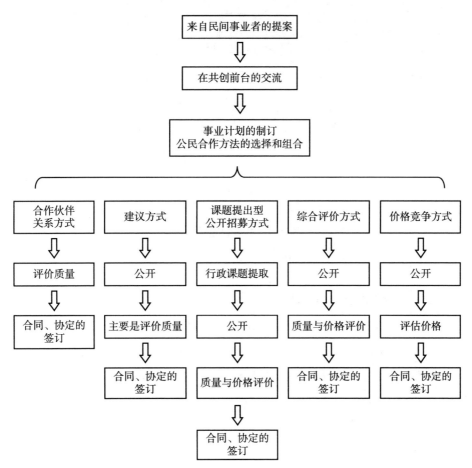

图 8-6　共创推进室收到提案的流程

资料来源：笔者自制。

时，将共创推进室的提案和共创论坛的讨论联动，使多个提案有机地联系起来，探索进一步提高价值的可能性。

（2）活用共创论坛

共创论坛是为了使公民合作更加顺畅，政府和社会能从不同的角度和价值观提出想法、讨论和解决社会问题的公民交流场所，由市内企业、市外企业、非营利组织、从事公民合作的学者、政府职员等构成，通常会设定具体的讨论主题，与个别项目的建设相联系。

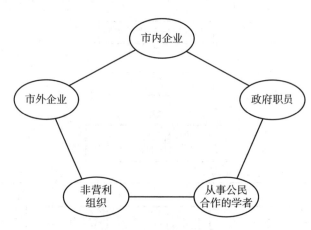

图8-7　共创论坛的构成

资料来源：笔者自制。

6. 公民合作的类型与方法

（1）通过社会活动支援等促进地区活性化

关于"社会活动的支援"和"合作关系的建立"，有各种各样的合作形式，虽然不是像其他公民合作方法那样确定的方法，但是在共创平台寄来的提案中，约半数是"社会活动的支援"和"合作关系的建立"。这逐渐成为公民合作的重要手段。

A. 社会活动支援

适用情况：通过政府的协调，能够有机地活用社会事业者之间的资源，且政府的技术、资金、场所、名义、网络能够使社会活动顺利进行的情况

期待的效果：政府问题的解决、政策目标的实现、地域活性化

注意事项：明确彼此的职责分担和风险

B. 合作关系的建立

适用情况：通过相互活用行政和社会的技术、资金、场所、网络，可以期待协同效果的情况（共同开发、事业合作等）

期待的效果：政府问题的解决、政策目标的实现、地域活性化

注意事项：把握彼此的优点，明确职责分担和风险

C. 特区·地域再生·其他规制缓和

适用情况：通过灵活运用规制缓和、其他支援措施等有助于地域活性化的情况

期待的效果：法律等方面的限制缓和、地域活性化

注意事项：需要放宽限制的具体条件、客观说明的必要性

法令等：结构改革特别区域法、地区再生法

（2）通过有效利用公有资产建设事业

A. 广告事业

适用情况：社会事业者有效利用政府资产进行广告宣传的情况

期待的效果：确保财源，减少经费

注意事项：户外广告物和良好城市景观

法令等：横滨市广告刊登纲要、横滨市广告刊登基准

B. 命名权

适用情况：预计有效利用设施命名权的情况

期待的效果：确保财源，提供附带服务

注意事项：市民对传统名称的感情，市场的未确立

法律等：关于引入命名权的指南、横滨市广告刊登纲要、横滨市广告刊登标准

C. 公有资产的有效利用

适用情况：有可利用的土地、设施等（公有资产）情况

期待的效果：确保财源、有效的设施整备、提高服务质量、地域活性化

注意事项：居民达成协议，与城市建设的一致性

（3）社会提供公共服务

A. PFI

适用情况：进行公共设施等的（再）整合、运营的情况

期待的效果：提高质量、效率，在设施的整个生命周期内降低总成本

注意事项：确保适当的事业规模、适当的风险分担和监控

法令等：关于通过活用社会资金等促进公共设施等的整合的法律（PFI）、

横滨市 PFI 等基本方针和指导方针

B. 指定管理员

适用情况：进行公共设施的管理运营的情况

期待的效果：提高质量（反映使用者需求、提供新服务）、效率，促进信息公开，促进地区就业

注意事项：指定期间、设施运营愿景的提示、经营者激励的导入、适当的风险分担和监控

法令等：地方自治法、各设施设置条例、指定管理者制度运用指南（正在制定中）

C. 全面的社会委托

适用情况：社会有创意的余地，可以有效提高对象业务的质量的情况

期待的效果：提高质量、效率

注意事项：合同期限、适当的风险分担和监控

7. 共创的激励

在共创事业中，为了持续地提供更好的公共服务，在参与共创提案讨论阶段和公共事业项目实施阶段都有激励措施，具体如下。

（1）参与共创提案讨论阶段的激励

对共创推进室的设立和共创环境改善有贡献者给予奖励。

对通过平等对话，提出了被采纳提案，确保公共事业项目有实施可能性者给予奖励。

对提高提案质量者给予奖励。

（2）公共事业项目实施阶段的激励

在项目实施阶段，横滨市会基于项目业绩的监控和评价结果，给予相关激励。

A. 根据项目实绩支付委托费等（增额、减额）

以横滨市地区护理广场的地区活动交流项目为例，2008 年，横滨市为了进一步促进地区的福利保健活动，以所有设施（护理广场）为对象实施

激励措施。对评价高的设施，采取一个设施增加 30 万日元预算的措施。在评价时主要以与地区相关团体的网络构建、自主事业的开展情况和地区福利（保健）计划的推进状况等为评价基准。

B. 阶段性的纠正措施（如果实施的项目不满足要求，横滨市会在过程中给予警告，并且也将终止合同纳入视野）

C. 承认事业者通过自主事业获得的额外收入

D. 放宽自主事业实施条件和提案（例如在设施内设置自动贩卖机，对公开招募时没有设想的新事业、与业务相关提案等情况进行灵活应对）

E. 业绩的适当评价和公布（在评价结果的主页上公布、对优秀事业者进行表彰等）

三　新加坡城市服务案例

（一）政策背景

1. 新加坡数字经济发展战略

（1）智慧国家发展历程

如图 8-8 所示，新加坡从 20 世纪 80 年代就开始布局国家信息技术基础设施建设，历经六个阶段的演变，虽然每个阶段的建设目标不同，但总体计划是将新加坡打造成全球首个智慧国家，让所有行业领域和全体公民享受到信息技术带来的红利。

A. 国家计算机计划（National Computerisation Plan）（1980~1985 年）

新加坡从 20 世纪 80 年代初期就开始对电子政务的探索，尝试运用信息技术提高政府的公共管理和公共服务能力，并为此制订了国家计算机计划，实行"从微小处开始，快速扩大应用范围"（Start Small, Scale Fast）的方针政策，以将公务员系统（Civil Service）计算机化为使命。政府为各级公务员配备计算机并进行相关信息技术应用的培训，先后发展了 250 多套计算机管理系统，实行自动化办公，推进了新加坡信息和通信技术的发展，并为

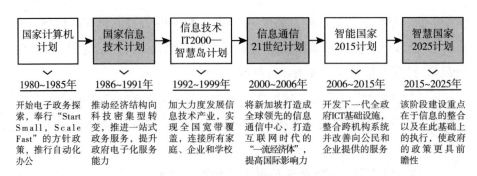

图 8-8　新加坡智慧国家发展进程

资料来源：笔者自制。

新加坡后续的智慧国家计划奠定了坚实基础。

B. 国家信息技术计划（National IT Plan）（1986~1991 年）

新加坡在 20 世纪 80 年代后期实行国家信息技术计划，推动信息技术在各领域的广泛应用，使其经济结构由劳动密集型向科技密集型转变，建成了一个连接 23 个主要部门的整体性计算机网络，实现了这些政府部门之间的互联、互通与共享，向实现一站式政务服务的目标迈出重要一步。同时，电子数据交换网络从政府扩展到私营部门，有效促进了政府电子化服务能力的提升。

C. 信息技术 IT 2000——智慧岛计划（Intelligent Island Plan）（1992~1999 年）

20 世纪 90 年代，新加坡一站式政务服务模式得到了较好的推广与应用，已处于世界领先地位。政府制订并积极推进智慧岛计划，致力于将信息技术产业打造成推动国家经济持续增长、促进国际交流的重要产业。新加坡是世界上较早实施全国宽带网络的几个国家之一，于 1997 年建成使用的 Singapore One 是覆盖全国的高速宽带多媒体网络，可提供高速互联网接入，并能连接所有家庭、企业和学校，使民众可以享受高速的信息网络服务。

D. 信息通信 21 世纪计划（Info-comm 21 Plan）（2000~2006 年）

随着全国宽带网络 Singapore One 的运营使用，新加坡成为数字技术全球领先的国家之一。在 21 世纪初，新加坡先后推出信息通信 21 世纪计划、连接新加坡计划，旨在将新加坡发展成为世界领先的信息通信中心，以提供电信服务、电子商务交易以及数字商品和服务的分销，打造互联网时代的"一流经济体"。此外，新加坡致力于连接政府、企业和民众，对电子政务的开发、推广与使用加大投入研发力度。在这一系列过程中，新加坡政府的国际影响力得到进一步提升。

E. 智能国家 2015 计划（Intelligent Nation 2015 Plan）（2006~2015 年）

智能国家 2015 计划是新加坡资讯通信媒体发展局（IMDA）推出的为期 10 年的信息通信产业发展蓝图，也是实现新加坡智能城市的未来愿景。政府投资了约 40 亿新元，希望通过开发下一代全政府 ICT（信息通信技术）基础设施，整合跨机构系统并改善向公民和企业提供的服务，使 ICT 与日常生活及经济发展更紧密地结合起来，提高相关产业的竞争力。在此期间，政府推出 Data. gov. sg 网站，为企业和研究机构提供对外公开可用的政府数据的访问。

为保证这一计划顺利完成，政府采取了四项重要措施：一是努力发展具有国际竞争力的信息通信产业；二是积极建设最新的信息通信基础设施；三是开发具有竞争力的信息通信人力资源；四是实现政府、社会、关键经济领域的转型。该计划最终将实现把新加坡建设成为以信息为驱动的全球化都市和智能化国度的目标。

F. 智慧国家 2025 计划（Smart Nation 2025 Plan）（2015~2025 年）

智慧国家 2025 计划是对智能国家 2015 计划的完善与升级，是全球第一个智慧国家蓝图。智慧国家建设重点在于信息的整合以及在此基础上的执行，使政府的政策更具前瞻性，除了通过技术来收集信息，更关键的是利用这些信息来更好地服务人民。

新加坡计划建设覆盖整个国家的数据连接、收集和分析的操作系统与基础设施，根据这些数据预测、分析、计算公民的相关需求，提供更优质、更及时、更完备的公共服务。政府重视信息技术的广泛应用，也注重数据互联、互通、共享的方式，充分发挥人的主观能动性，实现更为科学合理的决策，从而建立一个无缝流畅、以民众为中心的整体型政府。

（2）智慧国家 2025 计划

智慧国家 2025 计划将建设高水平数字政府作为基础和先导，以富有前瞻性的总体规划、科学周密的顶层设计和多利益方共同参与的组织模式，在智慧城市建设过程中贯彻 3C 理念，即连接（Connect）、收集（Collect）和理解（Comprehend）。

具体来说，连接指的是部署一个安全、高速、可扩展的数字基础设施平台，确保所有的人和物在新加坡的任何地点与任何时间点都能够互联互通；收集则是指通过遍布全国的传感器网络获取海量实时数据，并对重要数据进行匿名化保护和管理；理解是指通过收集来的数据建立面向公众的有效共享机制，并通过大数据分析，精准感知和预测民众需求变化，以提供更好的公共服务。

计划中明确政府的身份是服务提供方，也是平台提供者，并设立专门的政府公开数据一站式门户网站，开放涉及新加坡经济、教育、环境、金融、健康、基础设施、社会、技术和运输等九个方面共 100 余个政府机构的数据集，供研究机构、企业和个人访问。此外，政府积极搭建一站式政务服务平台，提高民众使用政府服务的效率，打造成熟的 G2C 电子政务模式。

在服务策略上，新加坡也主动变革了过去"政府包办一切"的思路，强调政府与民众、科研机构、私营部门的合作，用开放、创新的理念吸纳多方力量，在建立统一标准和平台等方面共同发力，携手提供更多维、更完善的公共服务。

智慧国家三大支柱分别为数字经济、数字政府和数字社会，为实现目标，政府为经济、政府和社会的转型分别制定了数字经济行动框架（The Digital Economy Framework for Action）、数字政府蓝图（Digital Government Blueprint）和数字化准备蓝图（The Digital Readiness Blueprint）。数字政府将会为形成数字经济和数字社会储备适宜的环境和驱动力，数字经济将会与数字政府紧密合作以支撑政府服务的数字化并建设未来转型所需的产业能力。

数字经济重视数字成果转化，使政府、企业、组织和个人能够共享数字经济的成效，使新加坡在第四次工业革命中成为世界领先的数字经济体。整个过程分为加速、竞争和转型三个阶段。加速阶段通过中小企业数字化计划加快现有经济部门的数字化改革，以提高生产力、提高效率和增加收入机会。竞争阶段充分利用数字平台，培育新数字技术赋能经济生态系统，提高经济竞争力。转型阶段在数据科学和人工智能、网络安全、沉浸式媒体以及物联网和未来通信基础设施四个重点领域发展下一代数字产业，使之成为经济增长的引擎，并成为所有行业数字化的驱动力（见图8-9）。

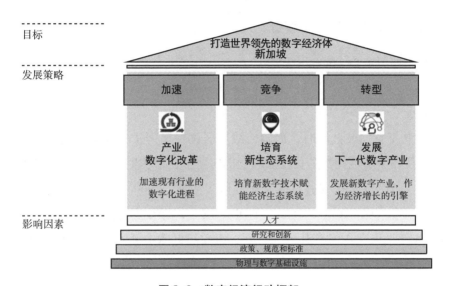

图8-9 数字经济行动框架

资料来源：笔者自制。

数字政府蓝图关注三个方面，即政府电子化、服务于市民与产业和公共服务。其六项主要内容分别为：围绕市民和产业的需求整合服务，加强整合政策、措施和技术，建设普适的数字和数据平台，运营可靠、稳定、安全的系统，集合数字能力以追求创新，与市民和产业共同创新加速技术的应用。

数字社会建设使公共服务更加便于获得，能够提高居民数字信息化能力和鼓励民众参与数字社区和平台，以确保个人受益于智慧国家。建设重点关注扩展数字获取途径、将数字化素养融入国家观念、使社区和企业能够驱动广泛的技术应用和通过设计推动数字化的包容性。

为实现智慧国家 2025 计划，新加坡成立智慧国家和数字政府办公室（SNDGO），负责统筹规划项目时间安排，建设数字经济、数字政府和数字社会三大基础支柱，从国家战略项目、交通、电子政务、城市生活、健康和商业六个领域推进数字化创新应用，同时推动政府配套政策机制改革，集合公众和企业的力量共同建设智慧国家。

（二）智慧宜居城市建设

1."邻里中心"的社区模式

（1）"居者有其屋"计划（Home Ownership for the People Scheme）——组屋制度

1959 年新加坡自治时，面临二战后居民住房严重短缺的问题。大部分人口居住在中心区拥挤的贫民窟和危旧房屋中，存在生活环境拥挤、卫生条件恶劣、基础设施和交通设施匮乏等诸多问题。1960 年，新加坡建屋发展局（Housing Development Board，HDB）成立，旨在安置和疏散人口。HDB于 1964 年提出"居者有其屋"计划，由政府保障中低收入群体的住房。政府为满足新加坡公民的基本生活需求，开始大量建造组屋，扩大廉价住房的规模。到 20 世纪 70 年代，建屋发展局开始把组屋目标转向中等收入群体，制定新镇发展规划，推出多房式的套房。此后，建屋发展局在建造组屋时更加注重环境的美化和配套设施，推出了一系列高级公寓组屋，并停止一房式（客厅、饭厅和卧室为一体的组屋）和两房式（一室一厅）组屋的建设，开始发展二手组屋市场。

截至 2018 年，新加坡住房拥有率高达 91%，83% 的人口居住在政府提供的组屋中。在"居者有其屋"的理念指导下，新加坡实现了公共住房的可持续性，在经济发展的过程中，通过不断完善居民居住环境、促进文化融合、保持社区活力、改善城市风貌，满足了居民日益增长的物质生活需求。

（2）社区服务设施体系发展历程

新加坡的组屋制度解决了居民的住房问题，与之相对应，其社区服务设施体系也在不断发展改进。总的来说，新加坡的社区服务设施体系的发展历程可以分为五个阶段（见图8-10）。

图8-10　社区服务设施体系发展历程

资料来源：笔者自制。

第一，初始阶段。以1970年前后建成的女皇镇为例，这是新加坡首个高层高密度的组屋区。但由于缺少成熟的前期规划，女皇镇只在组屋区提供了满足居民日常生活需要的商店和市场，没有考虑到教育、体育以及娱乐设施等方面的需求。

第二，过渡阶段。这一时期的城镇规划图上已经有了新镇中心—邻里中心（Town Centre-Neighborhood Centre）的分级规划意识。典型的例子是新镇大巴窑，与女皇镇相比，大巴窑在社区服务设施规划中增设了商业、教育、体育及休闲娱乐等设施用地，但还未形成规划标准，并且存在较突出的分布不均、设施不足问题。

第三，雏形阶段。在这一阶段，新镇建设中对商业、教育、体育和休闲娱乐等设施的规划标准已经初步形成，且新镇中心—邻里中心的规划已经具

335

备雏形。新镇中心设置在新镇中央，服务周边 800~1000 米半径范围内的组屋居民。邻里中心平均分布于新镇周边，每个邻里中心服务 4000~6000 户周边居民。邻里中心以商业功能为主，设置若干店铺和餐厅，又配备有一定数量的学校和公园，让居民可在步行范围内满足日常需求，享受便利生活。

第四，成熟阶段。这一阶段的新镇规划建设开始注重社区共同体意识建设，由于在过往的两级规划中，最小单元邻里的面积和人口数量较大，不利于社区居民之间建立联系，HDB 在新的规划体系中创造出了"组团"这一概念，以及新镇中心—邻里中心—组团中心的三级规划模式。组团的占地面积为 250~350 平方米，组团中心服务 700~1000 户周边居民。以淡滨尼新镇为例，它建有 1 个新镇中心、6 个邻里中心及多个组团中心。新镇中心与轨道交通、地面公共交通站点紧密相连，建有大型购物中心和集多项社会服务功能于一体的综合体淡滨尼天地；邻里中心均匀分布商业、教育和学校；组团中心一般由几栋住宅楼围合而成，配备有儿童游乐设施、咖啡店、杂货店和养老服务设施等。

第五，探索阶段。这一阶段尝试打破成熟的三级结构，以小区代替邻里和组团，以地铁站和轻轨站为枢纽整合商业与服务设施，改为新镇中心—小区（Estates）中心两级配置体系。

（3）新型邻里中心

邻里中心是新镇不可或缺的一部分，为居民提供方便的食品和餐饮、医疗保健和购物选择，满足其日常需求。自 1967 年在大巴窑建成第一个邻里中心后，HDB 又建造并升级了多个邻里中心，以满足组屋居民的生活需要。2019 年，HDB 在榜鹅的绿洲之阶（Oasis Terraces）建立第一个新型邻里中心，并计划在之后的 3 年中，建设 5 个新型邻里中心。

每个新型邻里中心都有各自的特点，在规划筹建时会参考当地居民的意见，选址靠近交通枢纽。以首先建成的绿洲之阶邻里中心为例，在早期规划阶段，HDB 组织当地的 30 名居民，展开了 4 次焦点小组讨论（focus group discussions）。居民反馈，希望新型邻里中心有营业时间更长的商场、适合家庭用餐的餐厅和娱乐设施等。建成的绿洲之阶邻里中心满足了以上需求。

2. 智慧城镇（smart towns）建设

智慧城镇属于智慧城市生活建设，是新加坡智慧国家建设的六个关键领域之一。智慧城镇这一概念的推出，旨在为居民创造更宜居、高效、可持续和安全的居住环境，并计划在组屋市镇的规划、开发和管理中使用先进的科学技术。

HDB 于 2014 年 9 月发布智慧城镇框架，以宜居性、高效性、可持续性、安全性、包容性、赋权、弹性为目标，依托基础设施，在智慧规划、智慧环境、智慧地产、智慧居住和智慧社区五个关键层面引入智慧应用和服务，建设智慧城镇（见图 8-11）。

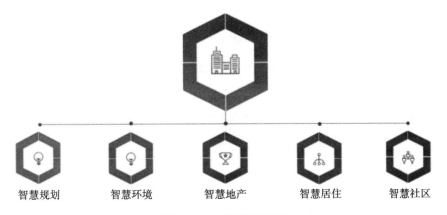

图 8-11　智慧城镇框架

资料来源：笔者自制。

HDB 发布了智慧城市人居总体规划（Smart Urban Habitat Master Plan，SUHMP），以促进组屋城镇的发展，使公共环境更加宜居、安全和可持续。2016 年，新加坡电信集团的全资子公司 NCS 赢得招标，被委托为未来智慧城镇建设的主要供应商。NCS 计划开发一个智能中心平台，为 HDB 提供先进的分析和数据，以便更好地进行组屋管理。此外，作为牵头供应商，NCS 将与 AECOM 新加坡、ARUP 新加坡和三星 SDS 亚太区合作，确定并实施一系列智能措施，为全国多元化人口提供高质量、安全和负担得起的社区方案，丰富居民的生活、工作、娱乐和互动方式。

（三）城市服务一体化

总的来说，新加坡在智慧城市建设规划中应用了物联网、大数据、人脸识别等多项先进的智能技术，奉行以人为本的建设理念，将智能技术应用到惠及民众的各个领域，用科技传递人文关怀。

新加坡智慧国家建设的重点包括智慧交通、智慧医疗、智慧养老等与民生密切相关的领域，致力于用智能技术解决民生难题，如通过安置老年人监测系统为独居老人提供安全保障，通过 LifeSG App 为居民提供就业、上学、医疗等方面的信息和服务，将人文关怀落实到居民生活的方方面面，用以人为本、服务民生的目标驱动智能技术快速发展应用。

新加坡的城市服务一体化主要体现为技术一体化、空间一体化、社区一体化和要素一体化。接下来将首先介绍新加坡的智慧国家传感器平台、OneService App 一站式政务服务平台和 LifeSG 全方位新加坡生活助手。然后将以榜鹅智慧城镇为例，介绍新加坡的空间一体化发展。最后，将介绍新加坡的社区维修与翻新机制以及智慧社区的发展。

1. 技术一体化

（1）智慧国家传感器平台（Smart Nation Sensor Platform）

新加坡政府技术机构（GovTech）正在建设一个综合性的智慧国家传感器平台，它使用传感器收集可以分析的基本数据，并结合分析结果创建智能解决方案，充分利用信息技术改善民众生活体验。这样的智能传感器已经遍布新加坡的各个角落，功能也十分多样，如跟踪屋内漏水情况、公共泳池溺水警报的检测系统，老年人个人警报按钮，收集有关空气质量、降雨量和人流量的智能灯柱。

以 2018 年开始建设的智慧路灯（Lamppost-as-a-Platform）计划为例，其将境内近十万根传统灯柱改造为复合型平台，通过配备传感器、人脸识别摄像头，收集温度、湿度和人流量等信息，利用现有的基础设施打造成覆盖全国的传感器网络平台，并融合其他途径影像数据，成为全国的综合信息平台，进而推动城市规划和交通规划革新。

（2）OneService App 一站式政务服务平台

新加坡政府致力于打造一站式政务服务平台，用科技便利居民生活，同时，可以让市民直接就市政问题进行反馈，反馈信息通过后台处理分类后，会直接发送给相应部门及时处理，使居民参与公共服务建设的便利性和效率都大大提高。

OneServie App 专门设置了智能聊天机器人，通过程序设定引导居民在反馈问题时提供详细信息，利用实时对话的形式确保反馈得到了准确记录。此外，除了可以对市政服务等提出建议，该 App 在居民日常生活中也发挥着重要作用，如可以登录预定邻里中心的公共设施，驾车族也可以查看电子停车场的数据等。新的功能也在根据居民需求不断开发，疫情防控期间，公众可以在 App 上对违反防疫规定的行为进行举报，也会有部门负责处理，促使人人自觉遵守疫情防控规定。

为优化用户使用体验，更好地便利居民生活，新加坡社区事务署（Municipal Services Office）正在联合科技部门，开发新的服务系统，提供更多样化的政务服务，建成一站式电子政务服务平台。

（3）LifeSG 全方位新加坡生活助手

这是一款于 2018 年推出的应用程序，最初是为了给有幼儿的家庭和老年人提供生活支持。其在 2020 年添加了更多新服务和功能，更名为 SG 生活助手（LifeSG），LifeSG 提供各种信息服务，可以说贯穿了新加坡人的整个人生旅程，从推出至今累积下载量超过 30 万次。

LifeSG 为居民提供超过 70 多项服务，可以通过导航搜索和推送了解政府服务、公民福利等最新信息。使用者还可以创建个人仪表板，并根据感兴趣的主题分组，如家庭育儿、医疗保健、住房财产等，进而收到相应领域的最新推送。此外，LifeSG 通过加密信息传输等手段为个人隐私信息提供全面的数据保障和保护。

2. 空间一体化——榜鹅智慧城镇

榜鹅是新加坡第一个智慧生态新镇，位于新加坡东北部，截至 2019 年底，榜鹅常住人口约 18.8 万人，占地面积为 9.57 平方千米。榜鹅前身是甘榜乡村，以养猪、种植、橡胶为主要产业。

1996年，"榜鹅21"计划公布，提出要以全新的设计概念来规划和设计新的组屋区，满足对组屋要求更高的新一代新加坡人的需求，并将榜鹅打造成为21世纪新镇典范。但受1997年亚洲经济危机以及2003年新加坡建筑业财务困境的影响，"榜鹅21"的规划并未完全实现。直到2007年，新的愿景"榜鹅21+"计划提出，其以打造集工作、生活、休闲、学习于一体的21世纪智慧生态新镇为目标。

榜鹅数码园区（Punggol Digital District，PDD）由裕廊集团（JTC）主导开发，政府、企业和学校共同策划，旨在创建新加坡第一个真正的智慧园区。榜鹅数码园区的四个建设目标为：榜鹅所有居民的社区游乐场和绿色心脏、让每个人可以轻松步行的少车区、充满活力的经济和学习中心、试点企业区。项目从2018年开始筹建，预计于2024年正式完工并对外开放。

榜鹅数码园区使用多项智能技术提升居民日常生活的体验，如专为环保通勤开发的道路，全电动自动驾驶巴士，丰富的餐饮和购物选择，以及各类休闲场所。

作为新加坡第一个试点企业区（Enterprise District），榜鹅数码园区旨在通过共享彼此的工作空间和设施，让工业界和学术界相互融合。用物理集成促进思想的融合，并促进关键新兴技术的合作，推动企业和大学之间的合作，加快技术的商业化应用。

裕廊集团和新加坡科技工程有限公司（ST Engineering）共同开发、设计了榜鹅数码园区的开放数字平台，旨在通过该平台全面整合榜鹅数码园区的基础设施，提供各种智慧城市解决方案，包括楼宇和物业管理系统、区域供冷系统、气动废物输送系统、自动货物交付系统、访问和安全系统、停车场系统、交通信号灯系统和自动驾驶汽车系统等。

例如，集中式物流中心是一个一站式的站点，所有货物都可以在此上下车，从而提高生产力并减少交通流量。再如气动废物输送系统，其配备全区地下真空管道网络，将减少对垃圾收集车的需求，并减少垃圾槽中的异味。而智能能源电网不仅使消费者能够在日常使用中采用清洁能源（例如为电动汽车充电），而且还有助于提高能源利用效率和节约能源（例如通过智能计量）。

开放数字平台还将与由 GovTech 开发的智慧国家传感器平台交互操作，以便与公共机构更广泛地共享传感器数据，以改进公共服务的规划和交付。物业经理可以通过分析来自整个地区的传感器和物联网的数据来主动优化和控制资源。

开放数字平台还旨在通过该地区的智能技术运用提升整体用户体验。例如，租户将享受对设施的生物识别访问，而他们的访客则可以通过手机访问场所。此外，有望通过智能技术优化建筑系统来节省成本，租户的租金也会随之降低。

为鼓励学者、研究人员、初创企业和中小型企业开发解决方案，开放数字平台上的数据提供实时访问入口，以供他们为榜鹅数码园区开发数字解决方案。且榜鹅数码园区的数字孪生（Digital Twin）是由实际数据创建的虚拟版学区，为开发者提供了一个和现实相同但无风险的环境，可供开发者在部署解决方案之前对其进行安全测试。

3. 社区一体化

（1）社区维修与翻新机制

随着时间的推移，过去建成的组屋出现了面积较小、配套设施不齐全和停车困难等问题。为此，从 20 世纪 90 年代开始，HDB 开始制定"组屋翻新计划"，对旧组屋进行清除、修复和粉刷，并更新配套设施。

自 1990 年开始，为满足居民不同需求，HDB 相继推出了主要翻新计划（1989 年）、中期翻新计划（1993 年）、选择性整体重建计划（1995 年）、电梯翻新计划（2001 年）、特别翻新计划（2002 年）、邻区更新计划（2007 年）和家居改善计划（2007 年）。

新加坡组屋维修翻新包括日常维修和有计划地翻新两种类型，其组织形式为"政府主导、公众参与、企业承包"。组屋公共部分的日常维修由 HDB 组织专业的物业公司承包管理，室内部分的日常维修则由屋主自由选择有专业资质的承包商。组屋翻新由 HDB 统筹安排，并听取居民的意见。只有超过 75% 的家庭投票通过，组屋的翻新工作才能开展。在组屋翻新过程中，居民会成立邻里工作委员会，来监督翻新工程并收集和反馈居民意见。

日常维修的资金主要由屋主承担，有计划地翻新的资金则部分由屋主承担，部分由 HDB 补贴。HDB 承担的这部分费用主要来源于 HDB 在售卖或出租组屋时所获得的收益，即物业管理资金，以及政府每年向其提供的低息贷款和资金补贴。

新加坡 HDB 统筹组屋的运作和维修，对物业公司来说有利可图，在整个过程中居民的意见也得到了充分尊重。因此，组屋的维修和翻新工作得到市场和居民的广泛支持。

（2）智慧社区支持技术

A. 独居老人智能监护系统

新加坡独居老人智能监护系统自 2015 年开始研发，2017 年在志愿者家中投入使用，后续其使用规模逐渐扩大。

该系统通过在家中安放多个运动传感器收集老人信息数据，并还原成用户的各项指标和日常习惯，在需要时或检测到不规则行为模式时（例如一段时间内未检测到运动），向家属或其他护理人员发出警报。独居老人智能监护系统是利用物联网、大数据等信息技术服务独居老人、做好智慧养老工作的一个重要尝试。

B. 自动抄表（Automated Meter Reading）实现资源智能管理

新加坡能源市场管理局（Energy Market Authority，EMA）在 2018 年推出了智能电表安装项目，由新加坡最大的移动网络运营商 Singtel 和智能电表解决方案提供商 EDMI 合作为新加坡研发智能电表计量基础设施，减少资源浪费。

在家用水表领域，新加坡推出自动抄表试验，该试验是新加坡整个供水系统数字化的 SMART PUB 路线图的一部分。该路线图使 PUB 能够通过更智能的水质管理、网络改进、综合客户参与和更智能的工作流程来改善其运营。

新加坡公用事业局（Public Utilities Board）从 2021 年初开始，为组屋和工商单位安装智能水表，预计在 2023 年底之前，完成首批 30 万台智能水表的安装工作。安装自动抄表的家庭可通过应用程序访问家庭用水数据，进行相应的节水调整。且读取的用水量数据也会在当天传送回公用事业局的总控制中心，由专业人员监测并分析用水数据，及时发现供水网络问题和用户单位的漏水情况，并通过程序反馈给相应用户家庭。

通过在全国范围内部署智能水表系统，新加坡不仅实现了智能化水资源管理，减少了资源浪费，而且搭建了用户家庭、用水工商单位和管理部门之间的沟通桥梁，提升了工作效率。

4. 要素一体化

（1）智慧交通

A. SimplyGo 提升公共交通支付体验

为简化居民乘坐公共交通工具的操作流程，新加坡陆路交通管理局（Land Transport Authority，LTA）联合 Master、Visa 等公司，于 2019 年推出 SimplyGo（新便利）付费服务，这是一种基于账户的票务（Account Based Ticketing，ABT）系统。该系统的应用使人们无须额外携带或购买车资卡，也无须为卡充值。

人们在乘坐公共交通工具时，只需携带具备非接触支付功能的信用卡、借记卡或预付卡，或者载入了相应卡片的电子钱包及可穿戴设备，无须注册，即可享受"一拍即走"式的无缝支付体验。通勤者只需扫描手机或智能手表在地铁及公共巴士上支付交通费用，费用就会自动从关联的移动钱包或银行卡中扣除。不仅是新加坡居民，携带上述卡片的外国旅行者也可以使用这项服务，享受更便捷、顺畅的交通体验。

此外，居民可以下载相应的 TL SimplyGo 应用程序并注册账户，将新账户和使用的银行卡连接起来，即可实时查询自己的行程记录和车费记录。

B. 按需班车（On-Demand Shuttle）优化交通资源配置

新加坡陆路交通管理局正在积极开发一个需求驱动的智能交通系统，根据乘客需求定制公交巴士路线和数量，以减少交通资源浪费，并为通勤者提供更多选择，解决通勤路上的第一公里和最后一公里难题。

该智能交通方案已经进行了两轮试点。2018 年 6 月，该方案在圣淘沙丹戎海滩周边 1 千米的道路上对自动驾驶班车进行道路测试。2019 年，测试范围扩展到覆盖 5 千米的路线。该试验允许乘客在需要乘坐公共交通工具时使用智能手机预订这些按需班车。从该试验中收集的数据用于测试如何利用技术来加强城镇内的连通性并改善老年人和残疾通勤者的公共交通体验。

2018 年 12 月，LTA 开始进行为期 6 个月的按需公交服务试验，探索使用动态路由和匹配算法优化公交服务。在试验期间，通勤者可以使用移动应用程序在指定区域内的任何巴士站要求上车和下车。这使乘客在客流量较低的时段仍能便捷使用巴士，不需要长时间等待。本次试验旨在研究基于实时通勤需求的动态路线公交服务的可行性。同时，LTA 希望通过试验能够评估资源需求和通勤者对该概念的接受程度。该试验在 Joo Koon、Marina-Downtown 和 CBD 到 Bedok/Tampines 的非高峰时段（包括夜间）进行。

截至试验结束，按需班车服务已预订并乘坐了超过 26000 人次。根据 LTA 在试验结束后进行的通勤者调查，了解该试验的通勤者约有一半已经体验过按需班车服务，其他不想尝试的通勤者则认为常规巴士有更大的确定性，不想通过移动应用程序预定班车。

此外，由于在试验期间出现的软件开发成本高、运行效益低等问题，按需班车服务还没能大规模推广，仍需要更多深入研究提高未来运行效益。

C. 智慧交通减少交通拥堵

新加坡作为一个人口密度高的国家，小汽车拥有率高达每千人 101 辆，但是其道路网络在大部分时间内都保持了畅通，这在很大程度上要归功于新加坡的交通规划和管制措施。新加坡的交通措施主要分为三方面：第一，通过提高站点覆盖率等措施大力发展公共交通系统；第二，通过征税、拥车证（COE）等制度控制私家车数量和使用频率；第三，通过新加坡交通观察网站（SG Traffic Watch）改善实时交通路况。

新加坡政府对购车者征收很高的车船税和排量税，以抑制购车数量。且政府规定有拥车证才能购买新车，因此，政府通过调控发放的拥车证数目来调控车辆数量。此外，新加坡交通拥塞道路有附加税，繁忙时进入中央商业区的车辆会被征收附加税，由电子收费系统自动收取。新加坡政府通过这些途径尽可能限制居民购车数量和车辆使用频次的增长。

居民也可以访问 SG Traffic Watch 获取实时数据，以合理安排出行，减少道路拥堵。

（2）固废处理体系

新加坡在垃圾处理上有四大主要垃圾处理运营商负责垃圾前端运输和中端回收利用与进一步垃圾分类，末端垃圾焚烧和填埋主要还是由政府负责。除四大运营商外，还有许多一般垃圾处理企业对新加坡垃圾进行处理。

A. 垃圾处理体系

新加坡的垃圾处理体系以环保部为核心、法律为框架、企业及居民为基础。1999 年，新加坡公共废物收集全面实现私有化，其利用市场力量激励垃圾回收产业的发展。

新加坡的垃圾收运系统以环境部门下属的国有企业为主，以持有政府部门颁发执照的私营企业为辅。其可分为公共固体废物收集系统（PWCs）及一般固体废物收集系统（GWCs）两大体系（见图 8-12），分别针对一般居民和工商业者，主要作用于垃圾处理的前端和中端，负责固废收运。

新加坡于 1996 年开放企业进入垃圾收集清运领域，新加坡国家环境局（National Environment Agency，NEA）通过公开招标方式委托公共废物收运商（PWCs），按照地理区域划分服务范围。拟竞标的公司需首先通过资格预审，中标后获得许可证，服务期限为 7~8 年，在此期间为各个部门提供固体废物和可回收物品收集服务。拥有 PWCs 后，居民不必进行严格的垃圾分类工作，只需要将普通生活垃圾、大件垃圾（家具、电器等）、绿化垃圾以及宠物尸体分类包装，并进行相应处理。

除了四家 PWCs，NEA 还批准了一批一般废物收运商（GWCs）。NEA 设定标准，按照 A、B、C 三类，评定 GWCs，授权其分别特定回收无机固废、有机固废、废污水（含化粪池、污泥、油脂），而危险废物、有毒废物必须由另外指定的专业回收商进行回收处理。GWCs 主要服务于商业和工业场所。相比于 PWCs，GWCs 的市场开放性更高，收运商没有数量及地域限制，也允许企业投资建设特殊垃圾处理设施，如废弃油脂处理站等。

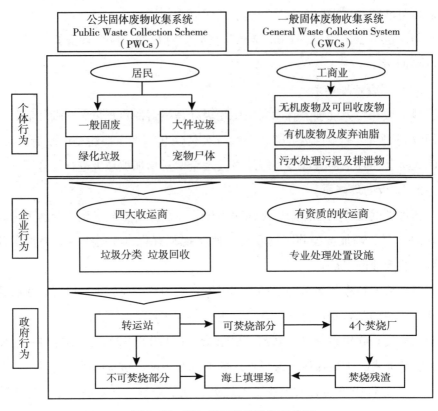

图 8-12　新加坡固体废物管理体系

资料来源：笔者自制。

前端居民的投放行为（个体行为）与环境收运系统（企业行为）及末端政府的焚烧或填埋（政府行为）处理相结合，构成了新加坡完整的垃圾处理体系。

新加坡垃圾处理体系的前端为个体行为，街区居民和普通工商业者对自己产生的垃圾进行整理、投放、申报并交纳垃圾清运费用，避免非法倾倒垃圾等行为。按照收运方式的区别，可分为生活垃圾和工商业垃圾，其中生活垃圾又分为普通生活垃圾和特殊生活垃圾。

对于普通生活垃圾，居民需要自行投放至分类垃圾桶或通过垃圾管道投放至垃圾厢房；对于特殊生活垃圾及工商业垃圾，居民和工商户需联系

GWCs 上门收取。

新加坡居民的普通生活垃圾由居民自行投放，可通过分类垃圾桶和组屋垃圾管道两种途径投放。

PWCs 按服务区域设置分类垃圾桶，分为可回收垃圾桶和不可回收垃圾桶两类。在可回收垃圾产量较大区域（如学校、居民区），可回收垃圾桶细分为纸制品回收桶、塑料回收桶及玻璃回收桶。此外，新加坡在一些特殊区域设有针对电子垃圾的回收桶，并针对电子垃圾体积通常较大的特点设计了较大的投放口。

新加坡针对不同场所的垃圾投放需求，设置了不同数量、样式的垃圾桶，具有较好的弹性。居民需将产生的普通生活垃圾按照分类标准投入对应垃圾桶，垃圾桶附近设有监控，如居民未能按照分类标准进行投放，一经发现将面临严厉的处罚。

特殊生活垃圾包括新加坡政府规定的大件家具、建筑和装修垃圾、宠物尸体等，需要通过 PWCs 进行清运。特殊生活垃圾会有特殊的服务条款，如有清运需求需提前申请，在约定的时间和地点投放。若将特殊生活垃圾混入普通生活垃圾进行处理，将面临严厉的处罚。

PWCs 提供的特殊生活垃圾清运服务只为居民提供，服务范围不包括工商业。新加坡的工商业垃圾由 GWCs 处理，GWCs 是新加坡 NEA 批准的一批持有执照的废物收运商，专门负责工商业垃圾的收运及处理。

NEA 及各 GWCs 在其网站上列出各类废物收集清运的具体操作过程，以便工商业者选择服务。工商业垃圾经过分类收集后运至专门的处理场所回收或处理，工商业者与 NEA 签订协议后也可将垃圾送至国有焚烧厂或转运站处理。

新加坡垃圾处理体系的中端（见图 8-13）为企业行为，各垃圾收运商采用有效的手段收集居民及工商业者的各类垃圾，完成垃圾回收分拣和分类工作，运送至各末端处理设施并交纳垃圾处理处置费用。收运商也可以在获取特殊生活垃圾处理资格后，建设专业设施对工商业各类特殊生活垃圾进行处理处置，由 PWCs 体系的四大运营商（800 Super、Colex、Veolia 和 SembWaste）负责。

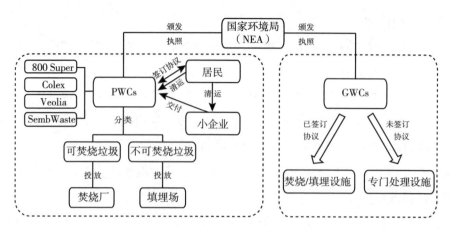

图 8-13　中端企业垃圾处理体系

资料来源：笔者自制。

PWCs 由 NEA 以公开招标方式任命，并按照地理区域划分服务范围。PWCs 与服务区域内的居民签订服务协议，每日清运生活垃圾，不同企业服务条款的内容有所区别。PWCs 职责的核心在于垃圾简单分类及收运，将垃圾分为可焚烧及不可焚烧两类，分别运送至焚烧厂或填埋场处理。四大运营商提供的服务使居民不必进行复杂的垃圾分类。

在 PWCs 体系四大运营商以外，还有数量较多的小企业对可回收垃圾进行回收。小企业从居民处回收可回收垃圾，并出售给四大运营商。四大运营商从小企业处收购可回收垃圾，再进行进一步的处理。

新加坡垃圾处理的末端为政府行为，指 NEA 对生活垃圾的末端处理处置及固废管理全过程的监管行为。在新加坡，生活垃圾末端处理五大设施及转运站均属国有，由政府工作人员进行管理，对垃圾收运商收取垃圾处理费，并通过价格机制引导调整垃圾物流。垃圾处理方式主要有垃圾的焚烧及填埋两种。

新加坡的垃圾末端处理设施包括四大焚烧厂和一个海上填埋场。新加坡将四大焚烧厂建立在临海或工业区，并将焚烧厂环境数据向市民公布，供市民随时查阅；此外，新加坡针对固废焚烧企业建立了一整套准入及退出机制，确保运营企业符合要求。焚烧厂及填埋场的工作人员对企业清运的垃圾进行检查，验证分类是否准确，若发现非法的分类情况将对清运企业进行处罚。

新加坡在末端处理的核心经验之一是将垃圾填埋场改造为景观，在完成垃圾填埋后开发其旅游价值，改造成功的案例有实马高岛、Lorong 湿地等。实马高岛是世界著名的垃圾填埋场，由填海造岛建成，可满足新加坡至2025 年的垃圾填埋需求。同时实马高岛也是著名的旅游景点，风景优美且没有异味。

B. 垃圾处理成效——100%收运率、低垃圾产生量、高回收率

新加坡垃圾分类与回收的工作基本由垃圾收运商完成。NEA 通过法律监管及处罚金对收运商垃圾分类回收效果进行管理（见图 8-14）。在新加坡，非法倾倒废物是一项很严重的违法行为，面临高额罚金甚至刑罚。在垃圾收运环节，新加坡通过非法倾倒处罚对居民行为及收运商进行管理，确保了 100%的垃圾收运率。

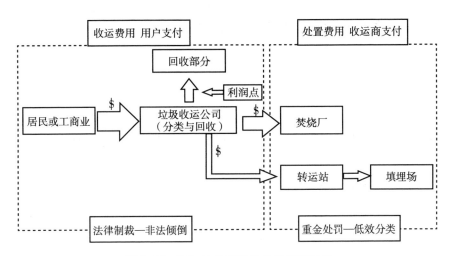

图 8-14　新加坡垃圾回收分类管理机制

资料来源：笔者自制。

新加坡家庭垃圾收费制于 2012 年 7 月 1 日实施，同时，对工商业采用阶梯式收费，收费比例将会随着垃圾废物量的增加而提高，以此促使个体居

民及相关企业从源头控制垃圾产生量。在制度设计上，新加坡政府为方便居民缴费，采取垃圾处理费与水电费一起缴纳的方式，若出现居民未缴纳垃圾费的情况，则会有监督者上门催促，而拒不缴费者将被停水停电并且终止清运服务，以此保障垃圾费能够全部上缴。

在新加坡，高达60%的垃圾回收率与新加坡垃圾清运付费机制有密切关系。垃圾回收率提高，支付末端垃圾处理的费用就会降低，回收部分的剩余价值也就提高，能提高企业的收益，在经济利益的驱动下，垃圾回收率提高，处理技术也得到升级。

新加坡实行垃圾收运付费制度，对普通居民和工商业收取收运费和垃圾处理处置费。各垃圾收运商的利润主要来自回收垃圾，首先是最大限度提高回收率以降低支付给焚烧厂、转运站的末端处置费用，其次是对回收垃圾进一步分解利用，获得废物残余价值。在经济利益的驱动下，各收运商积极采用先进技术手段并加强人员管理，提高垃圾回收率。

（四）多元主体协同合作

1. 强有力的政府政策指导

新加坡公共服务的最大特点就是以强有力的政府政策作为引导，自上而下地展开工作，它有一套严格、完备、操作性强的城市治理体系，对城市管理的方方面面都做了具体规定，大到智慧国家建设战略，小到社区垃圾处理的分类标准和处罚措施。

政府政策渗透到了方方面面，由政府机构指导企业和市民配合相应工作，又有严格的处罚制度作为补充，加上长期以来的政治体制特点，新加坡的城市服务整体呈现强有力的政府指导模式。

2. 鼓励企业积极参与

新加坡政府更多是在顶层制度设计层面做出规划，在政策执行方面则主要依靠企业参与服务。为了充分调动企业参与城市服务的积极性，政府往往会设置相应的激励机制，让企业有利可图，如参与垃圾处理的企业可以通过提高垃圾回收利用率的方式实现利润增长，从而使整个国家的垃圾处理都处于高效运行的状态；如创新开放平台（OIP）通过为企业介绍潜在客户、扩大人际圈的方式鼓励企业积极参与挑战，开发创新解决方案。

总的来说，在城市服务执行层面，新加坡更注重发挥企业的主体性作用，通过设置经济激励等方式鼓励企业积极参与。

3. 公民作为城市管理者积极参与

新加坡在城市管理中采取了多种促进公民参与的方法，提升公民作为城市主人的参与感，如在市镇理事会中吸纳了很多普通居民，在每两个月召开一次的理事会会议上，理事和居民会共同商讨城市管理中的具体问题。无论是新型邻里中心的选址和建设，还是组屋日常维修与修护，都需要公民参与其中，最终由政府根据居民反馈的意见和建议进行统筹安排。

为了提升公民参与感，新加坡还开发了 OneService App 等政务服务平台，鼓励居民随时随地通过平台留言、举报投诉等方式参与日常城市管理。

4. 创新开放平台运作机制

数字信息新加坡运动（SG：D）致力于刺激数字成果转化，使政府、企业、组织和个人共享数字经济的发展成效。搭建数字化平台、培育新数字技术赋能经济生态系统便是其中的关键一环。

新加坡资讯通信媒体管理局（IMDA）推出开放创新平台（Open Innovation Platform，OIP），支持创新生态系统，发展数字经济。在结构化创新过程的支持下，OIP 促进了问题所有者和问题解决者之间的合作，以加速开发创新的、可规模应用的解决方案，解决真正的商业问题。

数字化加速了部门边界的模糊化。在数字平台的支持下，客户可以越来越多地决定如何围绕他们的需求设计和提供产品与服务，从而形成新的商业生态系统。这些新的商业生态系统将构成未来产业的基础。OIP 就是这样一个集合了企业和政府需求的综合商业生态系统，通过将问题所有者与问题解决者联系起来并进行匹配，提升大型企业和中小型企业的数字创新能力，让科技企业有机会与业界及其他技术提供商就多学科和复杂问题展开合作。

OIP 由 IMDA 创建，各企业以问题所有者或问题解决者的身份参与平台活动。具体操作流程如图 8-15 所示，希望寻求数字化解决方案的企业可以在 OIP 上填写申请表，IMDA 经过评估后，会选出有代表性、可规模化应用的申请，和问题所有者共同确定最终挑战。所有挑战以阶段性 Call 的方式发布，每次 Call 中包含约 10 个不同挑战。所有问题解决者均可通过平台搜索目前正在发布的挑战，选择适合的领域和想解决的挑战，设计解决方案并提交，平台和问题所有者会综合评估所有提交方案并选择入围方案。在选出入围方案后，问题所有者和问题解决者可以合作进行原型开发或概念证明，完成后，问题解决者可得到剩余款项。最后，已完成的方案作为标准模板，可通过招标在有同样需要的公司中进行推广。

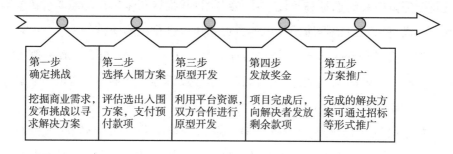

图 8-15　OIP 平台运作流程

资料来源：笔者自制。

IMDA 作为 OIP 的提供者和挑战组织者，主要负责统筹安排整个挑战流程。OIP 收到问题所有者的申请表后，会筛选出合适的挑战并联系相应企业修改确认最终问题陈述，在集齐一定数量的挑战后以 Call 的形式发布在网站上，供问题解决者浏览，并收集解决方案。然后，OIP 根据提交解决方案的数量和质量，和相应的问题所有者一起选出入围方案并公布。在双方合作开发期间，OIP 会提供资源工具和咨询服务等。

每个挑战的报酬由 OIP 和问题所有者参考挑战难度共同确定，报酬由问题所有者出资，由 OIP 暂时保管，在每个阶段结束并通过验收后，发放给相应的问题解决者。此外，对于部分解决方案，OIP 也有特殊资助计划，以支持问题所有者或问题解决者进一步开发其解决方案并使之商业化。

正在寻求创新的数字解决方案的新加坡政府机构也可以作为问题所有者在 OIP 上注册，提出公共部门挑战，以改变公共服务的提供模式，使国民受益。OIP 允许政府机构利用挑战来确定一个或多个合适的提案，以期选择最有利的最终提案作为拟议的解决方案。不过这一过程并不完全在 OIP 上进行，在选出需要的解决方案后，后续流程需要相应政府机构和问题解决者一起商定进一步的合作协议。

不同企业可以选择以三种身份参与 OIP 的创新活动，分别是问题所有者、问题解决者和平台合作伙伴。

对问题所有者来说，无论是中小型企业还是大型企业，只要是想实现数字化且有明确的业务需求，并愿意出资作为解决该问题的报酬，就可以通过申请表报名成为问题所有者。一般来说，问题所有者企业所寻求的创新解决方案可以是在他们企业中尚未商业化的解决方案、开发新技术或结合不同学科的技术的解决方案、利用现有能力应用于新业务/新市场的解决方案、有可能颠覆服务模式或传统行业的解决方案、可规模化推广的解决方案等。

OIP 为问题所有者提供了接触具有多学科专长的问题解决者的机会。该过程还通过众包、加速和迭代的问题解决过程，降低了整体创新成本，减少风险并加速创新成果转化。问题所有者可以便捷访问具有多学科专业知识的解决者库，降低搜索成本，利用更多来源得到广泛的创意库。此外，通过和入围的问题解决者共同合作开发解决方案，可以提高企业创新能力，更快解决挑战，满足市场需要，提高公司数字化水平。

具有数字化创新能力的企业可以作为问题解决者在 OIP 进行注册，通过平台看到不同领域的潜在客户所阐述的真实业务需求，进而可以选择相应领域准备解决方案。如果方案入围最终阶段，问题解决者将获得 70% 的报酬，并和问题所有者一同进行原型开发，开发完成后得到剩余酬劳。

此外，问题解决者可以通过与其他技术供应商合作完成跨专业的创新解决方案，获得资金和支持来开发并测试自己产品的市场契合度。由于很多问题提出者都是知名企业，具有创新能力的中小型企业也可通过解决问题提高自己的可信度和知名度。通过参与挑战，问题解决者不仅可以更了解客户真实需求，获得新客户，也可以和不同行业的公司建立联系，拓展社交网络。

除上述的挑战方外，风险投资公司、孵化器和加速器也可以通过和 OIP 合作，了解挑战过程，参与 OIP 组织的推介会和交流会，对有商业价值的问题解决者进行投资或孵化。

具有数字化创新能力的高等院校、研究机构和个人也可以作为问题解决者在平台上注册，选择相应领域的挑战提交解决方案，和企业问题解决者的角色相同。

贸易协会和商会（Trade Associations & Chambers，TAC）是在其成员群体中推动数字化和创新的关键角色。OIP 也积极寻求和 TAC 的合作，组织开展行业交流活动等。TAC 可以通过多种方式和 OIP 合作，如向成员推荐 OIP，分享参与 OIP 的好处，也可以代表成员汇总共同的行业挑战寻求创新解决方案。

第九章　城市服务绩效评价

一　城市服务绩效评价理论基础

（一）城市服务理论

根据诸大建和刘冬华的研究，城市服务是一种区别于城市运营的公共服务理念，主要以新公共服务理论为基础，其主要的理论基础和认识论基础是民主理论和人本主义，其普遍理性为价值理性与工具理论相结合，其相关的人类行为模式为"公共人"，其管理目标是关注公共理论，其组织结构是合作性网络组织，其负责任的方法是双重责任——以市场精神保障效率，以公民对话维护公正，其政府角色是服务，为公民利益而进行协调，其关注的范围包括政府—市场关系和政府—公民关系。[①]

城市服务有三个主要特征。第一，城市服务要面向城市人类发展。城市发展的最高目标就是满足人民的基本需要和提高人民的生活质量。这要求城市管理者打破以物为本的思维惯性，改变城市经营模式中以城市经济增长和物质扩张为最终目标的路径，转向以人本为价值取向，提高居民生活质量的路径。第二，服务要贯穿城市管理的始终。公共管理理论的发展让城市政府充分明白，政治控制手段主导的指令型管理不可取，物质导向的营销型管理也并不完美，只有面向发展的服务型管理才是其最终的归宿。城市政府应该以满足公众的需求作为政府服务工作的逻辑起点，将公众的满意度作为政府水平和质量的评价标准。而城市政府能够提供良好服务的前提则要求其彻底

[①]　诸大建、刘冬华：《从城市经营到城市服务——基于公共管理理论变革的视角》，《城市规划学刊》2005 年第 6 期。

从城市资源的市场竞争性领域退出，实现城市经营模式的转型。第三，要处理好效率和公平的关系。城市经营只重视公私部门的伙伴关系，以经济效益为重。城市服务则应当同时关注政府—市场政府—公民关系的平衡，既要利用市场精神以提高服务效率，也要强调公民参与以保障服务的正义性。因此，效率和公平成为保障城市服务模式不断发展的一双翅膀，两者缺一不可。

在我国，传统城市管理面临的最大问题就是城市服务缺乏公众参与，应努力改善这一状况。首先，重视培育城市管理的多元主体。增强公民参与意识，要注重从社区组织、行业、中介组织和社会公众等层面培育他们的参与意识。同时，城市政府还应建立通畅的信息渠道和敏捷的信息反馈机制。其次，城市政府要对参与主体赋予能力。政府应采取鼓励性措施，建立经常性制度，调动参与主体的积极性，激发公民参政议政的热情。再次，要培养城市管理者的正确观念，参与并非分权，而是为了更好的管理。最后，加强参与的法治建设。要用法律的严肃性明确各类主体参与城市管理的地位，保证公民依法参政的权利。

（二）绩效评价理论

绩效评价历史悠久，自从人类有了生产活动，便产生了绩效评价思想。在西方，比较系统、正式的绩效评价体系可以追溯到 14 世纪复式记账的产生。20 世纪 30 年代以后，西方开始出现严格意义上的企业绩效评价。经过80 多年的发展，绩效评价理论取得了令人瞩目的成果。

1. 绩效评价对象研究

绩效评价理论一开始是针对企业的财务效益、资产运营等经营成果进行综合评判，以促进企业改善经营管理、提高经济效益的理论。随着经济和社会的发展，当初用于评价企业经营业绩的理论与方法已经逐渐运用到经济体系中，成为反映不同组织或个人从事某项活动或职能效能的重要途径。根据评价主客体的不同，西方绩效评价理论的研究对象主要包括三个方面。

一是组织绩效评价。组织绩效评价是对组织整体业绩的评价。由于对组织主要领导管理工作的绩效评价往往都是以所在组织整体业绩为主要内容，因此组织绩效评价常常关联到组织的高层管理者的绩效评价。为了更好地实现绩效管理的目标，许多组织领导人在准确、清晰地确定组织目标与战略的基础上进行绩效评价体系设计，根据组织目标与战略确定绩效目标以及评价指标，来推动整个绩效管理工作。组织绩效评价产生和成熟于企业绩效评价，并在现代经济体系中得到更多的应用和发展。

二是跨组织绩效评价。跨组织绩效评价是一个没有受到重视，但是迅速得到传播的评价方式。当前它以供应链和外延企业的绩效评价为主要内容。在供应链系统中，是不能只用一种绩效评价方法的，若想准确评价供应链系统，一定要有一套综合的绩效评价体系，将竞争战略延伸到供应链的上下游，加强在新产品开发、质量和环境等领域的绩效评价。每个企业都应该有自己的积分卡，然后依据积分卡的发展过程，使供应链内部的交流沟通、协调更顺畅。外延企业绩效评价更强调将平衡积分卡的内部流程视角延伸为跨功能和合作伙伴视角。外延企业绩效评价框架首先由布鲁尔等人提出，其次是立足于 AMB IT 方法的外延企业绩效评价框架，选择与布莱德利的 BPR 绩效评价相类似的方式，指出绩效评价应主动与合作企业的 ERP 系统相连接，绩效评价体系能直接选择有用的数据，从而方便评价。[1][2]

三是个人绩效评价。个人绩效评价注重素质和能力的评价，素质包括身体状况、品德、业务知识、经验储备、敬业精神，能力包括技术能力、办事能力、规划决策能力和认识、分析与解决问题的能力。常用的评价方法有考试法、实际记录法、工作标准法、要素评定法、典型人物评定法、对比比较法、强迫选择法、自我评价法等。随着对个人绩效理解的加深，个人绩效评价模型也在不断发展。1983 年，亨特提出认知能力、工作知识、任务熟练性和总体的上级绩效评定结果的评估模型；1986 年，施密特等人在亨特模型的基础上，又增加了下级的职务经验变量；1990 年，坎贝尔等人提出陈述性知识、程序性知识和技能及动机三个参数基础上的绩效模型；博尔曼等人在 1991 年增加了成

---

① 转引自胡思源《基于平衡计分卡的 D 企业绩效评价研究》，硕士学位论文，东北石油大学，2023。

② 转引自吴梅青《Y 企业绩效评价的优化策略研究》，硕士学位论文，广州大学，2022。

就导向、可靠性、获奖和违规受罚情况，又在1993年提出任务绩效和关系绩效的概念，在1995年提出把情感变量加入模型中。1996年范·斯科特等人进一步对关系绩效进行研究，将其分为职能奉献和人际关系两个方面。[①]

2. 绩效评价理论体系研究

一是基于生产有效性的绩效评价。有研究者从生产角度对绩效评价进行研究，认为绩效是组织成员在特定时间内，由与其所进行工作相关的工作职能或活动产生的产出记录。组织和员工要进行一些实际上并不简单的经营过程，如管理活动、商业活动、技术活动、安全活动、财务活动、会计活动等，其工作效率会因为工作条件或工作方法的调整而有所改善，从而改变整体经营状况。在1951年，生产有效性的概念首次被提出，其明确的经济含义是在库普曼斯和德布勒提出生产可能集的概念的基础上提出的。在1978年，查恩斯等人创立了一种数据包络分析（DEA）理论与方法，它能对多输入、多输出复杂系统中测评单元相对有效性进行评价，是生产有效性分析研究具有划时代意义的里程碑。决策者在确定反映评价单元经营管理绩效的输入输出指标体系的情况下，就能借助DEA方法对它们的相对绩效进行测评。

二是基于行为和能力的绩效评价。20世纪50年代，行为科学学派对绩效的内部研究主要是从组织及其成员的行为与能力方面开展的。他们认为绩效不是一种行动结果，其本身就是一种行动。绩效被组织内部控制所包含，它是一种与组织目标有联系的组织或个体的行为和能力。依据行为和能力决定绩效的理论，学者们对员工个体需要的满足与追求在提高劳动生产率方面的作用进行了解释，以及对为了让员工更加努力工作、不断提高工作能力，应采用什么样的激励措施进行研究等。

三是基于战略管理的绩效评价。依据战略管理的绩效评价理论，企业的绩效不能与其总体经营战略分开，二者是紧密相连的。在企业内部开展绩效评价的关键在于从组织的长远发展角度考虑它们的经济利益，建立的绩效评价体系需要是比较全面的而非片面的，且能反映管理对其业绩的增长，在此

---

① 转引自吴梅青《Y企业绩效评价的优化策略研究》，硕士学位论文，广州大学，2022。

基础上运用合理的量化方法测评绩效。由于一些对组织长远利益影响较大的非财务性要素也被引入战略管理的绩效评价理论，学者们将非财务性要素与财务性要素整合起来，试图据此来反映企业综合经营管理绩效。[①]

二　城市服务绩效评价方法

（一）评价原则和指标构建方法

1.评价原则

（1）客观公正原则

客观公正原则是城市服务绩效评价的重要原则之一。只有坚持客观公正原则，才能使评价结果具有科学性、可信性和可靠性。评价的客观性不仅要求这些评价结果不是由个别领导、个别调查员、个别评价工作组织者主观做出的评价，也要求尽量采用一些客观性的指标进行绩效评价。评价的公正性要求评价者必须对被评价者采取不偏不倚的中立立场，不能由于自己的主观情感和主观偏见而使评价结果产生误差。

（2）动态评估原则

动态评估原则是城市服务绩效评价的又一重要原则。由于城市服务本身是一个动态变化的过程，存在一定的滞后性，必须采用动态评估的原则对城市服务的绩效做出评价。动态评估不仅可以更加精准地对城市服务绩效进行评价，而且可以通过不同时期和时点数据结果的比较，把握城市服务绩效的发展变化过程。

（3）以人为本原则

以人为本原则是城市绩效评价最为核心的原则之一。城市服务的根本对象就是在城市中进行生产活动和生活活动的组织和个人。以人为本是城市服务绩效评价必须遵循的核心原则，应以促进人类发展、提升生活质量为城市服务绩效评价的最终目标。

---

① 转引自吴梅青《Y 企业绩效评价的优化策略研究》，硕士学位论文，广州大学，2022。

2. 评价方法

由于组织类型不同，评价要素不同，采用的绩效评价方法当然也不同。据不完全统计，自 20 世纪 30 年代以来，西方各个管理学派已经提出了 20 余种绩效评价方法。概括起来，可以分为两大类。

一是系统绩效评价方法。它是指基于战略的系统绩效评价方法，主要与组织的战略目标等相关，关注的内容是组织战略的实施。主要方法有以下三种。

①目标管理法。组织根据面临的形势，制定出一定时期内的总目标，由此决定上下级的责任和分目标，并把这些目标作为组织、部门和个人绩效产出对组织贡献的标准，最后把实际绩效与绩效标准进行比较，评判和改进绩效的过程或程序。②关键绩效指标法。在组织运行过程中，通过提炼和归纳其关键成功要素，设置、取样、计算、分析组织内部流程的输入端、输出端的关键参数，是把企业的战略目标分解为可运作的远景目标和量化指标，以提高组织核心竞争力的有效工具。③平衡计分卡。它最突出的特点是将企业的远景、使命和发展战略与企业的业绩评价系统联合起来，把企业的使命和战略转变为具体的目标和评测指标，以实现战略和绩效的有机结合。

二是基本绩效评价方法。它是指基于员工的绩效评价方法，围绕员工的特征要求、工作行为、工作成果进行评价。常用的方法有以下三种。

①特征评价法。它主要衡量员工拥有某些特征的程度，这些特征通常被认为对组织和岗位都是非常重要的，同时方法也容易更新。特征评价法是目前绩效评价最普遍使用的方法，常见的有排序评价法、配对比较法、人物比较法、书面评价法等。②行为导向法。它是建立在工作中的行为标准或规范，强调在完成工作目标过程中的行为必须符合这种标准或规范，通过对员工行为与组织行为标准或规范的比较和评估，推断出员工的工作业绩，包括行为锚定等级评定法、行为对照表法、组织行为修正法、评价中心法等。③结果导向法。它强调结果，即做出了什么成绩，主要包括直接指标衡量法、绩效标准法和成绩记录法等。

（二）城市服务绩效评价的逻辑

卞新月研究指出，传统公共服务绩效评估将经济产出的数量、质量和效率作为评价重点，忽略了居民以及企业的"顾客满意度"。[①] 因此，丁元竹指出，公共服务绩效应该由客观公共服务绩效与主观公共服务绩效两部分共同构成，两者缺一不可。[②] 陈振明教授在推进国家自然科学基金重点项目"公共服务提供机制与方式研究"的过程中提出了公共服务绩效的"二元模型"，该模型与丁元竹提出的基础公共服务的内涵基本一致，也强调了公共服务既具有人民主观满意的属性，也具有客观物质性数据提高的属性。[③] 因此，本部分在借鉴相关研究的基础上，从主观指标和客观指标两方面入手制定城市服务绩效评价指标体系，城市服务一体化绩效评价指标体系的内容结构如图9-1所示。

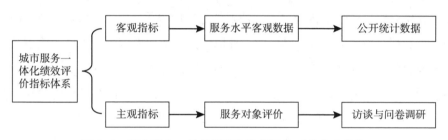

图9-1 城市服务一体化绩效评价指标体系的内容结构

资料来源：笔者自制。

（三）城市服务绩效评价指标体系

城市服务绩效是一个度量城市公共服务提供的评价性词语，从内容结构上包括主观满意度与客观物质性数据两个方面。城市服务绩效评价则是个跨学科问题，既涉及经济学、管理学所强调的投入产出和效率问题，也涉及心理学、社会学所要求的人民满意度问题，对于这些问题的正确评估需要从这

---

① 卞新月：《地方政府网上政务大厅公共服务绩效评估研究——以Z市为例》，硕士学位论文，郑州大学，2022。

② 丁元竹：《准确理解和把握公共服务均等化》，《中国延安干部学院学报》2009年第6期。

③ 陈振明：《加强对公共服务提供机制与方式的研究》，《东南学术》2007年第2期。

些不同的学科视角入手。

依据城市服务绩效评价的内容结构与跨学科的特点，本部分将城市服务绩效评价指标体系分为客观指标体系和主观指标体系两部分。

1. 客观指标体系（统计数据）

（1）结果性指标

促进城市全面发展、综合发展是城市服务的终极目标。城市各方面发展的结果水平是城市服务绩效评价最重要的维度，也是城市服务绩效好坏的最终体现。城市发展的各个维度，即指标体系的要素层，主要包括基础设施发展水平、经济发展水平、社会发展水平、生态环境发展水平、技术发展水平、风险治理水平和社会组织发展水平等方面。

基础设施发展水平是测量城市发展绩效的重要维度之一，也是政府所提供的城市综合服务的重要内容之一。基础设施包括交通、邮电、供水供电、商业服务、科研与技术服务、园林绿化、环境保护、文化教育、卫生事业等市政公用工程设施和公共生活服务设施等，它们是国民经济各项事业发展的基础。在现代社会中，经济越发展，对基础设施的要求越高；完善的基础设施对加速社会经济活动、促进其空间分布形态演变起着巨大的推动作用。本书建议选取的二级指标包括城乡社区事务支出占比、交通运输支出占比、互联网普及率、人均长途光缆线路长度、人均道路面积、人均轨道交通线路长度、人均城市排水管道总长度、电话普及率、平均每一邮政营业网点服务人口等，范围涉及城乡社区公共服务、交通运输、邮政、电信、互联网、污水处理等基础设施。

经济发展水平也是测量城市发展绩效的重要维度之一。经济发展水平是指一个国家或地区经济发展的规模、速度和所达到的水准。常用的测量指标包括人均地区生产总值、第三产业占比、人均专利数量、固定资产投资占比、进出口占比、家庭人均可支配收入和城镇登记失业率等。

社会发展水平也是测量城市发展绩效的重要维度，其范围有狭义和广义之分。广义的社会发展水平包括环境、人口、经济基础、居民生活、劳动就业、社会保障、卫生保健、教育科技、文化体育、社会治安等领域的发展水平；狭义的社会发展水平主要指科教、教育、文化、卫生、社会治安等领域的发展水平。常用的测量指标包括教育支出占比、公共图书馆数、公共图书馆总藏量、博物馆和纪念馆数、医疗卫生支出占比、每千人拥有医生数、每千人拥有医院病床、社会保障与就业支出占比、当期劳动争议案件受理数等。

生态环境发展水平也是测量城市发展绩效的重要维度之一。生态环境是影响人类生存与发展的水资源、土地资源、生物资源以及气候资源的数量与质量的总称，是关系到社会和经济持续发展的复合生态系统。生态环境问题是指人类为其自身生存和发展，在利用和改造自然的过程中，对自然环境进行破坏和造成污染后其所产生的危害人类生存的各种负反馈效应。常用的反映生态环境发展水平的评价指标包括节能环保支出占比、生活垃圾清运量、生活垃圾无害处理量、垃圾无害化处理率、城市生活污水处理率、环境保护投资、环境保护投资占 GDP 比重、城市绿地面积、公园数量、建成区绿化覆盖率等。

技术发展水平也是测量城市发展绩效的重要维度之一，常见的测量指标包括互联网上网人数、网页数、IPv4 地址数、互联网宽带接入端口数、光缆线路长度等。

风险治理水平也是测量城市发展绩效的重要维度之一。风险治理是指如何在一个确信有风险的环境里把风险降至最低的治理进程。常见的测量指标包括公安机关立案的刑事案件数合计、公安机关受理治安案件数合计、调解纠纷数合计、交通事故发生数总计、火灾发生数、自然灾害受灾人口、自然灾害受灾死亡人口、自然灾害直接经济损失、地震灾害人员伤亡、地震灾害直接经济损失、发生地质灾害次数、地质灾害人员伤亡、地质灾害直接经济损失等。

社会组织发展水平也是测量城市发展绩效的重要维度之一。社会组织是公共关系的主体，它是公共关系的三大构成要素之一。公共关系学所称的"社会组织"是狭义的，它是人们为了有效地达到特定目标按照一定的宗旨、制度、系统建立起来的共同活动集体。常用的测量社会组织发展水平的指标包括社会组织单位数、社会团体单位数、基金会单位数、民办非企业单位数、自治组织单位数、老年人与残疾人服务机构单位数、儿童福利机构单位数、社会福利企业机构数、社区服务机构数等。

综上，城市服务绩效评价的结果性指标体系如表 9-1 所示。

表 9-1　城市服务绩效评价结果性指标体系

要素层(一级指标)	指标层(二级指标)
基础设施发展水平	城乡社区事务支出占比(%)
	交通运输支出占比(%)
	互联网普及率(%)
	人均长途光缆线路长度(公里)
	人均道路面积(平方米)
	人均城市排水管道总长度(公里)
	电话普及率(包括移动电话)(部/百人)
	人均轨道交通线路长度(公里)
	平均每一邮政营业网点服务人口(万人)
经济发展水平	人均地区生产总值(元)
	第三产业占比(%)
	人均专利数量(个)
	固定资产投资占比(%)
	进出口占比(%)
	家庭人均可支配收入(元)
	城镇登记失业率(%)
社会发展水平	教育支出占比(%)
	公共图书馆数(座)
	公共图书馆总藏量(万册件)
	博物馆和纪念馆数(座)
	医疗卫生支出占比(%)
	每千人拥有医生数(人)
	每千人拥有医院病床(张)
	社会保障与就业支出占比(%)
	当期劳动争议案件受理数(件)
生态环境发展水平	节能环保支出占比(%)
	生活垃圾清运量(万吨)
	生活垃圾无害处理量(万吨)
	垃圾无害化处理率(%)
	城市生活污水处理率(%)
	环境保护投资(亿元)
	环境保护投资占 GDP 比重(%)
	城市绿地面积(万公顷)
	公园数量(个)
	建成区绿化覆盖率(%)
技术发展水平	互联网上网人数(万人)
	网页数(万个)

要素层(一级指标)	指标层(二级指标)
技术发展水平	IPv4 地址数(万个)
	互联网宽带接入端口数(万个)
	光缆线路长度(公里)
风险治理水平	公安机关立案的刑事案件数合计(起)
	公安机关受理治安案件数合计(起)
	调解纠纷数合计(件)
	交通事故发生数总计(起)
	火灾发生数(起)
	自然灾害受灾人口(万人次)
	自然灾害受灾死亡人口(人)
	自然灾害直接经济损失(亿元)
	地震灾害人员伤亡(人)
	地震灾害直接经济损失(万元)
	发生地质灾害次数(次)
	地质灾害人员伤亡(人)
	地质灾害直接经济损失(万元)
社会组织发展水平	社会组织单位数(个)
	社会团体单位数(个)
	基金会单位数(个)
	民办非企业单位数(个)
	自治组织单位数(个)
	老年人与残疾人服务机构单位数(个)
	儿童福利机构单位数(个)
	社会福利企业机构数(个)
	社区服务机构数(个)

资料来源：中国统计年鉴、各地区统计年鉴、中国城市统计年鉴。

（2）过程性指标

除了结果性指标之外，还有一些反映城市服务过程好坏的评价指标，以体现城市的公平正义、政府的廉洁透明度和办事效率等，是城市精神文明建设和人民幸福感、满足感和获得感的重要来源。

社会公平正义是指社会各方面的利益关系得到妥善协调，人民内部矛盾和其他社会矛盾得到正确处理，社会公平和正义得到切实维护和实现。常用的测量社会公平正义的指标包括教育公平、医疗公平和就业公平等。教育公平的常用测量指标包括学龄儿童净入学率、小学升学率、初中升学率、高中升学率、教育经费等；医疗公平常见的测量指标包括政府卫生支出、城镇居民基本医疗保险年末参保人数、城镇职工医疗保险基金收入等；就业公平的常见测量指标包括参加失业保险人数、年末领取失业保险金人数、失业保险基金支出等。

政府的廉洁透明度和办事效率是反映政务服务水平的重要维度，这两方面的量化研究较少，目前常见的测量指标包括用职务犯罪立案数/当地人口数量测量当地政府的廉洁透明度，政府办事效率指标来自《中国城市竞争力年鉴》（见表9-2）。

表9-2　城市服务一体化过程性指标体系

一级指标	二级指标	资料来源
公平正义	教育公平学龄儿童净入学率(%)	中国统计年鉴、各地区统计年鉴
	小学升学率(%)	
	初中升学率(%)	
	高中升学率(%)	
	教育经费(万元)	
	医疗公平政府卫生支出(亿元)	中国统计年鉴、各地区统计年鉴
	城镇居民基本医疗保险年末参保人数(万人)	
	城镇职工医疗保险基金收入(亿元)	
	就业公平参加失业保险人数(万人)	中国统计年鉴、各地区统计年鉴
	年末领取失业保险金人数(万人)	
	失业保险基金支出(亿元)	
廉政透明	职务犯罪立案数/当地人口数量	中国检察年鉴(2004~2013)、历年人民检察院工作报告、中国统计年鉴
政府办事效率	政府办事效率	中国城市竞争力年鉴

2. 主观指标体系（问卷调查）

（1）政府城市服务一体化主观评价指标体系

政府推动城市服务一体化主要通过制定和实施一系列相关政策来实现，这些政策包括人才政策、土地政策、融资政策、技术政策、引资扩资政策、节能环保政策和市场开拓政策等。对政府城市服务一体化的主观评价通常通过重要程度评价、了解程度评价和满意程度评价三方面进行。从支持企业发展的角度，人才政策包括引进培育高级人才、协助企业解决劳工荒问题等方面；土地政策包括加强园区建设拓展用地空间、支持企业开展"三旧"改造等方面；融资政策包括培育企业上市、支持中小企业融资等；技术政策包括鼓励企业引进和吸收技术、鼓励企业技术改造、鼓励企业开展技术创新活动、支持组建研究平台和创新联盟、推进企业信息化建设、实施质量监管和标准化战略、推动区域品牌建设、推动企业品牌建设、培育与保护知识产权等；引资扩资政策包括大力发展总部经济、加强招商引资等；节能环保政策包括推进企业节能降耗、推进企业清洁生产等；市场开拓政策包括支持企业开拓国际市场、支持企业开拓国内市场、加强政府采购等。

综上，政府城市服务一体化主观评价指标体系列表如表9-3所示。

表9-3 城市服务一体化主观评价指标体系

指标内容	政策重要程度					政策了解程度					政策满意程度				
(1)引进培育高级人才	1	2	3	4	5	1	2	3	4	5	1	2	3	4	5
(2)协助企业解决劳工荒问题	1	2	3	4	5	1	2	3	4	5	1	2	3	4	5
(3)加强园区建设拓展用地空间	1	2	3	4	5	1	2	3	4	5	1	2	3	4	5
(4)支持企业开展"三旧"改造	1	2	3	4	5	1	2	3	4	5	1	2	3	4	5
(5)培育企业上市	1	2	3	4	5	1	2	3	4	5	1	2	3	4	5
(6)支持中小企业融资	1	2	3	4	5	1	2	3	4	5	1	2	3	4	5
(7)鼓励企业引进和吸收技术	1	2	3	4	5	1	2	3	4	5	1	2	3	4	5
(8)鼓励企业技术改造	1	2	3	4	5	1	2	3	4	5	1	2	3	4	5
(9)鼓励企业开展技术创新活动	1	2	3	4	5	1	2	3	4	5	1	2	3	4	5
(10)支持组建研究平台和创新联盟	1	2	3	4	5	1	2	3	4	5	1	2	3	4	5
(11)推进企业信息化建设	1	2	3	4	5	1	2	3	4	5	1	2	3	4	5
(12)实施质量监管和标准化战略	1	2	3	4	5	1	2	3	4	5	1	2	3	4	5
(13)推动区域品牌建设	1	2	3	4	5	1	2	3	4	5	1	2	3	4	5
(14)推动企业品牌建设	1	2	3	4	5	1	2	3	4	5	1	2	3	4	5
(15)培育与保护知识产权	1	2	3	4	5	1	2	3	4	5	1	2	3	4	5
(16)大力发展总部经济	1	2	3	4	5	1	2	3	4	5	1	2	3	4	5
(17)加强招商引资	1	2	3	4	5	1	2	3	4	5	1	2	3	4	5
(18)推进企业节能降耗	1	2	3	4	5	1	2	3	4	5	1	2	3	4	5

指标内容	政策重要程度					政策了解程度					政策满意程度				
(19)推进企业清洁生产	1	2	3	4	5	1	2	3	4	5	1	2	3	4	5
(20)支持企业开拓国际市场	1	2	3	4	5	1	2	3	4	5	1	2	3	4	5
(21)支持企业开拓国内市场	1	2	3	4	5	1	2	3	4	5	1	2	3	4	5
(22)加强政府采购	1	2	3	4	5	1	2	3	4	5	1	2	3	4	5

资料来源：笔者自制。

（2）碧桂园城市服务一体化主观评价指标体系

碧桂园的城市服务一体化是综合性、全面性的，主要包括基础设施服务、交通服务、公共安全服务、环境卫生服务、企业运营服务以及物业服务人员评价等方面。基础设施服务包括基础设施服务健全程度、基础设施维护状况等。交通服务包括交通运输便利程度、交通运输拥挤程度等。公共安全服务包括治安状况、治安良好、刑事犯罪率、火灾消防服务反应速度、110反应速度等。环境卫生服务包括整体的绿化程度、整体卫生清洁程度、节日装饰的布置等。企业运营服务包括 IT、人力、财务等服务外包项目，入驻服务、工商代办、员工服务、接待推广、特色政策企业管家服务，平台资源对接、市场推广活动、政府活动等企业第二市场部服务，创新合伙人、孵化器、众创空间服务，人工智能技术服务，全球技术智库和管理智库服务，资金融资服务，小镇云服务平台的使用等。物业服务人员评价包括物业服务人员的仪表和工作态度、物业服务人员的沟通能力、物业服务人员的服务意识、物业服务人员对突发事件的应变能力、物业公司接受投诉的处理效率等。

综上，碧桂园城市服务一体化主观评价指标体系列表如表9-4所示。

表9-4　碧桂园城市服务一体化主观评价指标体系

指标内容	您认为的重要程度					对该项目的满意程度				
基础设施服务										
(1)基础设施服务健全程度	1	2	3	4	5	1	2	3	4	5
(2)基础设施维护状况	1	2	3	4	5	1	2	3	4	5
交通服务										
(3)交通运输便利程度	1	2	3	4	5	1	2	3	4	5

续表

指标内容	您认为的重要程度					对该项目的满意程度				
(4)交通运输拥挤程度	1	2	3	4	5	1	2	3	4	5
公共安全服务										
(5)治安状况	1	2	3	4	5	1	2	3	4	5
(6)治安良好	1	2	3	4	5	1	2	3	4	5
(7)刑事犯罪率	1	2	3	4	5	1	2	3	4	5
(8)火灾消防服务反应速度	1	2	3	4	5	1	2	3	4	5
(9)110反应速度	1	2	3	4	5	1	2	3	4	5
环境卫生服务										
(10)整体的绿化程度	1	2	3	4	5	1	2	3	4	5
(11)整体卫生清洁程度	1	2	3	4	5	1	2	3	4	5
(12)节日装饰的布置	1	2	3	4	5	1	2	3	4	5
企业运营服务										
(13)IT、人力、财务等服务外包项目	1	2	3	4	5	1	2	3	4	5
(14)入驻服务、工商代办、员工服务、接待推广、特色政策企业管家服务	1	2	3	4	5	1	2	3	4	5
(15)平台资源对接、市场推广活动、政府活动等企业第二市场部服务	1	2	3	4	5	1	2	3	4	5
(16)创新合伙人、孵化器、众创空间服务	1	2	3	4	5	1	2	3	4	5
(17)人工智能技术服务	1	2	3	4	5	1	2	3	4	5
(18)全球技术智库和管理智库服务	1	2	3	4	5	1	2	3	4	5
(19)资金融资服务	1	2	3	4	5	1	2	3	4	5
(20)小镇云服务平台的使用	1	2	3	4	5	1	2	3	4	5
物业服务人员评价										
(21)物业服务人员的仪表和工作态度	1	2	3	4	5	1	2	3	4	5
(22)物业服务人员的沟通能力	1	2	3	4	5	1	2	3	4	5
(23)物业服务人员的服务意识	1	2	3	4	5	1	2	3	4	5
(24)物业服务人员对突发事件的应变能力	1	2	3	4	5	1	2	3	4	5
(25)物业公司接受投诉的处理效率	1	2	3	4	5	1	2	3	4	5

资料来源：笔者自制。

第十章 城市服务一体化规范体系

城市服务一体化的规范体系框架主要由法律法规体系、标准体系、规划体系、评价考核体系、服务体系五大模块构成。法律法规体系是城市服务一体化的法制基础，对城市服务一体化起指导作用；标准体系对各项内容进行标准化，保障城市服务一体化规范化运行；规划体系包括城市服务一体化的整体规划运营；评价考核体系对城市服务一体化的主体和效果进行考评，为城市服务一体化的持续运行提供决策依据；服务体系是城市服务一体化工作所涉及的服务内容范围，为城市服务一体化工作提供内容指导。

一 法律法规体系

在法律法规体系方面，为了更好地促进城市服务一体化工作的顺利开展，需要国家和地方立法机关制定专门服务于城市服务一体化运行的政策、法规和地方条例，对城市服务一体化各行为主体、各管理环节、各运营领域、各服务项目进行规范，形成与其他部门法规有机衔接、行政执法与刑事司法有机衔接、城市治理信用与社会信用有机衔接的法律机制，保障依法治理。

从城市服务一体化的建设内容看，城市服务一体化包括技术一体化、园区一体化、社区一体化和要素一体化，既包括以园区一体化和社区一体化为核心的部分，也包括以文旅景区服务、高校后勤服务、环卫一体化、智慧停车、交通站场一体化等要素一体化为辅助的部分，还包括以大数据、物联网、人工智能等技术一体化为支撑的部分。因此，与城市服务一体化相关的法律法规体系可以拆分为与业务相关的法律法规体系和与技术相关的法律法规体系。

（一）与业务相关的法律法规体系

与业务相关的法律法规体系（见图10-1）的具体内容包括《城市服务一体化管理办法》《城市服务一体化服务标准》《城市服务一体化运营商准入标准》《城市服务一体化政府购买目录》《关于城市服务一体化购买社会服务的指导意见》等一系列与城市服务一体化工作相关的法律法规，对城市服务一体化和政府购买服务的内容、主体、对象、范围、方式与流程等进行明确规定。在此基础上，可以制定更加细分的法律规范，包括《治理委员会管理办法》《运营商管理办法》《城市服务外包管理办法》《城市服务规划管理办法》《城市治理协商管理办法》《城市治理利益相关者社会责任

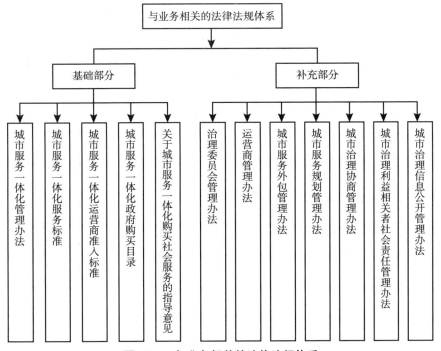

图10-1　与业务相关的法律法规体系

资料来源：笔者自制。

管理办法》《城市治理信息公开管理办法》，对城市服务一体化过程中的治理机构、运营机构、外包机构、服务规划、协商治理、社会责任治理、信息治理等方面进行规范。

（二）与技术相关的法律法规体系

与技术相关的法律法规体系（见图10-2）的具体内容包括《城市服务一体化通用技术规范》《城市服务一体化信息基础设施基本规定》《城市服务一体化信息基础设施评价指标体系》《城市服务一体化数据采集规范》《城市服务一体化数据编码规范》《城市服务一体化概念模型规范》《城市服务一体化信息技术运营指南》《城市服务一体化场景分类指南》等，对技术服务平台的基础设施、数据处理、概念模型、运营管理、场景分类等各个方面进行规范。

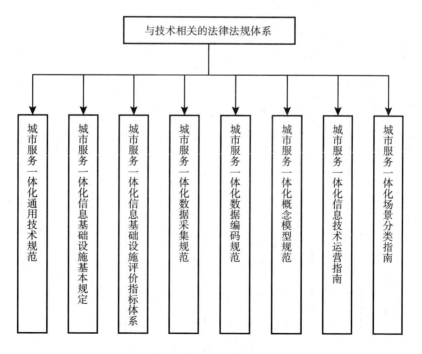

图10-2　与技术相关的法律法规体系

资料来源：笔者自制。

（三）法律法规体系的实践

在城市服务一体化规范体系的法律法规体系部分，万科物业已经提出了建构"物业城市"的法律法规体系框架，包含服务标准、运营商准入标准、政府购买目录、治理委员会管理办法等多方面的内容，但主要集中在与业务相关的法律法规体系层面，在与技术相关的法律法规体系层面需要加强。[①]碧桂园集团已经建立起了企业层面管治规范体系，包括公司的组织章程大纲和组织章程细则、审查委员会、薪酬委员会、提名委员会、董事的角色与职能等方面，但在城市服务方面的法律法规体系方面仍需要加强。碧桂园集团下主管物业服务的碧桂园服务在 2018 年制定了公司层面的章程，包括组织章程大纲和组织章程细则，并且曾于 2013 年在全国推行 ISO 质量管理标准体系、铂金凤凰管家体系，但其与城市服务一体化相契合的法律法规体系还有待加强。[②]

二 标准体系

城市服务一体化的标准体系应是科学的、具有一定内在联系的、由城市治理相关标准构成的有机整体。同样，城市服务一体化的标准体系可以分为与业务相关的标准体系和与技术相关的标准体系。

（一）与业务相关的标准体系

与业务相关的标准体系（见图 10-3），可以具体细分为基本准则类标准、服务方法类标准、服务内容与服务质量类标准、服务运营与服务保障类标准、服务反馈与服务改进类标准。基本准则类标准包括制定城市服务一体化工作的一般标准化工作指导准则、与城市服务一体化工作相关的术语、计

---

① 横琴新区管委会、北京大学、万科物业：《"物业城市"白皮书》，2020。下同。

② 碧桂园集团官网（https：//www.bgy.com.cn/home），碧桂园服务官网（https：//www.bgyfw.com/cn/）。下同。

量和分类标准、图形、符号和表示类标准等；服务方法类标准包括服务方法的通用规范、服务采购标准子体系、监督管理标准子体系、服务效果评价标准子体系等；服务内容与服务质量类标准包括服务内容通用规范、服务质量通用规范、辅助公共管理服务内容标准子体系、辅助公共管理服务质量标准子体系、公共空间服务内容标准子体系、公共空间服务质量标准子体系、公共资源运营服务内容标准子体系、公共资源运营服务质量标准子体系、其他公共服务内容和服务质量标准；服务运营与服务保障类标准包括服务运营管理规范、组织内部管理标准子体系、信息管理标准子体系、安全与应急管理标准子体系、机构与体制建设标准子体系、服务保障标准子体系等；服务反馈与服务改进类标准包括反馈机制建设标准子体系、需求评估及服务改进标准、标准体系修订标准子体系等。

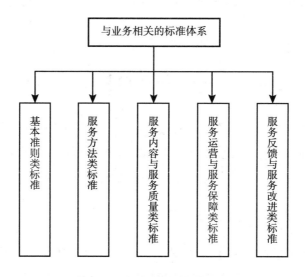

图 10-3　与业务相关的标准体系

资料来源：笔者自制。

（二）与技术相关的标准体系

与技术相关的标准体系（见图 10-4），主要包括一般标准、技术和平台标准、基础设施标准、数据标准、安全和保障标准等。一般标准主要包括术语定义、参考架构、评价方法、应用指南等；技术和平台标准包括物联感知、网络通信、计算与存储、服务融合、业务流程协同、城市数字孪生、智能决策、人机交互、公共支撑平台、城市运营中心等；基础设施标准包括信息基础设施、融合基础设施、创新基础设施等；数据标准包括城市服务数据资源体系、城市服务数据模型体系、城市服务数据治理标准、城市数据融合与服务标准等；安全和保障标准包括数据安全与隐私保护标准、信息系统安全标准、信息安全管理标准、基础安全防护标准、新技术应用安全标准等。

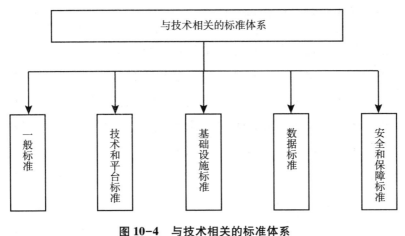

图 10-4　与技术相关的标准体系

资料来源：笔者自制。

（三）标准体系的实践

在城市服务一体化的标准体系部分，万科物业提出了"物业城市"城市治理标准体系框架，包括基础类标准、治理方法类标准、服务内容与质量类标准、服务运行与保障类标准、服务改进及标准修订类标准等，每一类标准下面还细分了若干子标准。该标准体系框架相对完善，但同样主要集中在与业务相关的标准体系方面，在与技术相关的标准体系方面仍需要加强。碧桂园集团与碧桂园物业在城市服务一体化领域的标准体系建设尚未完善，需要继续加强。

三 规划体系

城市服务一体化的规划体系（见图 10-5）是用来保障城市服务一体化整体良性运营的一系列相关规划，主要包括城市服务一体化基本规划体系、城市服务一体化规划编制体系、城市服务一体化规划审批体系、城市服务一体化规划实施体系和城市服务一体化规划实施监督检查体系等。

（一）城市服务一体化规划体系

城市服务一体化基本规划体系主要包括城市服务一体化规划体系建设的基本原则，术语定义，参考架构，各级人民代表大会和政府按照立法权制定的有关城市服务一体化规划的法律、法规、规章和规范性文件等；城市服务一体化规划编制体系包括城市服务一体化规划的编制主体、编制过程、编制内容、编制深度和编制成果等；城市服务一体化规划审批体系包括城市服务一体化规划的审批主体、审批流程、审批分级、审批反馈等；城市服务一体化规划实施体系包括城市服务一体化规划的实施主体、实施方案、实施内容、实施手段、实施注意事项、实施成效等；城市服务一体化规划实施监督检查体系包括城市服务一体化规划的实施过程监督、实施流程检查、实施效果评估、实施风险预警、实施问题反馈、实施改进建议等。

（二）规划体系的实践

在城市服务一体化的规划体系建设部分，万科物业提出了"物业城市"规划体系框架，包括规划评价、城市服务规划和基础设施规划。规划评价是结合"城市体检"和"物业城市"的专门化评价结果，对上阶段"物业城市"规划的执行效果进行总结，对上阶段规划的合理性、可操作性、有效

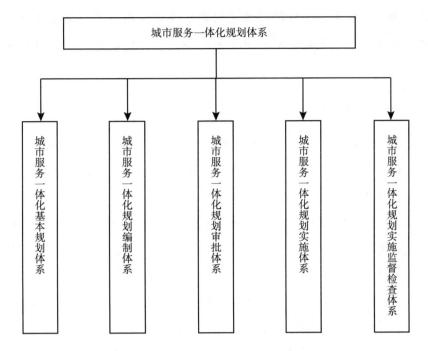

图 10-5　城市服务一体化规划体系

资料来源：笔者自制。

性等进行评价，指导本次规划设计；城市服务规划是根据社会诉求和上级政府要求，结合当地财政、技术水平等实际情况，对下阶段"物业城市"的城市服务内容、服务总量、服务价格等进行规划；基础设施规划是根据"物业城市"下一步推进的需要，分析城市治理基础设施缺失部分，制定基础设施建设目录，对基础设施的建设内容、建设阶段、建设成本等进行规划。万科的"物业城市"规划体系框架虽然已经有了一定的雏形，但具体的内容和体系结构还需要继续优化。碧桂园集团和碧桂园服务在城市服务一体化的规划体系建设方面尚未完善，仍需要继续加强。

四　评价考核体系

城市服务一体化评价考核体系对城市服务一体化的主体和效果进行

377

考评，为城市服务一体化的持续运行提供决策依据。本书将基于城市服务理论和绩效评价理论，对城市服务一体化工作所取得的成效进行评价考核。

（一）评价体系

就评价体系而言，本书遵循客观公正、动态评估、以人为本等原则，从技术一体化、园区一体化、社区一体化和要素一体化四个维度构建城市服务一体化工作的评价指标体系（见图10-6）。技术一体化的评价指标包括数据共享一体化、数据覆盖一体化、大数据应用一体化、人工智能应用一体化、物联网应用一体化、云计算应用一体化等；园区一体化的评价指标包括园区基础设施服务一体化、园区交通服务一体化、园区公共安全服务一体化、园区环境卫生服务一体化、园区企业运营服务一体化、园区物业人员服务一体化、园区内企业融合一体化等；社区一体化的评价指标包括社区基础设施服务一体化、社区公共安全服务一体化、社区环境卫生服务一体化、社区物业人员服务一体化、社区居民一体化、社区智慧服务一体化等；要素一体化的评价指标包括城市停车管理服务一体化、城市环境卫生服务一体化、城市交通站场服务一体化、城市文旅景区服务一体化、城市高校后勤服务一体化等。

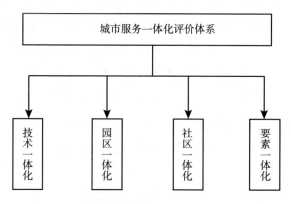

图 10-6　城市服务一体化评价体系

资料来源：笔者自制。

（二）考核体系

从考核体系而言，城市服务一体化的考核类型包括主管部门考核、配合部门考核、社会主体考核、运营商考核、供应商考核等（见图10-7）。主管部门考核的主体成员包括行政主管部门中的城市服务一体化领导小组、城市治理委员会人员等，主要考核内容为城市服务一体化的规划、监管、执法效果；配合部门考核的主体成员包括行政配合部门中的城市服务一体化领导小组、城市治理委员会人员等，主要考核内容为配合主管部门工作情况；社会主体考核的主体成员包括城市治理委员会人员、行政主管部门人员等，主要考核内容为社会组织参与城市服务效果；运营商考核的主体成员包括城市治理委员会人员、行政主管部门人员等，主要考核内容为总包服务总量及效果；供应商考核的主体成员包括城市服务运营商人员等，主要考核内容为分包服务总量及效果。

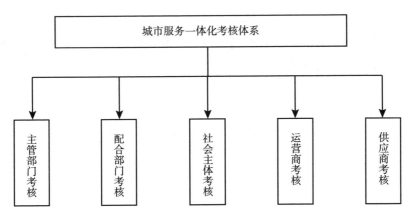

图10-7 城市服务一体化考核体系

资料来源：笔者自制。

（三）评价考核体系的实践

在城市服务一体化的评价考核体系部分，万科物业构建了较为完善的评价考核体系，并且制定了相对详细的"物业城市"城市治理评价指标体系表。碧桂园集团和碧桂园服务已经展开了对服务一体化评价的探索，目前正在尝试发布城市治理指数。但碧桂园在城市服务一体化的评价考核体系方面还有待继续加强。

五　服务体系

城市服务一体化的服务体系大致可以分为三大领域：市政公共服务、城市空间运营和数字社区治理（见图10-8）。具体而言，城市服务一体化的服务体系以"数字化城市服务管控+数字化社区治理服务平台"为切入点，以政府为主导，以与地方国有企业合作为主体，以数字化手段为城市社区和空间提供各类公共服务。包括20大品类的服务，分别是：智慧市政环卫一体化、美丽城乡环卫一体化、智慧垃圾处理服务、智慧市政园林管养、市政基础设施养护、智慧管廊运维监控、水系生态巡查管养、五星城市管家、"必停"城市全域停车、产业园区运营、城市公共资源运营、"美好+"高速服务一体化经营、高校/医院后勤服务、交运/枢纽物业一体化运营、文旅景区运营、老旧小区长效管理、公租房片区化管理、数字社区改造服务、网格化社区管理服务、中小物业企业赋能。

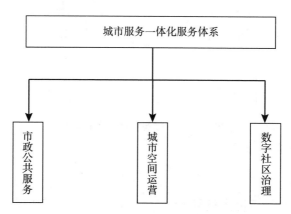

图 10-8　城市服务一体化服务体系

资料来源：笔者自制。

（一）市政公共服务

以"城市管家"为代表的市政公共服务是城市服务一体化服务体系的重要内容之一。"城市管家"服务从业务上可以细分为智慧市政环卫一体化、美丽城乡环卫一体化、智慧垃圾处理服务、智慧市政园林管养、市政基础设施养护、智慧管廊运维监控、水系生态巡查管养等领域（见图10-9），更细分的业务包括智能化机械作业（作业质量评估实时监控）、道路护栏清洗、餐厨垃圾收运（作业过程和定位监控）、垃圾分类实施、城市家具维护、景观造型/绿化养护、河道水系清漂杂物、名贵花木管理、管道（渗漏）检测机器、河道排污 AI 视频监测告警、水质监测无人船巡航、智慧路灯运维养护、流动摊点督查、占道堆放整改督导、露天焚烧制止整改、招牌/外立面管理、公共停车秩序管理、工地扬尘监管（视频全景 AI 解析告警）、路面污染施工上报、卫生文明城市创建宣传等领域。

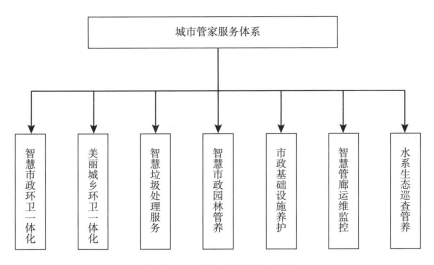

图 10-9　城市管家服务体系

资料来源：笔者自制。

（二）城市空间运营

城市空间运营是指对分布于不同空间的各类生产、生活形态提供的服务的总和。本书的城市空间运营包括产业园区运营、文旅景区运营、机场/交运枢纽物业运营、校园/医院后勤管家运营。

产业园区运营是城市服务一体化服务体系的重要内容之一。城市服务一体化服务体系中的产业园区运营主要是构建产业园区全链条服务体系，包括规划策划、产品设计、改造施工、产业招商、园区运营、物业管理等模块（见图10-10）。规划策划包括项目策划、产业规划、空间规划、市场前策等；产品设计包括设计规划、招标评审、展厅设计、智慧园区；改造施工包括改造与施工建设、工程代建、智慧园区建设；产业招商包括产业服务、金融服务、配套服务、空间运营等；园区运营包括办公生产空间提供、政策及中介服务、生产业态维护、产业链经营服务等；物业管理包括建筑主体管理、设备实施管理、环境管理、治安管理、消防管理、交通管理、家政服务、商务服务、日常维修等综合服务。

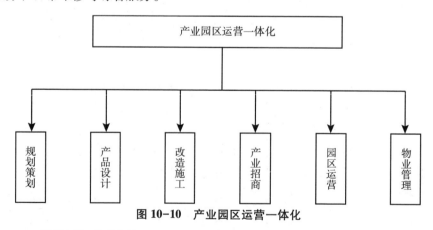

图10-10　产业园区运营一体化

资料来源：笔者自制。

文旅景区运营也是城市服务一体化服务体系的重要内容之一。城市服务一体化服务体系中的文旅景区运营一体化重点围绕规划策划、内容建设、运营管理、营销拉升等四个维度，提供四位一体、线上线下相结合的全链条服务（见图10-11）。规划策划包括全域旅游规划、项目规划策划、景区运营策划、公共景观规划、体验产品规划等；内容建设包括体验项目建设、夜游产品植入、二销产品开发、演出演艺导入、IP产品导入等；运营管理包括运营项目招商、游客服务管理、基础物业服务、A级创建辅导、智慧景区建设；营销拉升包括线上线下营销、精准客群营销、创意营销活动、KOL直播营销、营销活动导流等。

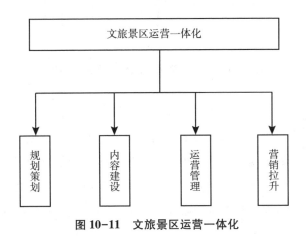

图10-11　文旅景区运营一体化

资料来源：笔者自制。

机场/交运枢纽物业运营也是城市服务一体化服务体系的重要内容之一。机场/交运枢纽物业运营一体化的服务内容主要包括客运服务、机务服务和机坪操作三大领域（见图10-12）。客运服务包括航站楼保洁（高空、卫生间）、特许业务（行李打包、发放）、市政环卫、手推车、旅客值机、特殊旅客服务等；机务服务包括客舱清洁、客舱深度清洁、机身清洗、机务维修、特种车驾驶、航材配送、纺织品洗涤、桥载设备等；机坪操作包括机坪保洁（FOD管理）、行李分拣、货邮装卸、机下操作、机坪运输特种车驾驶等。

校园/医院后勤管家运营也是城市服务一体化服务体系的重要内容之一。校园管家运营一体化主要包括校园管家、校园消费、校园教育和校园投资等四大领域。校园管家包括资产保值服务、智慧化管理服务、教学辅助管理服务、四保一服基础服务；校园消费包括餐饮商超、生活保障、传媒服务和自

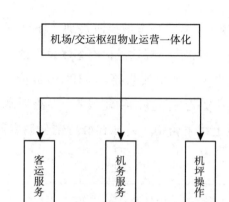

图 10-12 机场/交运枢纽物业运营一体化

资料来源：笔者自制。

主设备服务；校园教育包括实习实训资质资格、合作办学创业创客、职业规划技能培训、健康运动文创活动等；校园投资包括智能化建设、楼宇资产管理、空间商业运营、楼宇翻新和重建等。医院管家运营一体化主要包括医院管理服务和中央护理站服务（见图 10-13）。医院管理服务包括基础物业服务（保洁、保安、绿化、客服）、医疗辅助服务（中央运送、导医导诊导梯护工服务、洗涤服务）、医院空间运营服务（餐饮、便利店、停车场、文

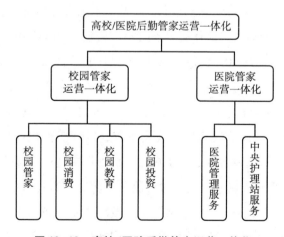

图 10-13 高校/医院后勤管家运营一体化

资料来源：笔者自制。

印、物品出租、书吧、咖啡屋等）。中央护理站服务包括院内护理和居家护理：院内护理包括普通病区护理、医院 ICU 护理、大外科护理、精神类护理、母婴护理；居家护理包括居家医疗护理、居家康复护理、居家养老服务、居家月嫂服务等。

（三）服务体系的实践

在城市服务一体化规范体系的服务体系部分，万科物业和碧桂园服务都形成了比较系统的服务体系。万科物业的物业城市服务体系包括城市空间管理、城市公共服务和公共资产运营三大部分。城市空间管理细分为地上空间管理、地下空间管理和环境管理；城市公共服务细分为公共辅勤、物业服务和其他服务；公共资产运营细分为资产管理、经营业务和其他业务。碧桂园的服务体系包括了三大领域和 20 大品类，形成了一个全方位覆盖城市服务各个层面的服务体系。

第十一章　中国城市服务评价

一　城市服务评价指标体系

（一）评价指标构建方法

为了衡量城市服务的表现，有必要将重点放在某些标准化的指标上。现有的地方指标往往没有标准化，导致同一城市在不同时期或不同城市之间的城市服务的发展状态没有一致性或可比性。在第九章中，本书详细介绍了城市服务评价的基础和原则。基于这些分析和城市可持续发展指标体系国际标准 ISO 37120，本章构建了城市服务指标体系用以评价我国城市服务的发展状态，旨在展现我国城市服务的基础，明确不同区域城市服务发展的优劣势，挖掘我国不同区域和城市服务的发展潜力。

2014 年国际标准化组织（ISO）发布了首个有关可持续城市的标准 ISO 37120（社区可持续发展——城市服务和生活质量指标）的指标体系。ISO 37120：2014 从城市服务和生活品质两个方面出发，从经济、教育、能源、环境、财政、火灾与应急响应、治理、健康、休闲、安全、庇护所、固体垃圾、通信与创新、交通、城市规划、废水、水与卫生等 17 个方面提出了 100 项指标（其中包括 46 项核心指标和 54 项辅助指标）用以衡量城市可持续发展状态。ISO 37120：2014 是 ISO/TC 268 发布的第一项国际标准，受到联合国环境规划署（UNEP）、世界银行（World Bank）、国际咨询工程师联合会（FIDIC）、地方政府环境行动理事会（ICLEI）等国际组织，以及中、法、德、英、加、日等国家的广泛关注。ISO 37120：2014 提供了一套全球通用方法，帮助不同国家的同类型城市进行横向比较，以期发现各城市推进城市可持续发展的先进经验和做法。ISO 37120 对现阶段我国新型城镇化健康、可持续发展具有十分重要的指导和借鉴意义。

基于该标准和本书第九章中的分析，以及我国的具体情况和城市服务一体化的重点，本书将城市服务评价指标分为三大方面和 11 项指标。三大方面包括影响城市服务的基础设施、影响生活品质的社会发展因素与城市服务和生活品质的基础即治理服务。基础设施中包括电力能源、交通、环境可持续、污水处理和网络设施五项指标；社会发展中包括教育、城市健康和城市宜居性三项指标；治理服务中包括城市经济、科技创新和城市治理三项指标（见图 11-1）。

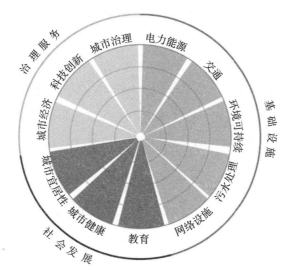

图 11-1 城市服务评价指标体系

资料来源：笔者自制。

（二）评价指标解释

1. 基础设施指标

（1）电力能源

电能是现代化生产和生活中不可或缺的能源，用电量是贴近实体经济发展的一项重要指标，一般而言，某一产业用电量增长，其产值也会随之增长。因此，用电量是衡量一个地区经济发展是否活跃的重要数据，它通常预示着当地经济的发展势头，也显示出城市的发达程度。考虑到我国城市市区规划变化较大，尤其是省会城市为了加速城市边界扩张和带动周边发展，常常会撤县设区，以及不同城市资源、生活方式等方面的巨大差异，比较城市总用电数据会失真，因此本书使用人均用电量作为评价指标。这一指标能够为市政公共服务和城市空间运营提供基本的体量和规模指标。

（2）交通

交通是城市环境的一部分，是解决广大人民群众基本出行需求的公共服务和民生工程，具有民生性、公共性、准公益性及基础性。城市交通能力的强弱将对城市运转效率产生较大影响。长期以来，我国城市人均道路面积一直处于低水平状态，只是近十年来才开始有较快发展，人均面积由 2.8 平方米上升到 6.6 平方米。尽管增长速度较快，仍赶不上城市交通量年均 20%的增长速度。全国 32 个百万人口以上的大城市中，有 27 个城市的人均道路面积低于全国平均水平。因此，每个城市的人均道路面积可以代表性地反映城市交通能力的强弱。该指标可以为城市空间运营中智慧公共停车、高速公路一体化、轨交物业一体化等方面的发展提供参考。

（3）环境可持续

我国在基础建设领域已经成为国际社会所公认的大国，这为我国的经济繁荣奠定了坚实的基础，但同时也带来了环境污染的问题。城市内存在的河流的储水量正在逐年递减，并且其污染程度与人口的剧增呈正相关，城市的大气环境和植被覆盖率也越来越差。城市地区人员较为密集，道路通达度较高，因此在日常生活中会大量使用到化石能源，为车辆载具提供能源或进行工业生产。化石能源的大量使用对城市地区的大气环境造成严重的影响，不利于城市地区人民群众的身体健康。同时大气环境的恶化还具有较强的扩散性，受污染的面积会随着时间的推移越来越大。城市环境特别是空气环境直接影响到城市居民的正常生活，对城市发展造成重要影响。本书选取可吸入细颗粒物年平均浓度这一指标来显示城市的空气质量和环保治理的成果，环保要求的提高有利于经济的合理健康发展，减少大气污染物排放，提高环境空气质量，增强人民幸福感，对市政公共服务中的智慧市政环卫一体化、美丽城乡环卫一体化、河道水系生态巡查管养等都有指导意义。

（4）污水处理

以往城市污水处理大多是采取裁弯取直等方式，对城市周边地区的河道生态环境造成了一定破坏，甚至会导致其失去原本的生态服务功能。城市河道不仅具有调节生态环境、涵养水源、防洪防涝等作用，更是一个城市文化底蕴与历史变迁的象征。城市污水处理不当，会对城市居民的正常生活与工作造成极为不利的影响，因此，污水处理是影响城市服务的重要指标。本书选取污水处理厂集中处理率作为评价城市排水系统能力的重要指标，其不仅对城市排水防涝体系造成影响，也是推动智慧排水建设，提高排水运营水平，进一步解决城市防洪排涝、水环境等问题，保障居民生活安全等问题的基础，对市政公共服务中的智慧市政环卫一体化、美丽城乡环卫一体化、河道水系生态巡查管养等都有指导意义。

（5）网络设施

通信和网络为智慧城市运行提供必要支撑，与城市的基础设施一起共同构成智慧城市底座，在此之上是各类城市应用服务和以应用场景为单位串联起城市的生活空间。所以，通信和网络设施是城市服务的基础。得益于我国信息化建设的成就，我国网民规模由 2015 年的 6.88 亿增长到 2020 年的 9.89 亿，互联网普及率由 50.3% 提升到 70.4%。数字经济渗透到市民生活中的各个领域，使城市消费场景更加多元，数字生活更加丰富多彩。目前，即时通信、网络视频等应用的网民渗透率达到 90% 以上，短视频、网络支付、互联网政务服务、网络购物等应用的网民渗透率达到 80% 以上，我国民众对数字化环境已具有较高的熟悉度和接受度，但每个城市还是有不同的发展速度。因此，本书计算了每万人口的互联网连接比例，使用这一指标来反映城市网络设施发展的情况。这一指标反映了城市互联网普及率，是建设智慧城市的基础指标，对预计市场的未来发展格局有重要指导意义，是数字社区治理的基础。

2. 社会发展指标

（1）教育

教育是国之大计、党之大计，因而也应是城市发展的大计。教育的根本目的在于育人，即培养能够担当民族复兴大任的时代新人，培养德智体美劳全面发展的社会主义建设者和接班人。从城市发展的角度来说，教育的目的在于培养能够适应、引领和推动城市化发展的新时代人才。这样的人才，应是善表达、会思考、善创造、能实践、开放的、合群的、自信的人，是符合改革创新的时代精神和能代表海纳百川、追求卓越、开明睿智、大气谦和的城市精神的新人。这样的人才，需要通过教育来培养，因此在社会发展指标中，本书选取教育作为代表指标，将每万人中的高等教育学位数量作为其评价指标。各大城市不断吸引高校毕业生留下来工作和生活的同时，城市的规模也在不断扩大。每万人中高等教育学位数量的增加对于城市补充年轻劳动力、缓解老龄化等社会问题有着极大的帮助。同时人口素质较高的城市对智慧城市发展和治理的接受度也相对较高。

（2）城市健康

随着人们进行健康管理的意愿和支付能力的不断提高，健康管理正在成为消费升级的重要内容，也成为地方政府促进城市服务业发展的重要方面。面对多层次的健康管理服务需求，如何促进健康管理服务业态的升级，企业界已有很多的成功实践，地方政府也在进行积极创新探索。自《国务院办公厅关于促进"互联网+医疗健康"发展的意见》（国办发〔2018〕26 号）等文件印发以来，各地迅速行动、创新落实，推动"互联网+医疗健康"发展取得了明显成效，形成了部门协同、上下联动的良好态势。中央政府和地方政府进一步聚焦人民群众看病就医的"急难愁盼"问题，持续推动"互联网+医疗健康"便民惠民服务向纵深发展。因此本书认为城市健康是城市服务未来发展的重点。本书选取每万人拥有医院床位数来展现城市医疗卫生资源总体情况。这项指标与城市竞争力紧密相关，是发展智慧养老等项目的重要指标。

（3）城市宜居性

绿地作为城市景观的一个元素，是城市中唯一接近于自然的生态系统，它对保障一个可持续发展的城市环境、维护居民的身心健康有着至关重要的作用。城市绿化覆盖率是城市各类型绿地（公共绿地、街道绿地、庭院绿地、专用绿地等）合计面积占城市总面积的比重。城市绿化覆盖率是衡量城市宜居性、城市环境质量及居民生活福利水平的重要指标之一。有学者认为当一座城市的绿化覆盖率达到50%时，这座城市即可保持良好的城市环境。我国大中城市和国外多数城市的城市绿化覆盖率目前都低于此标准。建成区绿化覆盖率的提高、城市绿地面积的扩大是地方政府以建设美好人居环境为目标，科学推进城市园林绿化工作的成果，能展现城市绿色生态网络，促进城市绿色低碳转型和可持续发展，同时，也与智慧市政园林管养、河道水系生态巡查管养、城市市容秩序有紧密联系。

3. 治理服务指标

（1）城市经济

从社会经济学的角度来看，城市的雏形发源于农业社会，伴随着商贸的繁荣、知识的积累和科技的进步，城市也在不断发展壮大，并逐渐成为经济的主要载体。进入工业社会以来，伴随着一次次产业革命，科技的进步不断推动着城市发展，而城市经济的发展也带来了更充足的人才和资金，进而不断地推动着技术革新与产业升级。随着数字经济成为世界各国的发展共识，越来越多的城市希望从数字经济的视角寻找区域产业转型升级的出路。建设智慧城市成为发展数字经济的主要载体，而与此同时，数字经济也成为智慧城市产业发展的主要特征。数字经济能否成功发展，城市能否依靠数字经济转型，与城市本身经济条件息息相关。因此本书为了反映城市本身经济条件，选取城市失业率为指标。城市失业率所指向的意义巨大，它是指一定时期内满足全部就业条件的就业人口中，仍未有工作的劳动力数字，旨在衡量闲置中的劳动产能，是反映一个国家或地区经济状况的主要指标之一，对城市服务发展方向、创造就业岗位、中小企业赋能等有指向性意义。

（2）科技创新

技术的进步为城市提供了一整套频繁更新的数据库和一系列用于处理新旧数据的先进分析技术。智能城市技术、共享出行服务和市政技术应用程序产生的新数据源，与几乎能够处理无限量数据的数据科学方法相结合，可以帮助城市政府部门更准确和实用地理解从居民福祉到建筑环境等几乎所有方面。例如，城市可以从交通传感器和智能手机收集数据，以更好地了解"交通沙漠"（公共交通不足以满足人口需求的地区）和基本服务的获取情况。更加强大的数据分析技术的确给城市政府带来了机遇，因为新的数据科学方法能处理海量数据，从而帮助城市政府发现挑战，并设计更有效且基于实证的干预方案。因此城市的科技创新能力对城市发展和城市服务一体化至关重要。本书选取了每万人每年新增专利数来评估城市科技创新的水平。科技创新为城市运行提供用得上、离不开，经济而又实惠的科学技术和应用设备，是智慧城市建设、数字社区智慧改造等项目的基础。

（3）城市治理

城市治理是指城市管理部门对城市基础设施、交通、环境、治安等方面的治理和管理，是城市服务一体化发展的重要基础。2021年是"十四五"的开局之年，也是"两个一百年"目标交汇与转换之年，《中华人民共和国国民经济和社会发展第十四个五年规划和2035年远景目标纲要》提出"要提高数字政府建设水平，将数字技术广泛应用于政府管理服务，提高数字化政务服务效能，全面推进政府运行方式、业务流程和服务模式数字化智能化"。这为系统构建"十四五"城市治理服务新发展格局指明了方向、明确了道路。全国各地纷纷全力推进数字政府并加速下探到基层，数字技术成为推动基层治理创新的重要抓手。根据政府工作报告和各行业"十四五"规划、十九大报告以及新时期数字治理的热点领域，本书重点对城市安全、社会信用、环境治理和城市基础设施管理进行评估。通过衡量城市治理各领域中典型数字化项目的发展水平，即公安大数据应用、社会信用体系建设、生态环境监测网络建设、综合管廊智能化管理平台建设，来评估每个城市的治理能力。

二　研究方法简介

（一）分析城市群和城市

1. 京津冀城市群

京津冀地区是中国的"首都经济圈"，它位于东北亚中国地区环渤海心脏地带，是中国北方经济规模最大、最具活力的地区，越来越引起中国乃至整个世界的瞩目。2019 年，京津冀三地 GDP 合计 84580.08 亿元，占全国的 8.5%。京津冀城市群包括北京、天津两大直辖市，以及河北省保定、唐山、廊坊、石家庄、秦皇岛、张家口、承德、沧州、衡水、邢台、邯郸和河南省的安阳。这些城市群体在地理范围上相近，交通便利，因此可以形成依托于地缘、交通、产业分工、通信等基础设施的协同发展的智慧城市群，从而促进各单一智慧城市建设向高级阶段发展。京津冀一体化协同是国家重大发展战略之一，在国家大力推动下，京津冀三地政府积极展开顶层设计，着手从诸多领域共谋一体化发展的大计。一体化发展要求京津冀三地能够统一发展步骤，实现信息系统、轨道交通系统、医疗服务体系等全部共享一套制度，从而实现优势互补、资源共享以及经济相融，使各地利用自身得天独厚的条件，实现今后三地可持续、优质化以及协同发展。然而目前京津冀三地发展基础不同，北京、天津在城市建设中有着较好的资金、技术基础，而河北省各城市在技术、资金等方面与其存在差距。本书选择京津冀城市群中的城市作为案例地区之一，可以反映不同城市之间的城市服务基础的巨大差距，并探讨在区域一体化协同发展的大背景下，这些城市发展城市服务一体化的潜力。

2. 长三角城市群

长三角城市群位于长江入海之前的冲积平原，是我国经济社会发展最为成熟的区域之一，2019 年 GDP 占全国的五分之一，其区域合作实践也呈现蓬勃发展的势头，成为中国参与全球竞争的重要区域性经济主体。长三角智慧城市建设取得了积极进展，呈现集群化特征，同时内部建设水平差异也较大，因此选取长三角地区作为本书的研究对象之一。根据 2016 年发布的官方文件《长江三角洲城市群发展规划》中关于长三角地区城市范围的界定，本书将 26 个城市的城市服务状态作为研究的对象。这 26 个城市广泛分布于长三角的三省一市（苏浙沪皖）中，其中既有直辖市，又有副省级城市及地市级城市，既有经济高度发达的大城市，又有发展较为缓慢的中小型城市，为我们观测不同类型的城市在城市服务发展程度上的差异提供了研究视角。这 26 个城市是上海市，江苏省的南京、镇江、扬州、常州、苏州、无锡、南通、泰州、盐城，浙江省的杭州、嘉兴、湖州、绍兴、宁波、舟山、金华、台州，以及安徽省的合肥、芜湖、滁州、马鞍山、铜陵、池州、安庆、宣城。

3. 珠三角城市群

珠三角城市群位于中国广东省中南部，是广府文化的核心地带和兴盛之地，范围包括广州、佛山、肇庆、深圳、东莞、惠州、珠海、中山、江门九个城市。珠三角城市群是亚太地区最具活力的经济区之一，它以广东70%的人口，创造了全省85%的GDP，是有全球影响力的先进制造业基地和现代服务业基地，南方地区对外开放的门户，中国参与经济全球化的主体区域，全国科技创新与技术研发基地，全国经济发展的重要引擎，辐射带动华南、华中和西南发展的龙头，是我国人口集聚最多、创新能力最强、综合实力最强的三大区域之一（另外两个是京津冀和长三角）。珠三角在成长为多核心、强联系城市群的同时，也是中国市场化发育程度最高、市场一体化程度最高的城市群。然而，珠三角城市群市场一体化进程虽然推进速度较快，但依然存在若干产业同构现象，如深圳、惠州、东莞之间及佛山和中山之间的产业相似度较高。珠三角城市群虽然整体发展水平较高，但内部依然存在基本公共服务不均衡的情况。因此，本书将珠三角城市群选为案例之一，其较高的经济发展水平和一体化程度可以展现该城市群中各个城市服务发展的优缺点，同时与其他城市群中的城市形成对比。

4. 成渝城市群

成渝城市群地处我国长江上游，坐落于四川盆地腹地。成渝城市群具体范围包括：重庆市和四川省的成都、自贡、泸州、德阳、绵阳、遂宁、内江、乐山、南充、眉山、宜宾、广安、达州、雅安、资阳。该区域总面积18.5万平方千米，2018年常住人口9500万人，占全国的6.8%，GDP达5.7万亿元，占全国的6.4%。成渝城市群以重庆、成都为中心，是西部大开发的重要平台，是长江经济带的战略支撑，也是国家推进新型城镇化的重要示范区。成渝城市群是西部经济基础最好、经济实力最强的区域之一，电子信息、装备制造和金融等产业实力较为雄厚，具有较强的国际国内影响力。该城市群人力资源丰富，创新创业环境较好，统筹城乡综合配套等改革经验丰富，开放型经济体系正在形成，未来发展空间和潜力巨大。一些学者认为成渝城市群具有市场、资源等外部环境及政策优势，有望成为我国经济增长极的"第四极"。然而，成渝地区双城经济圈发展呈"哑铃"形，成都、重庆中心城区城市能级远超区域内其他城市，城市能级梯次的不合理性、城市间经济联系弱，导致成渝地区双城经济圈"中部塌陷"、发展不平衡问题较为突出，综合实力与粤港澳大湾区、长三角城市群、京津冀城市群三大成熟"增长极"相比仍有较大差距，2020 年成渝地区双城经济圈 GDP 仅相当于世界第六大城市群长三角城市群的 32.37%。且由于四川、重庆两地地缘位置毗邻，资源禀赋相似，产业体系均以电子信息、装备制作业为主导，两地的制造业结构趋同，在集成电路、新型显示、智能终端、新一代信息技术、汽车制造等细分产业呈现较为明显的同质化竞争发展趋势，导致资源利用率低、重复建设、资源浪费等问题。因此，本书将成渝城市群选为案例之一，探讨其城市服务发展的潜力，并探索其与三大成熟"增长极"之间的差距。

5. 辽中南城市群

辽中南城市群位于中国东北地区南部，辽宁省中南部，西邻京津冀城市群，东邻朝鲜，与韩国、日本隔海相望，北接哈长城市群，南临渤海和黄海，是环渤海地区的组成部分，也是东北地区对外开放的门户。辽中南城市群由 2 个副省级城市和 7 个地级市组成，包括沈阳市、大连市、鞍山市、抚顺市、本溪市、辽阳市、营口市、盘锦市和铁岭市，区域面积 8.15 万平方千米。辽中南城市群工业化起步较早，工业发展历史悠久，已形成以装备制造、航空、汽车、能源、石化、机器人、电子信息等为主体的工业体系，为城镇化的发展打下坚实基础。在全面振兴东北老工业基地的背景下，辽中南城市群的经济形势逐渐向好，开放型经济体系逐步形成，但经济发展速度仍然缓慢，2019 年 GDP 为 21693 亿元，人均 GDP 为 65170 元，低于全国平均水平。为了实现长远的城镇化高质量发展，辽中南城市群应充分发挥高城镇化率的优势，以沈阳为中心、以大连为龙头，充分带动其他城市经济、社会等方面的发展，加强各城市间的多方联系与合作。辽中南城市群是我国重要的重工业基地，是辽宁省重要的经济增长引擎，也是东北地区经济最发达的区域。然而，辽中南城市群的经济发展水平与国家主要城市群相比，仍然存在较大的差距。辽中南城市群还没有发育成熟并形成应有的规模，经济发展仍处于较低的水平。辽中南城市群目前缺乏协调发展机制，各城市之间的交流不密切、信息不互通，各自为政、各自发展，影响城市群的有序发展。因此，本书将辽中南城市群选为案例之一，探讨其在经济条件相对较弱的情况下，城市服务发展的潜力和方向。

（二）数据来源与研究方法

基于本书构建的城市服务评价指标，本书数据选取 2020 年中国城市统计年鉴中各个相应城市的数据。基础设施方面中的电力能源指标选取的是年鉴中各个城市的全社会用电量，除以全市人口，计算出各城市的人均用电量。交通指标选取的是年鉴中各个城市的年末实有城市道路面积，除以全市人口，计算出各城市的人均城市道路面积。环境可持续指标选取的是年鉴中各个城市的可吸入细颗粒物年平均浓度。污水处理指标选取的是年鉴中各个城市的污水处理厂集中处理率。网络设施指标选取的是年鉴中各个城市的移动电话年末用户数和互联网宽带接入用户数，将两项数据相加除以城市人口。

社会发展方面的教育指标选取的是年鉴中各个城市的普通本专科在校学生数，除以全市人口，计算出每万人中的高等教育学位数量。城市健康指标选取的是年鉴中各个城市的医院床位数，除以全市人口，计算出每万人拥有医院床位数。城市宜居性指标选取的是年鉴中各个城市的绿地面积中的建成区绿化覆盖率。

治理服务方面的城市经济指标选取的是年鉴中各个城市的劳动力就业状况中的城市失业率。科技创新指标选取的是年鉴中各个城市的科技创新情况中的专利授权数，除以人口，获得每万人每年新增专利数。城市治理指标的数据来自各个地方政府的官方网站。

基于这些数据，本书进一步处理这些城市数据并进行排序。基于每一项指标，本书给各个城市排序赋值。得到各个城市的各项指标排序后，在 R 语言中进行处理，绘制出各个城市的城市服务状态图，展现各城市服务的优势和劣势。

三　城市服务评价结果

（一）总体情况

本书共分析了我国 74 个城市的城市服务状态。基于 11 项评价指标及分值的总和，将这 74 个城市分为四个梯队，如表 11-1 所示，总和分值最高，城市服务基础最好（评价为"优"）的城市为第一梯队；总和分值相对较高，城市服务基础良好的城市为第二梯队；总和分值相对较低，城市服务基础一般的城市为第三梯队；总和分值比较低，城市服务基础较差的城市为第四梯队。各城市群的城市服务评价见图 11-2。

表 11-1　城市服务梯队分布结果

城市排序	城市群	城市
第一梯队	京津冀城市群	北京
	长三角城市群	上海
	长三角城市群	南京
	长三角城市群	无锡
	长三角城市群	常州
	长三角城市群	苏州
	长三角城市群	杭州
	长三角城市群	绍兴
	长三角城市群	湖州
	长三角城市群	嘉兴
	长三角城市群	金华
	珠三角城市群	广州
	珠三角城市群	深圳
	珠三角城市群	佛山
	珠三角城市群	东莞
	珠三角城市群	中山
	珠三角城市群	珠海
	辽中南城市群	大连

续表

城市排序	城市群	城市
第二梯队	京津冀城市群	天津
	京津冀城市群	唐山
	京津冀城市群	廊坊
	京津冀城市群	石家庄
	长三角城市群	南通
	长三角城市群	镇江
	长三角城市群	宁波
	长三角城市群	舟山
	长三角城市群	台州
	长三角城市群	合肥
	长三角城市群	芜湖
	珠三角城市群	惠州
	珠三角城市群	江门
	成渝城市群	成都
	辽中南城市群	沈阳
	辽中南城市群	本溪
第三梯队	京津冀城市群	保定
	京津冀城市群	秦皇岛
	京津冀城市群	张家口
	京津冀城市群	承德
	京津冀城市群	邢台
	长三角城市群	盐城
	长三角城市群	扬州
	长三角城市群	泰州
	长三角城市群	马鞍山
	长三角城市群	铜陵
	长三角城市群	池州
	长三角城市群	滁州
	珠三角城市群	肇庆
	成渝城市群	重庆
	成渝城市群	德阳
	成渝城市群	绵阳
	成渝城市群	雅安
	辽中南城市群	鞍山

续表

城市排序	城市群	城市
第三梯队	辽中南城市群	抚顺
	辽中南城市群	辽阳
	辽中南城市群	盘锦
第四梯队	京津冀城市群	沧州
	京津冀城市群	衡水
	京津冀城市群	邯郸
	京津冀城市群	安阳
	长三角城市群	安庆
	长三角城市群	宣城
	成渝城市群	自贡
	成渝城市群	泸州
	成渝城市群	遂宁
	成渝城市群	内江
	成渝城市群	乐山
	成渝城市群	南充
	成渝城市群	眉山
	成渝城市群	宜宾
	成渝城市群	广安
	成渝城市群	达州
	成渝城市群	资阳
	辽中南城市群	营口
	辽中南城市群	铁岭

资料来源：笔者自制。

整体来看，长三角城市群和珠三角城市群的城市分布在第一和第二梯队较多，说明这两个城市群整体的城市服务基础较好。京津冀城市群和辽中南城市群中的城市在第一、二、三、四梯队都有分布，说明城市群内部差异较大。成渝城市群较多分布在第三、四梯队，说明整体城市服务发展基础较差。

京津冀城市群

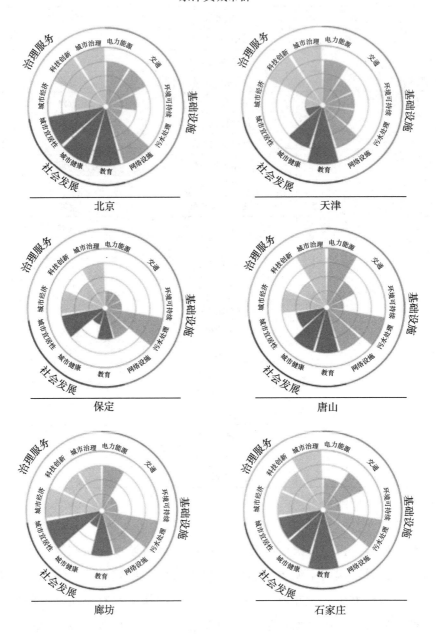

北京　　　　　　　　　　　　　　　天津

保定　　　　　　　　　　　　　　　唐山

廊坊　　　　　　　　　　　　　　　石家庄

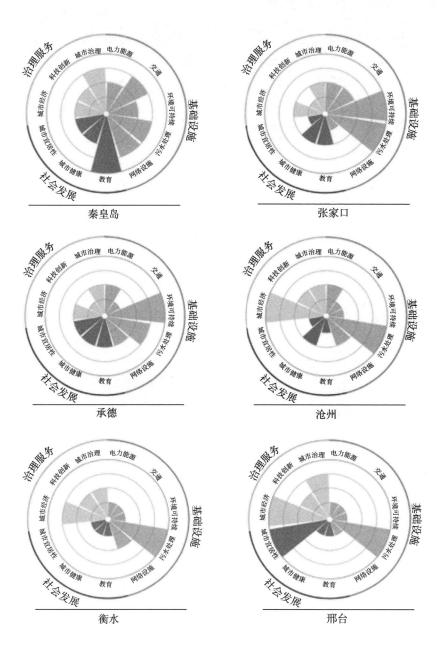

秦皇岛

张家口

承德

沧州

衡水

邢台

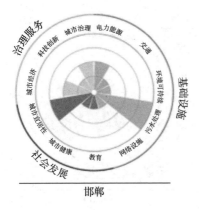

邯郸

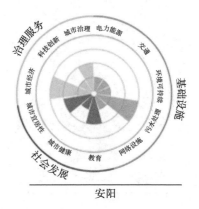

安阳

长三角城市群

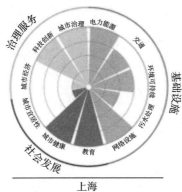

上海

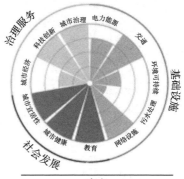

南京

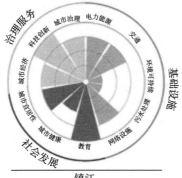

镇江

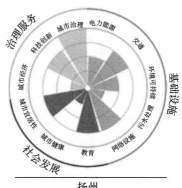

扬州

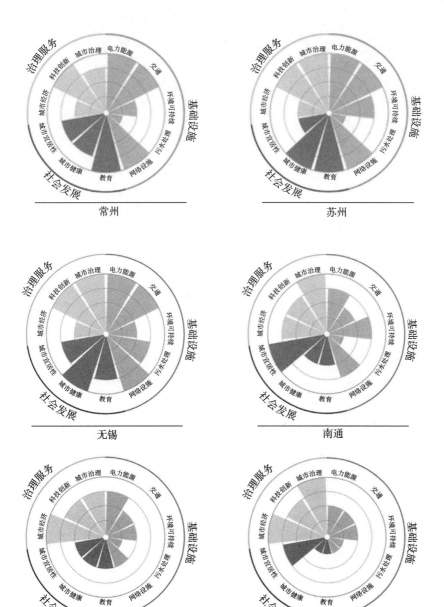

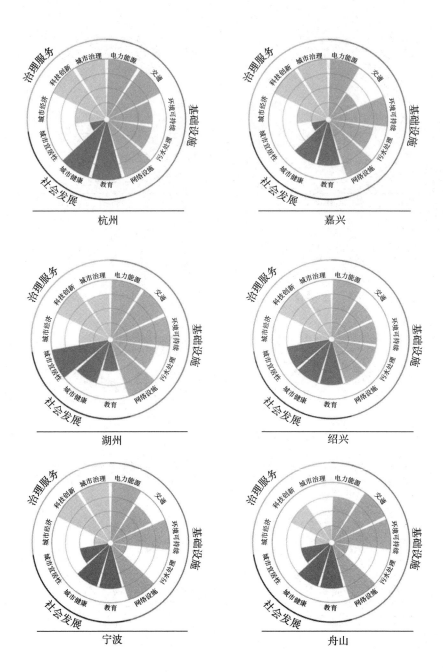

404

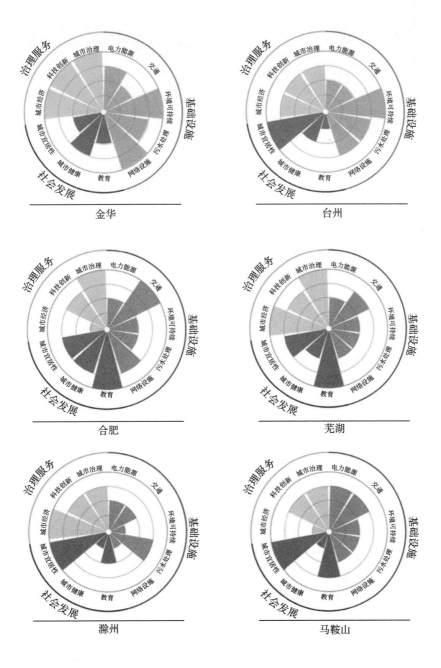

金华

台州

合肥

芜湖

滁州

马鞍山

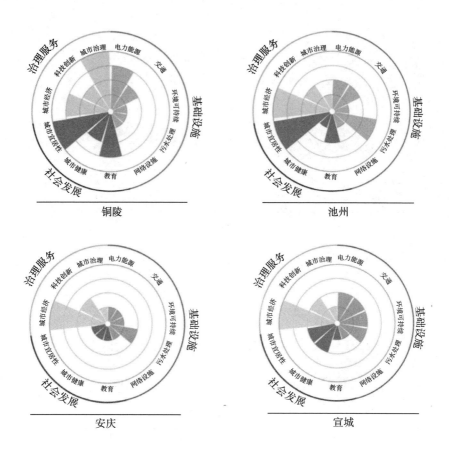

铜陵

池州

安庆

宣城

珠三角城市群

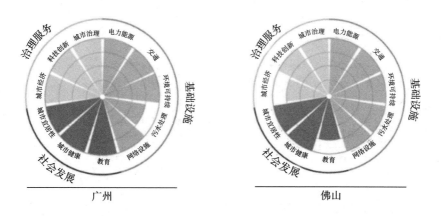

广州

佛山

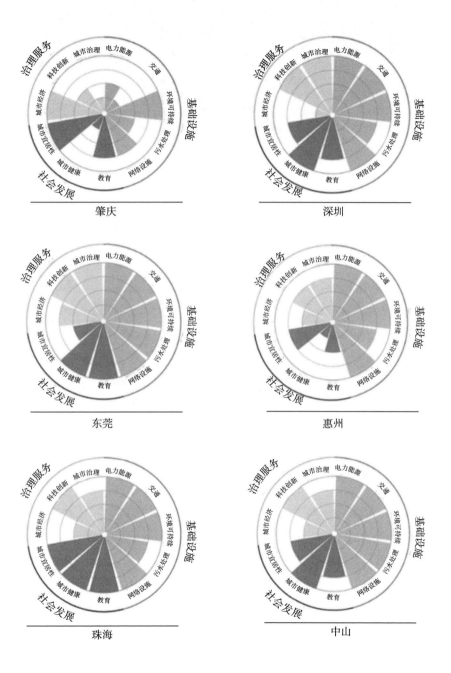

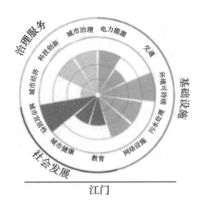

江门

成渝城市群

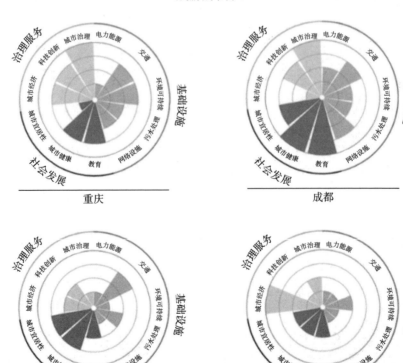

重庆

成都

自贡

泸州

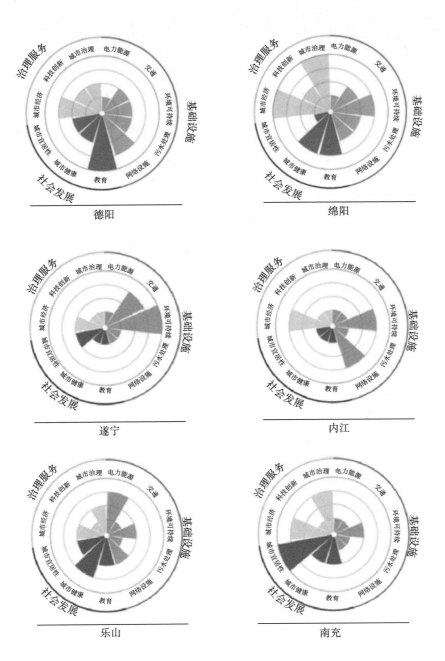

德阳

绵阳

遂宁

内江

乐山

南充

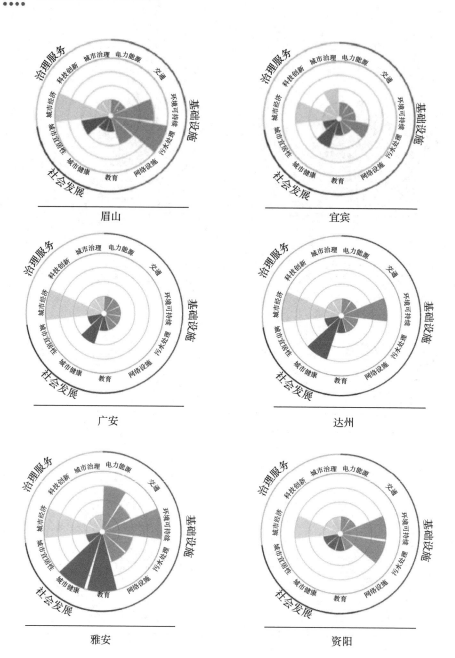

眉山

宜宾

广安

达州

雅安

资阳

辽中南城市群

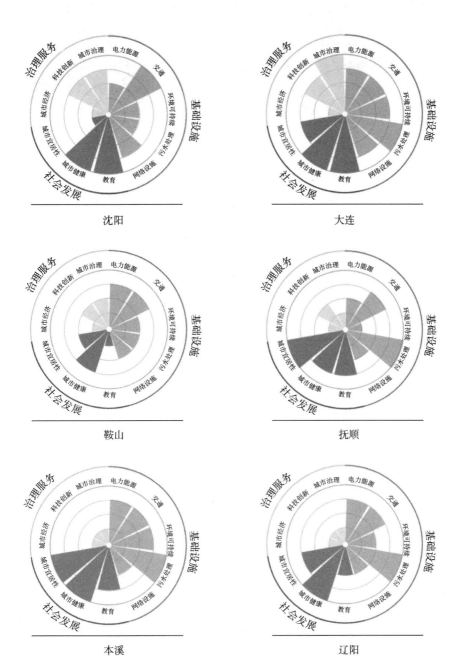

沈阳　　　　　　　　　　　　大连

鞍山　　　　　　　　　　　　抚顺

本溪　　　　　　　　　　　　辽阳

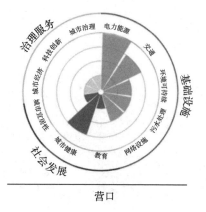

营口

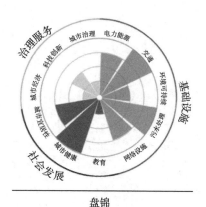

盘锦

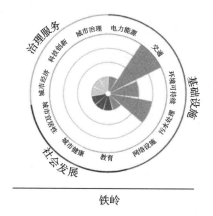

铁岭

图 11-2　各城市群的城市服务评价

资料来源：笔者自制。

1. 基础设施指标总体情况

从指标的角度来看，我国城市整体基础设施方面的情况较好。在电力能源这一指标中，长三角城市群和珠三角城市群人均用电量较高，也反映出其相应的经济发展活跃程度较高。京津冀城市群和辽中南城市群人均用电量中等，成渝城市群人均用电量较少，经济活跃程度也相对较低一些。

从交通指标上来看，这些城市人均城市道路面积为 7.4 平方米，我国大城市的人均城市道路面积尚不及发达国家的 1/3。珠三角城市群人均城市道路面积最大，长三角城市群和辽中南城市群的人均城市道路面积较大，成渝城市群和京津冀城市群的人均城市道路面积最小，交通拥堵情况较严重。

在城市环境方面，珠三角城市群和长三角城市群中浙江省的城市空气质量最好，可吸入颗粒物年平均浓度小于35微克每立方米。长三角城市群的其他城市、成渝城市群和辽中南城市群的空气质量较为一般。空气质量最差的是京津冀城市群。

在污水处理方面我国城市总体处理率较高，城市之间差距不大。污水处理率最高的是京津冀城市群；珠三角城市群和辽中南城市群污水处理率较高；成渝城市群污水处理率一般；长三角城市群的污水处理率最低。

在网络设施的指标上，我国网络基建整体较好，但是各地区发展程度不同。珠三角城市群和长三角城市群江苏省和浙江省的城市中每万人连接互联网比例最高。辽中南城市群和京津冀城市群的每万人连接互联网比例一般。长三角城市群安徽省的城市和成渝城市群中的城市每万人连接互联网比例最低。

2. 社会发展指标总体情况

教育指标呈现的情况与其他指标较为不同。教育指标的差异主要体现在每个城市群内的城市之间，每万人中高等教育学位人数较多的主要集中在各个城市群的核心城市，如京津冀城市群的北京、天津，长三角城市群的上海、南京、杭州和合肥，珠三角城市群的广州、珠海，成渝城市群的成都，以及辽中南城市群的沈阳和大连，指标人数较少的都集中在各个城市群里较边缘的城市。

城市健康指标中，因为我国是人口大国，每万人拥有医院床位数一直相对比较紧张。在所有城市群中情况最好的是珠三角城市群，辽中南城市群和长三角城市群中江苏省和浙江省的城市情况也较好，医疗资源比较紧张的是京津冀城市群、长三角城市群中安徽省的城市和成渝城市群。

城市宜居性指标采用的是城市绿化覆盖率，然而我国所有城市的绿化覆盖率都未超过50%，我国的城市环境和宜居性仍需提升。珠三角城市群的绿化覆盖率总体最高，长三角城市群和辽中南城市群的绿化覆盖率较好，京津冀城市群和成渝城市群的绿化覆盖率较差。

3. 治理服务指标总体情况

城市经济指标的失业率分布也较为分散，城市群内部差异也较大。城市

失业率较低的城市集中在长三角城市群和成渝城市群，失业率最高的城市群
是辽中南城市群。

科技创新指标情况最好的是珠三角城市群，长三角城市群和京津冀城市
群中的北京和天津科技创新的专利批复数较高，创新情况比较差的是京津冀
城市群中的其他城市，以及成渝城市群和辽中南城市群。

城市治理指标中，各个城市群的中心城市治理能力较强，其公安大数据
应用、社会信用体系建设、生态环境监测网络建设、综合管廊智能化管理平
台建设都已经比较完善，如北京、上海、杭州、广州、深圳、重庆和成都。
整体而言，长三角城市群和珠三角城市群中的城市治理平台建设水平较高。
京津冀城市群中的城市治理平台建设水平一般。成渝城市群和辽中南城市群
的城市治理平台建设水平较低。

（二）京津冀城市群

如图 11-2 所示，与其他城市群相比，除北京和天津作为核心城市各项
指标相对较好，京津冀城市群中的城市各项指标都相对较差。这些城市人均
用电量比较低，人均城市道路面积严重不足，环境污染较为严重，污水处理
率较高，互联网连接比例相对较低。这些城市的教育资源多集中在北京、天
津和石家庄，其他城市教育资源比较少；医疗资源非常紧张；北京、廊坊和
邢台的城市宜居性较好，其他城市的绿地较少；城市失业率中等，发展创新
能力严重不足，城市治理平台建设水平差距较大，北京、天津、石家庄和唐
山城市治理平台建设水平较高，其他城市有待提高。

（三）长三角城市群

如图 11-2 所示，与其他城市群相比，长三角城市群中的城市各项指标
都相对较好。这些城市人均用电量比较高，人均城市道路面积略有不足，环
境污染较严重，污水处理率较低。与其他地区相比，长三角地区的污水处理
率最低，城市污水处理不当，对城市居民的正常生活与工作造成了极为不利
的影响，是影响城市服务的重要指标。长三角城市群的互联网连接比例相对

较高，但是分布极为不均，江苏省的城市和浙江省的城市互联网连接比例较高，而安徽省的城市互联网连接比例较低；教育资源多集中在上海、南京、杭州和合肥，但整体教育资源较充足；医疗资源在上海、江苏省经济较好的城市、浙江省的城市较充裕，在江苏省经济较差和安徽省的城市中严重不足；城市宜居性整体较好，城市绿地较多；同时经济发展较好，城市失业率较低。该城市群的发展创新能力较好。长三角城市群中的城市，除舟山、安庆、宣城和沧州外，治理平台建设整体水平较高。

（四）珠三角城市群

如图 11-2 所示，与其他城市群相比，珠三角城市群中的城市各项指标最好。这些城市人均用电量最高，城市经济最有活力，人均城市道路面积较充足（城市缺乏数据），环境情况最好，污水处理率较高，互联网连接比例非常高。珠三角城市群的教育资源多集中在广州和珠海，其他城市教育资源一般；医疗资源比较充裕；城市宜居性较好，城市绿地较多；城市失业率较高，发展创新能力最强。珠三角城市群中的城市治理平台建设整体水平较高，完成度较好。

（五）成渝城市群

如图 11-2 所示，与其他城市群相比，成渝城市群中的城市各项指标是最差的。这些城市人均用电量非常低，城市经济活力低，人均城市道路面积严重不足，环境污染较严重，污水处理率一般，互联网连接比例最低。成渝城市群的教育资源多集中在重庆和成都，其他城市教育资源非常少；医疗资源比较紧张；城市宜居性较差，城市的绿地较少；城市失业率较低；发展创新能力严重不足。成渝城市群中城市治理平台建设水平差距较大，重庆和成都的城市治理平台建设水平较高，但其他城市治理平台建设水平较低。

（六）辽中南城市群

如图 11-2 所示，与其他城市群相比，辽中南城市群中的城市各项指标都略差。这些城市人均用电量比较高，人均城市道路面积比较充裕，环境污染比较严重，污水处理率较高，互联网连接比例相对较低。辽中南城市群的教育资源多集中在沈阳和大连，其他城市教育资源非常少；医疗资源比较充裕；城市宜居性相差较大，大连、抚顺和本溪城市绿地较多，其他城市的绿地非常少；城市失业率较高；发展创新能力严重不足。辽中南城市群中沈阳和大连的城市治理水平相对较高，但其他城市的城市治理平台建设比较落后。

四　各城市群物业服务的经验和前景

本章建立了城市服务评价指标体系，基于该指标选取了我国比较有发展潜力的城市群中的城市，对它们进行基础条件的对比。分析结果显示了我国不同地区之间城镇化水平和经济发展状况等条件的巨大差异，因此我国城市物业服务的基础和发展程度也有所分化。这一点在物业服务企业的分布上也有所体现，我国物业服务 500 强企业超八成集中在广东省、北京市、上海市、安徽省、湖南省等 13 个省份。其中，珠三角城市群中广东省的企业最多，共 94 家，占 18.8%；京津冀城市群中北京市有 52 家，河北省有 15 家；长三角城市群中上海市有 49 家，安徽省有 38 家，江苏省有 26 家，浙江省有 26 家；成渝城市群中四川省有 27 家，重庆市有 15 家；东北三省仅有 20 家。因此，我们认为展现不同城市群物业服务的情况，并对不同城市群物业服务的发展前景进行预测是非常必要的。

（一）京津冀城市群

京津冀城市群的经济基础较好，也是国家重点发展的区域。但是该区域不同城市之间的发展差异过大，特别是较小的城市，其整体基础较差。这一地区整体经济活跃程度不高，市政公共服务和城市空间运营的基本体量较小；交通情况比较差，急需智慧公共停车、轨交物业一体化等服务来解决交通问题；城市污染较严重，城市绿地也非常少，急需智慧市政环卫一体化、美丽城乡环卫一体化、智慧垃圾处理、智慧市政园林管养、河道水系生态巡查管养等服务，减少空气污染。老旧小区的改造是京津冀城市群中城市服务的一大难点，特别是北京，其部分小区年久失修，普遍存在停车位等配套设施不全、设备设施老化等问题。同时，老旧小区改造还面临设备设施权属关系复杂、责任主体不明确，物业服务覆盖不足、服务质量不高，业主付费意识不强，日常维护和更新改造缺乏资金来源等问题，物业服务难度较大，需要智慧社区改造等服务。京津冀城市群中已有发展成功的案例，可以为其他城市提供借鉴。例如2021年以来，碧桂园服务将EPCO（设计、采购、施工、运营一体化）模式引入天津市滨海新区老旧小区改造项目，在老旧小区改造和长效运营管理、城市服务一体化、城市综合运营及智慧城市建设等领域与滨海新区达成全面深度合作。碧桂园服务在老旧小区改造项目中将运营前置，实现改管一体化，对项目改造工程的设计、采购、施工和运营全流程实施整体总包方案，进一步优化完善小区生活服务设施，带动社区服务产业增量发展，彻底解决传统社区改造中改管脱节、资源浪费、资金不足等难题。

京津冀城市群的互联网普及率还比较低，每万人中高等教育学位人数较少，说明年轻劳动力较少，人口老龄化较严重，城市创新能力严重不足，城市医疗情况相对紧张，有需要"互联网+医疗健康"的空间，适合发展智慧养老等项目。由于物业企业在养老服务领域有无可比拟的发展优势，"物业+养老服务模式"将是物业服务企业拓展多元化经营的重大机遇。例如，北京市在海淀、通州等区域实施老旧小区试点改造，补建社区养老服务驿站。许多物业服务企业已经开始在这一领域进行布局。例如绿城物业通过打造绿城椿龄康养集团，利用养老生活服务与基础物业服务的协同效应，不断向全国承接养老社区建设，产品涉及学院式养老社区、社区嵌入式养老机构、居家式养老、候鸟式养老、公建民营项目及PPP养老项目。

京津冀城市群的治理平台建设水平一般，在公安大数据应用、社会信用体系建设、生态环境监测网络建设、综合管廊智能化管理平台建设上，市场可以与地方政府合作，促进地方治理能力的提升。京津冀的城市在治理方面已经做出了改进，协调解决重点问题，改善企业营商环境。例如，北京市在治理方面切实推进地方性法规《北京市物业管理条例》的起草和执行。同时北京市政府还努力推动"北京业主"App的广泛使用。天津市也在不断完善物业行业的法制建设，修正《天津市物业管理条例》和《天津市社区物业管理办法》。石家庄市委组织部、石家庄市住房和城乡建设局制定了相关政策，推动"红色物业"评选，给予企业奖励资金和政策扶持，助力企业承接老旧小区服务。

（二）长三角城市群

长三角城市群是全球重要的城市群之一，既有经济高度发达的大城市，又有发展较为缓慢的中小型城市，整体城市服务一体化基础较好。该地区整体经济活跃程度高，市政公共服务和城市空间运营的基本体量较大；交通情况较好但还需要提升，需要智慧公共停车、轨交物业一体化等服务来解决交通问题；城市污染较重，城市绿地较多，但是污水处理率最低，急需智慧市政环卫一体化、美丽城乡环卫一体化、智慧市政园林管养、河道水系生态巡查管养等服务。长三角城市中，上海在垃圾分类上的成功经验值得其他城市学习。上海市物业管理行业在全市垃圾分类工作的推进中充分展现了社区垃圾分类管理责任人的责任与担当，各物业服务企业与各区、街道和居委会进行前期工作对接，在管理项目内大规模开展生活垃圾分类达标的宣传和普及，全面落实居住区和商办写字楼分类垃圾箱房和分类投放点改造。在市政环卫方面，南京市的案例值得其他城市学习。南京市与洲岛服务合作，引入"网格化"管理模式，建立专人专岗专责执勤机制，通过机械化手段科学制定市政环卫（涵盖道路保洁、河道保洁、公园管理、城市家居）分时 SOP（标准化作业程序），细分人工、小型设备、大型机械三大作业界面与 13 条作业路线，形成了"高标准、严要求、全天候、全路况、全覆盖"的道路环卫模式。同时，由于长三角地区自然资源和人文资源丰富，有很多国家级景区，这些景区的物业服务也需要新的治理模式，例如保利物业进驻浙江省嘉善县西塘景区并为其提供全域服务。

长三角城市群互联网普及率较高，每万人中高等教育学位人数较多，说明该地区年轻劳动力较多，城市创新能力充足，适合直接建设数字社区、智慧城市等大型项目。例如，上海市相关物业服务企业积极参与到历史建筑管理的工作中，开展了大量有前瞻性和开拓性的工作。杭州市住房保障和房产管理局通过制定各地各部门工作任务分解表、"美好家园"建设试点方案和标准、街道社区指导监督业委会三个指导规程以及老旧小区物业服务补助资金政策等配套制度文件，推进各项工作的贯彻落实。其中老旧小区改造比较成功的案例是杭州市上城区采荷街道，该街道管理面积大、人口结构复杂，存在很大的管理难度。和瑞生活针对采荷街道老旧小区物业管理的现状，以打造"未来社区生活服务"为工作目标，以"品质引领、机制先行、构建标准、统一模式、延伸服务"为工作理念，以"收费不提高、标准有提升、服务有升级"为工作导向，在满足采荷老旧小区洁化、序化、绿化等初级物业服务的基础上，拓展智能科技应用，打造综合服务平台，最终实现以常规物业服务为基础、以公共事务服务为切入、以专项增值服务为抓手、以运营服务为支撑的一站式综合服务体系，持续提升管理范围内群众的幸福生活指数。长三角城市群的城市医疗情况相对分布不均，江苏省和浙江省适合发展智慧养老等项目，安徽省需要更多医疗资源。

整体来说，长三角城市群的城市服务发展应侧重市政公共服务和数字社区治理。长三角城市群较多城市已经有很高的治理水平和较完善的平台建设。例如，《上海市住宅物业管理规定》经过修订，于2019年3月1日正式实施。该规定从理顺管理体制、完善业主自我管理、完善物业的使用和维护等几个方面，在制度安排层面进行了突破和创新。同时，上海市政府全力推进城市运行"一网统管"，启动建设城市运行管理平台系统。上海物业管理行业的"上海物业"App和上海市物业管理监管与服务平台同步投入使用。通过现代信息技术，上海市实现了对全市所有物业服务企业和住宅物业项目的监管。安徽省通过修订《安徽省物业管理条例》，规定县级以上人民政府应当将物业服务纳入社区建设和社区治理体系，明确了街道、社区指导协助成立业主大会及选举业主委员会、调处物业纠纷等工作职责。

长三角城市群物业服务市场对企业接受程度高，城市服务一体化发展速度也相对较快。例如，伴随着资本市场对物业管理行业的持续注入，以及物业服务企业的转型发展，上海物业管理行业的业务和收入结构正在发生深刻的变化，在行业主营业务收入保持平稳的基础上，复合型收入成为物业管理行业新的增长点。咨询服务、案场服务成为地产集团下属物业服务企业的高利润业务板块，中介服务和代理经租逐渐成为商办地产所属物业服务企业的重要服务内容，居家生活服务和社区资产管理收入在住宅物业项目经营业务收入中的比例越来越大。通过不动产管理、社区生活服务与传统物业服务业务的深度整合，物业服务企业极大地拓展了业务领域和利润来源。然而，在安徽省，由于市场化价格机制缺失，收费和成本不对等，市场化的定价、议价、调价机制尚未有效形成，管理界限不明，企业责任过重。开发建设遗留问题影响了物业服务企业的正常运转，繁重的公共服务责任转嫁加重了企业负担。

（三）珠三角城市群

珠三角城市群是亚太地区最具活力的经济区之一，是全国经济发展的重要引擎，也是全球重要的城市群之一，整体城市服务一体化基础最好。珠三角城市群的目标定位是打造国际一流湾区和世界级城市群，而一流的湾区离不开一流的物业管理，世界级的城市群必须匹配世界级的物业服务。该地区整体经济活跃程度高，市政公共服务和城市空间运营的基本体量较大；交通情况很好，公共交通发达，有轨交物业一体化等很好的基础和经验；城市环境好，宜居性好，污水处理率高，为智慧市政环卫一体化、智慧市政园林管养、河道水系生态巡查管养等服务提供了很好的基础。例如，东莞市已经有成功的治理经验。2021年2月，金智仟城与东莞水乡特色发展经济区管理委员会就东莞水乡大道综合管理项目正式签约，城市综合协同治理模式获得认可。该项目采用创新化、定制化菜单服务，甲方可根据需求选择服务内容，初期服务内容包括智慧城市管理系统打造、环卫保洁、绿化养护、路灯照明养护、桥梁检测、桥梁养护、市政设施养护、交通设施养护、绿道设施养护、水车养护等，业态较为丰富。在后续运营中，金智仟城逐渐增加各项城市服务内容，扩展为周边城市综合管理服务的"大管家"项目。

珠三角城市群互联网普及率较高，年轻劳动力较多，城市创新能力最强，该地区适合直接建设数字社区、智慧城市等大型项目。城市群城市医疗资源充足，适合发展智慧养老等项目。整体来说，珠三角城市群的城市服务发展应侧重数字社区治理。珠三角城市群较多城市已经有高水平的治理平台，物业服务市场对企业接受程度较高，城市服务一体化发展速度也相对较快。例如，深圳市为我国物业城市服务提供了很多经验。在 2019 年全国经济下行压力持续加大的情况下，深圳市物业服务企业仍能够突破重重困难，实现营业总收入较高比例增长，说明其行业整体及各物业服务企业针对外界经济压力有一定的抗压能力，总体发展前景较好；同时，2019 年，物业服务企业牢牢抓住粤港澳大湾区建设、先行示范城市打造、社区治理体系推动完善以及"一带一路"共享经济等政策利好深耕深圳市内市场，以谋求强强联合、开拓深圳市外业务来寻找发展机遇，利用人才、科技双驱动发展模式不断推进企业转型升级，实现企业总体营收的新突破。例如，2019 年，深圳市福田区委、区政府积极作为，在城市管理领域启动"物业城市"改革试点建设，以街道为范围，将环卫清洁、垃圾清运、绿化、市容巡查、数字化城管等城市管理业务"统一发包"给一家物业服务企业。深业运营成功获得试点街道"物业城市"项目运营服务权。深业运营将绿化管养、市容巡查、数字化城管及环卫保洁进行"一揽子"运营，将该街道划分为 12 个作业区，每个作业区以"管家式"模式，结合物业服务企业的管理和服务经验，进行一对一管理。首先，探索"街道+社区+城市管家+社会主体"的"四方融合"管理新模式；其次，构建智慧平台，促进数字化战力"物业城市"项目全面推行；同时，实施"人机结合"，以机械化作业提升服务质量。

然而，珠三角城市群中其他的城市在物业管理方面依旧面临巨大挑战。当前，物业管理在社区公共管理服务中处于被动尴尬的地位：需要就出现，不需要就"隐身"。造成这种情况的原因主要有两点。一是物业服务企业参与社区公共管理服务政策落地问题没有解决。解决这个问题，主要是要落实财政部《政府购买服务管理办法》，让物业服务企业能够参与政府购买社区服务。二是物业管理作为社区公共管理服务产品的主要提供者，缺少政府的资源支持。政府没有将物业管理纳入社区公共管理服务体系进行支持，而突发性事件，如新冠疫情的出现，又普遍给物业服务企业增加运营成本，增幅在10%～30%，致使企业因疫情而亏损，除个别城市如深圳外，基本上没有物业服务企业受到政府资金资助。

（四）成渝城市群

成渝城市群是西部经济基础最好、经济实力最强的区域之一，电子信息、装备制造和金融等产业实力较为雄厚，具有较强的国内国际影响力。但是成都、重庆中心城区的城市能级远超区域内其他城市，城市能级梯次不合理、发展不平衡，区域整体基础最差。这一地区整体经济活跃程度不高，市政服务和城市空间运营的基本体量比较小；交通情况比较差，急需智慧公共停车、轨交物业一体化等服务来解决交通问题；城市污染较严重，城市绿地也非常少，污水处理率一般，需要智慧市政环卫一体化、美丽城乡环卫一体化、智慧垃圾处理、智慧市政园林管养、河道水系生态巡查管养等服务，提升城市宜居性。

成渝城市群互联网普及率比较低，年轻劳动力较少，人口老龄化较严重，城市创新能力严重不足，企业需要推进老旧社区改造、数字社区、智慧城市等大型项目。以成都为例，成都"东进、南拓、西控、北改、中优"的发展战略为行业发展提供了巨大的市场空间。成都市积极推动物业管理服务全覆盖，鼓励老旧院落、保障性住房等引入专业化物业服务，支持物业服务企业向商业、写字楼、产业园区、学校、医院等多业态拓展，向产业服务、城市服务领域延伸，业主对物业服务尤其是高品质服务的消费需求也日益增加。市场拓展方面，成都市物业服务企业在立足住宅物业服务的同时，加快向商业、写字楼、产业园区、学校、医院、公共场馆、公园等物业服务延伸，大型优质物业服务公司向城市空间整合服务领域进军。在政策支持下，成都市老旧院落、保障性住房小区、拆迁安置小区引入专业化物业服务进程显著加快。

2019年，重庆启动实施1100万平方米老旧小区改造，通过"小区智管、小区细管、小区众管"，对物业服务小区内房屋、设施设备、环境绿化进行精细化的管理维护，创建了一批智能物业服务小区，促进了人居环境改善。同时，城市更新改造也为物业服务企业拓展价值链条提供了机遇，重庆物业服务企业积极探索城市更新改造和老旧小区整治的机制和模式，通过对城市、小区空间的梳理和功能定位，结合物业服务企业线上线下的优势，探索与旧改工作融合的路径和机会，实现从小区运营服务机构向城市运营平台的转型升级。

成渝城市群的城市医疗资源比较紧张，有需要"互联网+医疗健康"的空间和发展智慧养老等项目的空间。整体来说，成渝城市群的城市服务发展应侧重市政公共服务。成渝城市群治理平台建设相对落后，市场可以考虑协助公安大数据应用、社会信用体系建设、生态环境监测网络建设、综合管廊智能化管理平台建设等智慧城市治理平台的建设。其中，成都市已经为其他城市做出了榜样。成都市深入实施"智慧物业"发展战略，催生了物业管理行业全新的管理服务模式，行业转型升级步伐不断加快，产业结构优化，产业融合加快，具体表现为以下三方面。一是成都市智慧物业管理服务系统已上线运行，涵盖业主行权、政务服务、行业监管、信用管理、矛盾调处、业主自治等功能，推出了小区信息查询、小区管理公共事务投票表决、投诉评价、通知公告、政策法规查询等便民服务；同时，接入成都一站式市民服务平台"天府市民云"，使广大市民能更加畅通地办理业务、反映诉求。二是企业也日益重视技术赋能的重要性，通过建立信息化管理服务平台等方式提升管理效率、提供社区增值服务。例如，万科物业的"睿"服务体系、龙湖物业的千丁互联、嘉宝物业的生活家服务体系、通发众好物业的智慧厕所云平台、倍豪物业的医院智慧后勤一站式服务平台、华昌物业的"挪码 AI 云通知"等。三是物管区域智慧硬件设施逐步完善，积极引导有条件的小区设立智能储物柜、快递包裹智能投递柜、果蔬生鲜等自助售卖机、金融服务自助终端设备、传感器装置等智慧便民设施，不断满足业主多元化、个性化需求。

（五）辽中南城市群

辽中南城市群是我国重要的重工业基地，是辽宁省重要的经济增长引擎，也是东北地区经济最发达的区域。然而，辽中南城市群的经济发展水平与其他主要城市群相比，仍然存在较大的差距，区域整体基础较差。这一地区整体经济活跃程度较高，市政服务和城市空间运营的基本体量一般；交通情况较好，有发展智慧公共交通等服务的潜力；城市污染较严重，城市绿地也非常少，急需智慧市政环卫一体化、美丽城乡环卫一体化、智慧垃圾处理、智慧市政园林管养、河道水系生态巡查管养等服务，提升城市宜居性。城市群中比较好的案例是 2019 年大连市西岗区与雅生活旗下企业明日环境签订绿色发展战略协议。之后，双方携手推动西岗区绿色发展，进行垃圾分类及处理，开启城市形象焕新。雅生活城市服务迅速在该区 3 个街道 22 个社区共开展 342 场宣传督导活动，并配备共计 21 辆各式分类收运车辆对可回收物、有害垃圾、餐厨垃圾、建筑大件垃圾进行收运。同时，依托雅生活城市服务创建的自有再生资源收购体系，并辅以智慧化系统管理，实现了垃圾分类收运的体系化、量产化及智慧化，且在末端通过粗加工增加产品附加值，以保证效果最大化。

辽中南城市群互联网普及率比较低，年轻劳动力较少，人口老龄化较严重，城市创新能力非常不足，需要老旧社区改造。该地区目前老旧小区物业费收取是一个"老大难"问题，也是困扰物业管理行业全面发展的重要因素。例如，沈阳市高档小区物业费收取率接近 95%，中档小区在 60% 左右，老旧小区则不足 50%，导致老旧小区物业管理水平偏低。

城市医疗情况比较充裕，有发展智慧养老等项目的空间。整体来说，辽中南城市群的城市服务发展应侧重市政公共服务。辽中南城市群治理平台建设相对落后，市场可以考虑协助公安大数据应用、社会信用体系建设、生态环境监测网络建设、综合管廊智能化管理平台建设等智慧城市治理平台的建设。首先，物业服务专业化程度有待提高，应该发展设备管理、保洁家政、园林养护、秩序维护等专业物业服务企业，一些物业服务企业应将保洁、秩序维护、冰雪清理、绿化美化亮化、二次供水、公共设施维修等服务事项委托给专业化公司管理，提升专业化服务水平。其次，当地物业服务企业应该从住宅、办公楼、工厂、医院、学校、商场等向市政设施、城市综合体项目延伸，并提供包括基础物业服务、家政服务、养老服务、电子信息服务、理财服务等在内的全方位服务，加快形成完备的现代物业服务体系。

（六）总结

在本章中我们基于前几章的研究和可持续城市的标准 ISO 37120 构建了一个城市服务指标体系来评估我国五个城市群中各个城市的城市服务水平。城市服务指标体系主要由三大方面和 11 项指标组成，三大方面包括影响城市服务的基础设施、影响生活品质的社会发展因素与城市服务和生活品质的基础即治理服务。基础设施服务中包括电力能源、交通、环境可持续、污水处理和网络设施五项指标。社会发展中包括教育、城市健康和城市宜居性三项指标。治理服务中包括城市经济、科技创新和城市治理三项指标。

本章将焦点集中在五大城市群，即京津冀城市群、长三角城市群、珠三角城市群、成渝城市群和辽中南城市群。基于数据分析，本章将五大城市群74 个城市的城市服务状况分为优、良好、一般和较差四个梯队。从分析来看，我国城市整体基础设施建设情况较好，但各区域发展程度仍不均衡。社会发展指标仍需改进，除各区域发展程度不均衡外，更主要的差距体现在各城市群内主要城市和一般城市之间。治理服务指标在我国经济相对发达的地区较好，而经济较落后的地区发展程度也相对较低。

京津冀城市群经济基础较好，也是国家发展的重要区域，但是城市群中不同城市之间的发展差异过大，急需老旧社区改造、智慧交通等服务。长三角城市群是全球重要的城市群之一，既有经济高度发达的大城市，也有发展缓慢的中小城市，发展物业城市的整体基础较好，接受程度较高，也已经有很多成功案例。珠三角城市群是我国最具经济活力的地区之一，珠三角城市群的目标定位是打造国际一流湾区和世界级城市群，而一流的湾区离不开一流的物业管理，世界级的城市群必须匹配世界级的物业服务，其物业城市发展市场广阔。成渝城市群是我国西部重要的城市群，具有较强的影响力，但是城市群中城市发展水平和程度相差较大，发展物业城市的基础较差，在老旧社区改造、智慧城市建设上仍有广阔的市场。辽中南城市群是我国重要的重工业基地，但与其他城市群的发展程度相比仍有较大的差距，物业城市发展基础仍比较薄弱，物业服务专业化程度仍有待提高。

整体来看，我国城市物业发展空间巨大，物业服务范围仍可以拓展，城市服务是物业管理行业的下一片蓝海。根据目前的分析，老旧社区改造是各地城市服务的首要业务板块。同时，物业行业的发展应重视和升级新技术应用，加速行业科技化和智慧化。

五　结论与讨论

（一）城市服务的特点和趋势

长期以来，我国城市服务存在碎片化治理问题，政府和企业之间的合作常常遇到各种各样的阻碍。一方面，政府在城市公共服务上的压力较大，城市综合服务提供能力不足，城市服务尚未形成整体性的管理框架和统一的管理模式。另一方面，企业在城市服务领域难以寻求入局之道，在城市服务方面的获利不高，综合性城市服务项目的运营难度较大。本书认为解决这些问题的方法是推动城市服务的全域化、市场化和一体化。

随着城市化进程的加速和人口的持续增长，城市服务一体化已经成为城市发展的必然趋势。城市服务一体化将城市管理、城市基础设施建设、公共服务等各个方面进行整合和协调，形成一个高效、便捷、智能、可持续的城市服务体系。

首先，城市服务一体化提高了城市服务效率和质量。通过整合和协调城市各个方面的服务资源，可以避免重复建设和浪费资源，提高服务效率和质量，使居民的生活更加便捷、舒适。

其次，城市服务一体化也促进了城市可持续发展。城市服务一体化可以使城市规划更加科学合理，减少资源浪费和环境污染，提高城市生态环境质量，实现城市可持续发展。

再次，城市服务一体化也推动了数字化转型。城市服务一体化需要借助数字化技术，实现城市各个方面的信息化和智能化，推动城市数字化转型，提高城市管理和服务的智能化水平。

最后，城市服务一体化也带动了新一轮产业发展。城市服务一体化需要大量的信息技术、智能设备、新材料等先进技术和产品支持，将带动新一轮产业发展，促进经济增长和推动就业。

总的来说，城市服务一体化是未来城市发展的必然趋势，将在城市管理、城市基础设施建设、公共服务等方面发挥重要作用，促进城市可持续发展和居民生活质量的提高。

（二）城市服务一体化理论体系

本书提出了城市服务一体化理论体系。城市服务一体化是指将城市各个领域的服务整合起来，提供全方位、多元化、高效率的城市服务，实现城市资源的优化配置和社会资源的共享。城市服务一体化通常包括城市基础设施建设、公共交通、环保水务、社会保障、文化体育、教育医疗等多个领域的服务，通过信息化技术和智能化手段，实现服务的互联互通和高效运作。城市服务一体化旨在提高城市居民的生活质量和城市竞争力，促进城市可持续发展。

空间一体化、要素集成化、技术标准化、资源整合化这四个方面是城市服务一体化不可或缺的重要组成部分。空间一体化是在社区改造、园区发展的过程中，将小区和园区看成一个"大物业"，由政府认可的物业管理机构进行统一调度管理，通过搭建统一的智慧街区运营调度平台，实现资源共享和优化配置。要素集成化是在城市服务的过程中，将城市各要素看成一个相互关联、相互影响的整体，统筹推进环卫、停车等公共服务。技术标准化是指注重技术与技术之间的整体联结，统筹不同技术之间的相互关系，完善技术与技术之间的相互配套。资源整合化指的是将与城市治理相关的信息资源整合到一个统一的平台上，以方便管理和协调。这四者之间相互联系，共同作用，提高了城市治理的效率与科学性。空间一体化和要素集成化是城市治理的核心目标，而技术标准化和资源整合化是实现这一目标的重要手段。空间一体化和要素集成化可以提高城市空间利用效率并增强其协调性，技术标准化和资源整合化则可以使城市治理更加科学和高效。

　　城市服务空间一体化关注城市服务空间的组织和运作方式，旨在提高城市居民的生活质量和城市的竞争力。空间一体化有几个不同的层次，一是社区层次，在城市社区内，通过政府、居民、企业和社会组织之间的合作与协调，实现社区内资源的合理配置、问题的协商解决和社区的自我管理。空间一体化有助于促进社区居民之间的相互交流和互动，增强社区凝聚力，提高社区的自我管理和服务能力，从而提高城市服务空间的整体管理和服务水平。二是单一城市层次，空间一体化将城市的产业和城市建设相结合，通过在城市建设中考虑产业的需求和发展，实现城市和产业的有机融合，有助于促进城市产业的发展，提高城市服务空间的整体竞争力和服务水平，同时也有助于改善城市的生态环境和提高居民的生活质量。三是多城市层次，空间一体化将不同城市群看作一个整体，通过加强各个区域之间的联系和协作，实现资源的共享和优化，从而提高城市的整体竞争力和发展水平，有助于实现城市服务空间的整体协调和优化，促进城市各个部分之间的协作和资源共享，提高城市服务空间的整体管理和服务能力。

　　城市服务要素集成化关注系统间的相互关联、相互作用，关注城市服务要素的相互作用和协调，旨在提高城市服务的集成化水平。要素集成化的第一个层次是简单系统化、集成化，即将城市看作一个整体，将城市服务要素视为相互关联、相互作用的系统，通过研究系统内部各个要素之间的关系，实现城市服务要素的协调和集成化，有助于促进城市服务要素之间的相互协作和交流，从而提高城市服务的整体水平和效率。要素集成化的第二个层次是简单系统自我演变生成复杂系统的迭代升级，即将城市服务要素看作一个复杂的系统，通过研究城市服务要素之间的相互作用和演变规律，实现城市服务要素的优化和集成化，有助于提高城市服务要素的整体管理和服务水平，促进城市服务要素的相互作用和协调，从而实现城市服务要素的优化和集成化。要素集成化的第三个层次是多系统之间的协调和融合，将城市服务要素看作一个有机的整体，通过建立中心与外围之间的联系和协调关系，实现城市服务多个系统的要素集成化。这个层次也强调城市服务要素之间的差异性和层次性，有助于实现城市服务要素的差异化和个性化。

城市服务技术标准化关注智慧城市、人工智能治理和数字治理等内容。智慧城市治理的标准化强调智慧城市建设需要遵循一定的标准和规范，以保证城市的可持续发展和公共服务的质量。人工智能治理标准化强调人工智能在城市治理中的应用，涉及数据采集、数据处理、决策支持等多个方面，同样也需要制定相应的标准和规范，以确保人工智能在城市治理中的合理性、安全性和有效应用。数字治理是一种新兴的治理，其核心是数字化和信息化，以数字化技术为基础，实现政务、公共服务、社会治理等领域的数字化转型。数字治理标准化同样需要建立相应的标准和规范，以确保数字化技术的应用符合法律法规和道德伦理，保障公民权益和维护社会稳定。

城市服务资源整合化关注城市服务资源的整合和优化，旨在提高城市服务的资源整合化水平。资源整合化的第一个层次是将城市服务内部的资源视为城市服务机构所掌控和管理的资源，通过研究城市服务机构之间的竞争关系和资源分配机制，实现城市服务资源的整合和优化，有助于促进城市服务机构之间的资源共享和协作，提高城市服务资源的整体管理和服务水平。资源整合化的第二个层次是将城市服务资源与城市其他要素之间的资源进行整合，通过研究城市服务机构与外部环境之间的关系，实现城市服务资源的整合和优化，有助于促进城市服务机构与外部环境之间的协调和合作，提高城市服务机构的资源整合化和服务能力。资源整合化的第三个层次是将不同城市的城市服务资源整合起来，通过研究不同城市之间服务资源之间的相互依存关系，实现多城市服务资源的整合和优化。

（三）　城市服务一体化的实践模式

如前所述，万科物业已经形成了城市服务一体化雏形，建立了物业城市，也成立了万科城市研究院等。碧桂园服务也在积极探索中。愿景集团通过老旧小区改造，提出劲松模式，改造后的劲松社区以长效运营为抓手，推进社区治理现代化，满足居民基础保障类、品质提升类需求。在城市服务一体化的实践中，主要形成了空间一体化模式、要素集成化模式、技术标准化模式和资源整合化模式。

1. 空间一体化模式

在空间一体化方面，主要案例包括碧桂园在天津军粮城社区的老旧小区改造、广东佛山顺德的新能源汽车小镇等。军粮城社区的老旧小区改造是社区一体化的典型案例，顺德新能源汽车小镇是园区一体化的典型案例。军粮城社区的老旧小区改造采用社会资本参与运营、大物业管理和智慧社区智慧赋能的方式推动了军粮城社区的一体化治理，促进了社区共同体的打造。顺德新能源汽车小镇通过"小镇大脑"的智慧化手段，构建科技服务体系，提供股权融资服务和市场拓展服务。通过技术、数据和功能三个维度的深度融合，推动小镇生产、生活和生态三要素的互联互通。运用云办公、人脸识别等新一代信息技术，降低企业的入驻成本，为企业营造高效智能的办公环境；运用数据大脑、行业资讯等功能模块，保障园区的高效运转，为企业带来安全舒适的园区环境和服务。

2. 要素集成化模式

在要素集成化方面，主要案例包括福建省永安市城市大脑停车系统、福建省南安市城乡生活垃圾环卫一体化项目、重庆市南滨路市政道路的智慧环卫项目、辽宁省开原市环卫一体化项目、苏州阳澄湖服务区交通场站一体化运营项目等。环卫一体化是要素集成化的典型体现，为实现城乡环卫工作高效联动，南安市城乡生活垃圾环卫一体化项目构建了"户集、村收、镇运、县（市）处理"的四级城乡生活垃圾一体化处理体系，根据城乡垃圾产生源头特点，合理配置垃圾收集、转运、处理的各项步骤，成功弥补乡村环卫治理短板，实现了对乡村生活垃圾的有效治理。

3. 技术标准化模式

在技术标准化方面，城市管理技术需要进一步整合协同，形成合力，目的是共同成为提升基层治理能力的有效工具。智慧城市所涉及的技术标准化主要可以分成三个部分：方法标准化、数据标准化和硬件设施标准化。方法标准化是指在大数据、云计算、物联网和人工智能浪潮下，智慧城市治理的算法逐渐实现标准化。数据标准化是指智慧城市治理所采集和生成的数据逐渐实现标准化。硬件设施标准化是在智慧城市治理平台建设过程中，经过长期实践，形成了一些标准化的硬件设施配套方案的知识和经验，包括基础云平台、视频云存储、数据云存储、网络服务、安全管理和感知终端等。

4. 资源整合化模式

资源整合化包括城市空间资源整合、公共服务资源整合和公众参与资源整合。

城市空间资源整合分为社区资源整合和园区资源整合。天津军粮城社区数字化平台是社区资源整合的典型案例之一，军粮城社区的智慧化平台通过引入智能科技手段，实现了对资源的整合，包括停车资源整合、数据资源整合、设备资源整合、社区民众资源整合等，提高了资源利用的效率和价值，为军粮城社区的可持续发展和人居环境的改善做出了贡献。佛山顺德的新能源汽车小镇则是园区资源整合的典型案例之一，通过建设"小镇大脑"，对科技小镇进行智慧化管理，以物联网、大数据、人工智能、机器视觉等技术为基础，通过技术、数据和功能三个维度的深度融合，推动小镇生产、生活和生态三要素的互联互通，实现了能源、物流、人力、信息和环卫等资源的整合和优化配置，提高了小镇的综合竞争力和管理效率。

公共服务资源整合包括经营性资产整合和非经营性资产整合。福建永安市城市大脑停车系统项目是经营性资产整合的典型案例之一，该系统集成了智能停车、交通状况实时监测、智能信号控制等功能，促进了空间资源的整合、数据资源的整合、信息资源的整合和技术资源的整合，实现了资源利用从低效到高效的转变，提高了城市交通管理的效率和服务水平，提升了市民的出行体验。首开集团的非经营性资产管理平台是非经营性资产整合的典型案例之一，通过对各类非经营性资产进行整合和优化，实现资源利用的高效化和价值最大化，促进了房地产资源的整合、金融资产的整合、文化资源的整合、科技创新资源的整合和社会资源的整合，从而为企业的可持续发展和社会责任贡献做出了积极的贡献。

公众参与资源整合包括线上公众资源整合和线下公众资源整合。万科"物业城市" App 是线上公众资源整合的典型案例之一，该 App 通过统一的大数据平台，构建起市民、志愿者、商家、专业公司和执法人员五个层级的"生态圈"，让更多的人自我管理、自我服务，促进政府管理向政府服务转变，促进了物业服务资源的整合、社区资源的整合、安防资源的整合、数据资源的整合等，实现了资源的高效利用。军粮城社区的志愿服务中心是线下公众资源整合的典型案例之一，通过组织社区志愿者服务队为社区提供志愿服务，将老旧小区从内至外焕新升级，进而有效解决本地居民就业问题，实现本地居民服务本地居民、以区养区的可持续发展目标，促进社区人力资源的整合、物质资源的整合、社会资源的整合等，推动了志愿者精神的发扬，提升了社区服务的质量和效率。

5. 城市服务一体化实践前景

2022年以来，政府购买服务市场特别是市政公共服务领域发生了深刻的变化，政府城投转型"城市运营商"亲自下场的趋势越来越明显。由此，政企合作中对物业服务企业的要求越来越高。首先，物业企业需要进一步推动空间一体化，从而提高城市服务的效率；其次，物业企业需要进一步推动城市空间的要素集成化，以此推动政企合作，发展城市服务一体化；再次，物业企业需要进一步实现技术标准化，为政府提供专业化的服务；最后，物业企业需要进一步推动资源整合化，实现资源的优化配置和有效利用。政府、城市服务行业和相关企业应当进一步健全城市服务一体化的规范体系，进一步完善相关法律法规体系、标准体系、规划体系、评价考核体系和服务体系。城市服务一体化规范体系的完善需要全行业、全领域、全社会的推动。政府和城市服务行业应当发挥优秀企业的旗帜和引领作用，推动全行业的进步，以进一步推动城市更新和城市治理。

未来城市服务一体化可以从以下几个方面得到进一步发展。

第一，城市治理的智能化。未来城市服务一体化将进一步推动城市治理的智能化，通过大数据、人工智能等技术实现城市治理的高效化、精细化和智能化，提高城市运转效率和治理水平。

第二，公共服务的便捷化。未来城市服务一体化将会进一步提升公共服务的便捷性。借助互联网、物联网等技术，将公共服务与智能设备、智能系统相结合，使居民可以通过手机、电脑等终端随时随地享受公共服务。

第三，基础设施的优化升级。未来城市服务一体化将进一步推动城市基础设施的优化升级，通过数字化、智能化技术提高城市基础设施的可靠性、智能化水平和可持续性，实现城市基础设施的智能化管理。

第四，绿色城市的建设。未来城市服务一体化将推动绿色城市的建设，通过智能化技术、可持续能源等手段实现城市环境的保护和可持续发展，打造宜居、健康、绿色的城市。

总之，未来城市服务一体化将会借助数字化、智能化技术的不断发展，实现城市各个方面的高效化、精细化和智能化治理，推动城市可持续发展和居民生活质量的不断提高。

（四）城市服务评价及发展方向

本书建立了一个城市服务指标体系，该体系由三大方面和 11 项指标组成，三大方面包括影响城市服务的基础设施、影响生活品质的社会发展因素与城市服务和生活品质的基础即治理服务。基础设施中包括电力能源、交通、环境可持续、污水处理和网络设施五项指标。社会发展中包括教育、城市健康和城市宜居性三项指标。治理服务中包括城市经济、科技创新和城市治理三项指标。

本书运用该指标体系评估了我国五个重要城市群，即京津冀城市群、长三角城市群、珠三角城市群、成渝城市群和辽中南城市群。本书对这五个城市群中的 74 个城市进行了深入的研究和数据收集，对各个城市的总体发展情况进行了分析，并对各个城市群物业城市发展的基础做出了评估，剖析了各个城市群中物业城市发展的潜力和方向。

基于前文对物业城市一体化体系的理论构建和对我国城市的具体情况分析，我国物业城市的发展特点和方向可以概括为以下三点。

1. 城市服务发展空间巨大

物业服务企业将服务的范围拓展到多种管理业态，管理项目也逐渐由传统的住宅物业领域向更为广阔的非住宅物业领域拓展，如写字楼、商业、工业园区、医院、学校、公建等，在物业管理的广度和深度上均取得一定的突破。此外，非住宅物业目前的市场占有率仍较低，多为单一大业主，拥有较强的定价能力，其物业费调价相较住宅物业较为简单，物业服务满意度和物业费收取率相对较高，逐渐引起品牌物企的关注，目前市场上仍有大量的存量非住宅物业需要专业化的品牌物企提供管理服务，非住宅物业发展空间广阔，逐步成为品牌物企拓展的重点。

市场空间广阔，更多物业类型纳入物业管理范围。如"三供一业"从国有企业分离移交、市政服务从政府向市场化公司转移、机关事业单位后勤社会化改革、全面推行军队营区物业管理社会化保障工作等，均将助力物业服务企业拓宽服务边界。其中，为推进城市精细化管理、提高城市治理水平和适应政府机构市场化改革，物业服务企业从传统的物业服务中突围，切入城市服务。特别是2020年以来，除较早涉足该领域的碧桂园服务、保利物业、万科物业、龙湖智慧服务，近期绿城服务、招商积余、佳兆业美好等品牌物业服务企业也开启了探索城市服务之路，出圈探索城市服务领域。

城市服务的市场空间很大，是物业管理行业的下一片蓝海，因此，行业应坚定做好城市服务的信心和决心。各地方政府正在落地城市管理社会化政策，这将带动城市服务市场供应量的增加和更多服务领域的开放。预计未来5~8年，城市服务的市场规模将会达到万亿元级别。

2. 老旧小区改造仍是各地城市服务的首要板块

城市服务是物业管理行业的一片新蓝海，而老旧小区的管理服务又是城市服务的一个重要业务板块。它需要物业服务企业依托自身的专业能力与经验，为老旧小区运营服务提供精细化与一体化的解决方案。然而，综观各地老旧小区的物业管理，其都涉及硬件设施老旧、服务成本高、业主付费意识差等难题，因此要想管好老旧小区，需要物业服务企业因地制宜，不断创新服务模式。

3. 重视及升级新技术应用，加速行业科技智慧化

物联网、云计算、人工智能以及5G、区块链等新技术的发展为物业管理行业带来新的变化和发展机遇，引领物业管理行业转型升级。科技的应

用拓展了物业管理的广度，品牌企业通过技术应用深入挖掘客户消费需求，打通社区多个应用场景，搭建一站式的物业服务平台，构建满足客户个性化需求的社区生态圈，提升了物业客户的服务体验，企业的品牌价值得以体现。同时，新技术的应用提升了物业管理行业的智慧化水平，智能科技使物业管理更加便捷、智能和更有价值。品牌物企以新技术为基点，升级内部物业管理系统，优化管理流程，助力企业管理服务提质增效，在一定程度上缓解了人力成本对企业利润的挤压，提高了企业的竞争能力。

此外，新冠疫情是对物业管理行业应对公共事件危机反应能力的最大考验。疫情期间，物业服务企业在人力资源提供、非接触式管控等方面的组织和协调能力均受到严峻挑战，而物联网和人工智能技术得到了充分的推广和应用。随着智慧社区、智慧楼宇概念的推动，人工智能技术的不断进步，人工智能机器人正在物业服务领域得到推广。目前物业机器人已经在三大领域实现应用，分别是出入管理及信息查询、自动清洁以及自动巡逻。多地实施小区封闭式管理期间，居民生活资源获取困难，物业服务企业迅速进行 App 升级，开展了多项便民生活服务和增值服务，提高了居民的生活便利度，也推动了物业管理的信息化进程。未来，智慧城市、智慧社区的概念终究会实现，虽然目前科技水平还处于弱人工智能时代，机器人无法完全取代人类，但随着技术的进步，基于管理效率和成本的提升，机器人将在物业服务中扮演越来越重要的角色。

科技的运用可以提升用户体验和物业的口碑，增强品牌竞争力。科技赋能更多物业服务场景，能够及时反馈业主需求，深层次优化和改善社区与商业、医疗、教育等应用场景，重构社区物业服务与业主之间的联系，满足业主多样化需求。

参考文献

中文文献

〔美〕布赖恩·贝利:《比较城市化——20世纪的不同道路》,顾朝林等译,商务印书馆,2008。

〔美〕约翰·克莱顿·托马斯:《公共决策中的公民参与:公共管理者的新技能与新策略》,孙柏瑛等译,中国人民大学出版社,2005。

〔荷兰〕曼纳·彼得·范戴克:《新兴经济中的城市管理》,姚永玲译,中国人民大学出版社,2006。

〔美〕E. S. 萨瓦斯:《民营化与公私部门的伙伴关系》,周志忍译,中国人民大学出版社,2002。

〔美〕迈克尔·麦金尼斯主编《多中心治道与发展》,王文章等译,上海三联书店,2000。

〔美〕文森特·奥斯特罗姆:《美国公共行政的思想危机》,毛寿龙译,上海三联书店,1999。

〔英〕诺南·帕迪森编《城市研究手册》,郭爱军、王贻志译,格致出版社,2009。

〔英〕戴维·贾奇等编《城市政治学理论》,刘晔译,上海人民出版社,2009。

〔英〕约翰·R. 肖特:《城市秩序:城市、文化与权力导论》,上海人民出版社,2015。

〔美〕赫伯特·马尔库塞:《单向度的人》,刘继译,上海译文出版社,2014。

〔美〕罗西瑙:《没有政府的治理》,张胜军、刘小林等译,江西人民出版社,2001。

〔美〕詹姆斯·C.斯科特:《国家的视角——那些试图改善人类状况的项目是如何失败的》,王晓毅译,社会科学文献出版社,2011。

蔡岚:《合作治理:现状和前景》,《武汉大学学报》(哲学社会科学版)2013年第3期。

蔡杨:《日本社区参与式治理的经验及启示——基于诹访市"社区营造"活动的考察》,《中共杭州市委党校学报》2018年第6期。

曹海军、霍伟桦:《城市治理理论的范式转换及其对中国的启示》,《中国行政管理》2013年第7期。

朝乐门、尹显龙:《人工智能治理理论及系统的现状与趋势》,《计算机科学》2021年第9期。

陈柳钦:《智慧城市:全球城市发展新热点》,《青岛科技大学学报》(社会科学版)2011年第1期。

陈焰、熊玉珍:《中心外围论及对中国的实证分析》,《国际贸易问题》2005年第3期。

陈云:《"产城融合"如何拯救大上海》,《决策》2011年第10期。

邓贤峰:《"智慧城市"评价指标体系研究》,《发展研究》2010年第12期。

董国辉:《经济全球化与"中心—外围"理论》,《拉丁美洲研究》2003年第2期。

范永茂、殷玉敏:《跨界环境问题的合作治理模式选择——理论讨论和三个案例》,《公共管理学报》2016年第2期。

房正宏、王冲:《互联网时代的乡村治理:变迁与挑战》,《电子政务》2017年第1期。

国家统计局城市社会经济调查司:《2020年中国城市统计年鉴》,中国统计出版社,2020。

冯淑华:《基于共生理论的古村落共生演化模式探讨》,《经济地理》

2013 年第 11 期。

冯志明、周庆誉：《浅析杜尔克姆法社会学思想及其现实意义》，《大连理工大学学报》（社会科学版）2011 年第 4 期。

辜胜阻、王敏：《智慧城市建设的理论思考与战略选择》，《中国人口·资源与环境》2012 年第 5 期。

郭云南、张晋华、黄夏岚：《社会网络的概念、测度及其影响：一个文献综述》，《浙江社会科学》2015 年第 2 期。

韩兆柱、单婷婷：《网络化治理、整体性治理和数字治理理论的比较研究》，《学习论坛》2015 年第 3 期。

韩兆柱、马文娟：《数字治理理论研究综述》，《甘肃行政学院学报》2016 年第 1 期。

何雷、晋鼎明：《从合作博弈到激励相容：公私部门合作治理的主体关系》，《中州学刊》2021 年第 8 期。

赫郑飞：《人工智能时代的行政价值：变革与调适》，《中国行政管理》2020 年第 3 期。

胡守钧：《社会共生论》，复旦大学出版社，2006。

胡小明：《大数据应用的误区、风险与优势》，《电子政务》2014 年第 11 期。

黄建伟、陈玲玲：《国内数字治理研究进展与未来展望》，《理论与改革》2019 年第 1 期。

黄蓝、黄建荣：《合作治理视域下地方政府购买公共服务策略优化研究》，《学术论坛》2016 年第 5 期。

黄亮：《物业管理进入城市服务分析及研究》，《中国物业管理》2020 年第 11 期。

贾春增主编《外国社会学史》，中国人民大学出版社，2008。

《姜德峰：顶层设计关乎中国智慧城市建设成败》，2011 年 6 月 9 日，国脉物联网，http://news.rfidworld.com.cn/2011_06/ef02bd5ee24e49ac.html。

姜晓萍、张璇：《智慧社区的关键问题：内涵、维度与质量标准》，《上海行政学院学报》2017年第11期。

敬乂嘉：《从购买服务到合作治理——政社合作的形态与发展》，《中国行政管理》2014年第7期。

柯红波等：《共生型治理：基层社会治理创新的"凯旋模式"》，浙江工商大学出版社，2016。

李德仁：《数字城市＋物联网＋云计算＝智慧城市》，《中国测绘》2011年第6期。

李海俊、芦效峰、程大章：《智慧城市的理念探索》，《智能建筑与智慧城市》2012年第6期。

李平原：《浅析奥斯特罗姆多中心治理理论的适用性及其局限性——基于政府、市场与社会多元共治的视角》，《学习论坛》2014年第5期。

李涛：《我国生产、供销、信用合作社共生关系研究》，博士学位论文，山西财经大学，2019。

李贤毅、邓晓宇：《智慧城市评价指标体系研究》，《电信网技术》2011年第10期。

李学杰：《城市化进程中对产城融合发展的探析》，《经济师》2012年第10期。

刘红、张洪雨、王娟：《多中心治理理论视角下的村改居社区治理研究》，《理论与改革》2018年第5期。

刘瑾、耿谦、王艳：《产城融合型高新区发展模式及其规划策略——以济南高新区东区为例》，《规划师》2012年第4期。

刘荣增、王淑华、齐建文：《基于共生理论的河南省城乡统筹空间差异研究》，《地域研究与开发》2012年第4期。

刘荣增、王淑华：《城市新区的产城融合》，《城市问题》2013年第6期。

刘润进、王琳：《生物共生学》，科学出版社，2018。

刘润忠：《试析结构功能主义及其社会理论》，《天津社会科学》2005年第5期。

刘欣英：《产城融合：文献综述》，《西安财经学院学报》2015年第6期。

刘雪婷：《拉德克利夫-布朗在中国：1935—1936》，《社会学研究》2007年第1期。

刘悦：《大数据时代公共治理政企合作路径探析》，《经济研究导刊》2019年第9期。

卢学晖：《日本社区治理的模式、理念与结构——以混合型模式为中心的分析》，《日本研究》2015年第2期。

陆军、黄伟杰、杨浩天：《智慧网格创新与城市公共服务深化》，《南开学报》（哲学社会科学版）2020年第2期。

陆小敏、陈杰、袁伟：《关于智慧城市顶层设计的思考》，《电子政务》2014年第1期。

马航、刘琳：《基于共生理论的城市边缘古村的保护性更新策略研究——以深圳凤凰古村为例》，《现代城市研究》2016年第1期。

马珂、谢小芹：《公共管理案例解析》，社会科学文献出版社，2019。

马全中：《中国社区治理研究：近期回顾与评析》，《新疆师范大学学报》（哲学社会科学版）2017年第2期。

马迎贤：《组织间关系：资源依赖理论的历史演进》，《社会》2004年第7期。

孟天广、赵娟：《大数据驱动的智能化社会治理：理论建构与治理体系》，《电子政务》2018年第8期。

王钦敏：《统筹协调、共建共享、推进数字政府信息化系统建设》，《中国行政管理》2020年第11期。

李珏：《协同视角下政府数据共享的障碍及其治理》，《中国行政管理》2021年第2期。

崔宏轶、冼骏：《政务数据管理中的"数据可用性"——痛点及其消解》，《中国行政管理》2019年第8期。

聂辉华：《从政企合谋到政企合作——一个初步的动态政企关系分析框

架》，《学术月刊》2020 年第 6 期。

牛亮云：《食品安全风险社会共治：一个理论框架》，《甘肃社会科学》2016 年第 1 期。

欧阳晓：《基于共生理念的长株潭城市群城市用地扩张模拟及优化调控》，博士学位论文，湖南师范大学，2020。

潘红波、夏新平、余明桂：《政府干预、政治关联与地方国有企业并购》，《经济研究》2008 年第 4 期。

秦智、李敏：《产城融合推进柳东新区新型城镇化建设步伐》，《企业科技与发展》2013 年第 16 期。

《上海发布智慧城市评价指标体系 2.0 版》，2012 年 12 月 14 日，东方网，http：//imedia. eastday. com/node2/node612/node623/node631/node634/u8513300. html。

邵春霞：《数字空间中的社区共同体营造路径——基于城市社区业主微信群的考察》，《理论与改革》2022 年第 1 期。

沈费伟、刘祖云：《合作治理：实现生态环境善治的路径选择》，《中州学刊》2016 年第 8 期。

沈费伟、诸靖文：《数据赋能：数字政府治理的运作机理与创新路径》，《政治学研究》2021 年第 1 期。

尹丽英、张超：《中国智慧城市理论研究综述与实践进展》，《电子政务》2019 年第 1 期。

石佑启、杨治坤：《中国政府治理的法治路径》，《社会科学文摘》2018 年第 7 期。

宋刚、邬伦：《创新 2.0 视野下的智慧城市》，《北京邮电大学学报》（社会科学版）2012 年第 4 期。

苏林、郭兵、李雪：《高新园区产城融合的模糊层次综合评价研究——以上海张江高新园区为例》，《工业技术经济》2013 年第 7 期。

孙红军、李红、马云鹏：《系统论视角下的"产城融合"理论拓展》，《绿色科技》2014 年第 2 期。

孙涛：《当代中国社会治理体制改革的进路分析》，《领导之友》2016
年第 7 期。

唐强荣、徐学军、何自力：《生产性服务业与制造业共生发展模型及实
证研究》，《南开管理评论》2009 年第 3 期。

田凯、黄金：《国外治理理论研究：进程与争鸣》，《政治学研究》2016
年第 6 期。

汪锦军：《合作治理的构建：政府与社会良性互动的生成机制》，《政治
学研究》2015 年第 4 期。

王佃利：《城市治理体系及其分析维度》，《中国行政管理》2008 年第
12 期。

王峰：《寻找平衡之美：评〈合作治理：再造公共服务的逻辑〉》，《公
共行政评论》2010 年第 5 期。

王广斌、张雷、刘洪磊：《国内外智慧城市理论研究与实践思考》，《科
技进步与对策》2013 年第 19 期。

王宏国：《智慧停车的尴尬现状与蓝海未来》，《中国物业管理》2022
年第 5 期。

王静：《基于集对分析的智慧城市发展评价体系研究》，硕士学位论文，
华南理工大学，2013。

王志刚：《多中心治理理论的起源、发展与演变》，《东南大学学报》
（哲学社会科学版）2009 年第 S2 期。

韦曙和：《浅谈高校后勤高质量发展》，《高校后勤研究》2021 年第 4 期。

吴越菲：《"共同体"的想象与当代中国社区的塑造》，《浙江学刊》
2018 年第 6 期。

武小龙：《新中国城乡治理 70 年的演进逻辑》，《农业经济问题》2020
年第 2 期。

谢俊贵：《凝视网络社会——卡斯特尔信息社会理论述评》，《湖南师范
大学社会科学学报》2001 年第 3 期。

邢怀滨：《社会建构论的技术观》，东北大学出版社，2005。

李国青、李毅：《我国智慧社区建设的困境与出路》，《广州大学学报》2015 年第 12 期。

宋煜：《社区治理视角下的智慧社区的理论与实践研究》，《电子政务》2015 第 6 期。

徐晓林、刘勇：《数字治理对城市政府善治的影响研究》，《公共管理学报》2006 年第 1 期。

闫婧：《网络社会与国家——曼纽尔·卡斯特"网络社会"理论探究》，《国外社会科学前沿》2019 年第 11 期。

杨方：《论帕森斯的结构功能主义》，《经济与社会发展》2010 年第 8 期。

杨芳、王宇：《产城融合的新区空间布局模式研究》，《山西建筑》2014 年第 2 期。

杨宏山：《合作治理与城市基层管理创新》，《南京社会科学》2011 年第 5 期。

杨群：《民族学、人类学学科的历史转折点——重评马林诺夫斯基和他的功能主义学派》，《贵州民族研究》2003 年第 2 期。

易艳阳：《社区老年服务数字生态中的风险及治理》，《电子政务》2022 年第 1 期。

尹丽英、张超：《中国智慧城市理论研究综述与实践进展》，《电子政务》2019 年第 1 期。

俞海山：《从参与治理到合作治理：我国环境治理模式的转型》，《江汉论坛》2017 年第 4 期。

袁政：《城市治理理论及其在中国的实践》，《学术研究》2007 年第 7 期。

张道刚：《"产城融合"的新理念》，《决策》2011 年第 1 期。

张桂蓉：《社区治理中企业与非营利组织的合作机制研究》，《行政论坛》2018 年第 1 期。

张敏、马远军、刘杨：《基于共生理论的景村共生发展研究》，《安徽农学通报》2021 年第 4 期。

张敏、张胜、王成方、申慧慧：《政治关联与信贷资源配置效率——来自我国民营上市公司的经验证据》,《管理世界》2010 年第 11 期。

张鸣春:探寻城市社区物业管理的发展之道:研究综述与未来展望》,《复旦城市治理评论》2021 年第 1 期。

张伟:《"物业城市"——城市社会治理新模式》,《中国物业管理》2021 年第 8 期。

张振刚、张小娟:《智慧城市的五维度模型研究》,《中国科技论坛》2014 年第 11 期。

甄峰、秦萧:《智慧城市顶层设计总体框架研究》,《现代城市研究》2014 年第 10 期。

郑文钦:《城市级智慧停车项目建设整体思考》,《中国安防》2022 年第 7 期。

中国电子技术标准化研究院:《中国智慧城市标准化白皮书》,2013。

中国通信学会:《智慧城市白皮书(2012)》,http://new. mayortraining. org/uploadfile/2017/0613/%E6%99%BA% E6%85% A7% E5% 9F% 8E% E5% B8%82%E7%99%BD%E7%9A%AE%E4%B9%A62012. pdf。

中国物业管理协会:《中国物业管理行业年鉴》,中国建筑工业出版社,2020。

《智慧城市 3.0 时代要来了,你准备好了吗?》,2014 年 3 月 29 日,和讯网,http://tech. hexun. com/2014-03-29/163484331. html。

钟伟军:《公民即用户:政府数字化转型的逻辑、路径与反思》,《中国行政管理》2019 年第 10 期。

周海波:《产城融合视角下服务业与制造业集群协同发展模式研究》,载《第十二届产业集群与区域发展学术会议论文集》,2013。

周骥:《智慧城市评价体系研究》,博士学位论文,华中科技大学,2013。

朱亚杰、李琦、冯逍:《基于大数据的智慧城市技术体系架构研究》,《测绘科学》2014 年第 8 期。

朱懿、韩勇:《基于信任中介效应的协作治理行为及影响因素》,《企业经济》2020 年第 2 期。

踪家峰、顾培亮：《城市公共管理研究的新领域：城市治理研究及其发展》，《天津大学学报》（社会科学版）2003 年第 4 期。

英文文献

A. Abdoullaev, "A Smart World: A Development Model for Intelligent Cities," The 11th IEEE International Conference on Computer and Information Technology, 2011.

S. A. Ahmed, M. Ali, "Partnerships for Solid Waste Management in Developing Countries: Linking Theories to Realities," *Habitat International* 28, 2004.

S. R. Arnstein, "A Ladder of Citizen Participation," *Journal of the American Institute of Planners* 35 (4), 1969.

Bela Balassa, *The Theory of Economic Integration*, New York: Greenwood Press, 1961.

Ludwig Von Bertalanffy, *The Organismic Conception of the World: An Introduction to the General Theory of Systems*, London: Allen & Unwin, 1932.

Ludwig Von Bertalanffy, *General System Theory: Foundations, Development, Applications*, New York: George Braziller, 1968.

J. C. Bertot, P. T. Jaeger, "User-centered E-government: Challenges and Benefits for Government Web Sites," *Government Information Quarterly* 23 (2), 2006.

E. Best, "Capacities for Regional Integration: A Conceptual Framework for Comparative Analysis," in M. O'Halloran, S. Avlid, eds., *Free Trade Agreements and Customs Unions: Experience, Challenges and Constraints*, Maasttricht, Limburg Provincie, Netherlands: European Commission, 1997.

Shaun Breslin, Richard Higgott, "Studying Regions: Learning from the Old, Constructing the New," *New Political Economy* 5 (3), 2000.

Glenn R. Carroll, Michel Tushman, "Organizational Ambidexterity,"

California Management Review 38 （4）, 1996.

M. Y. Cheng, D. Prayogo, "Symbiotic Organisms Search: A New Metaheuristic Optimization Algorithm," *Computer and Structures* 139, 2014,

Paul Cheshire, Gianni Carbonaro, Dennis Hayl, "Problems of Urban Decline and Growth in EEC Countries: Or Measuring Degrees of Elephantness," *Urban Studies* 23 （2）, 1998.

T. Choi, "Information Sharing, Deliberation and Collective Decision-making: A Computational Model of Collaborative Governance," Disertations& Theses-Gradworks, 2011.

Chris Ansell, Alison Gash, "Collaborative Governance in Theory and Practice," *Journal of Public Administration Research and Theory* 18 （4）, 2008

A. Coe, G. Paquet, J. Roy, "E-Governance and Smart Communities: A Social Learning Challenge," *Social Science Computer Review* 19 （1）, 2000.

P. P. Combes, T. Mayer, J. F. Thisse, *Economic Geography: The Integration of Regions and Nations*, trans. by H. S. An, Y. G. Yan, Y. Xu et al. , Beijing: China Renmin University Press, 2011.

Allan Dafoe, *AI Governance: A Research Agenda*, Centre for the Governance of AI Program, Future of Humanity Institute, University of Oxford: Oxford, UK, 2018, p. 1, http: //www. fhi. ox. ac. uk/wp-content/uploads/GovAI-Agenda. pdf.

S. W. Dale, *Experimental Microbial Ecology*, London: Blackwell Scientific Publication, 1982.

Philippe De Lombaerde et al. , *Assessment and Measurement of Regional Integration*, London: Routledge, 2006.

W. L. Deng, "Research on the Problems in the Construction of Smart Community in China and Its Countermeasures," International Conference on Economics, Management, Law and Education, 2017.

J. W. Dienhart, J. C. Ludescher, "Sustainability, Collaboration and Governance: A Harbinger of Institutional Change," *Business and Society Review* 115

(4), 2010.

M. Edward, H. Milner, "The New Wave of Regionalism," *International Organization* 53 (3), 1999.

Manfred Eigen, "Self-organization of Matter and the Evolution of Biological Macromolecules," *Naturwissenschaften* 58, 1971.

J. Ellul, "Technology as A Human Affair. ," in L. A Hickman, ed. , *The Technological Order*, New York: McGraw-Hill Publishing Company, 1990.

M. Faccio, "Politically Connected Firms," *American Economic Review* 96 (1), 2006.

Martha S. Feldman, "Organizations and the Environment: A Field on Its Own," in Stewart R. Clegg, Cynthia Hardy, and Walter R. Nord, eds. , *Handbook of Organization Studies*, Thousand Oaks, CA: SAGE Publications, 1999.

Chiu I. Feng, "The Application of Information, Technology and Big Data in City Governance-Take Intelligent Community Construction in China as an Example," Proceedings of the 3rd International Conference on Mechatronics, Robotics and Automation (ICMRA 2015), 15, 2015.

R. Fisman, "Estimating the Value of Political Connections," *American Economic Review* 91 (4), 2001.

Hermann Haken, *Synergetics: An Introduction*, Berlin: Springer-Verlag, 1977.

A. Harding, "The Rise of Urban Growth Coalitions, UK-style?," *Environment and Planning C: Government and Policy* 9 (3), 1990.

D. He, S. Chan, Y. Qiao, N. Guizani, "Imminent Communication Security for Smart Communities," *IEEE Communications Magazine* 56 (1), 2018.

Björn Hettne, *Globalization and the New Regionalism: The Second Great Transformation*, London: Macmillan Press, 1999.

J. A. Hillman, C. M. Withers, J. B. Collins "Resource Dependence Theory: A Review," *Journal of Management* 35 (6), 2009.

John H. Holland, *Adaptation in Natural and Artificial Systems*, The MIT

Press, 1992.

L. F. Huang, J. F. Lin, Z. C. Huang, Q. Y. Chen, H. Z. Lin, "Design of Mobile Terminal Multimedia Communication System in Intelligent Community Based on SIP," Applied Mechanics & Materials, 2014.

H. Hveem, "Explaining the Regional Phenomenon in An Era of Globalization," in S. Richard, R. D. Geoffrey, eds. , *Political Economy and the Changing Global Order*, Oxford, UK: Oxford University Press, 2000.

W. Isard, "Regional Science, the Concept of Region, and Regional Structure," *Papers in Regional Science* 2 (1), 1956.

Y. Jun, W. Guoyong, "The Design and Application of the Intelligent Community System Based on GIS," International Conference on Intelligent Systems Design & Engineering Applications, IEEE, 2013.

P. R. Krugman, A. J. Venables, "Globalization and the Inequality of Nations," *Quarterly Journal of Economics* 110 (4), 1995.

Maciej Kuziemski, Przemyslaw Palka, "AI Governance Post-GDPR: Lessons Learned and the Road Ahead," *STG Policy Briefs* 7, 2019, https://cadmus. eui. eu/bitstream/handle/1814/64146/STG_ PB_ 2019_ 07-EN. pdf.

R. Z. Lawrence, *Regionalism, Multilateralism, and Deeper Integration*, Washington, DC: Brookings Institution Press, 1996.

L. Margulis, "Symbiosis in Cell Evolution: Microbial Communities in the Archean and Proterozoic Eons," *The American Naturalist* 118 (5), 1981.

L. W. Martin, K. E. Wigen, *The Myth of Continents: A Critique of Metageography*, Berkeley, CA: University of California Press, 1997.

John W. Meyer, Brian Rowan, "Institutionalized Organizations: Formal Structure as Myth and Ceremony," *American Journal of Sociology* 83 (2), 1978.

E. Milakovich, *Digital Governance: New Technologies for Improving Public Service and Participation*, London: Routledge, 2012.

Herman van der Wusten, John O'Loughlin, "Political Geography of

Panregions," *Geographical Review* 80 (1), 1990.

Talcott Parsons, *The Structure of Social Action: A Study in Social Theory with Special Reference to a Group of Recent European Writers*, New York: Free Press, 1937.

Patrick Dunleavy, *Digital Era Governance: IT Corporations, the State, and E-Government*, Oxford: Oxford University Press, 2006.

Jeffrey Pfeffer, "New Directions for Organization Theory," in Jeffrey Pfeffer, William R. Scott, eds., *New Directions for Organization Theory: Problems and Prospects*, New York: Oxford University Press, 1997.

N. Polsby, *Community Power and Political Theory* (Second ed.), New Haven, CT: Yale University Press, 1980.

I. Prigogine, I. Stengers, *Order Out of Chaos: Man's New Dialogue with Nature*, New York: Bantam Books, 1984.

E. S. Savas, *Privatitation: The Key to Better Government*, Chatham, New Jersey: Chatham House, 1987.

G. D. Scott, *Plant Symbiosis in Attitude of Biology*, London: Edward Arnold, 1969.

M. Telò, "Globalization, New Regionalism and the Role of the European Union," in M. Telò, ed., *European Union and New Regionalism: Regional Actors and Global Governance in a Post-hegemonic Era*, London: Ashgate Publishing, 2001.

James D. Thompson, *Organizations in Action: Social Science Bases of Administrative Theory*, New York: McGraw-Hill Book Cornpany, 1967.

J. L. Walls, R. L. Paquin, "Organizational Perspectives of Industrial Symbiosis: A Review and Synthesis," *Organization and Environment* 28 (1), 2015.

B. W. Wirtz, J. C. Weyerer, B. J. Sturm, "The Dark Sides of Artificial Intelligence: An Integrated AI Governance Framework for Public Administration," *International Journal of Public Administration* 43 (9), 2020.

图书在版编目（CIP）数据

中国城市服务一体化报告 / 孟延春，赵力，王碧玥
著 . --北京：社会科学文献出版社，2023. 11
ISBN 978-7-5228-2683-7

Ⅰ. ①中… Ⅱ. ①孟… ②赵… ③王… Ⅲ. ①城市-
公共服务-研究报告-中国 Ⅳ. ①D669.3

中国国家版本馆 CIP 数据核字（2023）第 200582 号

中国城市服务一体化报告

著　　者／孟延春　赵　力　王碧玥

出 版 人／冀祥德
组稿编辑／刘骁军
责任编辑／易　卉
文稿编辑／郭锡超
责任印制／王京美

出　　版／社会科学文献出版社 · 集刊分社（010）59367161
　　　　　地址：北京市北三环中路甲 29 号院华龙大厦　邮编：100029
　　　　　网址：www. ssap. com. cn
发　　行／社会科学文献出版社（010）59367028
印　　装／北京联兴盛业印刷股份有限公司

规　　格／开 本：787mm×1092mm　1/16
　　　　　印 张：29　字 数：442 千字
版　　次／2023 年 11 月第 1 版　2023 年 11 月第 1 次印刷
书　　号／ISBN 978-7-5228-2683-7
定　　价／168.00 元

读者服务电话：4008918866